U0801738

本书主要由中国石油西非公司统筹协调完成

THE LAWS OF ORGANISATION POUR L'HARMONISATION EN AFRIQUE DU DROIT DES AFFAIRES（OHADA）

非洲商法协调组织（OHADA）法律大全

朱伟东　郑剑华　李晓雄／组织编译

法律出版社
LAW PRESS·CHINA
北京

图书在版编目(CIP)数据

非洲商法协调组织(OHADA)法律大全 / 朱伟东, 郑剑华, 李晓雄组织编译. -- 北京 : 法律出版社, 2022
ISBN 978-7-5197-6992-5

Ⅰ. ①非… Ⅱ. ①朱… ②郑… ③李… Ⅲ. ①国际商法-区域性组织-机构组织法-非洲 Ⅳ. ①D993.9

中国版本图书馆 CIP 数据核字(2022)第 145830 号

非洲商法协调组织(OHADA)法律大全
FEIZHOU SHANGFA XIETIAO ZUZHI (OHADA) FALÜ DAQUAN

朱伟东
郑剑华 组织编译
李晓雄

策划编辑 朱 峰
责任编辑 马秋婧 金 姗
装帧设计 臧晓飞

出版发行 法律出版社
编辑统筹 辞书·融出版编辑部
责任校对 杨锦华
责任印制 吕亚莉
经　　销 新华书店

开本 710 毫米×1000 毫米 1/16
印张 47.75 **字数** 727 千
版本 2022 年 10 月第 1 版
印次 2022 年 10 月第 1 次印刷
印刷 北京虎彩文化传播有限公司

地址:北京市丰台区莲花池西里 7 号(100073)
网址:www.lawpress.com.cn
投稿邮箱:info@lawpress.com.cn
举报盗版邮箱:jbwq@lawpress.com.cn
销售电话:010-83938349
客服电话:010-83938350
咨询电话:010-63939796

书号:ISBN 978-7-5197-6992-5
定价:158.00 元

凡购买本社图书,如有印装错误,我社负责退换。电话:010-83938349

编译委员会

编译工作组

组　长： 朱伟东

副组长： 李晓雄

成　员： 李江春　潘俊杰　孔子宁　吕文杰

丁成庆　李彦华　黄安武　信明魁

赵　杰　汪　鹏　郑芳婕　许　月

洪永红　许　颖　陆智艺　龙　婷

序 言

中国石油“走出去”开展国际化经营,始终坚持依法合规经营。清晰识别和掌握业务所在国家(地区)的法律法规,是依法合规经营的基础性工作,是实现依法合规经营的前提。中国石油西非地区法律工作者对非洲地区法律环境持续开展研究,与中国社会科学院西亚非洲研究所(中国非洲研究院)专家用时一年多,组织编译了《非洲商法协调组织(OHADA)法律大全》。

本书汇编了非洲商法协调组织(OHADA)通过的《非洲商法协调条约》《司法与仲裁共同法院程序规则》《司法与仲裁共同法院程序规则修订条例》《司法与仲裁共同法院仲裁规则》4 个条约条例,以及《一般商法统一法》《商业公司和经济利益集团统一法》《担保统一法》《会计与财务报告统一法》《公路货物运输合同统一法》《合作社统一法》《债务清偿简易程序和执行措施统一法》《债务清偿集体程序(破产)统一法》《仲裁统一法》《调解统一法》10 部商事法律。希望这本书可以作为商务和法律合规管理工作者的工具书,对在非洲商法协调组织法域内从事业务的人员有所帮助,助力依法合规开展国际业务。

趙穎

中国石油天然气集团有限公司总法律顾问

2022 年 5 月 4 日

《非洲商法协调组织(OHADA)法律大全》编译说明

非洲商法协调组织(OHADA)是在1993年根据《非洲商法协调条约》成立的一个非洲区域性国际组织。该组织现有17个成员国,分别是贝宁共和国(以下简称贝宁)、布基纳法索、刚果共和国[以下简称刚果(布)]、刚果民主共和国[以下简称刚果(金)]、乍得共和国(以下简称乍得)、喀麦隆共和国(以下简称喀麦隆)、中非共和国、科摩罗联盟(以下简称科摩罗)、科特迪瓦共和国(以下简称科特迪瓦)、加蓬共和国(以下简称加蓬)、赤道几内亚共和国(以下简称赤道几内亚)、几内亚共和国(以下简称几内亚)、几内亚比绍共和国(以下简称几内亚比绍)、马里共和国(以下简称马里)、尼日尔共和国(以下简称尼日尔)、塞内加尔共和国(以下简称塞内加尔)、多哥共和国(以下简称多哥)。这些国家成立非洲商法协调组织的目的是通过采纳现代、统一、简洁的商法制度,来取代本地区不同国家之间存在的多样化的、过时的法律制度,同时通过设立司法与仲裁共同法院这样一个共同的司法机构,来实现本地区立法和司法环境的安全和稳定,为本地区创造一个良好的营商环境,以吸引外资,促进本地区经济发展。

长期以来,非洲法语区各国商人深受本地区法律环境的困扰,他们经常抱怨本地区的法律环境给他们的商业交易带来伤害。本地区法律与司法的不安全性主要体现在五个方面:一是各国法律规定差异较大;二是诉讼程序拖沓冗长;三是法院判决难以预料;四是司法腐败现象突出;五是判决执行困难重重。这种法律的"碎片化"和司法不安全已经构成经济发展的真正障碍。通过非洲商法协调组织近30年来的不断努力,该组织已经在实现立法和司法的安全性方面取得了很大的成就。例如,该区域的商事立法得到一定程度的统一,商事司法开始协同运转,争议解决方式初步实现了区域和国内司法的协调、诉讼和仲裁的有机补充,营商环境逐步改善等。

非洲商法协调组织的成员国主要位于非洲西部和中部,这些国家自然资源和矿产资源丰富,天然矿物包括金、钻石、铜、铁、钴、石油、天然气等。一些国家的资源供应在世界市场上占据着重要份额,如科特迪瓦拥有世界2/3的可可产量,几内亚拥有世界3/4的铝矾土储量,加蓬有丰富的林业资源,号称“绿金之国”,马里、乍得、刚果(布)、刚果(金)具有丰富的石油等资源。中国与这些成员国的经济互补性强,双方的经贸合作与相互投资具有广阔的空间和巨大的潜力。近年来,中国与这些国家的进出口贸易持续保持快速增长的趋势,在中非贸易中占据重要地位。此外,这些国家在交通、能源、电信、环保等基础设施建设和产业升级换代方面,具有巨大的投资空间。近年来,中国在乍得、马里、几内亚、刚果(金)、喀麦隆、赤道几内亚等国进行了很多非金融类投资项目。

但这些国家在立法和司法上的不确定性影响了包括中国在内的一些国家在该地区的投资和贸易,而非洲商法协调组织的成立就是为了改善成员国的立法和司法状况,消除法律的不确定性,保护投资者的投资利益,增强投资者在该地区的投资信心。非洲商法协调组织成立以来,在对成员国的商法进行统一化方面取得了显著成就。该组织现已通过10部统一法,并且都已生效。这10部统一法涉及商业领域的不同方面,如公司法、商法、担保法、会计法、合作社法、破产法、执行法、仲裁法、调解法等。这些统一化的立法可以避免投资者因不了解不同国家的法律而影响其在这些国家的投资。在非洲商法协调组织成员国内,成员国适用的是相同的商法;只要了解这些法律制度,就可在所有成员国内进行投资贸易,而不用考虑因法律冲突可能带来的各类障碍。非洲商法协调组织虽然目前只有17个成员国,但该组织向所有非洲国家开放。随着该组织的不断发展,会有越来越多的非洲国家加入该组织,如加纳共和国、安哥拉共和国、圣多美和普林西比民主共和国等都表达了在今后加入该组织的愿望。随着更多非洲国家的加入,该组织会成为投资非洲的一个重要区域。

此外,由于非洲商法协调组织成员国所处的地理位置,向这些国家投资有利于向北部非洲、东部非洲和南部非洲拓展。同时,有些非洲商法协调组织的成员国还是其他组织的成员国,如贝宁、布基纳法索、科特迪瓦、马里、尼日尔、塞内加尔、几内亚比绍和多哥既是西非经济货币联盟的成员国,还是西非国家经济共同体的成员国,而喀麦隆、中非共和国、刚果(布)、赤道几内亚、加蓬和乍得还是中部非洲经济与货币共同体的成员国。这样,在这些成员国内进行投资还可以享受这些成员国在其他组织内的投资优惠措施及投资便利条件,从而可以进一步向非洲其他地区拓展投资市场。目前,非洲商法协调组织还在与非洲大陆自贸区进行沟通,希望将该组织的法律制度与非洲大陆自贸区的法律制度进行有效对接。这无疑会为投资者提供一个更为广阔的非洲投资市场。

对于有意在该地区进行投资和贸易的中国商人和企业而言,应首先了解非洲商法协调组织目前已通过的10部统一法,充分利用这10部统一法的规定,选择合适的投资方式、经营类型,在出现争端时,根据实际情况,选择是通过诉讼、仲裁还是调解方式来解决争议,以保护自己的合法权益。投资者只有了解某一地区的法律制度,知道自己的合法权益会得到法律上的保障时,才会决定在该地区进行投资贸易。

为了便于国内对非投资企业和商人了解非洲商法协调组织的10部统一法,我们组织翻译了这本《非洲商法协调组织(OHADA)法律大全》。本书分工如下:《非洲商法协调条约》《司法与仲裁共同法院程序规则》《司法与仲裁共同法院程序规则修订条例》《司法与仲裁共同法院仲裁规则》由朱伟东(中国社会科学院西亚非洲研究所非洲法律研究中心主任、研究员)翻译并校对;《一般商法统一法》由中国石油尼日尔公司上游项目译、许颖(中国社会科学院西亚非洲研究所博士研究生)校;《商业公司和经济利益集团统一法》由中国石油尼日尔公司上游项目、朱伟东译,朱伟东校;《担保统一法》由中国石油尼日尔公司尼贝管道项目译、许颖校;《会计与财务报告统一法》由中国石油乍得公司上游项目译、龙婷(湘潭大学中国—非洲经贸法律研究院博士研究生)校;《公路货物运输合同统一法》由中国石油尼日尔公司尼贝管道项目译、朱伟东校;《合作社统一法》由中国石油西非地区全体法律人员(含中国石油莫桑比克公司法律人员)共同翻译、朱伟东校;《债务清偿简易程序和执行措施统一法》由中国石油乍得公司炼厂项目和中国石油尼日尔公司炼厂项目译、龙婷校;《债务清偿集体程序(破产)统一法》由陆智艺(湘潭大学中国—非洲经贸法律研究院博士研究生)译、洪永红(湘潭大学中国—非洲经贸法律研究院院长、教授)校;《仲裁统一法》由中国石油尼日尔公司上游项目译、朱伟东校;《调解统一法》由中国石油尼日尔公司上游项目译、朱伟东校。朱伟东对全部译稿进行了最后的校对和统一。

本书的翻译人员或是从事非洲法研究的学者、学生,或是从事非洲法实务的企业法务人员,他们大都具有英语、法语和法律的教育背景,在翻译和校对过程中,都努力结合非洲商法协调组织法律文件的法语和英语版本进行推敲,争取使译文准确,符合原意。本书的体例遵从原文。为了方便读者阅读,在翻译过程中作了必要的注释;对于法律文件中的部分术语,在译文后保留了其原文。但考虑到非洲商法协调组织 10 部统一法涉及不同领域,有的不是译者和校对者长期研究和关注的领域,因此,译文存在错误、疏漏之处在所难免。在此也恳请读者诸君能不吝指正。

最后,需要说明的是,本书是国家社科基金研究专项项目“非洲本土化立法研究”(项目编号:19VJX062)和国家社科基金重大项目“非洲国家和地区法律文本的翻译、研究与数据库建设”(项目编号:20&ZD181)的阶段性成果。本书在编译过程中得到中油国际法律部的大力支持和指导。本书的出版也得到非洲商法协调组织常设秘书处法律事务和通信主任鲍巴尔·西迪基·迪亚拉(Boubacar Sidiki Diarrah)博士的协助。法律出版社法律翻译与出版研发中心朱峰主任、马秋婧编辑和金姗编辑也为本书的出版付出了耐心、细致、高效的校订工作。特此一并致谢!

朱伟东

本书编译工作组组长

中国社会科学院西亚非洲研究所非洲法律研究中心主任

2022 年 5 月 5 日

目 录

条 约

统一法

规则和条例

OHADA

条　约

非洲商法协调条约

（本条约于1993年10月17日在路易港签署,2008年10月17日于加拿大魁北克修订)

前　言

贝宁共和国总统
布基纳法索总统
喀麦隆共和国总统
中非共和国总统
科摩罗联盟总统
刚果共和国总统
科特迪瓦共和国总统
加蓬共和国总统
几内亚共和国总统
几内亚比绍共和国总统
赤道几内亚共和国总统
马里共和国总统
尼日尔共和国总统
塞内加尔共和国总统
乍得共和国总统
多哥共和国总统

《非洲商法协调条约》的缔约国,

决心在非洲一体化道路上取得新的进步,确立成员国对经济发展的信

心,以便在非洲创造新的发展中心;

重申它们对创建非洲经济共同体的承诺;

相信它们在法郎区的成员资格是经济和财政稳定的因素,也是它们逐步实现经济一体化的重要财富,而且这种经济一体化应在更为广泛的非洲框架下进行;

认识到要实现这些目标,就需要在成员国内创建一套协调化的、简单、现代并能很好适应现实的商法制度,以促进商业的开展;

考虑到需要审慎实施这些法律,以确保经济活动法律方面的稳定性,使其有利于经济活动的开展并鼓励投资;

希望推动仲裁成为解决合同争议的方式;

决定采取新的、共同努力以促进对法官及其他法律人士的培训;

兹协议如下:

第一章 一般规定

第1条

本条约的目的是通过制定和采纳能够很好适应成员国经济现实的简单、现代的统一法律规则,建立适当的司法程序,并用仲裁手段解决合同争议的方式,对成员国的商法进行协调化。

第2条

为本条约目的,商法范围包括涉及公司法、经济行为体法律地位、有关信用和债务追偿程序、担保交易、判决执行、破产、清算、仲裁、劳工法、会计法、运输和买卖法的所有法律和条例,还包括部长委员会根据本条约目的和下面第8条规定一致决定应包括在商法范围内的任何事项。

第3条(2008年10月17日于魁北克修订)

本条约所规定的各项任务由非洲商法协调组织负责实施。

非洲商法协调组织由国家和政府首脑大会、部长委员会、司法与仲裁共同法院,以及常设秘书处组成。

非洲商法协调组织的总部设在喀麦隆共和国首都雅温得,经国家和政府首脑大会决定可迁往任何其他地点。

第 4 条(2008 年 10 月 17 日于魁北克修订)

部长委员会应在必要时以绝对多数票通过有关本条约适用的条例和决定。

第二章　统　一　法

第 5 条

根据本条约第 1 条所通过的统一规则称为"统一法"。

统一法可以包含有关刑事责任的规定。成员国负责采取相应的刑事制裁。

第 6 条

常设秘书处在与成员国政府协商后负责统一法的起草工作。部长委员会在与司法与仲裁共同法院协商后讨论并通过统一法。

第 7 条(2008 年 10 月 17 日于魁北克修订)

常设秘书处应向成员国政府提供统一法草案,自收到草案之日起 90 日内,成员国政府应将书面意见反馈给常设秘书处。

但根据统一法草案的情况及复杂程度,在向常设秘书处提出请求后,前款规定的 90 日期限可再延长 90 日。

上述期限届满后,附成员国政府书面意见以及常设秘书处报告的统一法草案应立即送交司法与仲裁共同法院,征询其意见。司法与仲裁共同法院应自收到常设秘书处请求后的 60 日内提出自己的意见。

上述 60 日期限包括任何延长的期限届满后,常设秘书处应完成统一法的最终草案,并建议将其列入下届部长委员会会议议程。

第 8 条

统一法草案应由出席会议并参加表决的成员国政府代表一致同意,始得通过。

为使统一法通过程序有效,须至少有三分之二成员国与会。

弃权票不妨碍统一法的通过。

第 9 条(2008 年 10 月 17 日于魁北克修订)

常设秘书处应自统一法通过后的 60 日内在非洲商法协调组织官方公报

上予以发布。自公布之日起90日后,统一法生效,除非统一法规定了不同的生效条件。

统一法还应在成员国官方公报上或通过其他适当方式公布。这种形式要求不影响统一法的生效。

第10条

统一法在成员国内直接适用并对成员国有约束力,即使成员国此前或此后的国内立法中有与其相冲突的规定。

第11条

部长委员会在收到常设秘书处的建议后,批准商法协调化的年度计划。

第12条(2008年10月17日于魁北克修订)

在得到部长委员会授权后,统一法可应任何成员国或常设秘书处的请求进行修改。

修改后的规定根据上面第6~9条规定的条件生效。

第三章　与统一法适用与解释有关的诉讼

第13条

有关统一法实施及其效力的诉讼由成员国国内具有最初管辖权的法院和上诉法院审理。

第14条(2008年10月17日于魁北克修订)

司法与仲裁共同法院负责本条约、为推动本条约的实施而制定的规则、统一法以及其他法规的统一解释和统一适用。

任一成员国或部长委员会可向司法与仲裁共同法院咨询有关前款范围内的任何问题。根据上面第13条规定审理案件的成员国国内法院也可请求司法与仲裁共同法院发表咨询意见。

作为上诉法院,司法与仲裁共同法院可对成员国国内上诉法院作出的有关统一法和条例的判决作出裁断,但有关实施刑事制裁的判决除外。

司法与仲裁共同法院还可对成员国国内法院就同一诉讼作出的不可上诉判决作出裁断。

当作为最终上诉法院审理案件时,司法与仲裁共同法院可裁决案件的实体问题。

第 15 条

第 14 条所规定的最终上诉可由诉讼程序中的任一方当事人直接提交给司法与仲裁共同法院,也可由收到上诉案件的成员国国内法院转交给司法与仲裁共同法院,如果该上诉案件涉及统一法的适用问题。

第 16 条

司法与仲裁共同法院对案件的审理可以自动中止成员国国内法院的所有上诉程序。但这一规则不应干扰判决或仲裁裁决的执行。只有在司法与仲裁共同法院作出裁决宣称自己无管辖权时,成员国国内法院的诉讼程序才可恢复。

第 17 条(2008 年 10 月 17 日于魁北克修订)

在庭审前,司法与仲裁共同法院可主动提出自己无管辖权,诉讼程序的任一方当事人也可提出法院无管辖权。

司法与仲裁共同法院应自收到对方当事人意见后的 30 日内或在允许提交意见期限届满后的 30 日内就管辖权作出决定。

第 18 条

如果成员国国内法院受理来自下级法院的上诉,而一方当事人根据司法与仲裁共同法院的管辖权认为该成员国国内法院对上诉案件没有管辖权,他可在有争议的裁决作出后的 2 个月内向司法与仲裁共同法院上诉。

司法与仲裁共同法院通过判决确定自己有无管辖权,并告知当事人及相关国内法院。

如果司法与仲裁共同法院认为成员国国内法院错误宣称自己有审理案件的管辖权,它就可宣布该成员国国内法院的判决无效,并推翻该判决。

第 19 条

司法与仲裁共同法院的程序由部长委员会根据上述第 8 条规定通过的规则调整,有关程序的条例应在非洲商法协调组织官方公报上发布。此类规则也应在成员国官方公报上或通过其他适当方式发布。

司法与仲裁共同法院的程序的性质应为对抗式,各方当事人应由具有适当资格的律师代理。审理应公开。

第 20 条

司法与仲裁共同法院的判决是终局的,并具有执行力。每一成员国应确保判决在境内得到实施和执行。与司法与仲裁共同法院判决相冲突的判决不得在任一成员国境内得到合法执行。

第四章 仲 裁

第 21 条

如果合同任一方当事人的住所或惯常居所在某一成员国内,或如果合同的全部或部分履行地或准备履行地在某一或某几个成员国境内,合同当事人可根据仲裁条款或庭外和解协议将争议提交本章规定的仲裁程序解决。

司法与仲裁共同法院并不自己解决此类争议。它应指定和确认仲裁员、了解仲裁程序的进行并根据下面第 24 条规定对仲裁裁决进行审查。

第 22 条

合同争议可由独任仲裁员或三名仲裁员仲裁解决。本条及下面各条规定中的“仲裁员”指的是独任仲裁员或多数仲裁员。

如当事人约定争议只由独任仲裁员解决,他们可就该仲裁员的指定达成协议,该协议须经司法与仲裁共同法院批准。如果当事人就仲裁员的指定不能达成一致意见,司法与仲裁共同法院会在一方当事人向另一方当事人发出指定仲裁员的通知后的 30 日内指定仲裁员。

如果当事人约定由三名仲裁员解决争议,每方当事人在收到仲裁请求或对请求作出答辩时指定一名独立仲裁员,该指定应经司法与仲裁共同法院批准。如果一方当事人拒绝指定或不能指定,司法与仲裁共同法院应代表该当事人指定一名仲裁员。作为首席仲裁员的第三名仲裁员由司法与仲裁共同法院指定,除非当事人约定应由他们各自指定的仲裁员在约定的时间内指定第三名仲裁员。如果当事人约定的时间或司法与仲裁共同法院许可的时间届满后,当事人指定的两名仲裁员无法就第三名仲裁员的指定达成一致意见,第三名仲裁员应由司法与仲裁共同法院指定。

如果当事人无法就仲裁员人数达成一致意见,司法与仲裁共同法院应指定独任仲裁员审理争议,除非法院认为案件应由三名仲裁员审理。在此情况下,当事人应在15日内指定仲裁员。

仲裁员可从司法与仲裁共同法院拟好的并且每年更新的仲裁员名单中选定。司法与仲裁共同法院的成员不得登记在该名单上。

司法与仲裁共同法院应对当事人有关仲裁员回避的请求作出决定。此类决定不得上诉。

仲裁员如遇下列情况应被替换:仲裁员死亡。不能履行职责。仲裁员因以下原因辞职:因履行职责的适宜性被提出回避;司法与仲裁共同法院经过调查认为,仲裁员无法根据仲裁规则或根据条约的规定完成职责,或无法在规定的时间内完成职责。在上述任一种情况下,应根据本条第2、3款规定重新指定仲裁员。

第23条

如果当事人已约定通过仲裁方式解决争议,成员国国内法院在审理此类案件时,应根据一方当事人的请求宣布自己对该案无管辖权,必要时将案件提交仲裁。

第24条

仲裁员在签署部分或最终裁决前,应将裁决草案送交司法与仲裁共同法院。

司法与仲裁共同法院仅能就裁决形式的修正提出建议。

第25条

根据本条约规定作出的仲裁裁决具有和成员国国内法院作出的判决一样的终局力和既判力。

仲裁裁决可通过执行令得到实施和执行。

只有司法与仲裁共同法院才有权签发仲裁裁决执行令。

除下列情况外,执行令必须被给予效力:

(1)仲裁员在没有仲裁协议的情况下作出裁决,或仲裁协议无效,或已过期;

(2)仲裁员没有根据授权作出裁决;

(3)对抗式诉讼程序原则没有得到尊重;

(4)仲裁裁决违反国际公共政策。

第26条

部长委员会应根据本条约第8条规定通过《司法与仲裁共同法院仲裁

规则》。规则应在非洲商法协调组织官方公报上发布,并应在成员国的官方出版物上或通过其他适当方式公布。

第五章 组 织 结 构

第 27 条(2008 年 10 月 17 日于魁北克修订)

1. 国家和政府首脑大会由成员国国家和政府首脑组成。大会由部长委员会主席国的国家或政府首脑主持。

国家和政府首脑大会必要时由主席根据自己的请求召集,或应至少三分之一成员国的请求召集。

国家和政府首脑大会决定涉及本条约的任何和所有问题。

国家和政府首脑大会的决议应由至少三分之二出席会议的成员国通过。

大会采取行动应一致同意通过或不能一致同意时由出席会议的绝对多数成员国通过,始得有效。

2. 部长委员会由成员国司法部部长和财政部部长组成。

部长委员会由成员国根据成员国名称字母顺序(法语拼写)轮流主持,任期一年。

新成员国根据加入的时间长短担任部长委员会主席,但只能在之前的所有成员国都担任过主席后始得进行。

如果某一成员国无法在其期限内担任部长委员会主席,部长委员会应指定根据前款规定排列其后的成员国担任主席。

如果以前无法担任部长委员会主席的成员国认为自己已能够担任主席,它应立即报告常设秘书处,要求部长委员会采取适当措施。

第 28 条

部长委员会根据主席的通知每年至少开会一次,主席可根据自己的动议或根据至少三分之一成员国的动议签发此类通知。只有至少三分之二的成员国出席会议,才能通过有效决议。

第 29 条

部长委员会主席根据常设秘书处办公室的建议确定会议议程。

第 30 条

部长委员会作出的除第 8 条规定事项以外的决定应由出席会议并参加投票的大多数成员国通过。每一成员国只能投一票。

第 31 条(2008 年 10 月 17 日于魁北克修订)

司法与仲裁共同法院由九名法官组成。

但部长委员会可在考虑任务规模以及资金来源情况后,确定比上款规定更多人数的法官。

司法与仲裁共同法院法官从成员国国民中选拔,任期 7 年,不得连任。他们应从下列人员中选拔:

(1)至少有 15 年职业经验并满足各自国内担任高级司法职位标准的法官;

(2)作为某一成员国律师协会成员并有至少 15 年职业经验的律师;

(3)至少有 15 年职业经验的法学教授。

司法与仲裁共同法院至少有三分之一的法官来自前款第 2、3 项人员。

司法与仲裁共同法院最多只能有一名法官来自任一成员国。

本条规定应根据依据第 19 条规定制定的规则予以适用。

第 32 条

司法与仲裁共同法院的成员由部长委员会从成员国提交的候选人名单中秘密投票选举产生。

每一成员国可以提名最多两名候选人。

第 33 条

常设秘书处应最迟在选举日前 4 个月请求成员国提交司法与仲裁共同法院成员候选人名单。

常设秘书处根据字母顺序对候选人排序,并最迟在选举日前 1 个月将候选人名单送交成员国。

第 34 条

当选后,司法与仲裁共同法院的法官应庄严宣告或宣誓他们将完全独立地忠实履行职务。

第 35 条

司法与仲裁共同法院如有法官死亡,院长应立即通知常设秘书处,常设秘书处宣布该职位自死亡之日起空缺。

如有司法与仲裁共同法院法官辞职,或如果该法院其他法官一致认为某位法官不是因临时原因而不再履行成员职务,或已不能再履行该职务,该法院院长在要求该相关法官到法院陈述意见后,通知常设秘书处,然后由其宣布该职位空缺。

在上述每种情况下,部长委员会应根据前述第32、33条规定选举其他法官履行职位空缺的法官的剩余期限职务,除非剩余职务期限不足6个月。

第36条

司法与仲裁共同法院的法官任期应有保障。

每一法官应任职到其继任法官履职之日。

第37条

司法与仲裁共同法院应从其内部的法官中选举法院院长和两名副院长,任期3年6个月,不得连任。选举之日剩余职务期限不足该期间的法院法官可以当选,履职至其任职期限届满之日。法院法官不得行使政治或行政职能。法官所有取得报酬的活动必须得到法院的批准。

第38条

司法与仲裁共同法院最初成立时所同时任命的7名法官的任期分别为3年、4年、5年、6年、7年、8年、9年。每一法官的任期抽签决定,并由部长委员会主席在部长委员会会议期间批准生效。法院将在首次成立之日起3年后进行首次更新。

第39条(2008年10月17日于魁北克修订)

司法与仲裁共同法院院长在征询司法与仲裁共同法院的意见后应从成员国推荐的具有至少15年职业经历的书记官长中任命司法与仲裁共同法院的书记官长。

司法与仲裁共同法院院长在征询司法与仲裁共同法院的意见后,还应任命该院的秘书长,以负责协助法院根据部长委员会所通过的条例的规定行使管理仲裁程序的职务。

司法与仲裁共同法院院长应书记官长或秘书长的请求,适当时也可设立其他必要职位。

第40条(2008年10月17日于魁北克修订)

常设秘书处是非洲商法协调组织的行政部门,由常设秘书长管理和领导。常设秘书长由部长委员会任命,任期4年,可连任一次。

常设秘书长代表非洲商法协调组织,并协助部长委员会的工作。

常设秘书长的任命和权力以及常设秘书处的组织和运作应根据部长委员会制定的条例界定。

第41条(2008年10月17日于魁北克修订)

应根据本条约设立一个有关商法的培训和继续教育、研究和分析中心,名称为"地区高等司法培训学校"。

该中心隶属于常设秘书处。

部长委员会制定的条例可对该中心的名称和目的进行更改。

该中心由部长委员会任命的理事长进行管理,理事长任期4年,可连任一次。

该中心的结构、运作、资金以及义务由部长委员会通过条例予以界定。

第42条(2008年10月17日于魁北克修订)

非洲商法协调组织的工作语言为法语、英语、西班牙语和葡萄牙语。

在被翻译成其他语言之前,已用法语发布的文件继续具有完全效力。在不同语言的文本发生冲突时,应以法语文本为准。

第六章 财政规定

第43条(2008年10月17日于魁北克修订)

非洲商法协调组织的资金来源有:

(1)成员国根据部长委员会制定的条例的规定缴纳的年费;

(2)根据非洲商法协调组织与成员国或其他国际组织达成的协议而提供的援助;

(3)捐赠和遗赠。

成员国的年费数额由部长委员会决定。

部长委员会批准上述第2项的协议以及第3项的捐赠和遗赠。

第 44 条

根据本条约进行的仲裁程序的收费费率以及所接受的资金的分配应由部长委员会批准。

第 45 条(2008 年 10 月 17 日于魁北克修订)

非洲商法协调组织的年度预算应由部长委员会通过。

每一会计年度的财务报表应由部长委员会任命的法定审计员审核,并应提交给部长委员会批准。

第七章　地位、豁免和特权

第 46 条

非洲商法协调组织具有完全的国际法律人格。它特别具有以下能力:

(1)缔约;

(2)取得并处置动产和不动产;

(3)提起诉讼程序以及作为当事人参与诉讼程序。

第 47 条

为能适当履行职务,非洲商法协调组织应在每一成员国领域内具有本章所规定的豁免和特权。

第 48 条

非洲商法协调组织的财产及物品不得被采取任何司法措施,除非它放弃豁免。

第 49 条(2008 年 10 月 17 日于魁北克修订)

根据所适用的规则的规定,非洲商法协调组织的公务员和雇员、司法与仲裁共同法院的法官,以及司法与仲裁共同法院所指定或确认的仲裁员在执行职务时享有外交特权和豁免。

非洲商法协调组织可在适当时候剥夺此类特权和豁免。

此外,只有经司法与仲裁共同法院的批准,该法院的法官才可因其履行职务以外的行为被起诉。

第 50 条

非洲商法协调组织的文件无论位于何处,不受侵犯。

第 51 条

非洲商法协调组织及其财产、物品、收入,以及非洲商法协调组织经本条约授权的所有行为免交所有税收和关税。非洲商法协调组织也免于任何追缴或支付税收或关税的义务。

第八章　程 序 条 款

第 52 条

本条约应由签署国根据本国的宪法程序予以批准。

本条约自第 7 份批准文书缴存之日起的 60 日后生效。但如果第 7 份批准文书的缴存日期早于条约签署后的第 180 日,则条约自缴存之日起的第 240 日生效。

对于其后缴存批准文书的签署国,在此类批准之日前通过的条约和统一法将在缴存之日起的 60 日后生效。

第 53 条

本条约生效后对没有签署该条约的所有非盟成员国开放。其他不是非盟成员国的国家经非洲商法协调组织所有成员国一致同意后可被邀请加入本条约。

对于任一成员国,在加入前已通过的本条约及统一法将在加入文书缴存之日起的 60 日后生效。

第 54 条

本条约不允许作出任何保留。

第 55 条

本条约一旦生效,第 27~41 条规定的机构就应设立。尚没有批准本条约的条约签署国可以作为观察员身份出席部长委员会会议,但无权投票。

第 56 条

成员国之间因本条约的解释或适用可能产生的、不能友好解决的争议可由成员国一方提交至司法与仲裁共同法院。如果具有一方成员国国籍的法官出庭审理该案,成员国另一方可指定一名临时法官参与审理该案。该法官必须满足第31条所规定的条件。

第57条(2008年10月17日于魁北克修订)

批准文件和加入文件应交给作为文件保存国的塞内加尔保存。该国政府应将每一文件的副本送交常设秘书处。

第58条

在本条约的修正内容已生效后批准或加入本条约的成员国应视为是修正后的条约的成员国。

部长委员会应将加入国的名字增添在第27条所规定的名单上,该名字应排在加入之日作为部长委员会主席国的那个成员国的名字前面。

第59条(2008年10月17日于魁北克修订)

文件保存国政府应根据《联合国宪章》第102条规定将本条约在非洲联盟和联合国进行登记。

文件保存国政府应将登记后的条约副本送交常设秘书处。

第60条

文件保存国政府应毫不延迟地将下列事项通知所有签署国或加入国:

(1)签署日期;

(2)本条约的登记日期;

(3)批准文件和加入文件的缴存日期;

(4)本条约生效日期。

第61条(2008年10月17日于魁北克修订)

任一成员国提出书面请求后,可对本条约进行修改或修正。该书面请求应向非洲商法协调组织常设秘书处提出,然后转交给部长委员会。

部长委员会应对该书面请求的内容和目的,以及建议修改的范围进行评估。

应部长委员会的请求,条约的修正或修改应采用和条约同样的方式予以通过。

第 62 条

本条约期限没有限制。在任何情况下,本条约不得在生效后的第一个10 年内被废除。

本条约的任何废除须通知条约缴存国政府,并在该通知作出之日起的 1 年后生效。

第 63 条(2008 年 10 月 17 日于魁北克修订)

本条约以法语、英语、葡萄牙语、西班牙语书写,各一式两份,保存在塞内加尔共和国政府的档案室内,该国政府应将认证过的条约副本送交每一成员国。

下列国家首脑及全权代表已在本条约上签字,以资证明。

对于 1993 年 10 月 17 日在毛里求斯共和国路易港签署的《非洲商法协调条约》:

贝宁共和国总统:尼塞福尔·索格洛(Nicéphore Soglo)

布基纳法索总统:布莱斯·孔波雷(Blaise Compaoré)

喀麦隆共和国总统代表(外交部部长)

中非共和国总统:昂热-菲利克斯·帕塔塞(Ange-FéLix Patasse)

科摩罗伊斯兰联邦共和国总统:赛义德·穆罕默德·乔哈尔(Said Mohamed Djohar)

刚果共和国总统:帕斯卡尔·利苏巴(Pascal Lissouba)

科特迪瓦共和国总统代表(总理):阿拉萨内·德拉马内·瓦塔拉(Alassane Dramane Ouattara)

加蓬共和国总统代表(总理):卡西米尔·奥耶·姆巴(Casimir Oyé Mba)

赤道几内亚共和国总统:特奥多罗·奥比昂·恩圭马·姆巴索戈(Téodoro Obiang Nguema Mbasogo)

马里共和国总统:阿尔法·奥马尔·科纳雷(Alpha Oumar Konare)

尼日尔共和国总统:马哈曼·奥斯曼(Mahamane Ousmane)

塞内加尔共和国总统代表(国家、外交事务和塞内加尔侨民部部长):穆斯塔法·尼亚斯(Moustapha Niasse)

乍得共和国总统:伊德里斯·代比(Colonel Idriss Deby)

多哥共和国总统:纳辛贝·埃亚德马(Gnassingbé Eyadema)

对于2008年10月17日在加拿大魁北克签署的《关于修改〈非洲商法协调条约〉的条约》:

贝宁共和国总统:博尼·亚伊(Boni Yayi)

布基纳法索总统:布莱斯·孔波雷(Blaise Compaoré)

喀麦隆共和国总统:保罗·比亚(Paul Biya)

中非共和国总统:弗朗索瓦·博齐泽(FrançOis Bozize)

科摩罗联盟总统:艾哈迈德·阿卜杜拉·穆罕默德·桑比(Ahmed Abdallah Mohamed Sambi)

刚果共和国总统:德尼·萨苏-恩格索(Denis Sassou N'Guesso)

科特迪瓦共和国总统代表(外交部部长):约瑟夫·巴亚约科(Youssouf Bakayoko)

加蓬共和国总统:哈吉·奥马尔·邦戈·翁丁巴(El Hadj Omar Bongo Ondimba)

几内亚共和国总统代表(总理):艾哈迈德·蒂迪亚内·苏阿雷(Ahmed Tidiane Soure)

几内亚比绍共和国总统代表(外交部部长):玛丽亚·达·孔塞桑·诺布雷·卡布拉尔(Maria Da ConceiçâO Nobre Cabral)

赤道几内亚共和国总统:特奥多罗·奥比昂·恩圭马·姆巴索戈(Teodoro Obiang Nguema Mbasogo)

马里共和国总统:阿马杜·图马尼·杜尔(Amadou Toumani Toure)

尼日尔共和国总统代表(总理):赛义尼·奥马鲁(Seyni Oumarou)

塞内加尔共和国总统:阿卜杜拉耶·瓦德(Abdoulaye Wade)

乍得共和国总统:伊德里斯·代比·伊特诺(Idriss Deby Itno)

多哥共和国总统代表(总理):吉尔伯特·福松·洪博(Gilbert Fossun Houngbo)

2010年12月15日由部长委员会在洛美通过
谨代表部长委员会
主席:柏奥赛·科寇·托奏恩(Biossey Kokou Tozoun)

OHADA

统一法

一般商法统一法

序 言

非洲商法协调组织部长委员会；

考虑到1993年10月17日在路易港签署，2008年10月17日在魁北克修订的《非洲商法协调条约》，特别是其中的第2条、第5~10条和第12条；

考虑到常设秘书处的报告和各成员国的意见；

考虑到司法与仲裁共同法院2010年6月30日第001/2010号意见；

经审议后，出席并参加表决的成员国一致通过如下统一法：

序章 适用范围

第1条

任何商人、自然人或法人，包括国家或其他受公法管辖的实体是其合作伙伴的商业公司以及经济利益团体，只要其营业地或注册办公地位于《非洲商法协调条约》成员国（以下简称成员国）的领土上，均应遵守本统一法的规定。

除非另有规定，选择以企业主身份经营的自然人也应遵守本统一法，并遵守下文规定的条件。

此外，商人或企业主应继续遵守其机构或注册办公室所在地的成员国适用的，与本统一法不相冲突的法律。

在本统一法生效之日已经成立或正在成立的自然人或法人以及经济利益团体，必须于本统一法在官方公报上公布之后2年内，使其经营活动符合新的立法。

超过该期限，任何利害关系人都可以向主管法院提起诉讼，以便进行规范,必要时主管法院可下令处以罚款。

第一卷　商人和企业主的身份

第一编　商人的身份

第一章　商人和商事行为的定义

第2条

商人是指以从事商事行为为职业的人。

第3条

商事行为在本质上是指一个人以获得经济利润为目的,参与生产或购买货物的流通领域,或提供服务的行为。特别是,以下行为在本质上属于商事行为:

(1)购买动产或不动产物品,以便转售;

(2)银行、证券交易、外汇、经纪、保险和过境业务;

(3)商人之间为其业务目的签订的合同;

(4)矿山、采石场和任何自然资源矿藏的工业开发;

(5)设备租赁业务;

(6)制造、运输和电信业务;

(7)商业中介机构的业务,如行纪、经纪、代理,以及购买、认购、出售或出租不动产、营业资产、商业或房地产公司的股票或股份;

(8)商业公司实施的行为。

第4条

特别是,汇票、本票和权证因其形式具有商事行为的性质。

第5条

商事行为可以通过任何方式证明,甚至可以通过电子方式对交易商进行证明。

启用书面证明能够使得商人通过任何方式证明其不是非商人。

法官应在上述条件下允许依照本统一法的规定保存的商业账簿作为证据。

商业账簿和财务报告可以作为证据。

在争议过程中,法官甚至可以依职权要求出示商业账簿和财务报告,以便从中提取与争议相关的信息。

第二章　从事商事行为的能力

第6条

任何人,如果在法律上不具有从事商业活动的能力,则不得以从事商业活动作为职业。

第7条

未成年人如未被解除对其监护,不得具有商人的身份,也不得从事商业活动。

商人的配偶只有在以职业身份,并与其配偶的行为分开从事上述第3条和第4条中所述的活动时,才具有商人的身份。

第8条

任何人不得从事由于其特殊身份而不得从事的商业活动。

如果没有具体规定,就没有由于其特殊身份而不得从事的商业活动。

主张由于其特殊身份而不得从事商业活动的人应当承担举证责任。

但是,一个人在由于其特殊身份而不得从事的商业活动中实施的行为对善意的第三方仍然有效。

如果他们认为合适,可以认为一个人在由于其特殊身份而不得从事的商业活动中实施的行为有效,但该从事了商业活动的人不得利用这一点。

第9条

履行下列职责或从事下列职业的人不得从事商业活动:

(1)公务员和公共机构、公有企业的工作人员;

(2)司法人员和司法辅助人员:律师、执达员、拍卖师、股票居间商、公证员、书记员、行政管理人员和清算人;

(3)注册会计师、特许执业会计师、审计师、出资审计师、法律顾问、船舶居间商;

(4)概括地说,任何根据规定禁止兼职从事商业活动的职业。

第10条

在下列情况下,任何人不得直接或通过中间人从事商业活动:

(1)被某一成员国法院判处一项永久或临时的常规禁令,无论判处该禁令是作为主要处罚措施还是附加处罚措施;

(2)被专业法院判处一项禁令;在这种情况下,该禁令只适用于有关的商业活动;

(3)因普通犯罪而最终被判处剥夺自由,或因侵犯财产罪或经济、金融方面的犯罪而被判处至少3个月的无假释监禁。

第11条

经禁治产人请求,发出禁令的法院可以撤销5年以上的临时禁令和永久禁令。

该请求只有在宣布禁令的判决成为最终判决之日起5年期满之后才可以受理。

根据《债务清偿集体程序(破产)统一法》规定的条件和形式,禁令将随着恢复原状而结束。

第12条

在不影响其他处罚的情况下,禁治产人实施的行为不得对抗善意第三方。

善意通常是推定的。

然而,这种行为对禁治产人是有对抗效力的。

第三章　商人的会计义务

第13条

每个商人,无论是自然人还是法人,都应按照《会计与财务报告统一法》的规定保存所有会计账簿。

此外,商人还应根据具体情况遵守《会计与财务报告统一法》和《商业公司和经济利益集团统一法》中的规定。

第14条

应在会计账簿中注明商事和动产信用登记簿中的登记号。

第 15 条

商业法人也应根据《会计与财务报告统一法》和《商业公司和经济利益集团统一法》的规定,每年编制其简要财务报告。

第四章　时效期限

第 16 条

商人之间或商人与非商人之间在交易过程中产生的义务,如果不受更短时效的约束,诉讼时效应为 5 年。

该时效期限应受其所影响的权利的法律约束。

第 17 条

时效期限与法律规定的期限不同,法律规定的期限从发生法律确定的事件起开始计算,而时效期限则从诉讼权利人知道或应当知道其能够提起诉讼的事实之日开始计算。

第 18 条

时效期限按日计算,不按小时计算。当期限的最后一日结束时,丧失时效。

第 19 条

对于附条件的债权,在条件达成之前不计算时效;对于有期限的债权,在期限到期之前不计算时效;对于担保债权,在要求实现担保债权之前不计算时效。

第 20 条

时效期限的中止具有暂时停止时效的效力,但不消除已经发生的时效期间。

第 21 条

对于因法律、协议或不可抗力造成的障碍而无法采取行动的人,不应计算时效期限,或应中止时效期限计算。

争议发生后,自各方同意进行调停或调解之日起,或如无书面协议,自第一次调停或调解会议之日起,时效期限中止。时效期限应从一方当事人或双方当事人或调停人、调解人宣布调停或调解终止之日起重新开始计算，重新开始计算的时效期限不少于6个月。

如果审判员批准了在审判前提出的关于采取调查措施的请求，时效期限也将中止。时效期限应从采取措施之日起重新开始计算，重新开始计算的时效期限不少于6个月。

第22条

时效期限的中断应具有消除已获得时效期限的效力。它将导致开始计算一个新的时效期限，该期限与旧的时效期限相同。

第23条

债务人承认请求时效期限的人的权利，则时效期限中断。

即使是在简易程序中，法律诉讼也会中断时效期限和法律规定的期限。在向无管辖权的法院提起诉讼的情况下，或向法院提起诉讼的行为因程序缺陷而被撤销的情况下，同样适用上述规定。在程序终止之前中断有效。

如果申请人撤回其申请、申请人终止诉讼或其申请最终被驳回，则中断无效。

第24条

强制执行行为会中断规定的期限和诉讼时效。

第25条

向其中一个连带债务人催告合法要求、强制执行或债务人承认对方的权利，中断对于所有其他债务人的时效期限，甚至中断对于其继承人的时效期限。

向主债务人提出催告或主债务人承认债务，中断对于担保人的时效期限。

第26条

法官不得依职权提出基于时效期限的主张。

除非弃权，否则在任何情况下都可以主张时效期限，即使在上诉时也是如此。

第27条

不得仅以时效期限已过为由要求重复支付为清偿债务而支付的款项。

第 28 条

只有既得的权利才能被放弃。

可以明示或默示放弃时效期限。默示放弃是指在某些情况下,明确证实不主张时效期限的意愿。

不能自行行使权利的人不能单独放弃时效期限。

即使债务人放弃时效期限,债权人或任何其他与时效期限有利害关系的人也可以反对放弃时效期限或主张时效期限。

第 29 条

可以由各方当事人协议缩短或延长时效期限。但是,时效期限不得缩短到 1 年以下或延长到 10 年以上。

经协商一致,当事人还可以增加中止和中断时效期限的理由。

第二编　企业主的身份

第一章　企业主的定义

第 30 条

企业主是指按照本统一法规定进行简单申报,从事民事、商事、手工业或农业专业活动的个体工商户、自然人。

如果企业主的活动在连续两个会计年度内产生的年营业额不超过《会计与财务报告统一法》在最低现金流量制度下规定的临界值,则应保留其身份。

就商人和手工业者而言,该年营业额一方面是他们销售货物、物品、用品和食品或提供住宿活动的营业额,另一方面是他们提供服务活动的营业额;对农民而言,是他们生产活动的营业额。

如果该企业主的年营业额在连续两年内超过其所在成员国为其活动规定的限额,则应要求该企业主从下一年的第一日起并在该年第一季度结束前,履行个体企业主应该适用的所有收费项目和义务。超过该时间,他不再具有企业主的身份,不再受益于企业主适用的特殊法律。

因此,他必须遵守适用于其活动的法规。

免于在商事和动产信用登记簿上登记的企业主,应按本统一法的规定申报其活动。

各成员国应制定鼓励企业主活动的措施,特别是关于税收和社会保障缴费方面的鼓励措施。

第二章　企业主的会计义务

第31条

作为其经营活动的一部分,企业主要按日记账,一方面要按时间顺序标明收入的来源和数额,区分现金支付和其他支付方式;另一方面要标明使用的目的和数额。该账簿必须保存至少5年。

第32条

此外,销售商品、物品、用品和食品或提供住宿服务的企业主必须按年度汇总登记,列明采购的详细情况,具体说明支付的方式,并列明证实文件目录,上述材料都应保存。

第三章　时　　效

第33条

企业主之间或企业主与非企业主之间产生的义务,如果不受更短时效的约束,适用5年时效期限。

该时效期限应受其所影响的权利的法律约束。

本统一法第17~29条中规定的时效期限制度适用于企业主。

第二卷　商事和动产信用登记簿

第一编　总　　则

第一章　商事和动产信用登记簿的作用

第34条

设立商事和动产信用登记簿的目的是:

(1)使须在商事和动产信用登记簿上登记的人能够申请登记，使其能够在提出申请后立即获得登记号码，并使其能够完成本统一法和任何其他法律规定的手续；

(2)使企业主能够进行活动申报，使其能够在提出申请后立即获得活动申报号，并使其能够完成本统一法和任何其他法律规定的手续；

(3)允许纳税人和第三方查阅商事和动产信用登记簿中所保存的信息；

(4)满足经济活动发展所需的安全、快速、透明和公平要求；

(5)接收《担保统一法》或任何其他法律中规定的与租赁合同相关的记录和与担保权益相关的记录。

第35条

进行商事和动产信用登记是为了：

(1)接受登记申请，特别是下列主体的登记申请：

(a)具有本统一法规定的商人身份的自然人；

(b)商业公司；

(c)按形式划分的民事公司和按目的划分的商业公司；

(d)经济利益集团；

(e)《商业公司和经济利益集团统一法》所指的分支机构；

(f)法律要求在上述登记簿中登记的所有具有法人资格的团体；

(g)从事法律规定的必须在上述登记簿中登记的专业活动的自然人；

(h)从事经济活动并享有法律和财务自主权的公共机构。

在提交申请后，有义务登记的人立即获得一个专属登记号码。

(2)接受企业主的活动申报，在其提交申报后，立即向其发放活动申报号，接受其修改申报，并接受其活动停止申报。

(3)接受契据和文件的交存，并提供本统一法、《商业公司和经济利益集团统一法》、《会计与财务报告统一法》以及任何其他法律规定中要求提供的资料。

(4)接受修改、补充和二次申报相关的申请。

(5)接受删除其中条目的申请。

(6)接受《担保统一法》和任何其他法律规定的担保登记相关的申请，并受理租赁合同的登记。

(7)接受《担保统一法》和任何其他法律规定的修改或续期登记相关的

申请。

(8)接受《担保统一法》和任何其他法律规定的注销登记相关的申请。

(9)随时签发执行统一法和其他法律规定所需的文件。

(10)在遵守成员国现有法律的前提下,按照《担保统一法》第66条的规定,向公众提供以下第39条和第40条中所述的表单中所载的信息。

第二章　商事和动产信用登记簿的管理

第36条

应由成员国主管法院或主管机构的登记处保存商事和动产信用登记簿,并由该法院院长或其为此目的委托的法官或成员国的主管机构进行监督。

国家档案应集中每个商事和动产信用登记簿中记录的信息。

由司法与仲裁共同法院保存的区域档案应集中各国家档案中记录的信息。

公众可以查阅移交给登记处或成员国主管机构的表单中所载的信息以及商事和动产信用登记簿和目录中所载的信息。

第37条

为完成上述第35条第1项、第2项、第3项、第4项、第5项、第9项和第10项中规定的任务,商事和动产信用登记簿应包括:

(1)一份接收登记簿,按提交时间顺序列明登记处或成员国主管机构接收的每项申报、申请或文档、文件归档的日期和编号,登记簿还应根据具体情况列明申报人或申请人的姓、名、企业名称、商号或称谓,以及申报、申请或文档、文件归档的主题;

(2)按字母顺序排序的登记人和企业主的清单;

(3)登记人和企业主的编号清单;

(4)各企业主和每个登记人的个人档案,根据具体情况,该个人档案由活动申报或登记申请以及根据以下条款附于申报或申请的文件构成。

在适当的情况下,个人档案中应补充以后发生的条目和以下条款或专项案文中规定的附件。

第 38 条

为完成以上第 35 条第 6、7、8、9、10 项中规定的任务，商事和动产信用登记簿应包括：

(1)按时间顺序排序的交存登记簿，列明提交的担保登记申请、变更登记申请、续期登记申请或初始登记注销申请，并列明每项申请的送达日期和送达序列号。

按时间顺序排序的交存登记簿还应列明租赁合同的登记和解除申请。

此外，按时间顺序排序的交存登记簿还应列明《担保统一法》第 53 条第 1 款第 1 项和第 2 项中规定的用于登记申请的表单上所载的信息。

(2)按字母顺序排序的担保人和承租人的名单，并按时间顺序列明担保和租赁合同的登记、修订、续期和解除情况。

(3)为登记的担保权益相关的在成员国登记或未登记的自然人或法人、商人或非商人建立的个人档案和为承租人建立的个人档案。个人档案应包括用于登记申请的表单以及用于与担保相关的任何其他申请的表单。

第 39 条

除使用电子方式外，企业主的任何申报或登记申请均应以登记处或成员国主管机构为此目的提供的格式作出。

根据具体情况，申请应由申报人、申请人或其代表签署，他们应证明自己的身份，其代表应提供由申报人或申请人签署的授权书，除非他是律师、授权专业人员、执达员、公证员或清算人。

应由登记员或成员国主管机构的负责人保存填好的表单。

登记员或成员国主管机构的负责人应立即向申报人或申请人发出登记确认书，注明日期、所办手续的名称，并根据具体情况注明活动申报的编号或登记号。

登记员或成员国主管机构的负责人应在 1 个月内将一份表单的副本连同作为证实文件的个人档案送交国家登记处，国家登记处应在 1 个月内将上述表单的副本和档案的摘要送交区域登记处。

第 40 条

除使用电子方式外，任何担保权益和租赁合同的登记、变更、续期和注销申请均应以登记处或成员国主管机构为此目的提供的格式作出。

应由《担保统一法》第51条中规定的人员签署申请书。

签署人应证明自己的身份并提供由申请登记的人签署的授权书,除非他是律师、授权专业人员、执达员、公证员或清算人。

应由商事和动产信用登记处保存填好的表单。

应立即将一份表单的副本连同作为证实文件的个人档案送交国家登记处。

第41条

应由《担保统一法》第51条中规定的人员申请在商事和动产信用登记簿中进行担保登记。

应由出租人或承租人申请在商事和动产信用登记簿中进行租赁合同登记。

有权受理租赁登记的商事和动产信用登记机构应为承租人登记或申报的辖区内的商事和动产信用登记机构;如承租人未进行登记或申报,由承租人住所地辖区内的商事和动产信用登记机构受理租赁登记。

第42条

担保权益或租赁合同的登记日期应为上述第38条第1项所述的按时间顺序排序的交存登记簿中所列的日期。

第43条

此外,应在商事和动产信用登记簿中登记以下内容:

(1)在个人破产程序或债务清偿集体程序中作出的决定;

(2)宣布对法人机构管理人员进行经济制裁的决定;

(3)宣布恢复资格或取消禁令的恢复决定或赦免措施。

作出必须记入商事和动产信用登记簿裁决的法院或成员国主管机构的登记处,应尽快将上述裁决的签字副本送交有权限管辖的登记处或成员国主管机构。任何有利害关系的人也可以要求将有关的裁决记入商事和动产信用登记簿。

任何打算利用依职权登记某一项裁决的人必须查实该裁决已被登记,他有责任要求有权限的商事和动产信用登记处进行登记。

第二编　在商事和动产信用登记簿中登记

第一章　登记的条件

第一节　自然人的登记

第44条

凡依法需要登记的自然人，必须在开展经营活动的第一个月内，向主管法院的登记处或成员国主管机构申请在商事和动产信用登记簿中登记，该自然人的经营活动应在成员国主管机构的管辖范围内。

使用上述第39条中规定的格式所提出的申请应列明：

(1)申请登记人的姓、名和个人住所；

(2)出生日期和出生地点；

(3)国籍；

(4)如果需要，他开展活动使用的名称及商标；

(5)所开展的活动；

(6)如果需要，结婚的日期和地点，采用的婚姻制度，可对抗第三方的限制配偶自由处分财产的条款，或在没有此类条款的情况下，关于财产分割的申请；

(7)有权通过签字约束申请登记人责任的人的姓、名、出生日期和出生地点、住所和国籍；

(8)主要营业地的地址以及，如果需要，在成员国境内经营的各分支机构和各营业所的地址；

(9)如果需要，该自然人之前经营的最后一家机构的性质和地址，并注明其在商事和动产信用登记簿上的登记号；

(10)该自然人启动经营活动的日期，以及各分支机构和各营业所启动经营活动的日期如果需要；

(11)特定文本规定的任何其他信息。

第45条

为支持其申请，申请人应提供以下证明文件，格式和方式不限：

（1）出生证明或任何能够证明其身份的行政文件摘录。

（2）如有必要，提供其结婚证明摘录。

（3）申请人签署的不受上述第 10 条中规定的任何禁令限制的郑重声明。自登记之日起 75 日内，应提供犯罪记录的摘录来证实这一声明，如果没有犯罪记录的摘录，则以相关的文件替代。

（4）居住证明。

（5）主要营业地点的产权证明或租约或占用证明的副本，如果需要，各分支机构和各营业所的产权证明或租约或占用证明的副本。

（6）如果经营收购或租赁业务，提供收购契约或租赁契约的副本。

（7）如果需要，开展经营业务的事先授权。

（8）如果需要，特定文本中规定的文件。

第二节　法人的登记

第 46 条

依法应予登记的法人应在成立后 1 个月内，向其注册办公地或主要营业地的主管法院登记处或成员国的主管机构申请登记。

使用上述第 39 条中规定的格式所提出的申请应列明：

（1）根据具体情况，企业的名称或商标；

（2）如果需要，简称或标识；

（3）所开展的活动；

（4）法人团体的形式；

（5）如果需要，股份资本的数额，并注明现金出资的数额和实物出资的估值；

（6）注册办公地的地址，如果需要，主要营业地和其他各营业所的地址；

（7）组织章程或成立文件中规定的公司或法人团体的期限；

（8）对公司债务负有无限期个人责任的股东的姓、名和个人住所，并注明其出生日期、出生地点和国籍，如果需要，结婚的日期和地点，采用的婚姻制度，可对抗第三方的限制配偶自由处分财产的条款，或在没有此类条款的情况下，关于财产分割的申请；

（9）具有约束公司或法人团体权力的经理、管理人员、董事或股东的姓、名、出生日期、出生地点和住所；

（10）《商业公司和经济利益集团统一法》规定的审计员的姓、名、出生日期、出生地点和住所；

（11）专项立法中规定的任何其他信息。

第47条

上述申请应附下列证实文件，格式和方式不限：

（1）经核实的公司章程或成立文件的副本。

（2）正规性、合规性声明或经公证的认购和出资证明。

（3）经核证的对公司债务负有无限期个人责任或具有约束公司或法人团体权力的经理、管理人员、董事或股东的名单。

（4）申请人签署的不受上述第10条中规定的任何禁令限制的郑重声明。自登记之日起75日内，应提供犯罪记录的摘录来证实这一声明，如果没有犯罪记录的摘录，则以相关的文件替代。

（5）如果需要，申请人开展业务的事先授权。

第48条

由于其开展业务的地点或其注册办公地点的原因而无须在商事和动产信用登记簿中登记的任何自然人或法人，如果在某一成员国境内设立《商业公司和经济利益集团统一法》所界定的分支机构或营业所，应在设立分支机构或营业所后一个月内申请登记。

应向法院登记处或成员国主管机构（分支机构或营业所在该法院登记处或成员国主管机构的管辖范围内）以上述第39条规定的格式提出申请，申请中应列明：

（1）如果需要，商号、简称或标志；

（2）分支机构或营业所的名称或商号；

（3）所开展的活动；

（4）拥有分支机构或营业所的外国公司的名称，商号，简称或标志，所开展的活动，公司或法人团体的形式，国籍，注册办公地地址，如果需要，应提供对公司债务负有无限期个人责任股东的姓、名和个人住所；

（5）居住在成员国境内，对该分支机构具有代表权和管理权自然人的姓、名、出生日期和出生地点。

第三节　关于自然人和法人登记的共同规定

第 49 条

自然人或法人的登记具有个体性质。

任何人不得在多个登记簿中被登记为当事人或在同一登记簿中以多个号码被登记为当事人。

第 50 条

在收到填妥的申请表单和本统一法规定的文件后，登记员或成员国主管机构的负责人应向申请人签发登记确认书，并在登记确认书中注明完成手续的日期和登记号。

登记员或成员国主管机构的负责人应在 3 个月内按照本统一法第 66 条规定进行核查，如有必要，应在上述期限内通知利害关系人撤销其登记或主动注销其登记。

第 51 条

如果将开展经营活动的地点转移至另一管辖区，有义务登记的人应申请：

（1）将其从之前管辖区的商事和动产信用登记簿中除名；

（2）在开展经营活动的管辖区的商事和动产信用登记簿中重新进行登记，该登记只有在经过以下第 4 款和第 5 款中规定的核查后才能生效。

为此，有义务进行登记的人必须根据具体情况提供上述第 44~48 条中规定的资料和文件。

有义务进行登记的人必须在转移经营活动地点后 1 个月内办理以上手续。

转移经营活动地点后经营活动所在管辖区负责管理商事和动产信用登记簿的登记处或成员国主管机构，必须在重新登记后 1 个月内，通过要求有义务进行登记的人提供先前登记地的登记处或成员国主管机构出具的证明，来核实有义务进行登记的人已从先前的登记簿中除名。

有义务进行登记的人如未尽责，登记处或成员国主管机构应依职权进行更正登记，费用由有义务进行登记的人承担。

第四节 修改、追加和补充登记

第52条

如果因为有义务进行登记的人的情况发生变化而需要修改或补充商事和动产信用登记簿中登记的信息,有义务进行登记的人应在这种变化发生后30日内申请修改或补充相关的信息。

特别是,应予登记自然人婚姻情况、夫妻财产情况、行为能力和活动的任何改变,或应予登记法人状态的任何改变,都应记入商事和动产信用登记簿。

停止部分经营活动也应记入商事和动产信用登记簿。

应按照本统一法第39条的规定签署关于修改、追加或补充登记的申请。

登记员或成员国主管机构的负责人应出具登记确认书,并在登记确认书中注明完成的手续及其日期。

第53条

任何须在商事和动产信用登记簿上登记的自然人或法人团体,如果在其他管辖区内开展第二项业务,则应在业务开始之后1个月内进行第二项业务登记申报。

除提供主要业务登记信息外,申报中还应提供:

(1)对于自然人,上述第44条中规定的信息;

(2)对于法人,上述第46条中规定的信息。

登记员或成员国主管机构的负责人应出具登记确认书,并在登记确认书中注明完成的手续及其日期。

第54条

应向业务开展地管辖区内的商事和动产信用登记处提交第二项业务登记申请。

有关的登记处或成员国主管机构应在第二项业务登记之后1个月内,将第二项业务登记相关的申报副本递交进行主要业务登记的登记处或成员国主管机构。

应给第二项业务地点的每一项登记分配一个登记号。

第 55 条

每个已登记的自然人应在其停止经营活动之后 1 个月内,申请将其从商事和动产信用登记簿中注销。如果分支机构和营业所停止其经营活动,也应办理注销手续。

如果已登记的自然人死亡,其继承人应在该自然人死亡之日后 3 个月内申请注销登记簿中的登记,如果他们自己想要继续开展经营活动,应在该自然人死亡之日后 3 个月内申请变更登记。

如果未在本条前两款中规定期限内提出注销申请,在主管法院或成员国主管机构根据其请求或任何利害关系人的请求作出决定后,登记处或成员国主管机构应注销登记簿中的登记。

管理商事和动产信用登记簿的登记员或成员国主管机构的负责人应出具登记确认书,并在登记确认书中注明完成的手续及其日期。

第 56 条

登记员或成员国主管机构的负责人应根据上述第 50 条的规定,依职权对已登记的自然人或法人办理注销登记。

第 57 条

注销登记将导致丧失因登记产生的权利。

第 58 条

无论出于何种原因,如果法人解散,应在 1 个月内向对其进行登记的主管法院登记处或成员国主管机构申报,以便在商事和动产信用登记簿中登记。

自从作出公司注销裁决之日起公司所作的决定无效。

清算人应当自清算程序结束起 1 个月内提出注销申请。

如果需要,应申请追加和补充登记的注销以及分支机构和营业所的注销。

如果未在规定的期限内提出注销申请,在主管法院或成员国主管机构根据其或任何利害关系人的请求作出决定后,登记处或成员国主管机构应注销登记簿中的登记。

登记员或成员国主管机构的负责人应出具登记确认书,并在登记确认书中注明完成的手续及其日期。

第二章　登记所产生的效力

第 59 条

除非另有证据，应推定任何在商事和动产信用登记簿上登记的人为本统一法所指的商人。

但是，这一推定不适用于根据法律规定在商事和动产信用登记簿上登记为非商人的自然人，也不适用于依据本统一法、《商业公司和经济利益集团统一法》或专项法律规定不被视为商人的法人团体。

任何在商事和动产信用登记簿上登记的自然人或法人团体都应在其发票、订单、价格表和商业文件以及所有函电中注明其在商事和动产信用登记簿中的登记号码和登记地点。

第 60 条

任何须在商事和动产信用登记簿上登记的自然人如果没有在规定的期限内申请登记，在其登记之前，需要以商人的身份开展业务时，不得声称其具有商人的身份。

任何须在商事和动产信用登记簿上登记的法人团体如果没有在规定的期限内申请登记，在其登记之前，不得声称其具有法人资格。

但是，不得以未在商事和动产信用登记簿上登记为由，逃避其身份所固有的责任和义务。

第 61 条

任何须在商事和动产信用登记簿上登记的人，在其活动过程中，不得向第三方和公共行政部门提出只有在商事和动产信用登记簿上登记的事实和行为内容才可以被转录或引用，但是，第三方和公共行政部门可以利用这一规定。

如果有义务进行登记的人能够证实有关第三方或公共行政部门在处理事务时知道相关的事实和行为，则不适用本规定。

第三编　向商事和动产信用登记处申报企业主的活动

第62条

企业主应以上述第39条中规定的格式向其业务管辖区内的主管法院登记处或成员国主管机构免费申报其活动。企业主应提供下列资料：

(1)姓和名；

(2)开展活动的地址；

(3)活动说明；

(4)身份证明；

(5)如有,婚姻状况证明。

在收到填妥的活动申报表单和本统一法中规定的文件后,登记员或成员国主管机构的负责人应向申报人出具登记确认书,并在登记确认书中注明完成手续的日期和活动申报的编号。

企业主只有在收到申报编号之后才能开始其经营活动,企业主应在其发票、订单、价格表和商业文件以及专业函电中注明申报编号。

应以同样的方式向主管法院登记处或成员国主管机构免费递交关于修改业务内容或业务地点的申报以及关于注销登记的申报。

第63条

为支持其申请,申请人应提供以下证明文件,格式和方式不限：

(1)出生证明或任何能够证明其身份的行政文件摘录。

(2)如有必要,提供其结婚证明摘录。

(3)申请人签署的郑重声明、证明：

(a)如果申请人是商人,则不受上述第10条中规定的任何禁令的限制；

(b)如果申请人不是商人,没有被禁止从事与他的职业有关的活动,也不受上述第10条中规定的任何禁令的限制。

自登记之日起75日内,应提供犯罪记录的摘录来证实这一声明,如果没有犯罪记录的摘录,则以相关的文件替代。

(4)居住证明。

(5)如果必要,申请人开展业务的事先许可。

第 64 条

自然人或法人的登记具有个体性质。

作为企业主,任何人不得向多个登记处申报,也不得以多个编号向同一个登记处申报。

企业主不得同时以自然人身份在商事和动产信用登记簿上登记。企业主不具有与商事和动产信用登记簿上登记的自然人相同的地位。

第 65 条

履行上述第 62~64 条中规定的申报义务的自然人应被推定为企业主。

以企业主的身份,可以受益于下列规定:

(1)本统一法第 5 条,关于证据的规定;

(2)本统一法第 17~29 条和第 33 条,关于时效期限的规定;

(3)本统一法第 101~134 条,关于专业租赁的规定。

如果业务发生变化,企业主应向主管法院登记处或成员国主管机构申报。

同样,如果企业主开展业务的地点发生变化,他应向主管商事和动产信用登记簿的登记处或成员国主管机构提出修改申报。

如果企业停止经营活动,企业主应就此向主管法院登记处或成员国主管机构作出申报。

企业主的所有申报都是免费的。

第四编　与商事和动产信用登记簿相关的争议

第 66 条

掌管商事和动产信用登记簿的登记员或成员国主管机构的负责人,应依职权确保申请和申报的完整性,并核实其内容与依据上述第 50、58 条提供的证明文件是否相符。

登记员或成员国主管机构的负责人应核查向其提交的申请和申报的合规性。

如果发现资料有错误或进行核查有困难,可以传唤申请人或申报人到场,要求其进一步解释说明和提供文件。

登记员或成员国主管机构的负责人根据上述第 50 条作出的决定应说明

作出决定依据的理由,并通知有关当事方。当事方可在通知之后15日内就该决定提出申诉。

登记员或成员国主管机构的负责人如果拒绝接受有义务登记的人或第三方的申报或申请,或要求其提供文件或资料,应说明作出决定的理由,并将理由通知当事方。当事方可在通知之后15日内就该决定提出申诉。

如果就登记员或成员国主管机构的负责人作出的决定提出申诉,应迅速向主管法院或成员国主管机构提出。如果就主管法院或成员国主管机构作出的决定提出上诉,应在宣布决定之日起15日内向有管辖权并以同样方式作出决定的上诉主管法院提出。

上述程序适用于有义务登记的人或申报人与登记员或成员国主管机构负责人之间的争议,以及第三方与登记员或成员国主管机构负责人之间的争议。

第67条

与担保权益和留置权相关的争议应适用《担保统一法》的规定。

与租赁相关的争议应适用第66、68、69条的规定。

第68条

如果需要办理本统一法中规定手续的人没有在规定期限内提出申请,主管法院或成员国主管机构可以迅速依职权或在掌管商事和动产信用登记簿的法院登记处或成员国主管机构的要求下,或在其他申请人的要求下,发布要求相关人员办理有关手续的决定。

在同样条件下,成员国主管法院或主管机构可以命令在商事和动产信用登记簿上登记的任何自然人或法人团体进行:

(1)补充或更正信息;

(2)或在申报不准确或不完整的情况下,进行必要的补充或更正;

(3)或将其从登记簿中注销。

第69条

凡被要求完成本统一法规定的某项手续的人,如未完成手续或以欺诈手段完成手续,应按国家刑法中规定的处罚措施予以处罚,或如果需要,按成员国依据本统一法通过的特别刑法中规定的处罚措施予以处罚。

如果可能,宣判法院应责令改正错误的登记。

第五编 特别规定

第70条

各成员国可指定唯一的商事和动产信用登记处以办理本统一法、《担保统一法》和任何其他法律规定中所述的与担保和租赁相关的手续。

第71条

为此目的指定的掌管商事和动产信用登记簿的登记员或成员国主管机构的负责人,是唯一有权限履行本统一法第35条中规定职责的人。

掌管指定的商事和动产信用登记簿的登记员或成员国主管机构的负责人在办理上述第70条规定的手续时,应使用本统一法第38条规定的登记簿和清单。

第72条

为了使指定的商事和动产信用登记处能够按照上述第70条的规定完成登记,应在一年内将各商事和动产信用登记簿上登记的担保权益和租赁合同相关的所有资料移交给指定的商事和动产信用登记处,包括登记日期、修改日期、续期日期和注销日期。

虽然有上述规定,在修改、续展和注销登记的情况下,收到相关的申请后,指定的掌管商事和动产信用登记簿的登记处或成员国主管机构,应要求收到最初资料的掌管商事和动产信用登记簿的登记处或成员国主管机构立即移交相关的资料。应将移交资料作为紧急事项处理,在任何情况下都应在收到申请之后1个月内移交资料。

如果没有在上述的时间期限内移交相关的资料,《担保统一法》第51条中规定的人可向主管法院或成员国主管机构提起申诉,该主管法院或成员国主管机构应迅速作出裁决,以使有关登记员或成员国主管机构的负责人移交资料。

掌管商事和动产信用登记簿的登记员或成员国主管机构的负责人收到相关资料之后,应将其登记在按时间顺序登记的登记簿和按字母顺序排列的资料清单中。

登记、续期、修改或注销的日期应特别记入按时间顺序登记的登记簿和按字母顺序排列的资料清单中,并注明其涉及依据移交的资料推迟进行登记、续期、修改或注销,还应特别注明其原来的商事和动产信用登记簿。

如果没有在收到资料后48小时内将资料中的内容记入按时间顺序登记的登记簿和按字母顺序排列的资料清单中,享有担保权益的债权人、担保代理人或出租人可将该事项提交主管法院或成员国主管机构,主管法院或成员国主管机构应尽快裁决,以使登记员或成员国主管机构负责人将相应的内容记入按时间顺序登记的登记簿和按字母顺序排列的资料清单中。

第三卷　国家登记册

第一章　一般规定

第73条

各成员国应建立一份国家登记册,以便:

(1)集中管理每个商事和动产信用登记簿中记录的信息和数据;

(2)允许纳税人和第三方获取保存在国家登记册中的信息;

(3)满足经济活动发展所需的安全、快速、透明和公平要求;

(4)接受应主管部门或《担保统一法》第51条规定的相关人员要求作出的与抵押有关的申报。

国家登记册应从每个商事和动产信用登记处收到纸质或数字形式的表格副本,以及数字形式的个别文件或其他数字形式的文件,或由登记员或成员国管理商事和动产信用登记簿主管机构的负责人核实无误的文件。

第二章　国家登记册的组织

第74条

各成员国均应指定负责维护国家登记册的机构。

国家登记册应由司法部监督保存。

提交给国家登记册的表格中所包含的信息可供公众参考。

成员国主管机构的登记员或主管机构负责人,应立即或最迟在收到请求后48小时内,回复向国家登记册提出的提供资料的请求。请求和回复均可通过电子方式提出。

第75条

国家登记册应包括：

（1）一份到达登记表，将收到的转交资料、表格和文件按时间顺序排列。登记簿还应该包含抵押贷款声明。应给每次转交资料和抵押声明都分配一个到达编号。

（2）按字母顺序排列与每个商事和动产信用登记簿收到的登记和申报活动相关表格和文件中的人员名单，并注明：

（a）对于自然人，其姓、名、出生日期和地点，商事和动产信用登记簿中的登记号码或商事和动产信用登记簿中的活动申报编号，所开展活动的性质，主要营业地或活动地的地址，位于商事和动产信用登记簿管辖范围内或超出其管辖范围的分支机构和机构；

（b）对于法人，视情况，其企业名称、法律形式、注册号码、所开展活动的性质、主要营业地地址、注册办事处地址、位于商事和动产信用登记簿管辖范围内或超出其管辖范围外的分支机构和机构。

（3）按字母顺序排列的关于担保和租赁登记以及抵押声明表格和资料中涉及的人员名单。

登记册应说明这些人的注册情况，均按时间顺序排列。

（4）国家登记册应为收到的每份表格、抵押声明和档案单独建立档案。

第四卷　区域登记册

第一章　一 般 规 定

第76条

应在司法与仲裁共同法院保存一份区域登记册，以便：

（1）汇总每个国家登记册中记录的信息和数据；

（2）允许纳税人和第三方获取保存在国家登记册中的信息；

（3）满足经济活动发展所需的安全、快速、透明和公平要求。

应以纸质版或者电子版形式收到每个成员国的国家登记册的表格副本，如有必要，以电子版形式提供一份由单独文件或经登记官或每个成员国国家登记册的成员国机构负责人核实的文件组成的摘要。

它承担着与国家登记册相同的公共信息功能。

第二章　区域登记册的组织

第77条

区域登记册包括：

（1）一份到达登记表，按照收到的时间顺序说明收到表格和文件的性质。每个传输都有一个序列号。

（2）按字母顺序排列的每个国家登记册收到的关于活动登记和申报的表格和文件中的人员名单，并注明：

（a）对于自然人，其姓、名、出生日期和地点，商事和动产信用登记簿中的登记号码或商事和动产信用登记簿中的活动申报编号，所开展活动的性质，主要营业地或活动地的地址，位于商事和动产信用登记处管辖范围内或超出其管辖范围的分支机构和机构；

（b）对于法人，视情况，其企业名称、法律形式、注册号码、所开展活动的性质、主要营业地地址、注册办事处地址，位于商事和动产信用登记处管辖范围内或超出管辖范围的分支机构和机构。

（3）按字母顺序排列的从每个国家登记册中收到的表格和抵押声明相关的人员名单，并注明由其提供支持。

（4）表格和抵押权声明所涉及人员的个人档案摘要。

第78条

提交给区域登记册的表格和抵押声明包含的信息是公共信息。

对于向区域登记册提出的任何信息要求，负责人应立即或最迟在收到请求后的48小时内作出答复。

第五卷　商事和动产信用登记簿、国家登记册和区域登记册的信息化

第一章　使用电子程序的一般原则

第79条

本编的规定应适用于本统一法、任何其他统一法或任何其他条例规定

的手续或要求。该要求或手续可通过电子方式提出，只要收件人可以通过电子方式发送和接收。

但是，本编的规定不适用于受专门立法约束的电子交换或传输。

第 80 条

在每个成员国，商事和动产信用登记簿和国家登记册可用纸质或电子形式保存和使用。

区域登记册以纸质或电子形式保存。

第 81 条

在非洲商法协调组织内设立的电子程序标准化技术委员会应负责电子文件和电子传输程序的标准化工作。

第二章　电子文件和电子签名的有效性

第 82 条

为取得商事和动产信用登记而提交的电子文件和通过电子传输方式提交的文件与纸质文件具有相同的法律效力，特别是在法律效力和证据效力方面。

当电子文件通过可靠技术手段生成和保存，且在处理和传输过程中能始终保证文件来源和完整性时，电子文件可以代替纸质文件。

当技术手段能在电子文件处理和传输过程中始终保证文件来源和完整性时，本统一法或本统一法第 81 条规定的电子流程标准技术委员会将其视为有效。

使用合格的电子签名是一种可靠的技术手段，可在电子文件处理和传输过程中始终保证文件来源和完整性。

第 83 条

合格的电子签名可用于文件，且可以识别签署人并证明其同意该行为产生的义务。

它具有以下特点：

(1)只对签署人有约束力；

(2)可准确识别签署人；

（3）通过签署人能控制的方式进行创建；

（4）能链接到相关文件，以便检测到对该文件的任何后续修改。

合格的电子签名由以下技术组成：

（1）签名创建软件和签名验证软件；

（2）由电子认证服务机构制作的认证签字人的电子证书。

本统一法第 81 条规定的电子流程标准技术委员会应确定电子认证服务机构的资格标准。

第 84 条

合格电子签名的电子证书是将与签名验证有关的数据链接到签署人并确认该人身份的电子证书。

至少应包含以下信息：

（1）证书持有人的姓名；

（2）持有人的密钥；

（3）证书的有效期；

（4）唯一的序列号；

（5）电子认证服务机构的电子签名。

第 85 条

非洲商法协调组织条例应规定确保电子签名合格的技术要求，若没有相关规定，则遵照成员国国内法相关规定。

第三章　电子文件的使用和保存

第 86 条

在符合本统一法第 79 条关于收件人和本统一法第 82～85 条关于文件合规的情况下，申请或声明及证明文件可以全部或部分以电子形式提交。

第 87 条

采用电子形式提交的文件，商事和动产信用登记处负责人员须依据本统一法签发与纸质版文件相同的证明文件。

商事和动产信用登记处主管部门签发的电子文件应通过可靠技术手段生成，且在处理和传输过程中始终保证文件来源和完整性，本统一法或本统一法第 81 条规定的电子流程标准技术委员会将其视为有效。其文件名称如下：

(1)注册手续：注明日期和注册编号的注册确认书；

(2)申报手续：注明日期和经营申报号的申报确认书；

(3)在商事和动产信用登记处办理其他手续：注明手续日期和性质的注册确认书；

(4)担保登记手续：注明日期、手续名称和编号的登记确认书或存放证明；

(5)登记续期手续：注明日期、手续名称和编号的登记确认书或续期证明；

(6)变更和注销手续：注明日期、手续名称和编号的登记确认书或者变更或注销证明。

本统一法规定的以电子形式签发的其他文件，其名称应与纸质程序中规定的文件名称相同，还须符合上述第 82~85 条的规定。

根据本统一法或其他统一法或其他法律规定签发的登记确认书，应说明收件方已收到符合规定且可使用电子方式处理的表格、文件、证明或信息。

登记确认书应在收到符合本统一法的电子申请或申报时，由登记员或商事和动产信用登记簿的主管机构负责人签发。

第 88 条

登记员或商事和动产信用登记簿的主管机构负责人有权调取纸质版或电子版司法决定或行政决定，应在个人档案或登记表和目录空白处的批注记录。

个人档案或登记表和目录空白处的批注应以电子版形式录入个人档案的计算机文件中，该文件应由登记员或主管机构负责人通过合格的电子签名签署。

带有批注的个人档案完整副本应于 24 小时内送交国家登记册，国家登记册应于 24 小时内以电子方式将电子表格副本、部分电子个人档案或登记员或商事和动产信用登记簿的主管机构负责人认证的证明文件发送到区域登记册。

第89条

当申请或申报是以电子形式提交,且没有申请人、申报人或代理人的电子签名时,登记员或商事和动产信用登记簿的主管机构负责人应在审核申请文件和证明文件后,通过添加自己合格的电子签名确认申请或声明有效。

在该情况下,登记确认书不应提及活动申报编号、注册编号或命令编号。

应在登记员或商事和动产信用登记簿的主管机构负责人审定申请、申报及其相关证明文件有效后的48小时内,签发活动申报编号、注册编号或命令编号。

第90条

根据本统一法或其他统一法或其他法律的规定,行政机关可直接以纸质版或电子版形式向商事和动产信用登记处提供须公开的信息,无论是否涉及个人信息。

第91条

电子版申请或申报须在保持其持久性、完整性和可读性的条件下保存。

还应保存自声明或请求申请之日起有关的所有信息,如用于识别,确定属性(包括合格的电子签名)和确保其可追溯性的数据。

保留电子记录的连续操作,尤其是将信息从一种储存介质迁移到另一种储存介质,不得使申请或申报电子记录失去其原始价值。

保存程序应允许登记员或成员国主管机构负责人在不影响先前记录的情况下提供登记后的资料。

第四章　使用电子方式传输文件

第92条

商事和动产信用登记簿、国家登记册和区域登记册可以提供安全、基于互联网的计算机服务,允许申请人或申报人能根据自己的选择:

(1)提出任何要求或声明;

(2)通过电子邮件等方式发送由电子文件和扫描证明文件组成的申请或请求的单个文件夹;

(3)在网上,尤其是商事和动产信用登记簿相关网站上,以互动方式编写申请书并通过该网站提交。

第 93 条

登记处或商事和动产信用登记簿的主管机构可通过电子方式答复以该方式提出的各种信息请求。该请求和回复均无须书面确认。

第 94 条

商事和动产信用登记簿、国家登记册和区域登记册之间的信息交换应包含签发人的合格电子签名,以确保其来源和完整性。

第 95 条

通过任何电子手段特别是电子邮件方式直接进行信息传输的,申请人或申报人应使用其合格的电子签名。

第 96 条

统一法规定的个人档案、副本或摘要可以通过电子方式进行传输,特别是根据本统一法第 81 条规定的电子程序标准化技术委员会的建议,应在保证其完全复制的条件下,事先将其数字化。

当通过包括数据压缩和数据存储的电子处理设备向目的地发送或接收信息时,以及通过电线、无线电、光学或其他成员国界定的但允许发射器和接收器的信息系统之间互相操作的电子方式传输、发送和接收信息的,应视为以电子方式发送。

接收机构应向发送机构发送确认函。确认函应附登记员或接收机构成员国主管机构负责人的合格电子签名。

第五章　登记册信息的电子公布和传播

第 97 条

根据本统一法和《担保统一法》的规定,任何人都可以以电子形式获得商事和动产信用登记簿表格中的信息。

还可以获得根据本统一法、《商业公司和经济利益集团统一法》和《会计与财务报告统一法》的商事和动产信用登记簿中公布的全部或部分文件的摘要或副本。

第 98 条

登记处或成员国负责商事和动产信用登记的主管机构在确保能复制的条件下使用数字化系统后,可以电子方式复制全部或部分纸质个人档案。

除非申请人明确要求,否则以电子形式提供的信息不予认证。在没有认证的情况下,所提供的信息应视为单纯的信息。

电子副本的认证至少需要一个负责商业和动产信用登记机构的合格的电子签名,确保认证的来源和内容的完整性。正式副本还应包括印章的日期和图像,应在签发地与原件一致的副本上注明。

在保证文件完整性、传输保密性、发件人和收件人身份的情况下,文件的资料、摘要和完整副本可通过申请人事先提供的电子邮件地址发给申请人。

第 99 条

以纸质或电子方式获取信息、摘要或完整副本的费用不得超过交易的行政费用。

第 100 条

商事和动产信用登记处可以通过电子方式向成员国的行政机构提供有关资料和证明文件,即使包含个人资料。

第六卷　商业租赁和营业资产

第一编　商 业 租 赁

序章　适 用 范 围

第 101 条

本编规定应适用于下列类别不动产的所有租约:

(1)商业、工业、手工业或其他专业用途的房屋或建筑物;

(2)商业、工业、手工业或其他专业用途的房屋或建筑物的附属房屋,条件是这些附属房屋属于不同业主,租赁是为承租人共同使用作出的,且出租人在签订租约时已知道该目的;

(3)在签订租约之前或之后,其上建造了工业、商业、手工业或其他专业用途的建筑的裸露工地,且建筑物的建造和经营活动得到业主的明示同意或在业主知情后明示同意。

第 102 条

本编规定也适用于公法定义的工业或商业法人,以及作为出租人或承租人的国有资本公司。

第一章　租约的签订和期限

第 103 条

租约是指由一个根据法律或协议享有本编规定的不动产的全部或部分租赁权的人与另一自然人或法人之间签订的允许其在出租人同意的情况下,在约定的出租场地开展商业、工业、手工艺或其他专业活动的书面或非书面协议。

第 104 条

双方应自由决定租约期限。

专业用途的租约可签订固定或不固定的期限。

在没有书面文件或固定期限的情况下,租约应视为不固定期限。

租约应从签署之日起生效,除非双方另有约定。

第二章　出租人的义务

第 105 条

出租人有义务在良好条件下交付房屋。

下列情况下应推定已履行该义务:

(1)若租约是口头约定的;

(2)或承租人在签订租约时未对房屋状况作任何保留。

第 106 条

出租人应自费对租赁房屋进行所有必要和紧急的重大维修。

在该情况下,承租人应承担由此带来的不便。

重大维修主要指对大墙、拱顶、梁柱、屋顶、挡土墙、围墙、化粪池和污水池的修缮。

根据承租人被剥夺使用房屋的时间和用途按比例减少租金。

若紧急维修的性质使承租人无法享受租约,承租人在工程期间可立即向主管法院申请暂停租约。

也可向主管法院申请终止租约。

第 107 条

如果出租人拒绝承担属于其责任的重大维修,承租人可以获得主管法院的授权,代表出租人根据行业规则迅速进行维修。

在这种情况下,主管法院应迅速作出裁决,确定此类维修的金额及报销方式。

第 108 条

出租人不得自行改变或限制出租房屋的使用。

第 109 条

出租人对承租人或受让人或受雇人造成的使用障碍负责。

第 110 条

租约不因出租人对租赁房屋权利的终止而结束。

在这种情况下,新的出租人应自动取代原出租人的义务,并继续履行租约。

第 111 条

租赁合同不因任何一方死亡而终止。

如果承租人(自然人)死亡,应由其配偶或直系尊亲属或后裔在承租人死亡后 3 个月内向出租人提出申请,通过执达员或其他任何方式通知出租人继续履行租约。

如果有多项请求,出租人可以向主管法院提起申请,由主管法院指定租赁的继承人。

如果在 3 个月内没有提出任何要求,租约将自动终止。

承租人法人的解散不应引起对承租人经营的不动产的租赁权的终止。清算人有义务按照双方规定的条件履行承租人的义务。向清算人发出正式通知后60日内仍未生效的租约自动终止。

第三章　承租人的义务

第112条

作为使用租赁房屋的回报，承租人应按约定的价格定期向出租人或指定的代表支付租金。

支付租金可以通过邮寄或电子方式进行。

第113条

承租人有义务谨慎稳妥地按照租约规定的目的使用租赁的房屋，如果没有书面协议，则根据情况推定的目的使用租赁房屋。

但是，承租人可以在租赁合同规定的活动中增加与签订租赁合同时设想的同一领域有关或补充性活动。承租人应明确通知出租人。出租人可以提出充分理由反对。

如果合同项下的经营活动发生变化，承租人必须事先获得出租人的明确同意，出租人可以提出充分理由反对。

如果出租人和承租人之间发生纠纷，应由最勤勉的一方将此事提交主管法院。

第114条

承租人应负责维护修理。

承租人应对租赁期间缺乏维护造成的损害或损失负责。

第115条

租赁期满后，承租人如因本法第126条规定以外的原因，违背出租人的意愿留在租赁地，应支付相当于租赁期内固定租金数额的占用补偿金，但不影响任何损害赔偿金。

第四章　租　　金

第116条

双方应根据适用的法律和法规，自由决定租金金额。

租金可以根据双方商定的条件进行修改,如果没有,则在每次续约时根据下文第 123 条规定进行修订。

第 117 条

双方未能就新的租金数额达成书面协议时,最勤勉的一方应立即将此事提交主管法院受理。

为确定新的租金,主管法院应考虑以下因素:

(1)场所的位置;

(2)面积;

(3)老化状态;

(4)周边地区类似场所通常收取的商业租金价格。

第五章 转让和分租

第 118 条

如果承租人转让租赁合同和在租赁地开展活动的所有物品,该转让对出租人具有约束力。

如果承租人单独转让或连同在租赁地开展活动的部分物品转让租约的,转让应征得出租人的同意。

任何租赁的转让都应以法院执达员送达或其他方式通知出租人,确定接收人实际收到通知,并注明:

(1)受让人的完整身份;

(2)住址;

(3)如果需要,在商事和动产信用登记簿的登记号码。

第 119 条

如果没有按照上述第 118 条规定的条件送达通知,则该转让书不得对其强制执行。

第 120 条

如果转让对出租人有约束力,出租人应在转让书送达之日起 1 个月内提出异议。自该通知送达之日起 1 个月内,必要时可向主管法院提出异议,法院应在短时间内作出裁决,并说明反对转让的正当理由。

承租人违反租赁义务，特别是不支付租金，构成反对转让租赁的严重且合法的理由。

在整个诉讼期间，转让人应继续留在该处，并继续承担租赁的义务。

如果转让需要征得出租人的同意，出租人应在收到通知起1个月内告知承租人其接受或拒绝的决定。超过该期限，出租人的沉默应被视为接受转让租赁。

第121条

除非租赁另有规定，否则禁止任何全部或部分转租。

在授权转租的情况下，应以书面形式通知出租人。

否则，转租对他而言不具有效力。

第122条

如果全部或部分转租的租金高于主租赁价格，出租人有权要求相应提高主租赁价格。如果双方没有达成协议，由主管法院在考虑到上述第117条所述内容的情况下迅速作出提高租金的裁决。

第六章　续约的条件和形式

第123条

限期或无期限租约续期的权利应授予承租人，承租人应证明其已按照租约规定开展经营活动至少两年。

合同的任何规定都不得妨碍续约权。

在明确或默示续约的情况下，租赁期至少为3年。

如果是无限期续约，双方应规定提前通知的期限不得少于6个月。

第124条

在定期租赁的情况下，根据上述第123条规定有权续租的承租人，可以通过司法执达员或其他方式确定收件人实际收到的方式，在租约到期前3个月申请续期。

承租人逾限未提出续租申请，将失去续租权利。

出租人在租赁期满前1个月内未对续约申请作出答复的，视为同意续租。

第 125 条

无限期租赁,计划终止租赁的任何一方必须至少提前 6 个月,通过司法执达员送达或以任何其他方式发出通知,确定接收人收到通知。

根据上述第 123 条有权续约的承租人可对该通知提出异议,最迟在其生效日通过司法执达员或以任何能够确定收件人有效收到的方式通知出租人。

如果在该期限内未提出异议,无限期租约应在通知确定的日期终止。

第 126 条

出租人可以通过向承租人支付赔偿金来对抗定期或无限期续租。

如果未就赔偿的数额达成协议,赔偿金额应由主管法院确定。主管法院应特别考虑营业额、承租人投资情况、房屋的地理位置以及因未续约而产生的搬迁费用。

第 127 条

在下列情况,出租人享有对抗定期或无限期续租的权利,而无须支付赔偿金:

(1)如果其能证明对即将离开的承租人有严重和合法的理由。

该理由应包括承租人未履行租赁合同的实质性义务或停止经营活动。只有在出租人通过司法执达员送达或以任何可以确定收件人有效接收方式发出通知 2 个月后,这种行为仍在继续或再次发生的情况下,才能援引这一理由。

(2)如果其打算拆除构成租赁房屋的建筑物并重建。在这种情况下,出租人应说明计划工作的性质和描述。

承租人有权留在现场直至拆除工作开始,并有权优先在重建的建筑物中获得新的租约。如果重建房屋的用途与租赁房屋的用途不同,或如果承租人没有得到新房的租赁,出租人应向承租人支付上述第 126 条规定的赔偿金。

第 128 条

出租人可以在不支付赔偿金的情况下,拒绝对主要房屋的附属生活区的续约,规定自己居住,或由其配偶或其长辈、后代居住,或其配偶的长辈或后代居住。

如果承租人确定剥夺附属房屋的使用权会严重干扰主房屋的租赁使用,或者主房屋和居住房屋是一个不可分割的整体,则不得行使这种收回权。

第 129 条

如果前一个租约是定期的，新租约应在前租约到期后生效。如果前一个租约是无期限的，则新租约从承租人搬离后开始。

第 130 条

分租人可向主承租人申请续租，但以主承租人依法或根据协议享有的租赁权为限。该权利应遵守本统一法第 118～122 条的规定。

在与最初授权的转租相同条件下，向出租人通知转租协议。

第 131 条

无论出于何种原因，无续租权利的承租人可追偿其在获得出租人许可的情况下对房屋进行施工和修缮所产生的费用。

如果双方未能达成协议，承租人可以在定期租约到期后或无限期租约到期后立即向主管法院提起诉讼。

第 132 条

除非当事人另有约定，否则因适用本法第一编规定而产生的争议，根据最勤勉一方的请求，向租赁房屋位于其管辖范围内的主管法院申请裁决。

第七章　租约终止

第 133 条

承租人和出租人应各自遵守租赁合同的每一项条款和条件，否则将被终止。

在向法院申请终止租约合同之前，应发出通知要求遵守租赁合同的每一项条款和条件。正式通知应通过司法执达员或任何其他能证明收件人实际收到通知的方式发出。

在被宣布为无效的情况下，正式通知应指出未被遵守的租赁条款和条件，并通知收件人，如果未在收到通知后 1 个月内执行，应立即向主管法院提出申请，以便终止租赁，并在必要时驱逐承租人和任何占用人。

租赁合同可以规定自动终止条款。主管法院应在接到上述各款所述的通知后，立即裁定终止租赁，并在必要时驱逐承租人和任何占用人。

有意继续终止租约的一方当事人须向登记债权人提供一份提起诉讼的

副本。只有在向登记债权人发出请求通知 1 个月期满后,才可作出终止租约的决定。

第八章　公共政策的规定

第 134 条

本统一法第 101、102、103、107、110、111、117、123、124、125、126、127、130、133 条的规定应为公共政策。除非出租人和承租人另有约定,否则该承租人不享有续租权或司法确定续租租金的权利。

第二编　营 业 资 产

第一章　营业资产的定义

第 135 条

营业资产由一系列使商家吸引和留住客户群的手段构成。

第 136 条

营业资产应包括客户和标志,或客户和商号,但不影响客户与商号的累加。

第 137 条

营业资产可能包括各种动产、有形资产和无形资产,包括:

(1)设施;

(2)布置和装配;

(3)设备;

(4)家具;

(5)库存货物;

(6)租赁权;

(7)经营许可证;

(8)发明专利、商标、设计和模型,以及需要使用的其他知识产权。

第二章　营业资产的运营方法

第138条

营业资产可以直接经营,也可以通过租赁管理经营。

直接经营可以是商人、企业主或商业公司。

租赁管理是一种协议,营业资产所有人(自然人或法人)通过该协议以出租人身份将营业资产租赁给自然人或法人承租人,由承租人自行承担经营风险。

企业主不得成为租赁管理合同的当事方。

承租管理人应向资产出租人支付相当于房产使用费的租金,租赁管理合同中规定的有形和无形部分的租金。这两部分应在租赁管理合同中单独确定,即使它们的到期日相同。经与出租人达成协议,租赁管理人可免除在每一到期日直接向管理人支付因使用房产而产生的租金。

第139条

承租管理人应具有商人身份,并承担由此产生的所有义务。

应遵守关于在商事和动产信用登记簿上登记的规定。

此外,任何租赁管理合同应由最勤勉的一方公布,费用由承租管理人承担,在签订日期之后的15日内,以摘录的形式刊登到被授权发布法律公告的报纸上,并在企业所在地商事和动产信用登记簿上登记。

资产所有人如果是商人,须自费将其在商事和动产信用登记簿上的记录更改为该资产的租赁管理。

租赁管理到期或提前到期时,租赁管理的承租人应自费予以公布。

第140条

承租管理人必须在其采购订单、发单和其他财务或商业文件的顶部注明其在商事和动产信用登记簿中的登记号码,以及企业的承租管理人的身份。

任何违反这一规定的行为都将受到国家刑法的惩罚。

第141条

租赁企业的自然人、法人,必须以商人身份经营该租赁管理企业至少两年。但是,不得将企业出租给被禁止从事商业职业或者被剥夺从事商业职业权利的个人。

第 142 条

主管法院可缩短上条规定的时限,但不得少于 1 年,特别是当自然人或法人证明其无法亲自或通过其代理人使用营业资产时。

第 143 条

上述第 141 条规定的条件不适用于:

(1)国家;

(2)地方当局;

(3)公共机构;

(4)无行为能力的人,就其在无行为能力发生之前所拥有的资产而言;

(5)已故商人的继承人或受遗赠人,就其经营的营业资产而言;

(6)以任何身份管理营业资产的法律代表,只要是其获得主管法院的授权,并已遵守规定的公告义务。

第 144 条

如果主管法院认为出租人因营业资产而产生的债务危及其收回,则主管法院可立即宣布债务到期。

根据本统一法第 139 条的规定,在租赁管理合同公布之日起 3 个月内,任何利益相关方可提起诉讼,但不得强制执行。

第 145 条

在租赁管理合同公布之前,资产所有人应对承租管理人因经营管理资产而产生的债务承担连带责任。

第 146 条

在租赁管理合同正常到期或提前到期时,承租管理人应立即偿还管理期间资产租赁管理产生的债务。

第三章　营业资产的转让

第 147 条

营业资产的转让应遵守一般销售规则,但须遵守以下规定和开展某些商业活动的具体规定。

第 148 条

企业的转让必须涉及本法第 136 条规定。

在不同时转让上述要素的情况下，转让上文第 137 条规定的其他要素，仍是可能的，但不得导致营业资产转让，无论转让合同中如何约定。

第 149 条

营业资产的出售可以通过私署文件或公证文件来进行。

本章的规定应适用于营业资产转让的任何契约，即使是在有条件的情况下转让，包括营业资产转让给公司的情况。

第 150 条

任何记录营业资产转让的契约都应说明：

(1)对于自然人，卖方和买方的完整婚姻状况，以及对于法人，其名称，公司名称，法律形式、注册办事处的地址；

(2)买卖双方的活动；

(3)其在商事和动产信用登记簿的登记号码；

(4)在适用的情况下，资产的来源与在卖方之前的持有人有关的业务来源；

(5)资产的留置权、质押权和登记情况；

(6)过去 3 年每年经营的，或如果资产超过 3 年没有经营的情况下自获得资产以来的营业额；

(7)同一时期取得的经营成果；

(8)契约所附的租约，并在契约中注明其日期、期限以及出租人和转让人的名称和地址，如果有的话；

(9)约定的价格；

(10)所售资产的情况和要素；

(11)公证员或指定为接管人的银行机构名称和地址，如果出售是以私人名义进行的。

第 151 条

如果买方提出请求，并证明上述所需信息的遗漏或不准确对转让资产造成损害，上述规定的遗漏或不准确可能导致转让无效。

这种请求应在行为发生之日起1年内提出。

第152条

任何营业资产转让证明都应经卖方或买方向商事和动产信用登记处提交认证的副本。

卖方和买方都有责任就相关修改作出声明。

第153条

在转让日期起的15个工作日内,营业资产的转让行为应以通知的形式在有权发布法定通知的报纸上公布,并在卖方注册的商事和动产信用登记处的地点公布。

第154条

营业资产的卖方有义务将所出售的营业资产在转让契约中规定的日期向买方转让。

但是,如果价款是以现金支付,除非双方当事人另有约定,卖方只有在全额支付价款之日才有义务将货物交由买方占有。

第155条

营业资产的卖方不得采取任何可能妨碍买方经营所售营业资产的行为。

不恢复条款只有在时间或空间上受到限制时才有效,这些限制中只有一个足以使该条款有效。

卖方应向买方保证所售物品的和平占有,特别是保证其不受其他人对所售物品主张权利。

第156条

如果买方被部分撤资,或者发现出售合同中未报告的费用,或者营业资产存在潜在缺陷或不符合同的情形,买方可以请求宣告合同无效,前提条件是其所遭受的损害严重程度超出了买方预期的认知。

第157条

买方必须在买卖契约中规定的日期和地点,通过公证处或双方商定的任何银行机构支付价款。

指定的公证人或银行机构应作为接管人将这些资金保管30日,从有权刊登法律公告的可发售报纸上刊登之日起计算。

如果在该时期结束时,没有人向接管人提出反对意见,接管人应向卖方提供销售价款。

如果在此期间收到了一个或多个反对意见,只有在证明解除所有反对意见的情况下,卖家才能获得销售价款。

第 158 条

任何以实际隐瞒营业资产的全部或部分转让价款为目的的协议均无效。

第 159 条

卖方的任何债权人提出异议,应通过司法执达员或任何其他可以确定有效接收的方式:

(1)向公证处或被指定为接管人的银行提供;

(2)按契约中提供的地址发给买方;

(3)向保存卖方登记的商事和动产信用登记处的成员国法院书记员或主管机构提出。

异议通知除注明提出异议的债权人的身份外,还应说明债权的金额和理由,以及在商事和动产信用登记处所在司法管辖区选择的住所。

根据本条规定提出异议的债权人,如果没有遵守本条规定的程序,则其异议无效。

第 160 条

异议具有预防效果。

应由提出异议的债权人向有管辖权的主管法院提起诉讼,提出索赔要求,并收取索赔要求的付款。

第 161 条

卖方只能尽速从有管辖权法院获得异议解除和缴纳资金以换取与被异议索赔金额相等的保证金或担保。

卖方也可以要求提出异议的债权人友好解除异议。在该情况下,解除通知应以上述第 159 条规定的形式发出。

第 162 条

在发出通知之日起 1 个月内未以友好方式撤回反对意见,或未根据上述

第160条提请法院裁决的反对意见应视为无效。应任何有关人员的请求,主管法院应在必要时迅速裁定异议无效,应下令解除异议,但不影响因不当异议而提出的损害赔偿诉讼。

第163条

任何已登记留置权或质押权的债权人,或有正当理由反对的债权人,可在有权刊登法定公告的报纸上刊登出售的当月内,以超过契据所载营业资产六分之一的价格出售资产。

如果该资产被强制出售,质权人和提出异议的债权人应享有自拍卖之日起相同期限内行使的竞价权。

竞出高价者应在同一期限内向主管法院书记官处或成员国主管机构登记高出六分之一后的价格。

第164条

在司法出售前由竞出高价者起草的规范,完整地转载按高价转让的文书,并提及先前登记的质押物和在资产自愿公布后或在强制出售程序中正式通知的反对意见。

在竞出高价的15日内,竞出高价者应自费在一家有权发布法律公告的报纸上并在卖方于商事和动产信用登记处登记的地方发表一份通知,说明合法销售的地点和日期,以及规范的咨询方式。如果超过该期限,投标自动失效,费用最终由唯一的投标者承担,不影响因不正当投标可能产生的任何损害赔偿。

在招标过程中,不得提出新的异议。

第165条

销售应在有管辖权的主管法院以拍卖的形式进行。

第166条

如果没有以现金支付价款,卖方应对所售营业资产享有留置权。

为此,应以本统一法规定的形式登记其为卖方的特权。

第167条

如果卖方没有在约定的日期内收到付款,其可根据普通法要求终止销售。

第 168 条

行使解除权的卖方应通过司法外方式或其他任何方式以书面形式通知在资产上登记的债权人,并在其登记的住所地通知他们。

应按照《担保统一法》的相关规定提前通知行使解除行为。

解除行为的决定只能由资产卖方注册地的主管法院作出。

任何关于友好解决资产销售的协议,对已在资产登记的资产收购人的债权人无效。

第七卷 商 业 中 介

第一编 共 同 规 定

第一章 定义和范围

第 169 条

商业中介是有权或计划以通常和专业的方式代表另一人与第三方(不论是否为商人)缔结具有商业性质的法律行为的自然人或法人。

第 170 条

商业中介是商人,必须遵守本统一法第 6~12 条的规定。

此外,进入商业中介行业的条件也可以由本编中提到的每一类中介的具体条件加以补充。

第 171 条

本编的规定不仅适用于商业中介订立合同的行为,也适用于其为订立或履行合同而实施的任何行为。

本编的规定适用于中介所代表的所有人之间以及这些人与中介之间的关系。

无论商业中介是以自己的名义,如作为代理人或居间商,还是代表委托人名义,如商业代理人,均受本编的规定。

第 172 条

即使委托人或上述第 169 条所指的第三方的营业地位于本统一法成员

国以外的国家，本编的规定依然适用，条件是：

（1）中介已经在一个成员国的商事和动产信用登记处进行了登记；

（2）或中介在一个成员国领土上开展活动；

（3）或国际私法的规则导致本统一法的适用。

第 173 条

本编的规定不适用于：

（1）由于法律或司法授权代表没有法律行为能力的人行事而产生的代理；

（2）对任何拍卖人或行政或法院官员的代理；

（3）家庭法、婚姻制度和继承法中的法律代表。

第 174 条

本编的规定不适用于作为具有法人资格的公司、协会或其他团体的管理人员的法定代表。

第二章　中介权力的构成和范围

第 175 条

授权规则应适用于中介与委托人之间的关系，即使这种代理关系是以隐秘的方式存在。

中介、委托人和上述第 169 条所述第三方之间的关系应受本统一法第 180、181、183、184、185 条的约束。

第 176 条

中介的委托可以是书面的，也可以是口头的。不受任何形式要求的限制。

在没有书面授权的情况下，可以通过任何方式证明委托关系的存在，包括证人。

第 177 条

委托人和中介、中介和上述第 169 条所指的第三方，应受其知道或理应知道的惯例的约束，这些惯例在贸易中为处于同一关系的各方周知并经常遵守。

他们还应受彼此之间既定惯例的约束。

第 178 条

除非合同另有明确规定，中介的委托范围取决于他所从事的业务的本质。授权应包括为执行授权而采取必要法律行动的权力。

但是，中介不得在没有特别权限的情况下提起诉讼、进行和解、提交仲裁、作出承诺、转让或者抵押不动产，以及同意捐赠。

第 179 条

中介接收具体指示的不得偏离该指示，除非有证据证明因特殊情况不能取得委托人授权，如果委托人被告知该情况，中介将获得授权。

第三章　中介行为的法律效力

第 180 条

当中介在其权力范围内代表委托人行事，而第三方知道或应当知道他是中介时，其行为应使委托人直接对上述第 169 条所指的第三方负责，除非从情况来看，特别是参照佣金或经纪合同，中介的意思只是出于为自己利益行事。

第 181 条

当中介在其权限范围内代表委托人行事时，其行为只对上述第 169 条所指的第三方具有约束力，除非：

(1)第三方不知道或不应该知道其中介的地位；

(2)或具体情况，包括委托合同条款约定，表明中介只是出于为自己利益行事。

第 182 条

中介的责任一般受委任规则的约束。

中介应当对委托人承担善意、忠实履行义务的责任。

中介有义务亲自履行职责，除非他被授权将职责转移给第三方，或在情况所迫或惯例允许替代的情况下。

第 183 条

当中介在没有授权或超出授权的情况下行事时，其行为对委托人和上述第169条所指的第三方均无约束力。

但是,委托人的行为使第三方合理地、善意地相信中介有权代表委托人时,委托人不得主张中介没有得到相应授权。

第184条

中介没有代理权或者超越代理权的行为,可以由委托人进行追认。

该行为一经追认,其效力应与根据特定授权作出的行为相同。

第185条

在没有得到追认的情况下,如果中介超出授权行事,则中介必须向上述第169条所指的第三方提供赔偿,以便恢复到如果中介在授权范围内行事时应处的状态。

如果上文第169条所指的第三方知道或应当知道中介没有权限或超越授权行事,则中介不承担责任。

第186条

委托人必须向中介偿还在适当履行任务过程中发生的任何垫款和费用本金和利息,并免除中介承担的义务。

第187条

中介须应委托人的要求,随时向委托人报告其任务的执行情况。

他应支付逾期付款而产生的利息,并对因未能履行或不当履行职责而造成的损害负责赔偿,除非他能证明这种损害不是因为他的过错。

第四章　中介委托的终止

第188条

在以下情况下,中介的委托应被终止:

(1)通过委托人和中介之间的协议;

(2)完全执行已获授权的一项或多项交易时;

(3)委托人主动撤销;

(4)中介弃权。

委托人滥用职权撤销对中介委托的,应当承担损害赔偿责任。

中介滥用职权拒绝履行委托义务的,应当赔偿委托人因此受到的损失。

第 189 条

如果发生死亡、丧失行为能力或《债务清偿集体程序(破产)统一法》规定的情况,中介的委托也应终止,无论这些事件涉及委托人还是中介。

第 190 条

委托人下令终止中介的委托,除非第三方知道或应当知道委托关系已终止,否则不能对抗上述第 169 条所指的第三方。

第 191 条

尽管委托关系终止,中介仍有权代表委托人或其合法受益人采取必要的紧急行动,以避免任何损害。

第二编　行　纪　商

第 192 条

行纪商是一名专业人员,通过收取佣金,以自己的名义代表委托人签订任何法律文书。

第 193 条

行纪商应当在委托人的指导下,履行委托合同约定的行为。

如果委托合同有指示,行纪商应遵守指示,除非因为指示违背了其任务或做法的性质,应主动终止合同。

如果委托人提出建议,行纪商应如关切自身利益一般,尽可能地接近收到的建议。

行纪商必须以最符合委托人利益和遵守惯例的方式行事。

第 194 条

行纪商必须忠实地为委托人的利益行事。

特别是,他不得为自己的利益购买被委托出售的货物,也不得将自己的货物出售给委托人。

第 195 条

行纪商应向委托人提供有关交易及佣金目标的所有有用的信息,并对其行动进行说明,直至行动结束。

第196条

委托人应在委托执行后向行纪商立即支付应付的报酬或佣金,无论委托结果如何,都必须遵守合同责任规则。

第197条

委托人应向行纪商报销所发生的正常费用和支出,只要这些费用支出与交易有关,并附证明文件。

第198条

行纪商对其持有的货物享有留置权,以对抗其对委托人的一切债权。

第199条

行纪商在代销的货物有明显瑕疵时,应保障对承运人的上诉权利,记录货物的损坏情况,尽力保存货物,并及时通知委托人。

否则,应当对自己的过失造成的损害承担责任。

如果有理由担心委托销售的货物会很快变质,且为了委托人利益需要,行纪商有义务出售这些货物。

第200条

行纪商以低于委托人规定的最低卖出价格出售货物的,应当对差额部分承担赔偿责任;除非能够证明销售时已经使委托人免受损失,且当时情况不允许他接受指令。

如果有过错,行纪商应赔偿因违约造成的损失。

行纪商违背委托人的指示低价买入或者高价卖出的,不得占有差价。

第201条

行纪商未经委托人同意,向第三方发放信贷或者预付款的,应自担风险。

但是,如果行纪商证明自己的行为符合委托人的利益,委托人应当补偿行纪商的损失。

第202条

行纪商只有在他是担保人或是其经营地的商业惯例有要求的情况下,才有责任付款或执行应履行的其他义务。

行纪商为与其交易的人提供担保的应有权获得额外的佣金,称为“信贷担保”。

第 203 条

如果行纪商对委托人有恶意行为，特别是如果他给委托人的价格高于购买价格或低于销售价格，他将无权获得佣金。

在这种情况下，委托人有权责成行纪商作为买方或卖方。

第 204 条

为换取报酬并以自己的名义代表委托人负责运输或再运输货物的航运代理人或承运人，应视为行纪商。

就货物运输而言，他应遵守运输合同中的有关规定。

第 205 条

除第三方或不可抗力的情况外，受委托的航运代理人或承运人应对货物的及时到达、损坏和损失负责。

第 206 条

被授权的海关委托代理人必须代表其客户支付海关部门的关税、税款或罚款金额。

经授权的海关委托代理人为他人支付了海关收取的关税、税款或罚款，应代位收取关税。

第 207 条

经授权的海关委托代理人应对其委托人在申报或适用海关关税方面的任何错误，以及因延迟支付关税、税款或罚款而造成的任何损害负责。

他应就委托给他的海关业务向海关部门和财政部负责。

第三编　居　间　商

第 208 条

居间商是将各方当事人召集起来，以促进或促成当事人之间达成协议的专业人士。

第 209 条

居间商应独立于当事人。他的活动应限于将希望订立合同的当事人召集起来,并组织适当的活动促成他们达成协议。

未经当事人同意,居间商不得干预任何交易。

第 210 条

居间商应:

(1)向当事方提供有助于自由决定和知情同意的一切信息;

(2)尽一切可能的努力去促成合同。

居间商明知一方当事人没有相应的能力和品质,为促成另一方当事人订立合同而作虚假陈述,造成损害的,应当承担赔偿责任。

第 211 条

居间商不得以自己的名义直接或者间接进行商业交易,也不得假借他人名义或者通过第三方的中介进行商业交易。

第 212 条

居间商的报酬应当占交易金额的一定比例。

在涉及销售的经纪活动中,如果卖方是唯一的票据签发人,则买方不能承担佣金,即使是部分承担,如有必要,佣金可以从双方商定的价格中扣除,并由买方支付。

如果买方是唯一的票据签发人,除了向卖方支付价款外,还应由买方支付佣金。

如果双方都是票据签发人,应通过与居间商签订协议,由居间商确定分配比例并给他们分配佣金。

第 213 条

居间商有权在基于其作出的指示或进行的谈判达成合同后获得报酬。

订立合同时附生效条件的,居间商的报酬应当在达成生效条件后支付。

如果双方同意补偿经纪人的费用,即使未订立合同,也应当支付居间商费用。

第 214 条

当事人没有约定居间商报酬的应按照现行费率支付。如果没有费率,按照惯例确定报酬。

在没有惯例的情况下,居间商有权获得基于与交易有关的所有因素的报酬。

第 215 条

居间商违背对委托人的承诺,为第三方订约人的利益行事,或者在委托人不知道的情况下,缔约第三方订约人向他支付报酬的,居间商无权获得报酬和报销费用。

第四编　商业代理人

第 216 条

商业代理人应是一名长期负责以生产商、制造商、贸易商或其他商务代理人的名义谈判并最终签订买卖、租赁或服务合同,不受雇佣合同的约束的专业代理人。

第 217 条

商业代理人与委托人订立的合同,应当符合当事人双方的共同利益。

商业代理人与委托人之间的关系应当遵循诚实信用的义务和信息披露的义务。

商业代理人应当勤勉地履行委托人的指令,委托人应督促商业代理人履行职责。

第 218 条

商业代理人可以自行与其他委托人缔结委托关系,除非书面协议明确禁止。

未经委托人同意,不得代理与该委托人在相同业务领域有竞争关系的企业。

第 219 条

即使在代理合同终止后,商业代理人也不得使用或披露委托人以保密方式向其提供的或知悉的保密信息。

商业代理人与委托人之间达成竞业限制的,代理人在合同期满时有权获得特别补偿。

第 220 条

根据交易数量或价值而变化的所有形式的报酬应构成佣金。

如果合同没有规定,商业代理人有权获得其任务涉及工作的惯常佣金。

如果没有惯例,商业代理人有权获得考虑到与交易有关的所有因素的报酬。

第 221 条

被授予在某一地理区域或某一特定客户群专营权的商业代理人有权对代理合同期间进行的任何交易收取佣金。

第 222 条

对于代理合同终止后达成的任何商业交易,如果该交易主要是由于他们在代理合同期间活动产生的,并且是在合同终止后的合理时间内达成的,商业代理人应有权获得佣金。

第 223 条

除非情况使两个或多个商业代理人公平地分享佣金,否则他们无权获得佣金,如果它已经支付给:

(1)在代理合同之前达成的商业交易中的前任代理人;

(2)在代理合同终止后达成的商业交易中的继任代理人。

第 224 条

佣金应在委托人开始执行交易后立即支付,或根据与上述第 169 条所指的第三方达成的协议应执行交易后立即支付,或甚至在所述第三方完成交易后立即支付。

除非双方另有约定,佣金的支付不得晚于赚取佣金季度的下一个月的最后一日。

第 225 条

只有在确定上述第 169 条所指的第三方与委托人之间的合同由于可归咎于商业代理人的情况或由于与委托人无关的情况而没有得到履行时,获得佣金的权利才能失效。

第 226 条

除非另有约定或按照惯例,商业代理人无权报销因正常行使活动而产生的费用和开支，而只能报销根据委托人特别指示产生的费用和开支。

在这种情况下，即使交易没有完成，也应补偿费用和支出。

第 227 条

固定期限代理合同应在规定的期限届满时结束，不需要完成任何终止手续。

签订的固定期限代理合同期满后双方继续履行的，应视为转化为无限期合同。

第 228 条

如果合同是无限期的，双方都可以提前通知终止合同。

通知期应为合同第一年的 1 个月，第二年开始后的 2 个月，第三年及以后各年开始后的 3 个月。

如果没有相反的协议，通知期的结束应与一个日历月的结束一致。

如果定期合同转化为无限期合同，通知期应从双方合同关系开始时计算。

双方不得商定更短的通知期。

如果双方同意延长通知期，则委托人和代理人的通知期必须相同。

这些规定不适用于因一方当事人的严重过失或不可抗力而终止合同的情况。

第 229 条

如果终止与委托人的关系，商业代理人有权获得补偿，但不影响其主张损害赔偿的权利。

如果商业代理人未能在合同终止后 1 年内通过执达员送达通知或以任何方式通知委托人其打算行使权利的通知，则商业代理人丧失获得赔偿的权利。

当合同因商业代理人死亡而终止时，商业代理人的继承人有权获得补偿津贴。

第 230 条

上述规定的补偿津贴不应支付：

(1) 因商业代理人的严重过失而终止合同的；

(2) 在商业代理人主动终止合同的情况下，除非这种终止是由于委托人的情况或是由商业代理人的年龄、残疾或疾病造成的，更确切地说，是由于

商业代理人无法控制的任何情况而不能再合理地要求他继续开展活动;

(3)在与委托人达成协议的情况下,商业代理人将其代理合同中享有的权利和承担的义务转让给第三方。

第231条

补偿性津贴应至少为:

(1)从合同完全履行的第一年起1个月的佣金;

(2)从合同完全履行的第二年起2个月的佣金;

(3)从合同完全履行的第三年起3个月的佣金。

在合同完全履行的第3年之后,补偿性津贴应由商业代理人和委托人自行商定。

如果没有达成协议,佣金不得少于3个月。

计算补偿金应考虑的每月付款额是过去12个月执行任务的平均数。

这些规定不适用于因代理人的严重过失或不可抗力而终止合同的情况。

第232条

任何减损上述第186~189条规定[1]的商业代理人利益的条款或协议,应视为未订立。

第233条

每一方在合同结束时都有义务归还在本合同期间由另一方或代表另一方的第三方交付给他的所有财产,但不影响任何一方留置权的行使。

第八卷 商业买卖

第一编 范围和一般规定

第一章 适用范围

第234条

本编的规定应适用于商人、自然人或法人之间的货物销售合同,包括为

〔1〕 此处可能存在笔误,从条文看应该是上文第226~229条规定。——译者注

制造或生产活动提供货物的合同。

除非另有规定，商业买卖合同中的缔约方在某一成员国设营业地，或根据国际私法规则适用某一成员国的法律，应适用本编的规定。

第 235 条

本编的规定不适用于：

（1）为个人、家人或家庭使用而购买货物的销售，除非卖方在订立合同前的任何时候或在订立合同时，不知道也不应该知道该货物是为任何这种用途而购买的。

（2）货物供应合同中，供应货物一方的主要义务是提供劳动或其他服务。

第 236 条

本编的规定不应适用于受特殊制度约束的销售，包括：

（1）拍卖；

（2）通过扣押或司法机关以其他方式销售；

（3）证券、商业票据或货币的销售；

（4）债务或金融票据的流动和其他交易；

（5）船舶、船只、气垫船和飞机的销售；

（6）电力的销售。

第二章　一 般 规 定

第 237 条

商业买卖应遵守普通法中关于合同和销售的规定，但这些规定不得违背本编规定。

当事人必须遵守诚信的要求。他们不能排除或限制该项义务的范围。

第 238 条

如果一项条款含混不清时，一方的意愿必须根据一个与另一方地位相同、处于相同情况下的通情达理的人，从其行为中推断出的意图来解释。

在确定一方当事人意图时，应考虑到实际情况，包括当事人之间可能进行的谈判，双方之间确立的甚至有关行业的惯例。

第 239 条

当事人受其同意的惯例和在商业关系中确立的惯例的约束。

除非双方当事人另有约定,否则他们应被视为同意他们所知道或应该知道的行业惯例,以及在贸易中广为人知并被相关商业领域相同性质的合同当事人所经常遵守的行业惯例。

第 240 条

商业买卖合同可以采用书面或口头形式,不受任何形式要求的限制。它可以通过各种手段证明。

第二编　合同的订立

第 241 条

合同可以通过接受要约而订立,也可以通过双方当事人充分表示同意的行为而订立。

当提及货物时,要约应足够具体并明确或隐含地确定数量和价格,或提供了确定数量和价格的信息。

向一个或多个特定个人提出订立合同的建议,如果足够具体,并表明要约人在接受的情况下愿意接受约束,则构成要约。

向不特定的个人提出的提议只能视为发出要约邀请,除非发出要约人另有明确说明。

第 242 条

要约应在到达受要约人时生效。

在受要约人作出承诺之前,该要约可以被撤销。

但是,如果在规定的接受期限内受要约人表示接受邀约,则要约是不可撤销的,或者如果受要约人有合理的理由相信要约是不可撤销的并采取了相应的行动,则要约不能被撤销。

要约应在要约人收到拒绝时失效。

第 243 条

要约必须在要约人规定的时限内被接受,如果没有这种规定,应考虑实际情况在合理期限内作出承诺,包括要约人使用通信手段的速度。

口头要约必须立即作出承诺,除非情况另有说明。

受要约人的任何声明或其他行为表明他接受要约,应视为承诺。沉默或不作为不能单独作为受要约人承诺的证据。

第 244 条

对要约的承诺应在承诺表示到达要约人时生效。

但是,如果根据要约的规定,当事人之间确立的惯例或习惯,受要约人可以在不通知要约人的情况下,通过开始履行一项行为表示承诺,则承诺应在履行该行为时生效。

第 245 条

对要约的答复是对要约的承诺,但对要约包含补充、限制或其他修改的,意味着拒绝该要约并构成反要约。

但是,如果答复的目的是表示承诺,但包含额外的或不同的内容,没有实质性地修改要约条款,应构成承诺,除非要约人在没有不当的情况下拖延同意这些内容。如果他没有这样做,合同的条款应与接受书中所述修改的要约条款相同。

第 246 条

要约人确定的承诺时限应自要约发出之日起算。除非情况另有说明,否则应将要约中注明的日期推定为其发出日期。

第 247 条

承诺可以被撤销,但该撤销最晚应于承诺生效时送达要约人。

第 248 条

即使双方当事人将某一条件推迟到以后的协议或第三方来确定,合同仍可有效地订立。

如果根据当时的情况和当事人的意图该条款是可以确定的,则合同的存在不应由于当事人没有达成协议或第三方未能作出决定而受到影响。

第 249 条

双方可以自由谈判,如果没有达成协议,则不应承担责任。

但是,以恶意进行或中断谈判的一方,应对其对另一方造成的损害负责。

无意达成协议而开始或继续谈判的一方被视为是恶意的。

第三编　各方当事人的义务

第一章　卖方的义务

第250条

卖方有义务按照合同和本编规定的条件交付货物,并在有必要时提供交易中使用的证明购买货物和完成交付的文件和附件。

此外,卖方有义务确保货物与订单相符,并提供担保。

第一节　交货的义务

第251条

如果卖方没有义务在某一特定地点交付货物,应在货物制造地或储存地或卖方营业地将货物交付给买方。

第252条

如果销售合同规定将货物交付给承运人,卖方仅因交付货物而履行对买方的交付义务。

但是,卖方有义务签订必要的合同,以便以适当的方式并根据惯例条件将货物运输到与买方商定的地点。

卖方没有义务自行购买运输保险,但应买方的要求,卖方应向买方提供签订此类保险合同所需的所有资料。

第253条

卖方必须在合同规定的或根据合同确定的日期交付货物。

如果预计在某一特定期间交货,卖方可以在该期间的任何时间交货。

如果没有约定,卖方应在合同订立后的合理时间内交货。

第254条

如果卖方要交付货物的单据和附件,卖方应按照合同规定的时间、地点和形式或有关行业惯例履行这一义务。

第二节　合 规 义 务

第 255 条

卖方应按照合同规定的数量、质量、规格和包装交付货物。

如果合同没有规定,卖方应交付其通常使用的货物,或具有与其提交的样品或模型相同质量的货物。还应将货物装在通常用于此类货物的容器或包装中交付,或者在没有通常方式的情况下,在适当的条件下保存和保护货物。

第 256 条

所售货物的合格性应在收到货物之日进行评估,即使缺陷直到后来才显现。

第 257 条

在提前交货的情况下,卖方可以在规定的交货日期之前,强行交付新的符合要求的货物,或对已交付货物的缺陷进行补救,只要行使这项权利不会对买方造成损害或费用。

第 258 条

买方必须在交货后 1 个月内向卖方告知明显不符合规定的情况,否则买方将丧失索赔权。

第 259 条

买方应在发现或应该发现自交货当日隐藏的缺陷之日起 1 年时间内提起诉讼。

上述期限不能缩短可能提供的合同担保的期限。

第三节　保 证 义 务

第 260 条

卖方在交付货物时不受任何第三方权利或主张的约束,除非买方同意在这些条件下接受货物。

卖方应向买方保证不因其个人行为而导致其所有权被追夺。

第 261 条

属于卖方担保的任何限制性条款应作限制性解释。

援引该条款的卖方应证明，买方在销售完成时知道并接受该条款。

第二章　买方的义务

第 262 条

买方有义务支付价款和收货。

第一节　支付价款

第 263 条

买方有义务支付约定的价格。合同中约定的价格应视为不含税。

在确定价格时，双方当事人可以参照订立合同时同一行业内在类似情况下销售货物的通常价值。

第 264 条

买方应在实际支付价款前采取一切必要措施完成必要手续。

第 265 条

如果价格是根据货物的重量确定的，在有疑问的情况下，应根据货物的净重确定价格。

第 266 条

如果价格以现金支付或交货是凭借单据交付的，应在卖方营业地或交货地向卖方支付价款。

第 267 条

如果销售合同规定将货物交付给承运人，卖方可以将货物的运输或将代表货物的文件交给买方作为事先支付价款的条件。

当事人也可以规定，买方只有在能够检查货物后才有义务支付价款。

第 268 条

买方应在约定的日期支付价款，不得以卖方的行为作为付款的条件。

第二节　收　　货

第 269 条

买方应通过实施允许卖方交货的行为来接受交货,然后提取货物。

第 270 条

买方应在尽可能短的时间内检验货物或安排检验货物。如果销售合同约定将货物交付给承运人,检验可以推迟到这些货物到达目的地时进行。

如果买方在没有合理的机会检验货物的情况下转移或重新发运货物,并且如果在订立合同时,卖方知道或应该知道转移或重新发运的可能性,检验可以推迟到货物到达新的目的地后进行。

第 271 条

如果应在交货之日付款,而买方延迟收货或不支付价款,卖方如果拥有或者控制货物,有权扣留货物直到收到全额付款。

但是,卖方必须根据情况采取合理措施,确保货物的保存,买方必须偿还因此而产生的费用。

第 272 条

如果买方收到货物并打算拒收,应采取合理措施在当时情况下确保货物得到保存。他应有权保留这些货物,直到他从卖方那里得到储存费用的补偿。

第 273 条

被要求采取措施确保货物保存的一方可以将货物存放在第三方的仓库中,费用由另一方承担,但需要承担这种存放可能导致的过多费用。

第 274 条

如果一方延迟收货、不支付价款或不偿还保存货物的费用,负责保管货物的一方可以用任何适当的方式出售货物。他应事先通知对方他打算出售这些货物。

出售货物的一方可以从出售产品所得中扣除相当于保管费用的金额,并将剩余部分返还对方。

第四编　合同的效力

第一章　所有权的转移

第 275 条

收货是指将货物的所有权从卖方转移至买方。

第 276 条

但是,当事人可以根据《担保统一法》第 72～78 条规定的保留所有权条款,商定推迟所有权的转让。

第二章　风 险 转 移

第 277 条

所有权转让意味着风险转移给买方。

在风险转移后发生的货物灭失或损坏,只有在这些事件是由卖方造成的情况下,买方才可免除支付价款的义务。

第 278 条

如果销售合同规定将货物交付给承运人,则风险通过将货物交给第一承运人而转移给买方。

给予卖方保留货物文件的授权不影响风险的转移。

第 279 条

在运输过程中销售的货物风险应在销售合同订立后转移给买方。但是,如果卖方当时知道或应该知道货物的灭失或损坏而没有通知买方,则卖方应独自承担这些风险。

第 280 条

如果出售的货物不是特定的,则风险应在货物特定化并交由买方处置时转移。

第五编　违约和责任

第一章　一般规定

第 281 条

商业买卖合同的任何一方均有权在另一方完全或部分不履行义务的情况下向主管法官申请终止销售合同。

然而,商业买卖合同一方当事人行为的严重性,可以作为另一方单方终止合同的风险理由。应勤勉一方的请求,主管法官应评估违约理由的严重性。

无论该行为的严重性如何,援引该行为的一方在通知对方其单方面决定之前应遵守通知的规定。在没有充分通知的情况下,即使法院承认违约行为的合理性,违约者也应承担责任。

要求或获得终止合同的一方可以要求获得因不履行合同造成的直接损失和利润损失的赔偿。

第二章　卖方违约义务

第 282 条

如果卖方由于生产能力不足或生产资源不足,似乎无法在规定时限内履行交付货物的义务的,买方可从主管法院获得延迟履行付款义务的授权。这种授权可能包括延迟支付部分或全部价格的义务。

第 283 条

如果买方在本统一法第 258 条和第 259 条规定的期限内提出所交付的货物不符合要求,买方有权要求卖方立即用符合合同的货物替换有缺陷的货物,费用由卖方承担。

此外,卖方可与买方商定一个额外的时间,用符合要求的货物替换有缺陷的货物,费用由卖方承担。

在新的期限届满前,买方不得援引卖方不履行义务,如果卖方在该期限内履行了义务,买方无权要求损害赔偿。

第 284 条

超过上述第 283 条第 2 款和第 3 款规定的期限后,卖方仍可自行对任何违约情况进行补救,但买方保留要求损害赔偿的权利,可提出异议。

第三章　买方违约义务

第 285 条

如果买方由于无力偿还或停止付款,或在约定期限内延迟付款,似乎不能支付全部价款,卖方可以从主管法院获得延迟履行交货义务的授权。这种授权可以包括收取预付费用的义务。

第 286 条

如果卖方同意延长支付价款的期限,则卖方不得援引买方在该期限届满前不履行义务的情况。如果买方在该期限内履行了义务,卖方无权请求损害赔偿。

第 287 条

超过上述第 286 条规定的时限,买方仍可履行其义务,但卖方仍有权提出异议并要求损害赔偿。

第 288 条

如果货物不符合要求,无论是否已经支付价款,买方可以将价款减去符合合同规定的交货时的价值与实际交付货物时的价值之间的差额。

第 289 条

如果卖方只交付了部分货物,或者交付的货物只有一部分符合要求,则同意接收货物的买方不得主张合同违约,也不得因缺少货物或不符合要求请求损害赔偿。

第 290 条

如果卖方在规定日期前交付货物,买方有权选择接受或拒绝接受交货。

如果卖方交付的货物数量超过合同规定的数量,买方有权接受或拒绝接受超额数量的交付。

如果买方接受全部或部分超额的货物,应按合同价款支付。

第四章　损 害 赔 偿

第 291 条

任何延迟支付价款的行为都会导致强制支付按法定利率计算的利息，但不影响因其他原因可能造成的损失。

利息应从卖方以附回执的挂号信或其他同等方式向买方发出正式通知之日起计算。

第 292 条

当合同违约且买方已购买替代品时，买方可以获得替代品采购价格与合同商定价格之间差额的损害赔偿，以及由于其他原因造成的所有损害赔偿。

当合同违约，卖方着手转售货物时，卖方可以获得合同约定价格和转售价格之间差额的损害赔偿，以及由于其他原因造成的所有损害赔偿。

第 293 条

援引不履行合同义务的一方应根据情况采取一切合理措施，限制损失或保全收益。

如果没有这样做，违约方可以要求减少损失，其数额相当于本可以避免的损失和可以获得的收益。

第五章　责 任 豁 免

第 294 条

如果一方当事人证明不履行义务是由于其无法控制的障碍造成的，如第三方行为或不可抗力，则该方当事人对不履行义务不承担任何责任。

不可抗力是指超出控制范围，无法合理地预测其发生或后果的任何障碍。

第 295 条

如果当事人一方未履行合同，是由于受其委托履行全部或部分合同的第三方造成的，则不免除其责任。

第六章 合同终止

第 296 条

合同终止应解除当事人的义务,但不能免除当事人可能遭受的损失。

合同终止对合同中有关争端解决的条款或在当事人违约时的权利和义务没有影响。

第 297 条

完全或部分履行义务的一方可要求另一方退还其根据合同提供或支付的款项。

第 298 条

如果由于买方的作为或不作为,导致无法将货物恢复到收到时的状态,买方不得要求终止合同或要求交付替代货物。

第 299 条

买方如果根据前条规定丧失了宣布合同终止或要求卖方交付替代货物的权利,应保留享有合同规定的所有其他权利。

第 300 条

如果卖方有义务退还价款,应从收到价款之日起支付价款利息。

如果买方必须退还全部或部分货物,应向卖方支付他从货物中获得的全部或部分利润。

第七章 诉讼时效

第 301 条

商业买卖的诉讼时效受本统一法第一卷第一编第四章规定的约束,但须符合以下规定。

商业买卖的诉讼时效为 2 年,除非本编另有规定。

第 302 条

如果卖方已提供合同保证,则上述第 259 条规定的诉讼时效应从合同担保期满之日起算。

第九卷　过渡和最终条款

第 303 条

应在本统一法生效之日起 2 年内，建立区域登记册电子处理和传输的能力。各成员国应在本统一法生效之日起 2 年内，建立国家登记册电子处理和传输的能力。

各成员国应在本统一法生效之日起 2 年内，建立商事和动产信用登记处电子处理和传输的能力。

第 304 条

成员国应确保在本统一法生效之日起 2 年内，公司和其他需要登记或参与登记的个人及组织可以以电子方式提交所有须公开的文件和资料。此外，成员国可要求所有公司或某些类别的公司以电子方式提交全部或部分有关文件和资料。

第 305 条

在本统一法生效之日起 2 年内，本统一法和任何其他法律规定的所有文件和信息，无论是书面形式还是电子方式，均应酌情提交给商事和动产信用登记处，然后以电子形式转发给国家和区域登记处。为此，成员国应确保商事和动产信用登记处将截至该日以硬拷贝形式提交的所有文件和资料转换为电子格式。

第 306 条

本统一法废除了 1997 年 4 月 17 日的《一般商法统一法》。

第 307 条

本统一法应自通过之日起 60 日内在非洲商法协调组织官方公报上公布。还应在成员国官方公报上公布，或以任何适当方式公布。根据 1993 年 10 月 17 日在路易港签署，2008 年 10 月 17 日在魁北克修订的《非洲商法协调条约》第 9 条，本统一法应自其在非洲商法协调组织官方公报上公布之日起 90 日后生效。

2010 年 12 月 15 日签订于洛美

商业公司和经济利益集团统一法

前 言

非洲商法协调组织部长委员会，

考虑到1993年10月17日在路易港签署，2008年10月17日在魁北克修订的《非洲商法协调条约》，特别是其中的第2条和第5~12条；

考虑到常设秘书处的报告和各成员国的意见；

考虑到司法与仲裁共同法院2012年11月9日第02/2012/AU号意见；

经审议后，出席并参加表决的成员国一致通过如下统一法：

本统一法适用范围

第1条

所有商业公司，包括以国家或公共企业为其成员的商业公司，如果其总部位于《非洲商法协调条约》成员国（以下简称成员国）境内，均应适用本统一法。

所有经济利益集团也适用本统一法的规定。

另外，所有商业公司和经济利益集团也应遵守其总部所在地的成员国所适用的法律，只要该法律不与本统一法冲突。

第2条

商业公司或经济利益集团的公司章程不得减损本统一法的规定，除非本统一法明确授权其单个或多个成员用公司章程的规定取代本统一法的规定，或用公司章程的规定补充本统一法的规定。

与本统一法某一规定相冲突的任何公司章程的规定，应视为未订立。

第 2-1 条

在遵守本统一法和公司章程规定的情况下，公司成员也可自由达成公司章程以外的其他协议，以对诸如下列事项作出规定：

(1)公司成员之间的关系；

(2)公司管理机构的组成；

(3)公司业务的开展；

(4)公司资本的注入；

(5)股份转让。

第 3 条

任何人，不管其国籍如何，如果要在成员国境内通过公司从事商业活动，都必须通过本统一法选择适合其业务的公司形式。

上一条款规定人员也可以根据本统一法规定选定联营者成立经济利益集团。

第一部分　商业公司总则

第一卷　商业公司的成立

第一编　公 司 定 义

第 4 条

商业公司是由 2 个或多个成员通过合同形式，约定投入资金或实物于某一活动，目的在于从这一活动中分享利润。成员保证在本统一法规定条件下分摊亏损。

商业公司的成立是为了其成员的共同利益。

第 5 条

本统一法规定，通过书面文书，商业公司可以由一个人创办，称为“单一成员”。

第 6 条

公司的商业特性由其类型或宗旨决定。

合名公司[1]、两合公司[2]、有限责任公司、股份公司和简易股份公司,根据它们的形式,不管它们的经营范围如何,都是商业公司。

第二编　成 员 资 质

第 7 条

一切自然人和法人均可成为商业公司的成员,条件是他们不是本统一法所指的禁止的、无资格或不能兼任的人。

第 8 条

无民事行为能力和未成年人如果可能负担超过他们出资额的公司债务,则他们不能成为公司的成员。

第 9 条

夫妻如果可能对公司债务承担无限和连带责任,则他们不能成为此类公司的成员。

第三编　公 司 章 程

第一章　公司章程形式

第 10 条

除非国内法另有规定,公司章程通过公证书订立,或通过任何在注册国家可以保证其真实性的文书订立,后者附带各方预留印鉴作为印章和签字原件提交公证处。公司章程的修正也只能通过同样的程序完成。

第 11 条

当公司章程以私署文书的形式签订,要制作尽可能多的原件以存放一份在注册地及履行其他法定手续使用。

---

〔1〕 合名公司(société en nom collectif,SNC),或译为合股公司,相当于《中华人民共和国合伙企业法》中的普通合伙企业。——译者注

〔2〕 两合公司或普通两合公司(société en commandite simple,SCS),相当于《中华人民共和国合伙企业法》中的有限合伙企业。——译者注

另外,原件应提供给:

(1)合名公司、两合公司、有限责任公司的每一成员;

(2)对于其他类型公司,在签署公司章程时或在适当情况下在公司成立大会上提出请求的成员。

公司应保留一份公司章程副本供成员使用。

第12条

在成员人数众多的情况下,公司章程构成公司协议,在成员人数单一的情况下,公司章程构成个人意愿的表达。

第二章　公司章程内容——强制性信息

第13条

公司章程包含以下内容:

(1)公司类型;

(2)公司名称,如果有必要,公司名字简称;

(3)公司业务性质及活动领域,这构成其宗旨;

(4)公司注册地;

(5)公司期限;

(6)每位现金出资者的身份,出资金额,每份出资配发的公司证券的数量和价值;

(7)每位实物出资者的身份,他们所出资的实物的种类和估价,每一实物出资配发的公司证券的数量和价值;

(8)每位服务出资者的身份,他们每人提供的服务的性质和期限,每一服务出资配发的公司证券的数量和价值;

(9)特别利益的受益人的身份以及特别利益的性质;

(10)注册资本的数额;

(11)公司证券发行量和价值,如有必要,要区分证券的种类;

(12)有关利润分配、公积金构成和清算盈余分配的规定;

(13)公司运营程序的规定。

第三章　公 司 名 称

第 14 条

任何公司都应有自己的名称，并且公司名称应在公司章程中载明。

第 15 条

除非本统一法另有规定，一个或多个成员的名字或前成员的名字可包含在公司的名称中。

第 16 条

公司名称不能采用其他公司在商事和动产信用登记处注册过的名称。

第 17 条

公司名称应出现在发给第三方的所有文书、文件上，尤其是信函、发票、通知和各种公告上。在公司名称前或后须明确公司的类型、注册资本的数额、注册地以及工商注册登记序号。

第 18 条

根据本统一法有关修改公司章程的条件，每一类型的公司均可更改其名称。

第四章　公 司 宗 旨

第 19 条

任何公司都应有公司宗旨，表明其经营范围，并应在公司章程中界定和载明。

第 20 条

每一公司都应有合法的公司宗旨。

第 21 条

公司从事受监管的活动时，应遵守规范此类活动的具体规定。

第 22 条

根据本统一法规定的有关修改公司章程的条件，每一类型的公司宗旨均可进行更改。

第五章　公司注册地

第 23 条

每一公司须有注册地,并应在公司章程中载明。

第 24 条

公司注册地可根据公司成员的选择定在公司的主要营业地,或定在公司的行政和财务管理中心。

第 25 条

公司注册地不能仅仅由邮箱的所在地构成,它应可以通过物理地址或特定和可接受的地理指示进行定位。

第 26 条

第三方当事人可以使用公司章程中载明的公司的注册地址,但如果公司的实际注册地位于其他地方,则公司不得以此地址对抗第三方。

第 27 条

根据本统一法规定的有关修改公司章程的条件,每一类型的公司均可修改其注册地址。同时,经公司管理机构或董事会的简单决议,公司也可将公司注册地址迁至同一城市的其他地点。

第六章　期限、延期

第一节　期　　限

第 28 条

每一公司应在其公司章程中载明其存续期限。

公司的存续期限不得超过 99 年。

第 29 条

除非本统一法另有规定,公司的存续期限自商事和动产信用登记之日起算。

第 30 条

公司存续期限届满后,公司自动解散,除非已根据本统一法第 32 条及后续条款规定的条件予以延期。

第 31 条

根据本统一法规定的有关修改公司章程的条件,每一类型的公司均可修改其存续期限。

第二节　延　　期

第 32 条

公司的存续期限可延长一次或多次。

第 33 条

每一类型的公司均可根据本统一法规定的有关修改公司章程的条件,决定延长公司的存续期限。

第 34 条

公司存续期限的延长不能导致新的法人的成立。

第 35 条

公司成员应在公司存续期限满至少 1 年以前,协商决定是否延长公司存续期限。

第 36 条

在前条规定的条件未满足时,公司任何成员均可请求公司注册地有管辖权的法院通过紧急裁决程序指定一名临时代表,负责启动前条规定的协商程序。

第七章　出　　资

第一节　一般规定

第 37 条

公司每一成员应向公司出资。

每一公司成员可以现金、实物或服务出资。

第 38 条

作为出资的回报,每一成员可获得公司根据本统一法第 51 条规定签发的证券。

第 39 条

本章的规定适用于公司存续期间为增加注册资本而进行的出资。

第二节　出资的种类

第 40 条

每一成员都可向公司投入:

(1)金钱,作为现金出资;

(2)与实物财产有关的权利,无论是动产或不动产,有形或无形财产,作为实物出资;

(3)专业或技术知识和服务,作为服务出资。

禁止其他类型的出资。

第三节　现金出资的支付

第 41 条

现金的出资是通过将公司成员承诺的款项的所有权转移到公司而完成支付。

除非本统一法另有规定,现金出资在公司成立时应全额缴纳。

第 42 条

被视为已缴纳的现金出资是指公司已获得所有权且全部、确定地收到的款项。

第 43 条

如果延迟支付出资,应付给公司的未偿款项应自动从支付之日起按法定利率承担利息,且不影响任何损害赔偿的支付义务。

第 44 条

除非公司章程禁止,与公司资本增加有关的现金出资可以通过抵销对公司提出的固定金额和到期的索赔来进行。

第四节　实 物 出 资

第 45 条

实物出资是通过转让与所提供的财产相对应的物权或债权请求权,并将这些权利所涵盖的财产实际提供给公司来实现的。

实物出资应在公司成立时全额支付。

第 46 条

以财产形式出资的,出资人应像卖方对买方那样对公司担保。

第 47 条

如果出资是由财产权利构成的,出资人应像出租人对承租人那样对公司担保。如果出资是由将在公司存续期间予以替代的可互换商品或任何其他财产构成,合同应将出资的财产的所有权转移给公司,条件是出资人会返还同等数量、同等质量和同等价值的商品或财产。在此种情况下,出资人对公司的担保和前条规定的条件一样。

第 48 条

为对抗第三方效力而须予公布的财产或权利的出资,可在公司登记前公开。该手续自公司登记之日起追溯生效。

第 49 条

公司成员应对实物出资进行评估。

根据本统一法的规定,出资评估应由出资专员监督。

第 50 条

公司章程应当载明在本统一法规定的条件下以实物出资的评估的规定。

第五节　服 务 出 资

第 50-1 条

服务出资应通过向公司有效提供技术或专业知识或服务来完成。

股份有限公司禁止服务出资。

第 50-2 条

服务出资人应提供其承诺投入的服务，并应披露通过作为其出资内容的活动所获得的所有利润。

公司章程应载明提供的服务并确定其支付条件，包括出资人提供的服务期限、此类服务出资应分配的证券数量以及与利润和净资产分配有关的附属于这些证券的权利。此外，公司章程还应载明，如果服务出资人不再执行作为其出资内容的活动时，这些证券的清算程序。

第 50-3 条

服务出资不计入注册资本的构成，但应当分配给予表决权的公司证券、利润份额和净资产，只要出资人承担公司亏损责任。

但分配给服务出资的证券所附带的投票权不得超过总投票权的 25%。

附属于此类证券的总额不得超过公司利润、净资产和亏损的 25%。

第 50-4 条

为服务出资分配的证券不得分割和转让。

它们没有票面价值。

第八章　公司证券

第一节　原　　则

第 51 条

公司应当发行证券，以换取成员的出资。它们代表成员的权利，在股份公司中称为股票，在其他公司中称为股权。

第二节　性　　质

第 52 条

公司证券为动产。

第三节 证券附带的权利和义务

第53条

证券赋予持有人：

(1)如果公司决定分配利润,对公司利润享有的权利;

(2)如果公司解散或减少公司资本而对公司资产进行分配时,对公司净资产的权利;

(3)在可能情况下,根据为各类公司规定的条件,分担公司亏损的义务;

(4)参与公司成员集体决策并表决的权利,除非本统一法对某类公司证券另有规定。

第54条

除非公司章程或本统一法另有规定,上面第53条所提到的成员的权利和义务应按其出资的比例分配,无论是在公司组建时还是在公司存续期间出资的。

但将公司所得全部利润分配给某一成员或免除其承担亏损的所有义务的规定,或那些排除某一成员参与利润分配或让某一成员承担所有损失的规定,应视为未订立。

第55条

上面第53条规定提到的权利应在为每一类型公司规定的条件下实施。没有本统一法明确条款的规定,此类权利不得被中止、取消。

第四节 票面价值

第56条

公司发行的同类证券应该有同等的票面价值。

第五节 流通性、转让性

第57条

公司股权可以转让。股票可以转让或流通。

第 58 条

股份公司可以发行流通证券。

本条第 1 款所指公司以外的公司禁止发行此类流通证券,这些公司同样被禁止对发行流通证券进行担保。违反本款规定达成的所有合同、发行的证券或提供的担保无效。

第 59 条

在所有情况下,如果本统一法规定了某一成员的证券的转让,或由公司收购这些证券,在当事人之间不存在协议时,此类证券的价值由指定的专家来决定,或由当事人决定,如果当事人不能达成一致意见,则由有管辖权的法院通过快速程序决定。

第六节　个人独自持有公司证券

第 60 条

如果本统一法禁止公司的证券由单个人持有,公司所有证券由单一成员持有并不能自动导致公司解散。如果此情况在 1 年内未被调整合规,任一利益相关人可向有管辖权的法院申请解散公司。该法院可以给公司最多 6 个月的期限按规定进行调整。如果这一情况已得到调整,该法院在就案件实质问题作出裁决之日不得下令解散公司。

第九章　注 册 资 本

第一节　一 般 规 定

第 61 条

每一公司都应按照本统一法的规定在公司章程中载明其注册资本。

第 62 条

公司注册资本为成员向公司出资的资本总额,并在必要的情况下,可通过转化公积金、利润或股份、发行和合并溢价而增加。

第 63 条

作为出资的对价,公司应发行公司证券,证券价值与出资价值等值。

作为转化公积金、利润或股份、发行和合并溢价的对价,公司应发行证券或提高现有证券的票面价值。两种方式可以合并进行。

第 64 条

根据公司类型,注册资本应分割为股权或股份。

第二节　注册资本金额

第 65 条

注册资本金额由成员自由确定。

但本统一法应根据公司的类型或宗旨确定最低注册资本额。

第 66 条

如果公司注册资本总额在组建过程中没有达到本统一法规定的最低数额,则公司不能有效组建。

如果组建后公司的注册资本总额减少并低于本统一法规定的该类型公司的最低注册资本额,则公司将被解散,除非根据本统一法规定的条件,该公司的注册资本达到本统一法规定的最低数额。

第三节　公司注册资本的变更

第 67 条

公司注册资本是固定的。但根据本统一法规定的有关公司章程变更的条件,每一类型的公司的注册资本都可增加或减少。

尽管有第 1 款的规定,根据本统一法第 269-1 条及其后续规定,公司注册资本是可变的。

第 68 条

公司注册资本可通过向公司投入新的出资,或并入公积金、利润或股份、发行或合并溢价增加。

第 69 条

公司注册资本可根据本统一法规定的条件,通过向成员偿还部分出资或扣除公司亏损减少。

第 70 条

如果本统一法授权通过向成员偿还部分出资减少公司注册资本,可以通过现金偿还或分配资产的形式进行。

第 71 条

公司注册资本的减少要根据上面第 65 条和第 66 条规定的条件进行。

第十章 公司章程变更

第 72 条

公司章程可根据本统一法为每一类型公司规定的条件进行变更。

在任何情况下,未经成员的同意不得增加其义务。

第十一章 正常与合规声明或经公证的认购和缴款声明

第 73 条

发起人和管理机构的首批人员、董事会和管理人员应向商事和动产信用登记部门提交一份声明,陈述其为正常组建公司所进行的所有活动,并以此确认公司的组建符合本统一法的规定。

这一声明被称作正常与合规声明。该声明为必备文件,否则商事和动产信用登记部门会驳回公司登记申请。

该声明应由其起草者签署。但它可以由其中一人或其中几个人签署,只要他们被授权这样做。

第 73-1 条

上面第 73 条规定适用于公司章程修改的情况。在此情况下,正常与合规声明应由管理机构成员、董事会和管理人员提交。

第 74 条

如果已根据本统一法和《一般商法统一法》规定的条件制作和提交了经

公证的认购和缴款声明,则前条的规定不适用。

第 74-1 条

违反上述第 7 条、第 8 条、第 9 条、第 20 条、第 37 条第 1 款和第 40 条规定成立的公司无效。

第十二章　不符合程序—责任

第 75 条

如果公司章程没有载明本统一法所要求的所有信息,或其中规定的公司组建程序被省略或不当完成,任何利害关系方都可向公司注册所在地管辖范围内的主管法院申请,要求下令使公司组建正规化,且须支付罚金。检察官也可为同样的目的提起诉讼。

第 76 条

上面第 73、74 条的规定适用于公司章程变更的情况。

第 77 条

自公司注册之日起或修改公司章程的文书公布之日起 3 年后,不得提起公司组建正规化的诉讼。

第 78 条

发起人、管理机构首批人员、管理人员和董事会应对未将强制性信息载入公司章程,或遗漏或不当完成公司成立规定的程序所造成的损害,承担连带责任。

第 79 条

当公司章程变更时,管理机构的现任成员、管理人员和董事会应承担与上述条款规定相同的责任。

第 80 条

本统一法第 78、79 条规定的追究责任的诉讼时效为 3 年,根据具体情况,从公司注册之日起或变更公司章程的文件公布之日起开始计算。

第四编 公 开 募 集

第一章 公开募集的范围

第 81 条

以下都将被认为是公开募集：

（1）其证券被获准在某一成员国证券交易所进行交易的公司，自该证券获准之日；

（2）根据下文第 83 条规定的条件，向某一成员国的公众出售其证券的公司或任何人员。

如果金融市场覆盖几个成员国，为本编规定的目的，这些成员国应被视为构成单一共同体。

第 81-1 条

下列情形不构成下文第 83 条含义中的公开募集，如果证券的发售：

（1）在成员国的总额低于 5000 万西非法郎[1]，此类数额的计算期间为 12 个月；

（2）或证券发售针对的是为自己的账户进行交易的合格投资者，或为自己的账户进行交易的少于一百个自然人或法人的合格投资者，而不是成员国证券交易所的合格投资者，或对于不是此类市场成员的成员国而言，不是该成员国的合格投资者。

第 81-2 条

在本统一法的含义中，合格投资者是具有适当技能和资源的、能够了解金融国家交易的潜在风险的个人或法人实体，如信贷机构和其他成员国授权或监管的金融机构、投资基金及其管理公司、保险和再保险公司、团体保险公司、健康保险公司和健康保险公司联盟以及养老金和应急基金。

第 81-3 条

已构成上面第 81-1 条规定所提到的不止一类募集行为主体的证券的任何转售应视为单独的募集，并可构成一项公开募集，如果它是根据下文第

[1] 西非法郎的全称是非洲金融共同体法郎，为了行文方便，本书统一用西非法郎。——译者注

83 条提到的行为进行的。

如果最终投资未能满足上面第 81-1 条第 1 项和第 2 项规定的条件,则金融中介机构的证券投资应遵守本编第 2 章有关文件披露的规定。

在随后的证券转售或金融中介机构进行的最终证券投资中,不再要求进行其他文件披露,只要能够获取有效的披露文件,且发行人或负责起草该披露文件的人书面同意可以使用此类文件。

第 82 条

未经本统一法授权的公司不得进行公开募集。

未经本统一法的授权,任何人也不得通过公开募集转让公司证券。

违反本条规定进行的任何交易都是无效的。

第 83 条

上面第 81 条提到的证券的公开募集是指下列交易行为:

(1)通过任何形式和方式向不特定人群发送有关将要公开募集的证券的条件,以便相关人员能够购买或认购证券;

(2)由与发行人或转让人有关的金融中介机构进行证券投资。

第 84 条

公司注册地位于某一成员国的公司可以在其中一个或多个成员国通过公开募集进行证券投资。

在此种情况下,它在公司注册地成员国或其他成员国内,要遵守本统一法第 81~96-1 条的规定。

如果证券公开募集不是由发行人作出的,进行公开募集的公司在发行人所在地成员国和公开募集进行地成员国应遵守本统一法第 81~96-1 条的规定。

第 85 条

如果公司注册地位于某一成员国的公司要在另一成员国进行公开募集,在公开募集总额超过 5000 万西非法郎时,该另一成员国的一个或多个信贷机构应确保成功完成募集活动。

在任何情况下,该公司应在该另一成员国利用一个或多个金融中介机构以保证金融服务工作的开展。

如果交易总额超过 5000 万西非法郎,公司应在该另一成员国的审计员名单上指定一个或多个审计员审核公司财务报表。审计员应签署下面第 86 条提及的披露文件,或在可能情况下,签署根据下面第 90 条规定修改或补充过的披露文件。

第二章 披 露 文 件

第 86 条

所有进行公开募集的公司应提前在发行人注册地成员国或在可能情况下在其他公开募集地成员国发布公开信息文件。在考虑到发行人以及公开募集或在某一成员国证券交易所获准交易的证券的特殊性质后,此类信息文件应包含所有能够使投资者了解财产估价、财务状况、利润和损失、发行人的发展前景和潜在的担保人以及此类证券附带的权利。此类公开的信息应由每一成员国的主管当局确定,并以简单、易理解的形式呈现。

第 86-1 条

信息披露文件应包含一份以简洁明了语言规定的关键信息的摘要。摘要应与信息披露文件使用的语言一致。

摘要应以同一证券交易所的标准形式作成,并以简单易懂的形式呈现。还应当包含有关证券的有关信息。

此外,该摘要应包含一个对读者的警示,说明:

(1)它应作为信息披露文件的引言而阅读;

(2)对证券投资的任何决定是基于投资者对信息披露文件的全面评估作出的;

(3)如果摘要的内容令人误解,不准确,或与披露文件的其他内容一起阅读时,摘要未能提供指导投资者投资此类证券的必要信息,则提交摘要的人应承担责任。

第 87 条

当公司在其注册地以外的某一成员国进行公开募集时,提交给后面第 90 条所涉及的机构的披露文件应包含该成员国证券交易所的具体信息。

此类信息主要涉及所得税制度、发行人在该缔约国境内提供金融服务的机构以及向投资者发布通知的程序。

信息披露文件应包含上面第 85 条提及的担保人的完整陈述,提供的信息应与其证券被发售的公司的信息一致,有关公开募集的证券的信息除外。

第 88 条

发行人注册地成员国的主管机关可豁免发行人在披露文件中载入本法规定的某些信息,如果它相信:

(1)这些信息不那么重要,不太可能影响资产评估、财务状况评估、发行人的业绩或前景;

(2)此类信息的披露有损于公众利益;

(3)此类信息的披露可能对发行人造成严重损害,前提是不披露此类信息不太可能在某些事实和情形上误导公众,这些事实和情形对潜在的发行人、发售人或担保人的知情评估以及对披露信息相关的证券所附带的权利至关重要;

(4)投标人不是发行人,无法获取此类信息;

(5)此类信息仅对一个特定的募集或获准在一个成员国的特定证券交易所进行交易不那么重要,而且不太可能影响对发行人、发售人或担保人的财务状况和前景的评估。

第 89 条

披露文件可以援引后面第 90 条规定提交的机构所批准的任何其他披露文件,只要此类为同类证券制作的文件自制作之日起未超过 1 年,并包含最新批准的发行人的年度财务报表以及上面第 87、88 条规定所要求的所有信息。

经批准的披露文件应通过实施备忘录完成,其中应包括:

(1)正在募集的证券的信息;

(2)自首次批准以来公布的任何会计数据;

(3)有关可能对所提供证券的评估产生影响的新重大事件的数据;

(4)在适当情况下,一个能够使投资者容易地识别特定的数据的对应表格。

第 90 条

披露文件草案应提交发行人注册地成员国的证券监管部门的批准,并且在适当情况下,应提交其他正在进行公开征集的成员国的证券监管部门的批准。如无此类监管机构,则提交这些成员国的财政部部长批准。

这些机构应确保发行活动正常合规,而且不会损害发行人注册地成员国或在适当情况下其他进行公开募集的成员国的投资人利益。

这些机构在对申请进行评估以决定是否批准时,应指明需要更改的披露事项或需要加入的补充说明。这些机构还可以要求提供任何解释或说明理由,尤其是有关公司经营状况、业务活动和公司盈亏的情况。它们可以要求审计员补充调查,公司应负责相关费用,或者在认为审计员工作不得力的情况下,由经其批准后指定的独立专业人士进行评估。

这些机构可以要求在披露文件上载入由它们拟定的警示。它们还可以根据本统一法第 85 条要求提供任何适当的担保。

本条所提及的机构应在签发收到披露文件确认函后 1 个月内给予第 1 款的提及的批准决定。如这些机构要求补充调查,则该期限可以延至 2 个月。

收到披露文件的确认后应在收到该文件的当日签发。

如果证券监管机构或在适当情况下财政部部长决定不予批准,它们应在同一期限内将其决定和理由通知公司。

第 91 条

如果证券监管机构,或不存在此类机构时,发行人注册地成员国或在适当情况下正在进行公开募集的成员国的财政部部长,提出的要求没有得到满足,或者证券发行活动存在侵害发行人注册地成员国或正在进行公开募集的成员国的投资者的利益,则不应批准披露文件。

第 92 条

如果在批准之日至募集结束之日或在适当情况下在某一成员国的证券交易所开始交易时这一期间,发生了可能影响被募集的证券的评估的新的重要事项或重大错误或不实情况,则发行人或发售人应编制更新补充文件。这些文件在发布前应提交证券监管机构,或不存在此类机构时提交发行人注册地成员国的或在适当情况下其他正在公开募集的成员国的财政部部长以备批准。

对披露文件的补充文件应在 7 个工作日内获得批准,并以与原始披露文件相同的方式发布。摘要及其任何可能的翻译还应根据需要进行补充,以包含披露文件补充文件所包含的新信息。

在补充文件发布前已同意购买或认购证券的投资者,有权在补充文件发布后3个工作日内撤回认购。

第93条

经主管机构批准的披露文件应以下列纸质或电子形式在发行人注册地成员国和进行公开募集的其他成员国有效分发:

(1)在被授权发布法律文件的,在全国范围内流通的,或者更广泛流通的报纸上公布;

(2)任何人可向发行人总部和负责提供证券金融服务的机构咨询的小册子;文件副本应免费发给任何利害关系方;

(3)在发行人网站上,或在投资或出售所提供证券的金融中介机构包括负责金融服务的机构的网站上,发布相关帖子;

(4)在其寻求上市的证券交易所的网站上发布相关帖子;

(5)在发行人注册地成员国的主管机构网站上发布相关帖子,如果其决定提供此类服务。

根据第1款第1项或第2项发布其披露文件的发行人或发售人也应根据第1款第3项以电子形式发布该文件。

披露文件应当尽早公布,无论如何,不迟于开始公开发行或者有关证券获准交易时公布。对尚未获准在某一成员国证券交易所进行交易的某类股票在首次公开募集时,披露文件应至少在募集结束前6个工作日内发布。

此外,发行人注册地成员国可要求发布一份通知,说明向公众提供披露文件的方式以及可在何处获得该披露文件。

第94条

任何与向公众提供证券或获准在一个成员国的证券交易所进行交易有关的公开资料或其他类型的宣传材料,应遵守下面规定的原则。这些原则仅适用于申请获准交易的发行人或发售人被要求起草披露文件的情况。

与经营有关的宣传材料或公开资料应当注明已批准的披露文件,并说明其获取途径。它们应被清楚地识别出来,它们所包含的信息应准确,不能令人混淆。这些公开资料或宣传材料也应与披露文件中包含的信息一致,如果披露文件已经公布,或在披露文件在稍晚日期公布时,也应与披露文件将要补充的信息一致。

任何口头或书面提供的有关公开募集或获准在某一成员国证券交易所交易的信息，即使不是出于公开目的，也应与披露文件中提供的信息一致。

当本统一法不要求提供披露文件时，发行人或发售人提供的针对合格投资者或特殊类别的投资者的重要信息，包括与证券发行相关的会议分发的文件，应传达给所有合格的投资者或特殊类别的投资者。

第 95 条

公开披露文件的义务不适用于下列获准在证券交易所交易的有价证券：

(1)代替已发行的同类股票而发行的股票，如果新发行的股票不会导致认购资本的增加；

(2)通过公开募集交易市场作为公开收购竞标而募集的证券，如果发行人已提供相关文件，并提交给上面第 90 条提及的主管机关进行核实，包括与披露文件所要包含的信息相当的信息；

(3)与兼并、分立或资产出资活动有关的，而被募集、分配或将被分配的证券，如果发行人已提供相关文件，并提交给上面第 90 条提及的主管机关进行核实，包括与披露文件所要包含的信息相当的信息；

(4)向股东免费提供的、分配的或将要分配的股票，以及为支付股息而授予的股票，如果发行人已向有关当事人提供有关股票数量、性质以及发行的原因和条件等信息的文件；

(5)由属于发行人同一团体的雇主或公司向董事、公司领导、前任或现任职员提供的、分配的或将要分配的证券，如果发行人的主要管理地或总部位于成员国内，且它已向相关当事人提供了一份文件，说明有关证券的数量和性质以及发行的原因和细节。

第 95-1 条

公开披露文件的义务不适用于下列获准在证券交易所交易的有价证券：

(1)在 12 个月的期间内，代表低于 10%的已在同一证券交易所获准交易的同一类型的股票；

(2)为取代已获准在同一证券交易所交易的同类股票而发行的股票，如

果发行新股未导致认购资本的增加;

(3)通过公开交易市场获取的作为公开募集的一部分而募集的证券,如果发行人遵守上面第 90 条提及的主管机构的监管公开了相关文件,此类文件含有披露文件必须披露的同等信息;

(4)与兼并、分立或资产出资活动有关的,而被募集、分配或将被分配的证券,如果发行人已遵守上面第 90 条提及的主管机关的监管公开了相关文件,此类文件与披露文件必须披露的同等的信息;

(5)向现有股东免费提供的、分配的或将要分配的股票,以及为支付股息而授予的股票,如果此类股票和已在证券交易所上市的股票属于同一类类型,而且发行人已公开含有有关股票数量、性质以及发行的原因和条件等信息的文件;

(6)由属于发行人同一团体的雇主或公司向董事、公司领导、前任或现任职员提供的、分配的或将要分配的证券,如果此类证券与已在同一证券交易所上市的证券属于同一类型,而且发行人已公开含有相关证券的数量和性质以及发行的原因和细节的文件;

(7)因其他证券的转换、交易所或者行使其他证券授予的权利而产生的股票,如果此类股票与已在同一证券交易所上市的证券属于同一类型。

第 96 条

发行人、发售人及其董事会或高级管理人员,以及适当情况下的担保人,应对披露文件提供的信息负责。披露文件应以姓名和头衔明确确定责任人,或是法人的情况下应明确法人的名称和总部,并提供来自负责人的声明,证明据其最大能力所知,披露文件中包含的数据符合实际情况,并且没有包含任何可能影响其经营宗旨的不实信息。

提交摘要的人不对摘要负责,如果有翻译时,包括翻译,除非其内容误导、不准确或与披露文件的其他部分不一致,或与披露文件的其他部分结合阅读时,摘要未能提供投资者在考虑是否投资证券时的必要指导信息。在考虑投资这些证券时启发投资者的基本信息。摘要应根据上述第 86-1 条最后一款对此方面载入明确的警示。

第 96-1 条

披露文件在成员国证券交易所批准上市后最长 12 个月仍然有效,除非它根据上面第92条的要求对项目进行了补充。

第五编　登记、法律人格

第一章　一般规定

第97条

除隐名合伙公司[1]外，其他公司都应在商事和动产信用登记处登记。

第98条

除非本统一法另有规定，所有公司自在商事和动产信用登记处登记之日起获得法律人格。

第99条

将公司适当转变为其他形式的公司，不应导致新法人的产生。这同样适用于延长其存在期限或对公司章程的任何修改。

第二章　成立中的公司及已成立但尚未登记的公司

第一节　定　　义

第100条

公司尚未建立即为在成立中。

第101条

公司自其公司章程签署之日起成立，或在适用时由成立大会通过公司章程之日起成立。

在注册登记前，公司的存在不可对抗第三方，而第三方可利用公司的存在。

第102条

所有积极参与公司组建工作的人都被认作是公司的创始人。

---

〔1〕 隐名合伙公司(société en participation)从本质上讲不是公司，它是一种合作企业，所有合作方同意，该公司不在商事和动产信用登记簿上登记，而且它不具有自己的法人资格。可参见下文第854条规定。——译者注

他们的职责始于旨在成立公司的首次活动或首批文件的实施,并于所有成员或唯一成员签署公司章程或在可适用情况下由成立大会通过公司章程后结束。

第 103 条

公司创始人应在其中一成员国内拥有注册办公室。

注册办公室不得仅包括邮局信箱。它应包括一个街道地址或具体和适当的地理标志。

第 104 条

自公司章程签署之日起或在可适用情况下成立大会通过公司章程之日起,公司管理层应取代创始人。他们应当代表已成立但尚未在商事和动产信用登记处登记的公司行事。

他们的权利和义务由本统一法有关条款确定,或在适当情况下,根据公司章程的规定确定。

第 105 条

自公司成立之日至在商事和动产信用登记处登记之前,成员之间的关系受公司章程和有关合同和义务的一般法律规则调整。

第二节　在公司成立前代表组建中的公司进行的业务

第 106 条

在公司成立前,如果公司尚未进行公开募集,或在公司成立大会召开期间,由创始人代表组建中的公司所采取的行为和业务应在签署公司章程前通知其他成员。

这些行为和业务应在一份题为“代表组建中公司的行为和业务的声明”的文件中载明,并表明它们中的每一项公司承担义务的性质和范围,如果公司决定认可它们。

第 107 条

若公司成立未经成立大会,则前条所提到的行为与业务的声明应附于公司章程中。公司一旦在商事和动产信用登记处进行登记,则公司成员对公司章程和该声明的签字就表明公司对声明中所载明的行为和义务的批准。

第 108 条

代表组建中的公司所采取的行为和承诺也可由公司注册后予以认可，如果根据本统一法为每一类型公司所规定的条件，此类行为和承诺得到普通股东大会的批准，除非公司章程另有规定。普通股东大会应充分了解公司拟认可的每项行为和承诺的性质和范围。作出上述行为和承诺的个人不得投票，在计算法定人数和多数时不得考虑其投票。

第 109 条

对于经由成立大会成立的公司，代表组建中的公司采取的行为和承诺应遵守在成立大会期间根据本统一法规定的条件通过的特别决议。

第 110 条

由合法成立和注册的公司认可的行为和承诺应视为从开始起执行。

根据本统一法规定的条件，未被公司认可的行为和承诺对公司无约束力，采取这些行为和承诺的人对其义务承担连带责任。

第三节　代表已成立但尚未注册的公司进行的业务

第 111 条

成员可在公司章程或单独的文件中，或根据情况在成立大会期间，授予一个或多个公司经理代表已成立但尚未在商事和动产信用登记处登记的公司作出承诺。如果该承诺及其范围已被授权书明确界定，则公司在商事和动产信用登记处的登记就表明公司对该承诺的批准。

第 112 条

超越授权书的权限或与授权书无关的行为也可被公司认可，如果根据本统一法为每一类型的公司规定的条件，此类行为被普通股东大会批准，除非公司章程另有规定。作出上述行为和承诺的个人不得投票，在计算法定人数和多数时不得考虑其投票。

第 113 条

上面第 110 条的规定应适用。

第三章 未登记的公司

第 114 条

作为上述规定的例外,成员可以决定不对公司进行登记。此类公司将被称为隐名合伙公司(société en participation)。不得具有法人人格。

隐名合伙公司受本统一法第 854 条及后续条款的调整。

第 115 条

若因违反本统一法、公司章程,或在可能情况下单方意图行为未经书面订立,导致公司不能注册的,该公司不具有法人人格。

第四章 分支机构

第 116 条

分支机构是属于某一公司或自然人并具有一定管理自主权的商业、工业或社会服务机构。

第 117 条

分支机构没有自主法人资格,这区别于作为其所有者的公司或自然人。

其经营或存续过程中产生的权益和义务应属于作为其所有者的公司或自然人的资产。

第 118 条

分支机构可以是外国公司或外国自然人的机构,它应受其所在地成员国法律的支配。

第 119 条

分支机构应按有关登记的规定在商事和动产信用登记处办理注册登记。

第 120 条

如果分支机构由某一外国人所有,该分支机构应在其成立后的 2 年内挂靠一个既有的公司或根据某一成员国法律将要成立或组织的公司,除非分支机构所在地负责商业的部长下令免除分支机构的这一义务。

根据适用于特殊制度下的公司的规定，义务免除期限为 2 年，不可延展。

如违反本条第 1 款的规定，成员国的书记员或主管机构在主管法院根据书记员的请求或任何利益相关方的请求作出裁决后，将该分支机构从商事和动产信用登记处注销。

注销决定应由成员国的书记员或主管机构在被授权发布成员国法律文件的报纸上公布。

第五章　代表处或联络处

第 120-1 条

代表处或联络处是公司所拥有的结构，负责公司与其所在地成员国市场之间的联系。它没有管理自主权，只能从事创建它的公司的准备或辅助活动。

第 120-2 条

代表处或联络处与创建它的公司没有不同的法律人格。

因其活动或其存续而产生的权利和义务由创建它的公司来承担。

第 120-3 条

代表办公室可以是一个外国公司的机构。它应受其所在地成员国法律的管辖。

第 120-4 条

代表处或联络处应当按照有关登记的规定在商事和动产信用登记处登记。

第 120-5 条

如果代表办公室的活动更适合将其转变为分支机构，则应在情况变化后 30 日内向商事和动产信用登记处提出更正请求。

新设立的分支机构应酌情适用上面第 120 条的规定。

如违反本条第 1 款的规定，成员国的书记员或主管机构在主管法院根据书记员的请求或任何利益相关方的请求作出裁决后，将该代表处从商事和动产信用登记处注销。

注销决定应当由成员国的书记员或者主管机关在有权发布成员国法律

文件的报纸上公布。

第二卷　商业公司的运作

第一编　公司管理层的权利:一般原则

第 121 条

对于第三方,管理机构、管理人员和董事会应在本统一法为每一类型公司规定的期限内,有充分的权力约束公司,而无须出示特别授权委托书。公司章程对其法律权力的任何限制,不得对抗善意的第三方。

第 122 条

公司应当受其管理机构、管理人员和董事会的不在公司宗旨内的行为的约束,除非它能证明第三方知道该行为与公司宗旨无关或考虑到相关情况而不能忽视它,仅仅公开公司章程不足以证明这一点。

第 123 条

关于成员之间的关系,并根据每一类型公司的具体法律规定,公司章程可限制管理机构、高级管理人员和董事会的权力。

此类限制对善意的第三方不可执行。

第 124 条

公司管理人员的任免,应在商事和动产信用登记处公布。

第二编　集体决定:一般原则

第 125 条

除非本统一法另有规定,任何成员均有权对集体决定进行投票。

第 126 条

任何成员均可根据本统一法或在适当情况下根据公司章程规定的条款由代理人作为代表。除非本统一法另有规定,否则该授权委托书只能授予另一名成员。

本统一法或公司章程可限制成员人数以及代理人可以代表的票数。

第 127 条

除公司章程另有规定外，不可分割的股份或股权的共同所有人应由共同所有人选择的单一代理人来代表。如就代理人不能达成一致意见，应根据最早提出请求的共同所有人的要求，由公司注册地所在辖区内的主管法院指定代理人。

第 128 条

除公司章程另有规定外，当股份或股权具有用益权时，投票权属于虚有权所有人，但有关利润分享的决定，投票权保留给用益物权人。

第 129 条

除本统一法另有规定外，每一成员的表决权应与其在公司资本中的份额成比例。

第 129-1 条

违反股份、股权附带表决权规定的审议或者决定无效。

第 130 条

构成滥用多数成员权力的集体决定无效。

如果多数成员为了自己的利益，在违背少数成员的利益的情况下通过一项决议，而且该决定也不符合公司的利益，这就构成滥用多数成员的权力的情况。

少数成员可以起诉那些投票支持此类集体决定的成员，以获得损害赔偿。

第 131 条

少数成员或同等成员可能会对不当使用少数成员或同等成员的权力承担责任。

少数成员或同等成员在投票时如果没有正当理由阻止通过一项符合公司利益的决定，就可构成滥用少数或同等成员的权力。

主管法院可任命一名特别代理人，在下次会议上代表滥用其权力的少数成员国或同等成员，并代表他们投票赞成代表公司利益包括不同成员利益的决定。

第 132 条

集体决定有两种：普通大会决定和特别大会决定。应按照为每一类型公司规定的形式和实质条件进行表决。

第 133 条

根据有关每一类型公司的规定，可通过股东大会或经成员的书面同意作出集体决定。

第 133-1 条

如果公司章程有此规定，通过邮寄投票的成员应视为出席，以计算法定人数和多数。

在此情况下，在会议召开前至少 3 日已将其缺席情况下告知为此目的而由公司章程任命的管理层的成员，应被允许通过附回执的信件或挂号信或电子邮件进行投票。通过邮件进行的投票应至少在会议召开前 24 小时由公司收取。

第 133-2 条

若公司章程有此规定，通过视频会议或其他可识别其身份的电讯方式远程参加会议的成员，也应视为出席，以计算法定人数和多数人数。

为确保能够识别远程参加会议的成员的身份并有效确保他们参与会议，这种方式至少应传播与会者的声音，并满足能够连续和同时进行程序转播的技术特征。

远程参加会议的成员应当进行口头表决。

公司章程应当规定公司内电讯方式的使用条件。

第 134 条

所有成员的审议应记录在会议记录中，说明会议日期和地点，出席成员的姓名，提交讨论的议程、文件和报告，讨论摘要，提交表决的决议案文和表决结果。

经邮寄表决的，应当在会议记录上说明。如果进行远程投票，也应在会议记录中说明，还要说明会议期间发生的任何潜在的干扰性技术事件。

会议记录应按照本统一法为每一类型公司规定的条件进行签署。

在书面咨询的情况下，应在会议记录中说明，随附每位成员的答复，并且应按照本统一法为每一类型公司规定的条件进行签署。

第 135 条

除本统一法另有规定外,前条规定的会议记录应在公司注册地保存的特别登记册中制作,并由主管司法机构进行编号和草签。

但是,会议记录可以记录在连续编号的松散纸上,不得中断,按前款规定的条件进行草签,并加盖进行草签的机构的印章。如果一页纸已被使用,即使是部分使用,也应附于前一张已被使用的纸张后面。禁止任何添加、移除或颠倒使用过的纸张。

第 136 条

会议记录应在公司总部存档。成员会议记录的副本或摘录,应由公司的法定代表人有效核实,如有多名法定代表人,则只由其中一名法定代表人有效核实。

第三编　年度财务摘要报表、收入分配

第一章　年度财务摘要报表

第一节　原　　则

第 137 条

在每个财政年度结束时,经理或董事会或总经理应视情况而定,根据《会计与财务报告统一法》的规定,编制和采用汇总财务报表。

第二节　年度财务摘要报表的批准

第 138 条

经理、董事会或执行董事,视情况而定,拟备一份管理报告,列明公司在上一财政年度的情况,其可预见的发展情况,资产负债表日至编制日之间发生的重大事件,特别是继续经营的前景,现金状况的发展和筹资计划。

第 139 条

财务摘要报表所附报表应包括:

(1)公司提供的保证、背书和担保的报表;

(2)公司提供的动产担保权益的报表。

第140条

股份公司、简易股份公司以及适当情况下的私人有限责任公司的年度财务摘要报表和管理报告应在普通股东大会召开前至少45日发送给审计员。

这些文件应提交给批准年度财务摘要报表的普通股东大会,该大会必须在财政年度结束后6个月内举行。

第141条

年度财务摘要报表陈述或评估、折旧方式或符合会计法的规定的任何变化都应在管理报告中注明,并应在审计员的报告中注明。

第二章　公积金、可分配利润

第142条

普通股东大会应根据法律和章程的规定决定收益的分配。

它应为法定公积金进行所需的拨款。

第143条

可分配利润是指在本财政年度实现的利润,通过留存收益减去其过去的损失、定期分配的部分股息和按照法律或公司章程规定转移给公积金的金额而增加的部分。

股东大会可决定分配公司全部或部分公积金,前提是法律或公司章程有此规定。任何违反本款规定或在适当情况下违反公司章程规定的条件而作出的决定均无效。

大会行使前款规定的选择权时,应明确说明提取款项的公积金账户。

除资本减少的情况外,如果股权资本低于或将低于法律或公司章程不允许分配的公积金所增加的资本的数额,则不得向成员分配公积金。任何违反本款规定作出的决议均无效。

第三章　红　　利

第 144 条

在批准财务摘要报表并记录存在可分配的资金后，普通股东大会应决定：

(1)在适当情况下，任意公积金的分配；

(2)根据情况，分配给股份或股权的利润数额；

(3)如有，应结转的数额。

归属于每一股份或股权的利润部分称为股息。

违反本条规定支付的股息，应当为虚假股息。

第 145 条

公司章程可规定应支付给公司证券的首次股息的分配，只要普通股东大会确定存在可分配的利润，且该利润足以进行此类支付。它是作为已缴清股份金额的利息计算的。

第 146 条

股息的支付方式应由成员集体决定，如无此类决定，则根据情况由董事会、执行董事或经理决定。

在任何情况下，股息必须在财政年度结束后 9 个月内支付。主管法院可准予延长这一期限。

第四章　成员之间或一个或多个成员国与公司之间的争议

第 147 条

成员之间或一个或多个成员与公司之间的任何争议应由主管法院管辖。

第 148 条

此类争议也可通过法定或非法定仲裁条款，或通过仲裁协议或其他替代性争议解决方式提交仲裁。

第 149 条

仲裁应适用《仲裁统一法》的规定，或当事各方商定的任何其他仲裁制度。

第四编 警 告 程 序

第一章 审计员警告

第一节 股份有限公司以外的公司

第 150 条

在股份有限公司以外的公司中，审计员可根据下列条款规定的条件和期限，通过附回执的信件或挂号信，要求被请求作出回应的经理就审计员在审查提交给他的文件中发现的任何可能损害公司经营的事实，或他在履行其职务过程中发现的任何事实进行解释。

第 151 条

经理应在收到解释请求后的 15 日内，以附回执的信件或挂号信进行回复。他在答复中应分析情况，并在适当时陈述正在考虑采取的措施。

在收到答复后，或在 15 日内未收到答复后，审计员应将其采取的努力通知主管法院。

第 152 条

如果上述规定没有得到遵守，或尽管经理作出了相关决定，审计员注意到公司经营仍处于危险之中，他应起草一份特别报告并将副本发给主管法院。

他可通过附回执的信件或挂号信要求经理将该特别报告转发给公司成员，或提交给下次股东大会。如紧急情况，审计员可决定召开股东大会提交其报告调查结果。

如果审计员提出要求，经理应在收到请求之日起 8 日内将特别报告分发给成员。

如果在会议结束时，审计员注意到所作出的决定不允许公司经营持续下去，他应将他采取的努力通知主管法院，并与主管法院分享调查结果。

第二节　股份有限公司

第153条

在股份有限公司和简易股份有限公司中，审计员可根据情况，通过附回执的信件或挂号信，就其在审查提交给他的文件或他在履行职责期间发现的可能损害公司经营的任何事实，根据情况，向董事长、总经理或执行董事会提出解释请求，从而启动警告程序。

第154条

根据情况，董事长、总经理或执行董事在收到该解释请求后的15日内，通过附回执的信件或挂号信作出答复。在答复中，他应说明公司的形势和状况，以及在适当情况下说明公司正在采取的措施。

第155条

如果审计员未收到答复或答复不令人满意，他应根据情况请求董事长或董事长兼总经理召集董事会会议，就所提出的事项进行审议。

前款所提到的请求应在收到董事长、总经理或执行董事（视情况而定）答复后的15日内，以附回执的信件或挂号信的形式发出，或在前条规定的期限内确定无回复。

在收到审计员的信函后15日内，董事长或董事长兼总经理应在收到此种信函后的当月内召开董事会会议，审议所确定的事实。审计员应被邀请出席董事会会议。

如公司负责人为总经理或执行董事，他应在同一期限内邀请审计员参加会议，并就所提出的事项发表意见。

董事会审议记录或总经理或执行董事的决定的摘要，应在会议结束后的1个月内送交审计员和主管法院。

第156条

如果前述条款的规定没有得到遵守，或尽管作出决定，审计员注意到公司业务仍处于危险之中，他应准备一份特别报告，以提交下次股东大会，或在紧急情况下，在他未能通过附回执的信件或挂号信请求董事会、总经理或执行董事召集股东大会时,他可自己亲自召开股东大会,并提交自己的报告事实。

如果审计员召集股东会议的,他应当制定议程,并可以根据重大理由选择公司章程规定以外的会议地点。他应在在会议上提交的报告中解释召开该次会议的理由。

如果在股东大会结束时,审计员注意到确保公司正常经营所采取的措施不足,他应将其采取的努力及其调查结果通知主管法院。

如果自启动警告程序之日起6个月内,审计员认为公司未来仍处于危险中,需要立即采取措施,他可恢复他此前中断的工作。

第156-1条

根据后续第853-3条,本节规定适用于简易股份公司。

第二章　公司成员提起的警告程序

第一节　股份有限公司以外的公司

第157条

在股份公司以外的公司中,任何不是管理人员的公司成员可在每个财政年度通过书面形式向经理提出两次关于任何可能危及公司持续经营的事实的问题。

经理应在15日内以书面形式答复根据前款规定提出的问题。在同一期限内,他应将问题及其答复(如果有的话)的副本送交审计员。

第二节　股份有限公司

第158条

在股份有限公司,任一股东可在每一财政年度两次根据实际情况向董事长、执行董事或总经理就可能损害公司经营的任何事项提问。

董事长、执行董事或总经理应根据前款的规定,在15日内书面答复这些问题。在同一期限内,他应将问题及其答复的副本送交审计员。

第158-1条

根据后面第853-3条,前条规定适用于简易股份公司。

第五编　管理专业知识

第159条

一个或多个拥有至少十分之一公司注册资本的成员,可以单独或以任何形式联合起来,请求公司注册地的主管法院作出快速裁决,任命一名或多名专家,负责就一项或多项公司经营业务提出报告。

第160条

如果请求获得批准,主管法院应确定专家的任务范围和权力。专家费用由公司承担。报告应送交申请人、管理机构、高级管理人员或董事会以及审计员。

第六编　临时管理

第160-1条

当公司因管理机构、管理人员或董事会或成员的原因而无法正常经营时,主管法院可迅速作出裁决,决定任命一名临时管理人员以临时管理公司业务。

第160-2条

该事项应根据管理机构、高级职员或董事会或一名或多名成员的请求,提交给主管法院。如果申请被驳回,法院会向该公司签发证明。

主管法院应任命一个自然人为临时管理人员,该自然人可以是特别名单上登记的司法代表,或其他就所请求的事项的性质而言具有经验或特定资格并且具有一定技能和良好声誉的人士。

任命临时管理人员的决定应:

(1)说明其聘用范围和权力;

(2)在可能情况下,说明哪一管理机构、公司管理人员或董事会应继续任职,并阐明其应保留的权力和职能;

上述文件草案应说明：

(1)所有参与公司在商事和动产信用登记处登记的形式、名称、登记号及其注册地；

(2)合并或分立的原因和条件；

(3)拟转让给吸收或新公司的资产和负债的描述和评估；

(4)股份或股权权益的转让条款、该股份或股权权益获得利润的日期，以及与该权利相关的任何特殊条件，以及接受出资的公司认为合并或分立公司经营完成的日期；

(5)采用用于确定经营条款的相关公司账目的日期；

(6)证券交换报告以及适用的现金调整金额；

(7)合并或分立溢价的金额；

(8)授予具有特殊权利的成员和股份以外的债券持有人的权利，或适当时授予的任何特殊利益。

第 194 条

合并或者分立文件应当提交该公司注册地的商事和动产信用登记处，并在各公司授权发布法律文件的报纸上发布公告。

该公告应注明：

(1)参与交易的每一公司的公司名称及其首字母缩写、形式、注册办事处地址、资本数额以及在商事和动产信用登记册上的登记号；

(2)因交易所产生的新公司的名称及首字母缩写、形式、注册办事处地址及资本数额或现有公司的资本数额；

(3)拟转让给收购公司或新公司的资产和负债的估值；

(4)公司证券交换的报告；

(5)合并或分立的预期溢价金额。

本条规定的在商事和动产信用登记处的备案和公开程序必须在决定交易的第一次股东大会召开之日前至少 1 个月进行。

第 195 条

部分资产转让是指一个公司将一个独立的业务部门转让给一个已经存在或即将成立的公司的交易。转让公司并没有因为这种转让而消失。部分资产的出资须遵守分立制度。

第 196 条

除非本统一法另有规定，合并、分立和部分转让可以在不同形式的公司间进行。

第 197 条

有关公司的合并、分立和部分出资，根据公司章程修改的规定，按照增资和公司解散的程序决定。有关审议的无效性，适用同一规则。

但是，如果拟议的交易具有增加一个或多个有关公司的成员或股东的负债的效果，则只有在这些成员或股东一致同意的情况下才可作出决定。违反本款规定的决议无效。

第 198 条

如果交易被宣布无效，参与合并、分立或部分资产转让的公司需要向登记处提交一份声明，说明为进行合并，分立或部分资产转让而采取的所有行动，并声明该行动是按照本统一法进行的。

第 199 条

合并、分立和部分资产转让可能涉及总部不在同一成员国领土内的公司。在这种情况下，每一有关公司在其注册办事处所在的成员国应受本统一法的规定的约束。

第七卷　商业公司的解散、清算

第一编　公 司 解 散

第一章　解 散 原 因

第 200 条

公司在下列情况下终止：

(1)公司成立的期限届满；

(2)其目的已实现或消灭；

(3)公司章程无效；

(4)公司成员根据修改章程规定的条件作出决定；

(5)主管法院应成员的请求,特别是在成员不履行其义务或成员之间的分歧妨碍公司正常运作的情况下,以正当理由宣布提前解散;

(6)法院判决命令清算公司财产;

(7)公司章程规定的任何其他原因。

第二章　解散的效力

第201条

只有在公司注册办事处所在成员国有权刊登法律文件的报纸刊登公告后,公司的解散才对第三方有效。

多人公司的解散自动导致清算。

为了清算的目的,公司的法人资格应继续存在,直至清算结束为止。

所有证券由一名成员持有的公司解散,应导致公司的资产全部转让给该成员,而无须清算。债权人可在解散公布后30日内向主管法院提出异议。主管法院应驳回异议,或命令偿还债权或提供担保,如果公司提供担保并且法院认为这些担保是足够的。只有在提出异议的期限届满时,或在适用的情况下,在异议被驳回时,或在偿还债务或提供担保时,资产的转移才会发生,公司才会消失。

第4款规定不适用于唯一成员为自然人的公司。在这种情况下,公司的解散自动导致公司的清算。

第202条

解散应当通过公司注册地被授权发布法律文件的报纸上进行公告,并向商事和动产信用登记处提交决定或记录解散的文书或会议笔录,同时对登记事项进行更改。

第二编　商业公司的清算

第一章　一 般 规 定

第203条

本章的规定适用于商业公司的任何清算,不论是根据公司章程或公司成员的协议友好安排的,还是根据后面第 223 条第 1 款第 2 项由法院命令的。

但是,它们不适用于根据《债务清偿集体程序(破产)统一法》的规定进行清偿的情况。

第 204 条

公司在因任何原因解散时即被清算。

“清算中的公司”一词和清算人的姓名必须出现在公司为第三方签发的所有文书和文件上,包括所有信件、发票、公告和其他出版物上。

第 205 条

为了清盘的目的,公司的法人资格应继续存在,直至公司终止的公告公布为止。

第 206 条

由成员决定清算的,应当指定一名或多名清算人:

(1)在合名公司(普通合伙)中,由普通合伙人一致决定;

(2)在普通两合公司(有限合伙)中,经普通合伙人一致同意并经持有多数资本的有限责任合伙人同意;

(3)在有限责任公司中,经持有多数资本的合伙人同意;

(4)在股份有限公司中,以特别股东大会规定的法定人数和多数条件为准。

第 207 条

清算人可以从成员或第三方中选出。他可以是法人。

第 208 条

如果成员不能指定清算人的,应当根据利害关系人的请求,根据后面第 226 条和第 227 条规定的条件,由法院指定清算人。

第 209 条

除非任命书另有规定,如果任命多位清算人,他们可分别履行其职责。但他们应编制并提交联合报告。

第 210 条

清算人的薪酬应由成员或指定清算人的主管法院确定。

第 211 条

清算人可按照为委任清算人而订立的程序被免职及更换。

但任何成员如有正当理由,可向法院申请解除清算人的职务。

第 212 条

清算人的委任文书,应当按照后面第 266 条规定的条件和期限公布。

清算人的任免只有在公布后才可对抗第三方。

公司或第三方不得以委任或解聘清算人的任何不合规定之处为理由,以逃避其承诺,但该等不合规定之处须已妥为公布。

第 213 条

除非成员一致同意,否则将清算公司的全部或部分资产转让给公司内部曾经是隐名合伙人、普通合伙人、经理、董事、执行董事、总经理、其他公司管理层或审计员的人,只能在听证后在主管法院、清算人和审计员的授权下进行。

第 214 条

禁止将清算中的公司的全部或部分资产转让给清算人、公司雇员及其配偶、长辈或后代。

第 215 条

在下列情况下,将公司的资产或其出资全部转让给另一公司,特别是通过合并形式,应得到下列人员的授权:

(1)在合名公司中,由全体合伙人;

(2)在普通两合公司中,由普通合伙人并由拥有多数资本的有限责任合伙人;

(3)在有限责任公司中,以修改公司章程所需的多数成员;

(4)在股份有限公司中,以本统一法规定的特别股东大会的法定人数和多数要求为准。

第 215-1 条

违反第 206 条、第 211 条第 1 款、第 213 条、第 214 条和第 215 条规定而实施的交易或进行的审议无效。

第 216 条

清算必须在公司解散后 3 年内结束。

否则,检察官或任何利害关系人可向公司注册办事处所在管辖范围内的主管法院提起诉讼,以进行公司的清算,或在清算已经开始的情况下,要求完成清算程序。

第 217 条

清算结束时,应召集成员决定最终财务报表,评估清算人的履行情况,解除其职务,并记录清算结束情况。

如未能做到这一点,任何成员均可请求主管法院迅速作出裁决,任命临时代理人召集会议。

第 218 条

如果上述清算会议无法审议或拒绝批准清算人的财务报表,主管法院应对该报表作出裁决,并在适当情况下,应清算人或利害关系人的请求,代替成员会议就结束清算作出决定。

在这种情况下,清算人应将其财务报表提交给公司注册地成员国的商事和动产信用登记处,任何利益相关方可自行审查并自费获得副本。

第 219 条

清算人编制的最终报告,应当报送公司注册地成员国的商事和动产信用登记处。

成员会议有关清算、清算人履行情况的评估和解除其职务的决定,或没有此类决定时,前条规定所提及的法院的决定,应当附于最终报告后面。

第 220 条

清算人在证明完成上述条款规定的程序后,应当要求自清算结束之日起 1 个月内将公司从商事和动产信用登记处注销。

第 221 条

清算人在履行职责过程中的不当行为造成的损害性后果,应当对公司和第三方承担赔偿责任。

针对清算人提起的股东派生诉讼或个人民事责任诉讼时效,应在侵害事实发生之日起 3 年后,或在该事实被隐瞒的情况下自该事实被披露之日起

3年后灭失。

不过,如果相关事实被定性为犯罪,则时效为10年。

第222条

对不是清算人的公司成员或其未亡配偶、继承人提起的任何诉讼,应在商事和动产信用登记处公布公司解散之日起5年内提出。

第二章 特别规定

第223条

本章的规定仅适用于:

(1)在成员之间没有相应的合同条款或公司章程也没有相应明确规定的、在法庭外组织的清算情况,或成员之间在其协议中规定适用后面第224~241条的规定。

(2)主管法院应下列具有合法利益的人的申请作出的快速裁决:

(a)合名公司的多数合伙人;

(b)在其他形式的商业公司中至少占注册资本十分之一的成员;

(c)公司债权人;

(d)债券持有人的代表。

在本条第1款第2项所提及的情况下,公司章程或协议中与本章相反的条款应视为未订立。

第224条

董事会或公司管理人员的权力自法院命令公司清算之日起终止。

第225条

公司解散并不终结审计员的职能。

第226条

下令公司清算的法院应指定一名或多名清算人。

第227条

清算人的任期不得超过3年,可应清算人的申请通过法院命令延长。

清算人应在延期申请中说明不能完成清算的理由,拟采取的措施和完成清算所需的时限。

第 228 条

在任命后 6 个月内,清盘人应召开成员会议,向会议报告公司的资产和负债状况,继续清盘的情况,完成清盘所需的时间,并在必要时寻求任何必要的授权。

对于每种形式的公司章程的修改,大会应按照本统一法规定的法定人数和多数要求采取行动。违反本款规定的决议无效。

清算人提交报告的期限可应清算人的请求,通过法院命令延长至 12 个月。

否则,应根据任何利害关系方的请求,由法院命令指定的临时代表召集会议。

第 229 条

大会不能召开或者不能作出决定的,清算人应当向法院申请清算所必需的授权。

第 230 条

清盘人代表公司行事,公司受清算行为的约束。

清算人被赋予最广泛的权力来执行公司资产,即使是通过友好安排方式。

公司章程或任命书对这些权力的限制不得对抗第三方。

第 231 条

清盘人有权向债权人付款,并在公司成员之间分配可用余额。

只有在法院命令授权的情况下,他才能继续进行正在进行的业务或为清算目的启动新的业务。

第 232 条

清算人应在每个财政年度结束后 3 个月内编制年度财务摘要报表,其中应包括截至该日的各种资产和负债清单,并应包括一份书面报告,说明上一财政年度的清理结束活动。

第 233 条

除主管法院通过快速裁决予以豁免外,清算人应根据公司章程规定至少每年在财政年度结束后6个月内召开成员大会,以审查和批准年度财务摘要报表、授予必要的授权,并在适当情况下更新审计员的授权。

未召开会议的,清算人的书面报告应当向商事和动产信用登记处备案。

第234条

在清算期间,公司成员可以按照与以前相同的条件收到公司文件。

第235条

上述第233条规定的决定应在下列情况下作出:

(1)在合名公司中,合伙人一致同意;

(2)在普通两合公司中,经普通合伙人一致同意并经持有多数资本的有限责任合伙人同意;

(3)在有限责任公司中,经持有多数资本的合伙人同意;

(4)在股份有限公司中,以特别股东大会规定的法定人数和多数要求为准。

如不能达到所要求的多数,主管法院应根据清算人或任何利害关系方的要求迅速作出裁决,当该决定导致公司章程的修改时,应按照本公司法规定的各形式公司的条件进行。

作为清算人的成员应当投票。

违反本条规定作出的决议无效。

第236条

如果公司继续经营,清算人必须根据上述第233条规定的条件召集成员会议。否则,任何利害关系方均可要求审计师或主管法院裁决所指定的代理人迅速召开会议。

第237条

除公司章程另有规定外,股东应按其在股本中所占份额的相同比例分享股份或股份面值赎回后剩余的股本。

第238条

关于资金分配的任何决定应在有权刊登法律文件的报纸上公布,并在该报纸上刊登后面第266条规定的公告。该决定应个别通知记名证券的持有人。

第 239 条

分配给公司成员和债权人的款项应在分配决定作出后 15 日内,以清算中的公司的名义存入公司注册地成员国的银行开立的账户。如有多名清盘人,可由一名清盘人签署并由其负责撤回该资金。

第 240 条

如果分配给债权人或公司成员的款项不能支付给他们,则应在清算结束后 1 年期限届满时,将其存入在国库开设的代管账户。

第 241 条

在不损害债权人权利的情况下,清算人应决定是否分配清算期间的可用资金。

在清盘人发出的正式通知未果后,任何利害关系人均可向有管辖权的法院申请,该法院应在短时间内就清盘期间的分配是否适当作出裁决。

第八卷　公司及公司行为的无效

第 242 条

公司的无效只能由本统一法的明文规定产生,或者在不违反下一款规定的情况下,由关于合同无效的文本产生。

公司无效时,应根据本统一法的规定解散并随后清算。

在有限责任公司和股份有限公司中,公司的无效不得因成员瑕疵的同意或丧失行为能力而造成,除非该种行为能力丧失影响所有公司创始成员。

第 243 条

修改公司章程的任何行为、决定或决议的无效,只能源于:

(1)本统一法中的明确规定;

(2)有关一般协议无效的法律;

(3)或主管法院认为严重违反公司章程的规定。

第 244 条

不修改公司章程的任何行为、决定或决议的无效,只能源于:

(1)本统一法的明确规定;

(2)违反本统一法的强制性规定;

(3)违反有关协议文本的强制性规定;

(4)或主管法院认为严重违反公司章程的规定。

第 245 条

在合名公司和两合公司中,必须履行公布手续,否则公司、行为、决定或审议无效,公司成员和公司不得对第三方援引该无效的理由。

但在没有发生欺诈行为时,主管法院可选择不宣布该公司无效。

第 246 条

如果无效的理由在主管法院一审就案情作出裁决之日已不复存在,则无效诉讼即告消灭,除非这种无效是基于公司宗旨的非法性质。

第 247 条

受理无效诉讼的主管法院甚至可以主动规定一个时限,使无效行为得以纠正。在提起诉讼的通知发出之日起 2 个月内,法院不得宣布无效。

如为纠正无效行为,必须召开股东大会,并按正常程序召集会议,主管法院应给予成员作出决定所需的时间。

在上述各款规定的最后期限届满时,会议未作出决定的,主管法院应当应根据最早提出请求的人员的请求作出裁决。

第 248 条

如果公司或其行为、决定、审议的无效是基于成员的瑕疵同意或无行为能力造成的,并且这种无效可以予以纠正,任何与此有利害关系的人都可向无行为能力的成员或其同意有瑕疵的成员发出正式通知,要求其进行纠正,或在 6 个月内提起无效诉讼,否则该诉讼时效丧失。

该通知应通过司法执达员或任何其他能证明收件人实际收到通知的方式发出。该通知还应送达给公司。

第 249 条

公司或其成员可以在前条规定的期限内向主管法院提出任何可能剥夺原告诉讼利益的措施,特别是购买无行为能力的成员或其同意有瑕疵的成员的公司证券。

在这种情况下,主管法院可宣布提议的措施无效,或使这些措施具有约束力,如果这些措施已由公司根据修改章程所规定的条件事先通过。

其证券被请求出售的公司成员不得参加表决,其股份或股权在计算法定人数和多数时不计入。

第 250 条

如公司的行为、决定或审议无效是基于违反公开程序的规定造成的,任何与此类行为正常化有利害关系的人,都可通过司法执达员送达通知或以任何可证明收件人实际收到的任何方式向公司发出要求,要求公司在提出该要求后的 30 日内完成公开程序。

若在此期限内未完成正常化,任何利害关系人都可请求主管法院指定一位代理人,负责办理公开程序。

第 250-1 条

上述第 246~250 条的规定适用于发生的所有无效行为。

第 251 条

公司无效的诉讼时效为 3 年,自公司注册登记或公司章程修订公示之日起计算,除非无效是因公司宗旨的非法性造成的,在此情况下时效要遵守上述第 248 条的规定。

公司行为、决定或决议无效的诉讼时效为 3 年,自无效事件发生之日起计算,除非无效是因公司宗旨的非法性造成的,在此情况下时效要遵守上述第 248 条的规定。

但公司合并或分立无效的诉讼应在合并或分立交易所要求的在商事和动产信用登记处最后一次登记之日起 6 个月内提起。

第 252 条

第三方对宣布公司无效的决定提出异议的,只有在被授权发布公司注册地法院法律文件的报纸上公布这些决定之日起的 6 个月内提出此类异议,才能被受理。

第 253 条

公司被宣布为无效的,应当终止协议的履行,不溯及既往。随后该公司须予解散,如果公司有多名成员,则必须进行清算。

第 254 条

宣布合并或分立无效的决定必须在该决定成为最终决定之日起 1 个月

内公布。

在合并或分立生效之日至宣布无效的决定公布之日之间，该决定对向其转让资产的公司的利益所产生的义务无影响。

在合并的情况下，参与交易的公司对前款规定的吸收公司的债务的履行承担连带责任。

这同样适用于公司分立的情况下向其转让资产的公司的债务的履行。

向其转让资产的每一公司应对其在分立生效之日至宣布无效的决定公布之日期间发生的自己的债务负责。

第 255 条

公司和成员均不得援引无效决定对抗善意第三方。

但由于同意有瑕疵或丧失行为能力而造成的无效，丧失行为能力的人或其法定代理人或同意有瑕疵的人，甚至对善意的第三方也可主张无效决定。

第 256 条

对公司无效负有责任的公司成员和公司管理层应对因公司被宣布为无效而对第三方造成的后续损害承担连带责任。

基于公司或其成立后的行为和审议被宣布为无效而提起的民事责任诉讼，应在无效决定获得既判力之日起 3 年内提出。

无效原因的消失并不排除就影响公司、行为或审议的缺陷造成的损害提起民事责任赔偿诉讼。此类诉讼应在无效行为被纠正之日起 3 年内提出。

第九卷　手续、公示

第一编　一 般 规 定

第 256-1 条

与公司有关的手续可以按照《一般商法统一法》第五卷的规定和本统一法的有关规定以电子方式办理。

第 256-2 条

本统一法规定的通过提交文件或文书所进行的公示手续，应当在公司注册地成员国主管法院或主管机关的书记官办公室办理。

在商事和动产信用登记处办理的手续,须以在国家商事和动产信用登记处公报上刊登的公告为准。国家公报可以以纸质版或电子版的形式出版。它由负责管理国家文件的主管当局负责发布,该文件集中了记录在每一商事和动产信用登记簿中的信息。

第 257 条

有权发布法律文件的媒体包括官方期刊、主管当局为此目的授权的报纸、国家商事和动产信用登记处公报以及公司注册地成员国的国家日报,这些日报可通过订阅、保管人或销售商证明其销售量,但须符合下列附加条件:

(1)已出版超过 6 个月;

(2)在全国范围内发行。

第 257-1 条

根据本统一法的规定发布的任何通知必须包括:

(1)公司名称,必要时附其简称;

(2)公司形式;

(3)公司注册资本;

(4)公司注册地址;

(5)商事和动产信用登记处的公司注册号码。

第 258 条

成员国的书记官长或主管机构只有在缔约国税法规定必须登记的情况下,才应要求向税务当局提交已登记的文书。

第 259 条

公示手续应由公司法定代表人勤勉并负责办理。

如果与公司成立或公司章程修订无关的公示手续被忽略或被不当执行,并且如果公司未能在收到纠正要求后 1 个月内纠正这种情况,任何利害关系方均可请求主管法院作出快速裁决,指定一名代理人完成公示手续。

第 260 条

在本统一法规定主管法院应作出快速裁决的所有情况下,裁决副本应保存在公司注册地的商事和动产信用登记处。

第二编　公司组建程序

第261条

公司成立手续办理完毕,在登记之日起15日内,应当在被授权在公司注册地成员国发布法律文件的报纸上发布公告。

第262条

除上述第257条第1款规定的信息外,由提交公司章程的公证人或创始人签署的通知,还应包括以下信息:

(1)公司宗旨的简要说明;

(2)公司存续期间;

(3)现金出资和实物出资的数额;

(4)针对现金出资、实物出资和服务出资分配的证券数量;

(5)对公司债务承担无限责任的成员的姓名和住所;

(6)首届公司管理人员和审计员的姓名和住所;

(7)在公司注册地成员国的商事和动产信用登记处保留的公司成立文件登记的参考资料;

(8)商事和动产信用登记处的登记参考资料;

(9)在公司注册资本未全部付清时,已全部缴纳的注册资本数额;

(10)所规定的特殊利益。

第三编　公司章程修改程序

第263条

如果上述第262条规定的通知中的任何一项内容因随后公司章程的修改或因公司或其管理层的任何行为或会议作出的任何审议或决议而被宣布为无效,则此类更改应以通知的形式在公司注册地成员国有权刊登法律文件的报纸上进行刊登。

上述通知由提交或起草修改公司章程文件的公证人或公司法定代表人签署,除上述第262条规定的信息外,还应包括下列内容:

（1）刊登前两条规定提及的通知的报纸的名称、出版日期、出版编号和出版地点；

（2）所作出的更改。

第 264 条

在股本增加或减少的情况下，除上文第 263 条提及的公示外，还应向成员国主管法院或机构的书记官处交存：

（1）决定或授权增加或减少公司注册资本的会议议事录的核证副本，自会议举行之日起 1 个月内提交；

（2）根据情况，董事会、执行董事或经理授权增加公司注册资本的决定；

（3）附于商事和动产信用登记簿的经公证的认购及付款声明的核证副本。

第四编　公司转型手续

第 265 条

转型决定应导致：

（1）在公司注册地成员国或在适当情况下在进行公开募集地的成员国被授权发布法律文件的报纸上发布公告；

（2）在公司注册地成员国的商事和动产信用登记处提交两份决定转型的会议记录和任命新公司机构成员的决定记录；

（3）在商事和动产信用登记簿上变更记项。

新的公司章程、合规声明以及在可能情况下，根据情况，提交两份本统一法第 187-1 条、第 375 条或第 691 条规定的报告的副本，也应提交公司注册地成员国的商事和动产信用登记处。

如果公司拥有一幢或多幢须经土地登记公示的建筑物，还应当向抵押管理办公室报告公司转型情况。

第五编　公司清算程序

第 266 条

委任清算人的文书，不论其形式如何，均应在任命之日起 1 个月内在公司注册地成员国有权发布法律文件的报纸上公布。

该通知应包含下列信息：

(1)公司名称,必要时附上其简称；

(2)公司形式,还要附上“处于清算中的公司”；

(3)公司注册资本；

(4)公司注册地址；

(5)商事和动产信用登记簿上的注册号码；

(6)清算原因；

(7)清算人的姓名及住所；

(8)必要时,对清算人权力的限制；

(9)信函发送地址或有关清算的文件应被送达的地点；

(10)有关清算文书和文件将被提交的商事和动产信用登记处。

清算人应尽力使同样的信息以允许收件人确认实际收到的任何方式告知股票和名义债券的持有人。

第 267 条

公司清算期间,清算人应当负责办理由公司法定代表人办理的公示手续。

第 268 条

由清算人签署的清算完成通知,应根据清算人的要求,在发布其委任通告的报纸上刊登,或没有此种情形时在有权刊登法律文件的报纸上刊登。

它应包含上述第 266 条第 2 款第 1、2、3、4、5、7 项所提及的信息,以及：

(1)批准清算账户的终结会议召开的日期和地点,或在适当情况下,代替终结会议行事的主管法院作出决定的日期以及对作出该决定的主管法院的说明；

(2)清算人应向其提交账户的商事和动产信用登记处。

第六编　提交财务摘要报表的手续

第 269 条

商业公司必须在主管机构批准后的 1 个月内向公司注册地成员国的商

事和动产信用登记处提交汇总财务表,即资产负债表、损益表、资金来源和使用表,以及上一财年的附件报表。

如果主管机关拒绝批准这些报表的,应当在同一期限内提交主管机关的决定副本。

上述财务报表可以电子方式交存成员国主管法院或主管机构的书记官处。

应任何利害关系方的请求,主管法院可迅速作出裁决,以罚款命令任何商业公司的管理人员提交第一款所列文件,前提是申请人对该公司的友好请求在30日内未得到答复。

第十卷 (新的内容)可变资本

第269-1条

不进行公开募集的股份有限公司和简易股份公司的公司章程可以规定,公司注册资本可以通过成员的再次付款或新成员的加入来增加,或通过全部或部分返还出资而减少。

公司章程载有此类条款的公司,不论其本身的规则如何,均须遵守本卷的规定。

第269-2条

如果公司行使上面第269-1条赋予的选择权,则必须在公司向第三方发出的所有文书和文件中提及这一情况,在公司形式中加上“可变资本”一词。

第269-2-1条

尽管有本统一法的规定,可变资本公司的公司章程应规定认购、支付和收回出资的程序。

第269-3条

记录根据上述第269-1条实施公司注册资本增减的文件,或除简易股份公司经理或其他管理人员以外的公司成员的退出情况,不需要遵守后面第269-6条有关备案和公示的手续的规定。

有关债权人对不是因为亏损而减少公司注册资本提出异议的权利的规

定不适用。

第 269-4 条

公司章程可以授予公司管理层或股东大会或成员团体反对在公司记录上转让证券的权利。违反公司章程规定的异议权的转让无效。

第 269-5 条

公司章程应确定不能通过返还上面第 269-1 条授权的缴款而减少公司注册资本的数额。该数额不得低于公司章程规定的注册资本的十分之一,或低于公司章程规定的组建公司所需的最低注册资本数额。

任何超过公司章程规定的限额的减资都是无效的。

第 269-6 条

除非另有约定且除上面第 269-5 条第 1 款规定的情形外,各成员可随时退出公司。

公司章程可以规定,成员大会或成员团体有权以公司章程规定的多数决定一名或多名成员不再是公司的成员。违反公司章程规定的多数票规则进行的审议或者决定无效。

自愿或根据成员大会或成员团体的决定退出公司的成员,应在 5 年内对成员和第三方承担其退出时存在的所有债务。该成员仅在退出前归还给他的出资的范围内负责。

第 269-7 条

公司不得因成员死亡或退出、因宣布其清算的决定、禁止其进行商业活动的措施或对其中一名成员宣布丧失行为能力的措施而被解散。它应在其他成员之间自动继续存在。

第二部分　商业公司的具体规定

第一卷　合 名 公 司

第一编　一 般 规 定

第 270 条

合名公司是指所有成员都是商人并对公司债务承担无限连带责任的公司。

第 271 条

只有在向公司提出要求无果后至少 60 日后，公司债权人才能向公司成员主张债务。向公司提出的要求须以司法执达员的文书或以任何证明收件人实际收到的方式提出。

该期限可通过主管法院的快速裁决予以延长，延长期限不得超过 30 日。

第 272 条

合名公司应被指定一个名称，该名称可以包含一个或多个成员的姓名，并应在该名称之前或之后以清晰可辨的文字注明“合名公司（société en nom collectif）”或其简写“S. N. C”。

第 273 条

公司注册资本应当分为相同名义价值的合伙权益。

第 274 条

股权只有在成员一致同意的情况下才能转让。违反本款规定转让股权无效。

在没有一致意见的情况下，不能进行转让，但公司章程可以规定一个回购程序，允许转让股权的成员退出。

第 275 条

股权的转让必须以书面形式记录。

只有在完成下列手续之一后，才可对公司强制执行：

（1）通过司法执达员将转让通知送达公司；

（2）公司以公证文书接受转让；

（3）将转让契据正本交存公司注册办事处，但须由经理出示交存证明书。

只有在完成这一手续并在商事和动产信用登记簿上以备案方式公布之后，它才具有对抗第三方的效力。

第二编　管　　理

第一章　经理的任命

第 276 条

公司章程规定公司的管理。

公司章程可以指定一名或多名经理,不论是否是公司成员、自然人或法人,也可以在以后的文件中作出指定。

如果法人是经理的,其管理人员应当承担以自己的名义作为经理的同样的条件和义务,应当承担同样的民事和刑事责任,但不影响其领导的法人承担连带责任。

公司章程中未组织管理的,所有公司成员均视为经理。

第二章　经理的权力

第 277 条

在公司成员之间的关系中,如果公司章程没有规定其权力,则经理可以为公司的利益作出一切管理行为。在存在多位经理的情况下,每位经理拥有与公司唯一经理相同的权力,但每位经理都有权在任何交易达成之前反对该交易。

第 277-1 条

在与第三方的关系中,经理在公司宗旨范围的行为对公司具有约束力。

一位经理对另一位经理的行为提出反对,则该反对对第三方不具有效力,除非能证实该第三方知悉该反对。

本条所规定的对经理权力限制的条款不得对抗善意的第三方。

第三章　经理的报酬

第 278 条

除公司章程另有规定外,经理的薪酬应由占人员和资本多数的公司成员确定。

如果经理也是公司成员的,由其他占人员和资本多数公司成员决定其薪酬。

违反本条的决议,或者在可能情况下公司章程中规定的贬损条款,应为无效。

第四章　经理的罢免

第 279 条

如果所有成员都是经理,或者公司章程指定了一名经理,则只有在其他成员一致同意的情况下,才能撤销其中一名成员的职务。

此种撤销应导致公司解散,除非公司章程规定继续存在,或其他成员一致决定继续存在。

第 280 条

被解职的成员可决定退出公司,要求偿还其公司股权,其价值应由主管法院任命的专家尽快确定。

未经公司章程任命的经理,无论他是否为公司成员,均可由占人数和资本多数的成员决定予以免职。

其免职被提交成员投票表决的经理本人也为公司成员的,由其占人数和资本多数的成员作出决定。

第 281 条

经理无正当理由被免职的,可以主张损害赔偿。

第 282 条

违反上面第 279 条和第 280 条第 2 款和第 3 款所采取的行动或审议应无效。

第三编　集 体 决 定

第 283 条

一切超出经理权力的决定,应由公司成员一致作出。

但是,公司章程可以规定某些决定应当由多数成员作出。

违反本条或者可能情况下违反公司章程规定的禁止性规定的决定无效。

第 284 条

集体决定应在成员大会上作出,如果成员大会不是由成员之一要求召开的,则应以书面同意方式作出。

违反前款规定作出的行为或者审议无效。

第 285 条

公司章程应规定有关协商程序、法定人数和多数的规则。违反此类规则作出的决定无效。

第 286 条

如果在成员大会上作出决定,该成员大会应由经理或其中一名经理至少在会议召开前 15 日,通过附回执的信件或挂号信、传真或电子邮件方式召集。传真和电子邮件召集通知方式仅在公司成员之前已书面同意并提供其传真号码或电子邮件地址的情况下,方为有效。公司成员可在任何时候通过附回执的挂号信明确要求公司在今后用邮政邮件取代传真或电子邮件方式。

会议召集通知应注明会议的日期、地点和议程。

任何非正常召集的成员大会均可被取消。但当公司所有成员都已出席或有代表出席会议时,有关会议无效的诉讼不予受理。

第 287 条

会议记录应由出席或有代表的每个成员签署。

如有书面咨询的情况,应在会议记录中注明,会议记录应附每一成员的答复,并由经理签字。

第四编　成 员 年 会

第 288 条

每年应在财政年度结束后 6 个月内举行年度成员大会,并将管理人员编制的年度管理报告、库存和财务报表概要提交成员大会批准。

为此,前款所述文件、拟议决议的案文以及审计员的报告(必要时)应在会议召开前至少 15 日送交各成员。任何违反本款规定的决议均可撤销。

年度成员大会只有在代表至少一半股本的多数成员出席的情况下才能有效举行。任何违反本款作出的决议均无效。

成员年会由拥有最多股份权益的成员或其代理人主持。

第五编　成员的监管

第 289 条

不进行管理的公司成员有权在公司总部每年两次检查所有记录和会计文件以及审议记录和集体决定。他们有权自费复制这些文件。

为行使该权利,他们应提前至少 15 日通过附回执的信件或挂号信或传真方式通知经理,或以挂号信或传真的方式行使该权利。

他们有权寻求专业会计师或审计员的协助,费用自负。

第 289-1 条

在一个会计年度结束时,符合下列两项条件的合名公司应当任命至少 1 名审计员:

(1)资产负债表总额超过 2.5 亿西非法郎;

(2)年营业额超过 5 亿西非法郎;

(3)长期工作人员超过五十人。

如果公司在审计员任期届满前的 2 个财政年度内未能符合上述两项条件,则公司无须再委任审计员。

对于不符合上述条件的其他合名公司,审计员的任命无强制性。然而,当持有公司 10%注册资本的一名或多名成员要求,应当任命审计员。

根据本条规定,第 377 条和之后的条款规定适用于审计员的任命。

第六编　合名公司的终结

第 290 条

合名公司因成员去世而终止。但公司章程可规定,经尚存成员批准或不经尚存成员批准,公司可在尚存成员之间,或在尚存成员与已故成员的继承人之间继续存在。

如果合名公司打算只与尚存的成员一起继续经营,或如果后者不批准已故成员的继承人,或如果只批准其中一些人,则尚存的成员必须向已故成员的继承人或未获批准的人购买其股份。

如果已故成员的一名或多个继承人是不具有完全行为能力的未成年人,则其对公司债务的责任仅以继承股权利益的为限。

此外，该公司应在成员死亡后的1年内转变为普通两合公司（有限合伙），其中未成年人成为承担有限责任的成员。否则，该公司将被解散。

第291条

当公司被判决清算资产或某一成员丧失行为能力或被采取禁止从事商业行为的措施时，公司也应终止，除非公司章程规定公司业务继续，或其他成员一致决定公司业务继续。

第292条

在拒绝批准继承人或者撤销某一公司成员资格的情况下，应当按照上面第59条的规定确定应当返还的股权权益的价值。

前款规定的成员必须赎回股权权益的，所有成员对股权权益的支付负有无限连带责任。

第二卷　普通两合公司

第一编　一般规定

第293条

普通两合公司是一个或多个对公司债务承担无限连带责任的被称为"普通合伙人"成员与一个或多个对公司债务承担有限责任的被称为"有限合伙人"的成员共同组成的公司。公司资本划分为股权权益。

第293-1条

有关合名公司的规定适用于普通两合公司，但须遵守本卷规定的规则。

第294条

普通两合公司应有自己的名称，其名称前或后应清楚标明"普通两合公司"（sociétéé commandite simple），或用其缩写形式"S. C. S"。

有限责任合伙人的名字在任何情况下都不得并入公司名称，否则该成员对公司债务承担无限连带责任。

第295条

普通两合公司的章程必须包含以下信息：

(1)所有成员的出资金额或价值;

(2)在总出资金额或价值中属于普通合伙人或有限责任合伙人的份额;

(3)普通合伙人的总份额和每个有限责任合伙人在利润分配和清算盈余分配中的份额。

第296条

只有经所有成员的同意,股权方可转让。但公司章程可规定:

(1)有限责任合伙人持有的股权权益可在合伙人之间自由转让;

(2)有限责任合伙人持有的股权权益可经所有普通合伙人和在人数和资本占多数的有限责任合伙人的同意,转让给公司以外的第三方;

(3)普通合伙人经所有普通合伙人和在人数和资本占多数的有限责任合伙人同意,可将其一部分股权权益转让给有限责任合伙人或合伙人以外的第三方。

违反本条第1款第1项规定或可能情况下根据本条第1款第2项违反公司章程规定的股权权益转让是无效的。

第297条

股权的转让必须以书面形式记录。

只有在完成下列手续之一后,才可对公司强制执行:

(1)通过司法执达员将转让通知送达公司;

(2)公司以公证文书接受转让;

(3)转让契据正本在公司注册办事处备案,但须由经理出具备案证明。

只有在完成这一手续并在商事和动产信用登记处备案公布后,该转让才可对第三方强制执行。

第二编　管　　理

第298条

普通两合公司由所有普通合伙人管理,除非公司章程另有规定。公司章程可在普通合伙人中指定一名或多名经理,或规定在随后的文件中指定一名或多名经理,其任职条件和权力与合名公司相同。

第 299 条

有限责任合伙人不得从事任何外部管理行为,即使是根据授权书。

第 300 条

违反前条禁止规定的,有限责任合伙人对其管理行为所产生的公司债务和承诺承担连带责任。

根据此类行为的数量或严重程度,他们可能对所有公司承诺或其中少数承诺负责。

第 301 条

意见、建议以及监督和审计行为不会使有限责任合伙人承担义务。

第三编　集 体 决 定

第 302 条

一切超出经理权力范围的决定,应当由公司成员共同决定。

公司章程应当通过会议或书面同意,制定协商机制以及法定人数和多数规则。违反公司章程规定的决定无效。

但如果有普通合伙人或占人数和资本四分之一的有限责任合伙人提出要求,则所有成员的大会应自动召开。

第 303 条

如果在成员大会上作出决定,该成员大会应由经理或其中一名经理在会议召开前至少 15 日,通过附回执的信件或挂号信、传真或电子邮件召集。

传真和电子邮件召集通知方式仅在公司成员之前已书面同意并提供其传真号码或电子邮件地址的情况下,方为有效。公司成员可在任何时候通过附回执的挂号信明确要求公司今后以邮政信件方式取代上述通信方式。

会议召集通知应载明会议日期、地点和议程。

任何非正常召集的会议均可被取消。但当所有成员都已出席或有代表出席会议时,有关会议无效的诉讼不予受理。

第 304 条

会议记录必须由在场的每一位成员签署。

如有书面咨询的情况,应在会议记录中注明,会议记录应附每一成员的答复,并由经理签字。

第 305 条

公司章程的变更须经全体普通合伙人同意,并经人数和资本过半数的有限责任合伙人的同意。

任何违反本条规定作出的决议均无效。

第四编　年度成员大会

第 306 条

每年应在财政年度结束后 6 个月内举行年度成员大会,并将管理人员编制的年度管理报告、库存和财务报表概要提交成员大会批准。

为此,前款所述文件、拟议决议的案文以及审计员的报告(必须要)应在会议召开前至少 15 日送交各成员。任何违反本款规定的决议均可撤销。

年度成员大会只有在代表至少一半股本的多数成员出席的情况下才能有效举行。任何违反本款作出的决议均无效。

成员大会应由代表最多股权的成员或其代理人主持。

第五编　成员的监管

第 307 条

有限责任合伙人和不是经理的普通合伙人有权每年两次获得公司账簿和文件的披露,并有权提出关于公司管理的书面问题,这些问题也必须以书面形式回答。

第六编　普通两合公司的终止

第 308 条

即使有限责任合伙人死亡,普通两合公司仍应继续经营。如果规定即使一名普通合伙人死亡,公司继续与其继承人合作,但后者是不具有完全行为能力的未成年人时则应成为有限责任合伙人。

如已故合伙人是唯一的普通合伙人,而其继承人是不具有完全行为能力的未成年人,则应由新的普通合伙人取代,或公司应在其死亡之日起1年内转型。

否则,公司按前款规定的期限自动解散。

第三卷　有限责任公司

第一编　有限责任公司的组建

第一章　有限责任公司的定义

第309条

有限责任公司是指成员对公司债务的责任仅限于其出资,其权利以公司股份为代表的公司。

它可以由一个自然人或法人发起成立,也可以在两个或两个以上的自然人或法人之间发起成立。

第310条

有限责任公司应有自己的名称,在其名称前或后应用清晰字体标明"有限责任公司"(société à responsabilité limitée)或其缩写"S. A. R. L."。

第二章　资金条件

第一节　注册资本

第311条

除非国家立法另有规定,有限责任公司的注册资本至少为100万西非法郎。注册资本应分为票面价值不低于5000西非法郎的同等股权权益。

第311-1条

注册资本必须全部由全体成员认购。如果它们是实物出资,则必须全额支付。以现金出资的股权权益,应在认购资本时缴清其至少一半的面值。

其余部分的支付，应当自公司在商事和动产信用登记处登记之日起2年内，按照公司章程的规定，一次或分期支付。

第二节 实物出资的评估

第312条

公司章程必须包含每笔实物出资的价值和授予的特殊利益的说明并在适当情况下说明其价值的评估。

当所审议的实物出资的价值或全部实物出资价值超过500万西非法郎时，应由实物出资审计员进行估价。

特殊利益的评估必须由出资审计员进行。

根据本统一法第694条和后续规定的程序从审计员名单中挑选出来的出资审计员应由公司未来成员一致任命，或不能满足这一条件时，由主管法院根据公司发起人或其中一名发起人的请求任命。

出资审计员应当在其专业责任下编制一份报告，附于公司章程上。该报告应说明每一实物和/或特殊利益出资，并说明估价方法及其原因。他应当证明，出资的价值至少与将要发行的股权权益的票面价值相符。

如果无法确定特殊利益的价值，出资审计员应权衡其一致性及其对成员情况的影响。

如果没有出资审计员或分配的价值与出资审计员提出的价值不同，则公司成员应在5年内就实物出资分配的价值向第三方承担连带责任。

担保义务只涉及出资成立时或增加资本时的价值，而不涉及该价值的维持。

第三节 资金的缴存

第313条

为支付股权而收到的资金，发起人应立即在以公司名义开立的账户或公证处存入银行或任何其他正式认可的信贷或小额信贷机构。

股权的支付和资金的存款应当载入公司章程。

的要求确定转让价格。

3 个月的期限可由主管法院的决定延长一次,但不得超过 120 日。在这种情况下,到期款项应按法定利率计息。

公司还可在转让方成员同意下,在同一期限内决定按照所转让的股权的票面价值减少公司注册资本,并以双方约定的转让价格或根据本条第 4 款确定的价格购买该股权。

违反本条第 1 款所确定的公司章程规定的股权转让,或公司章程没有相应规定时,违反本条第 2 款及后续条款规定的股权转让,都是无效的。

第 320 条

前条期限届满时,如果根据该条第 4、5 款规定作出的决议未得到执行,则转让人可以自由进行原计划的转让,或者放弃转让保留其权益。

因死亡而发生的转让

第 321 条

公司章程可规定,如果一名成员死亡,其一名或多个继承人只有在根据其中规定的条件获得批准后才能成为成员。

授予公司的批准期限不得超过上面第 319 条和第 320 条规定的期限,所要求的法定多数不得超过第 319 条规定的多数。

批准决定应当以附回执的信件或挂号信通知有关继承人。

公司拒绝批准的,应适用上述第 318 条和第 319 条的规定。如果在规定的期限内没有找到这些条款规定的解决办法,则应视为已获得批准。如果没有通知有关人员,也适用同样的规则。

违反本条第 1 款所确定的公司章程规定的股权转让,或公司章程没有相应规定时,违反本条第 2 款及后续条款规定的股权转让,都是无效的。

第二节　公司股份质押

第 322 条

公司同意拟设股份质押的,根据向第三方转让股份的规定,在强制变现合法质押的股份的情况下,这种同意应构成受让人的同意,除非公司在转让后倾向于立即回购该股份以减少其资本。

为适用上述条款并可对抗第三方,股份质押应以公证契据或送达公司并在商事和动产信用登记处公布的私人契据证明。

第二章　管　　理

第一节　组 织 机 构

经理任命模式

第 323 条

有限责任公司由一个或多个自然人管理,不论他们是否是公司成员。

他们由公司成员在公司章程或其后的文件中任命。在后一种情况下,除非公司章程规定要求更高的多数,否则任命决定应由代表半数以上资本的成员的多数作出。

任何违反这些多数规则的审议都是无效的。

职位期限

第 324 条

如果公司章程无明确规定,经理的任期为 4 年。可以连任。

报　　酬

第 325 条

经理的职责应当是免费的,或者应当按照公司章程或成员集体决定的规定予以报酬。

经理为公司成员时,在审议期间不得参加表决,计算多数时不得考虑其表决。违反本款规定的审议的,不予考虑。本款的规定不适用于公司有唯一成员的情况。

报酬的确定不受后面第 350 条及其后各条规定的受规制的合同制度的约束。

罢　　免

第 326 条

经理,无论是否按公司章程任命,均可由持有一半以上股权的成员决定免职。违反本款规定的决定无效。

没有正当理由决定免职的,应支付损害赔偿。

此外,公司注册地辖区内的主管法院可根据任何公司成员的要求,基于正当理由将经理免职。

辞　　职

第 327 条

经理可以自由辞职。但是,如果没有正当理由提出辞职,公司可以提起诉讼,要求获得对所遭受损失的赔偿。

经理的权利

第 328 条

在公司成员之间的关系中,如果公司章程没有规定其权力,则经理可以为公司的利益作出一切管理行为。

在存在多位经理的情况下,他们应分别拥有本条规定的权力,但每一位经理有权在任何交易达成前反对该交易。

一位经理对另一位经理的行为提出反对,则该反对对第三方不具有效力,除非能证实该第三方知悉该反对。

第 329 条

在与第三方的关系中,经理被授予在任何情况下代表公司行事的最广泛的权力,但须遵守本统一法明确授予公司成员的权力。

公司应受经理不属于公司宗旨范围内的行动的约束,除非它能证明第三方知道该行动超出了公司宗旨范围,或者证明第三方在当时的情况下不可能不了解这种情况,但仅仅公布公司章程不足以构成这种证明。

本条所确立的限制经理人权力的法定条款不得对善意的第三方强制执行。

第二节 经理责任

第330条

经理因违反适用于私人有限责任公司的立法或监管规定,或公司章程的规定,或其管理中的过错,应酌情对公司或第三方单独或连带承担责任。

如果两个或两个以上的经理在同一事件中进行了合作,主管法院应确定每个经理在损害赔偿中所占的份额。

第331条

除个人损害赔偿诉讼外,代表四分之一成员和四分之一股份的成员可以单独或集体对经理提起公司责任诉讼。

原告有权就公司所遭受的全部损害寻求赔偿,并在适用的情况下获得损害赔偿金。

公司章程的任何规定不得将公司股东派生诉讼置于股东大会的事先通知或授权之下,也不得包含提前放弃该诉讼的选择权。

股东大会的决定不得禁止针对经理在履行职责中的过错提起民事责任诉讼。任何相反的决定均无效。

第332条

前面两条规定的民事责任诉讼的诉讼时效为3年,自损害事件发生之日起计算,如果该事件被隐藏,则自该事件被披露之日起计算。

但如果相关事件被定性为刑事案件时,诉讼时效为10年。

第三章 公司成员集体决定

第一节 集体决定的组织

适用的一般原则
条件

第333条

集体决定由股东大会作出。

但章程可规定,除股东年度大会外,所有或部分决定均须以书面咨询股东。违反这些法定条款的审议无效。

股 东 代 表

第 334 条

每个股东都有权参与决策,并拥有与其所拥有的股权相等的票数。如果只有一个股东,其应在大会的职权范围内单独作出决定。

股东可以由其配偶代表,除非公司仅由配偶双方组成。

除了公司只有两名股东的情况外,一个股东可以由另一个股东代表。只有在公司章程有规定时,他才能由他人代表。

第 335 条

给予另一成员或第三方的授权仅适用于一次会议或为同一议题召集的连续几次会议。

第 336 条

股东不得指定代理人为其部分利益投票,并亲自为其利益的另一部分投票。

违反上述第 334、335 条的审议均无效。

股东大会的召集

召集权

第 337 条

股东应由经理召集参加会议。拥有一半股份的一个或多个成员,或代表至少四分之一成员且持有四分之一股份的一个或多个成员,可以要求召开股东大会。

此外,任何股东均可向法院申请任命一名特别代表,负责召集会议并确定其议程。

最后,在公司设有审计员时,如果审计员通过附回执的信件或挂号信要求经理召集会议无果后,审计员也可以召集会议。审计员召集会议的,应当制定会议议程，并可基于重要原因选择公司章程中可能规定的会议地点以外的会议地点。审计员应当在会议宣读的报告中说明召开会议的原因。

召集方式

第 338 条

应在会议前至少 15 日，通过附回执的信件或挂号信、传真或电子邮件的方式通知股东。传真和电子邮件会议通知仅在股东事先书面同意并告知其传真号码或电子地址的情况下有效。他可在任何时候通过挂号信明确要求公司今后以邮寄方式取代传真和电子邮件方式。

会议通知应当注明会议的日期、地点和议程。

如果会议是股东要求召开的，经理应召开会议，并提供他们准备的议程。

根据本条第 1 款规定的方式和时限，股东可以行使后面第 345 条规定的通信权。

第 338-1 条

会议不得讨论未列入议程的问题。

但是，即使经理任命问题不在议程上，会议也可罢免经理并选择他的继任者。

任何违反本条第 1 款的审议均无效。

对不当召集会议的处罚

第 339 条

任何不当召集的会议都可被取消。然而，如果所有股东都已出席或由代表出席会议，则对会议无效诉讼不予受理。

书面协商

第 340 条

在进行书面协商时，应按照上文第 338 条第 1 款规定的同样条件，将拟议的决议案文和股东所需的文件送交每一股东。

自收到决议草案之日起,股东至少有 15 日的时间进行表决。

股东大会的主持

第 341 条

股东会议由经理或经理之一主持。如果经理都不是股东的,会议由出席会议、愿意主持会议且持有最多股权的成员主持,在股权相同时,由最年长的成员主持。

纪　　要

第 342 条

股东大会的审议应当编入会议记录,说明会议日期和地点、出席会议的成员的姓名、提交讨论的文件和报告、程序摘要、表决决议文本和表决结果。

会议记录应由所有出席会议的各股东签字。如经书面同意,应在会议记录中注明,并附各股东的答复,并由经理签字。

第 343 条

股东审议记录的副本或摘要应由一名经理进行有效核实。

第二节　股东权益

原　　则

第 344 条

股东永久享有获取有关公司业务和事务信息的权利。在股东大会之前,他们也有权进行沟通。

第 345 条

就年度股东大会而言,沟通权应涉及该财政年度的财务摘要报表和经理编制的年度报告、建议的决议案文、审计员的总报告,以及审计员就公司与经理或股东之间的协议所作的特别报告。

沟通权应在股东大会召开前 15 日内行使。

自这些文件向股东沟通之日起,股东有权提出书面问题,经理必须在会议期间回答这些问题。

对于除年度会议以外的会议,沟通权应涉及拟定决议草案的内容、经理报告以及适用的审计报告。

违反本款规定的审议,可以被撤销。

此外,股东还可以在任何时候获得本条第 1 款提到的有关过去 3 个财政年度的文件的副本。同样,所有不是作为公司管理人员的股东可以在一个财政年度内就可能危及公司良好运营的任何事实向经理提出两次书面问题。经理的答复应传达给审计员。

分　红　权

第 346 条

利润分配按照公司章程进行,遵守所有公司的强制性规定。

必须从当年的利润减去前一年的损失后拨出至少十分之一的款项,用于设立一个称为“法定公积金”的储备基金。当公积金达到注册资本的五分之一时,这种拨付就不再是强制性的。任何违反本款规定作出的决议均无效。

如果没有按照公司的实际利润分配红利的,则可从收到红利的股东手中追回已支付的红利。

追回红利的诉讼应自红利分配之日起 3 年内提出。

第三节　普通集体决议

第 347 条

普通集体决议是指这样一些决议,其目的是审查上一财政年度的财务摘要报表,授权管理层根据公司章程执行股东事先同意的业务,任命和更换经理以及可能情况下任命和更换审计员,批准公司与其经理或股东签订的协议,以及更广泛而言,对不导致公司章程修改的所有事项作出决定。

如果公司只有一名成员,则除后面第 558 条和第 559 条第 2 款规定外,适用后面第 558~561 条的规定。与本章不相抵触的规定也同样适用。

年度普通股东大会的召开
定期性

第 348 条

年度普通股东大会应在财政年度结束后 6 个月内举行。公司经理可请求主管法院延长这一期限。

如果股东大会未在该期限内召开,检察官或任何股东可将此事提交主管法院,主管法院应在短时间内作出裁决,命令经理召开该会议或指定一名特别代表召开该会议,必要时处以罚金。

股东表决规则

第 349 条

在普通股东大会或普通书面同意中,决议由代表资本半数以上的一名或多名股东通过。

如未能获得该多数,除非公司章程另有规定,否则应视情况再次召集或咨询股东,决议应由多数表决票通过,而不论其所代表的资本的份额。

但在所有情况下,解雇经理只能由绝对多数决定。

违反本节规定的任何决议均为无效。

公司与其经理或股东之间的合同
受规制的合同(关联交易合同)

第 350 条

普通股东大会应就公司与其经理或股东之一直接或通过代理人订立的合同作出决定。

为此,经理或审计员(如果存在审计员)应向年度普通股东大会提交一份报告,或在送交股东的文件中附一份报告,说明公司与其任何经理或股东之间直接或通过代理人达成的合同。

这同样适用于公司与下列各方达成的协议:

（1）所有人同时是该私人有限责任公司的经理或股东的独资企业；

（2）承担无限责任的公司成员、公司经理、董事、执行董事、总经理或其他高级职员同时担任该私人有限责任公司的经理或股东的公司。

如果公司只有一名成员，而合同是与该成员订立的，则该合同只须记入审议记录内。

第351条

经理应在前条所述合同缔结后1个月内将上述合同通知审计员（如果有的话）。

如果几年前订立的合同在上一个财政年度继续执行，则应在该财政年度结束后1个月内将这一情况通知审计员。

第352条

如果合同涉及在正常条件下订立的日常交易，则不需要普通股东大会的授权。

日常交易是指公司在其业务过程中以惯常方式进行的、作为其经营活动一部分的交易。

正常条件是适用于有关公司或可能适用于同一行业公司的类似合同的条件。

第353条

经理或审计员（如果有的话）的报告，应包含以下信息：

（1）提交股东大会批准的合同清单；

（2）合同当事人的身份及所涉公司经理或股东的姓名；

（3）合同的性质和目的；

（4）这些合同的基本条款，特别是适用的价格或关税，给予的回扣和佣金，给予的付款期限，规定的利息，给予的担保以及使股东能够评估所审查的合同缔结时所附带的利益的任何其他细节；

（5）交付的用品或提供的服务的规模，以及在财政年度内根据前几年订立并在上一财政年度继续执行的合同支付或收到的款项的数额。

涉及上面第350条所提及的合同的审议，如果没有经理的报告或审计员（如果有的话）报告，则无效。如果报告不包含本条规定的信息，则审议可被撤销。

第 354 条

普通股东大会应根据上述第 348、349 条规定对各项合同作出决定。

所涉股东在审议该合同时不投票,他的投票不计入计算多数票。

任何违反本条规定的审议均无效。

第 355 条

未经股东大会批准的合同仍然有效,经理或签订合同的股东必须根据情况单独或连带承担合同对公司有害的后果。

赔偿责任诉讼必须在合同订立后 3 年内提起,如果合同被隐瞒,则在合同被披露后 3 年内提起。

禁止的合同

第 356 条

自然人,不论是经理还是股东,均不得以任何形式向公司借款,从公司获得透支或以其他方式获得透支,也不得要求公司提供担保,或让公司为其向第三方作出的承诺背书,否则合同无效。

这一禁令也适用于本条第 1 款所提及的人员的配偶、前辈和后代以及任何中间人。

第四节　特别集体决议

第 357 条

特别集体决议的目的是对章程的修改作出修改。

公司只有一名成员的,除下文第 558 条和第 559 条第 2 款规定外,适用下文第 558～561 条的规定。与本章不相抵触的规定也同样适用。

股东表决的一般规定

原则

第 358 条

公司章程的变更,由代表至少四分之三公司注册资本的股东决定。

例　外

第 359 条

下列事项需要股东一致同意：

(1)增加股东义务的；

(2)公司转变为合名公司或简易股份公司的；

(3)公司注册地转移到成员国以外的国家的。

公司资本变更的决议
增加公司资本

第 360 条

作为对上述第 358 条规定的减损，通过转化利润、公积金或股份发行或合并溢价的方式增加资本的决定，应由代表至少一半股权的股东作出。

第 360-1 条

任何违反上述第 358~360 条的决定均无效。

第 361 条

以现金认购股权增资的，应当按照公司成立时适用的规定，存入银行账户或者其他正式认可的信贷或小额信贷机构或者公证处。

经理可以通过向保管人提交一份商事和动产信用登记处的证书来处置认购所得的资金，该证书证明在资本增加后已提交了一项修改登记。

第 361-1 条

认购股权时，必须缴清其面值的至少二分之一。

余下的支付必须在资本增加确定之日起 2 年内分一次或多次进行。

第 361-2 条

资本的增加，如已在会议记录中记录，即视为已实现。

第 362 条

如果在认购所得资金首次存入后 6 个月内未实现增资，任何认购人均可向主管法院申请授权,单独或由代表其集体的代理人提取资金,以便将资金返还认购人。

第 363 条

部分或全部以实物出资方式增加资本的,如果所考虑的每笔出资的价值或所有出资的价值超过 500 万西非法郎,则必须由股东任命一名出资审计员。

出资审计员的任命方式与公司成立时相同。

主管法院也可根据任一股东的要求委任出资审计员,而不论该股东所代表的股份数目为何。

出资审计员负责编写一份报告,酌情说明每一项具体的出资和/或特殊利益(如果有的话),并说明所采用的评价方法和选择这些方法的理由。出资审计员应证明出资的价值至少与拟发行的股份的面值相对应。如果无法确定特殊利益的价值,出资审计员应评估其一致性及其对股东地位的影响。

在根据本条规定所设立的出资审计员缺席的情况下作出的决定无效。如果报告不包含上述条款规定的信息,则审议可被撤销。

出资审计员的报告应提交负责决定增资的会议。

第 364 条

实物出资者或特别利益的受益人不得参加批准该出资或特别利益的决议的表决。在计算多数时,不考虑其股份。任何违反本条的决定均无效。

第 365 条

当没有出资审计员或者增资价值与出资审计员提出的不同时,经理和股东应按照上述第 312 条规定的条件对出资的价值负责。

但只有经认购人一致同意,并经会议记录中所述出资人或受益人明确同意,会议才能减少出资或特殊利益的价值。否则,增资将无效。

公司资本减少

第 366 条

资本的减少在任何情况下都不得损害股东的平等。任何相反的决定都是无效的。

第 367 条

资本的减少可以通过减少名义股份或减少股份数量来实现。

如有审计员,减资计划须于特别股东大会召开前30日内送交审计员。

审计员应将其对减少资本的原因和条件的评估通知大会。

经书面协商,减资建议应按上文第340条规定的相同条件送交股东。

公司不得购买自己的股份。

但是,决定非因亏损而减少资本的会议可以授权经理购买一定数量的股份以注销这些股份。

第368条

资本的减少不得导致资本减少到低于法定最低注册资本数额,除非在同一会议上资本相应增加,使其至少达到法定注册资本数额。

第369条

违反上述第368条规定的,任何利害关系人在通知公司代表使情况正规化后,可以向法院申请解散公司。

在主管法院对事实作出裁决之日,此种解散理由已不复存在时,诉讼即告消灭。

第370条

当大会决定非因亏损而减少资本时,其债权已在法律公告刊登有关审议记录的通知之日之前登记的债权人,可在该通知刊登之日起30日内提出反对减资的申请。

异议通知应由司法执达员或以任何可确定收件人实际收悉的方式通知公司。如果公司提供担保并且法院认为这些担保是足够的,受理案件的法院应驳回异议,或命令偿还债权或提供担保。

在股东提出反对意见期限内,公司不得开始减资。

股权变动

第371条

如果由于财务摘要报表中记录的损失,公司股本减少到注册资本的二分之一以下,经理或视情况而定的审计员应在记录损失的账户批准后4个月内,向股东咨询讨论提前解散公司的可能性。

第372条

如果不允许公司解散,公司必须在财政赤字年度结束日期后的2年内补充其股本,直至达到至少注册资本的二分之一。

否则,应当将资本减少的数额至少等于不能分配给公积金的损失的数额,只要资本的减少最终不会低于法定资本。

第 373 条

如果经理或审计员未能作出决定,或者股东不能作出有效决定的,任何利害关系人均可请求主管法院宣布公司解散。

未在规定的最后期限内补充资本的,同样适用。

当解散事由在有关法院对案情作出裁决的当日不复存在时,该诉讼即被消灭。

公司转型

第 374 条

私人有限责任公司可以转变为另一种类型的公司。

这种转变并不会导致建立一个新的法律实体。

公司的转型只能在计划转型时私人有限责任公司的股本数额至少等于其注册资本的情况下进行。违反本规定进行的转型无效。

第 375 条

只有在审计员提出报告后,才可进行转型,该报告由审计员负责证明上文第 374 条规定的条件已得到满足。

没有审计员的,由经理按照第 694 条及其后各条规定的程序选出。

任何违反这些规定进行的转型均无效。

第四章　公司审计

第一节　审计员的任命

相关公司

第 376 条

在财政年度结束时符合下列其中两项条件的有限责任公司:

(1)资产负债表总额超过1.25亿西非法郎;

(2)年营业额超过2.5亿西非法郎;

(3)长期工作人员超过五十人。

必须指定至少一名审计员。

如果公司在审计员任期届满前的2个财政年度内未能符合上述两项条件,则公司无须再委任审计员。

对于不符合这些标准的其他私人有限责任公司,可选择任命一名审计员。尽管如此,持有至少十分之一注册资本的一名或多名股东可请求法院作出这样的任命。

审计员资格

第377条

应根据本统一法第694条等规定的条件选择审计员。

不 相 容 性

第378条

以下人员不能被任命为公司审计员:

(1)公司或其附属公司的发起人、股东、特殊利益的受益人、公司管理层及其配偶;

(2)第1项所提及人员的父母及其四代以内的卑亲属;

(3)持有公司四分之一注册资本的公司管理层或其公司持有该公司四分之一注册资本的公司管理层及其配偶;

(4)直接或间接或通过中介从本条第1项所提及的人员或本条第3项所提及的任何公司处获得因从事审计员活动以外的活动的工资或薪酬的个人;这同样适用于这些人员的配偶;

(5)审计员的公司,如果该公司的其中一名成员、股东或管理层属于上面第1~4项所列举的情形;

(6)审计员的公司,如果该公司的其中一名管理层的配偶或其中一名履行审计员职责的成员或股东的配偶属于本条第5项提及的某一类人员。

审计员的任期

第 379 条

审计员由持有公司注册资本一半以上的一位或多位股东任命,任期 3 年。

如未达到该多数,且除非公司章程另有规定,他应由投票的多数任命,而不论这些投票所代表的资本比例如何。

违反审计员任职条件或任职权限的处罚

第 380 条

在经适当任命的审计员缺席的情况下作出的审议或根据违反上述第 379 条规定被委任或留任的审计员的报告进行的审议,均无效。

如果审议决定已通过根据正式任命的审计员的报告行事的会议的明确确认,则确认审议无效的诉讼将被终止。

第二节　审计员履行职责的条件

第 381 条

有关审计员的权力、职能、义务、责任、免职和薪酬的规定,应由规范该专业的专门文件调整。

第三编　合并与分立

第 382 条

以下第 672、676、679、688、689 条的规定适用于有限责任公司的合并或分立,以利于类似形式的公司。

通过对已有有限责任公司出资方式实施的交易,也适用下文第 676 条规定。

第 383 条

如果合并是通过向新的有限责任公司出资来实现的,则除合并公司的出资外,新的有限责任公司可以在没有其他出资的情况下成立。

如果分立是通过向新的有限责任公司出资来实现的，则除被分立的公司的出资外，新的有限责任公司可以在没有其他出资的情况下成立。在这种情况下，如果每一新公司的股权按其在被分立的公司资本中的权利的比例分配给被分立公司的股东，则无须编制下文第672条所提及的报告。

在前两款规定的情况下，不复存在的公司的股东可以作为新公司的发起人，并按照本卷的规定行事。

第四编　有限责任公司的解散

第384条

有限责任公司可因适用于所有公司的共同原因而解散。

有限责任公司不得因合伙人被禁治产、破产或丧失无行为能力而被解散。

除公司章程另有规定外，有限责任公司也不得因某一股东的死亡而被解散。

第四卷　股份有限公司

第一编　总　　则

第一分编　股份有限公司的成立

第一章　一般规定

第一节　定　　义

第385条

股份有限公司是股东只对其出资范围内的公司债务承担责任，股东权利以股份为代表的公司。

股份有限公司可以只有一个股东。

第386条

股份有限公司应有公司的名称，其名称前或后应清晰注明“股份有限公司"(Société Anonyme)或其缩写"S. A"以及后面第414条规定的公司管理模式。

第二节 注册资本

第387条

股份有限公司的最低注册资本为1000万西非法郎。

公司资本分成公司章程可自由规定票面价值的股份。股份的票面价值应以整数表示。

第388条

股份有限公司的注册资本必须在公司章程签署前全部认购。

第389条

以现金出资的股份,应在认购资本时缴清其面值的至少四分之一。

余下部分应根据公司章程或董事会或执行董事的决定规定的程序,自公司在商事和动产信用登记簿上登记之日起3年内缴清。

代表未全额支付的现金出资的股份应保留记名形式。

只要资本未足额缴纳,公司不得增资,除非增资是以实物出资实现的,也不得发行债券。

股份有限公司的股份不能以服务或技艺出资。

第二章 无实物出资和特别利益规定公司的组建

第一节 认购单的制作

第390条

以现金出资的股份认购应当在发起人或其中一人制作的认购单中载明,并由认购人或其授权代表注明日期和签字,并写明认购股份的数量。

第391条

认购单一式两份,一份由组建中的公司保管,另一份由制作认购和付款声明的公证人保管。

第 392 条

认购单应包含下列信息：

(1)拟组建的公司的名称,如果有简称,附上其简称；

(2)公司类型；

(3)拟认购的公司注册资本金额,载明实物出资和现金出资的份额；

(4)公司注册地址；

(5)拟发行的股票的数量和面值,并在可能情况下,注明不同股份的类型；

(6)现金认购的股份的发行条件；

(7)认购人的姓名或公司名称和地址,认购的股份数量和支付金额；

(8)在公司在商事和动产信用登记处登记前,所指定的负责保管资金的保管人；

(9)所指定的负责编制认购和支付报表的公证人。

第二节　资金存放及保管人证明书

第 393 条

认购现金发行股份的资金应由代表组建中的公司收到该资金的人存放在公证处,或存放在拟组建的公司的注册地成员国正式认可的信贷或小额信贷机构以本公司名义开立的特别账户中。

资金应当自收到之日起 8 日内存入。

存款人应当在存款时向保管人提供列明认购人身份和每人支付款项数额的清单。

在提取资金前,保管人应向提出要求且出示认购证明的认购人提供上述第 3 款所提及的清单。申请人可查阅该清单,并可自费获取清单副本。

第 394 条

在提交认购单后,并在适当情况下提交保管人证明/存款证明后,公证人应在其起草的“认购和付款公证声明”的文件中证明所报告的认购金额与认购单中载明的金额一致,并且所支付的金额与提交到其办公室的金额一致,或者在适用时,与上述声明中列出的金额一致。存款证明应附于认购和付款公证声明后面。

公证人应当将公证声明保存在其办公室,供认购人审阅并复印。

第三节　起草公司章程

第 395 条

公司章程统一按本法第 10 条的规定起草。

第 396 条

公司章程应由所有认购人在保管人证书签发后亲自或由特别授权的代理人签署。

第 397 条

公司章程必须包含上述第 13 条规定的信息,但第 6 项除外。公司章程还必须载明:

(1)公司的经营和管理模式;

(2)根据情况,公司第一届董事会成员的自然人或董事会成员的法人常驻代表或执行董事或第一届审计员或其替补的全名、地址、职业和国籍;

(3)公司名称、注册资本额,以及公司类型和董事会成员;

(4)已发行股票的类型;

(5)有关公司管理层的组成、运作和权力的规定;

(6)在适用的情况下,对股份自由流通和自由转让的限制以及批准和优先购买股份的安排。

第四节　资金提取

第 398 条

只有当公司在商事和动产信用登记处登记之后,才能提取现金认购所得的资金。

根据具体情况,由执行董事、总经理或董事长向存款保管人出示成员国书记员或主管机构的证明以确认公司已在商事和动产信用登记处登记后,才能取款。

任何认购人如果在缴款之日起 6 个月后公司还未注册,则可请求主管法院作出快速裁决，要求任命专员负责向认购人返还扣除分摊费用后的缴纳款项。

第三章　以实物出资和/或规定特别利益的公司的组建

第一节　原　　则

第 399 条

除了与前一章无冲突的规定外，以实物出资和/或规定特别利益的公司的组建还应适用本章的规定。

第二节　出资审计员的介入

第 400 条

公司章程必须包括对每一项实物出资的评估，对所规定的具体利益的说明，以及在适用的情况下对这些利益的评估。

实物出资和/或特别利益的价值应由出资审计员核实。

出资审计员应根据后面第 694 条及后续的规定从审计员名单中挑选，通过未来全体股东一致同意任命，或如果不能达成一致任命审计员，则应由公司发起人申请主管法院指定。

第 401 条

出资审计员应依据其职责制定一份报告，描述每一项出资和/或特别利益，指明其价值，明确所采用的估值方法和作出此选择的理由，并证明出资和/或特别利益的价值至少与拟发行股份的面值相对应。

如果无法确定特别利益的价值，出资审计员应评估其一致性及其对股东地位的影响。

第 402 条

出资审计员可选择一名或多名专家协助其执行任务。除非公司章程另有规定，这些专家的费用应由公司承担。

第403条

出资审计员的报告附于公司章程后面。

如果所分配的价值与出资审计员提出的价值不同,股东应在5年内就分配给实物出资的价值向第三方承担连带责任。担保义务只涉及出资成立时的价值,而不涉及该价值的维持。

第三节　成立大会

第404条

成立大会应在资金认购和付款公证声明拟定后,由发起人召集。

会议通知应以附回执的信件或挂号信发出,并要求确认收到,会议通知同时注明会议的议程、地点、日期和时间。

会议通知应在会议日期前至少15日送交每一认购人。

第405条

只有在出席或派代表出席的认购人持有至少一半股份的情况下,会议的审议才是有效的。如未达到法定人数,应在确定的会议日期至少6日前向认购人发出第二次会议通知。

关于第二次会议,只有在出席或派代表出席的认购人持有至少四分之一股份的情况下,会议的审议才是有效的。如未达到法定人数,会议应在第二次会议所定日期起2个月内举行。认购人应于会议日期前至少6日获得会议通知。

在第三次召集会议时,大会只有在满足上款规定的法定人数要求的情况下才应进行有效审议。

第406条

在不违反本统一法第409条和第410条第2项规定的情况下,大会应以出席或派代表出席的认购人的三分之二多数票作出决定。

在计算多数票时,不应考虑空白票。

第407条

大会的举行,特别是关于其主席团的组成以及关于代表和参加大会的规则,应遵守第529条及其后各条的规定。

它由拥有最多股份的股东主持，如果没有，则由年龄最大的股东主持。

第 408 条

每一项实物出资和特别利益都必须由大会进行特别表决。

大会批准或拒绝出资审计员关于评估实物出资和提供特别利益的报告。

特别利益的出资人或受益人的股份，即使他也是现金认购人，也不得被考虑进法定人数和多数的计算。特别利益的出资人或受益人不得为自己或作为代理人投票。

第 409 条

只有在认购人一致同意并经出资人或受益人明确同意的情况下，大会才可减少实物出资或特别利益的价值。

如果实物出资或特别利益的价值与出资审计员确定的价值不同，则应当在会议记录中说明出资人或受益人的同意。根据情况，股东、董事或执行董事在五年内对实物出资和特殊利益的价值向第三方承担连带责任。

第 410 条

此外，成立大会应：

(1)确认资本已全部认购，股份已按照本统一法第 388 条和第 389 条规定的条件缴清；

(2)通过公司章程，只有在所有认购人一致同意的情况下才能修改；

(3)委任首任董事或执行董事以及首任审计员；

(4)根据公司创办人起草的报告，就根据本统一法第 106 条代表成立公司所采取的行动作出决定；

(5)在可能时，根据本统一法第 111 条规定的条件，视情况而定授权董事会的一名或多名成员或执行董事在公司在商事和动产信用登记簿上登记之前代表公司作出承诺。

第 411 条

会议记录应载明会议日期和地点、会议的性质、召开会议的方式、议程、法定人数、提交表决的决议，如果必要时，载明每项决议的法定人数、表决条件以及表决结果。

这些文件应由会议主席和另一名成员或唯一成员签署，并应随出席表及其附录一起在公司总部存档。

在适用的情况下,应说明董事会首任成员或执行董事以及首任审计员接受其职责的情况。

第 412 条

根据本统一法第 242 条及其后各条规定的条件,可以取消任何不当召开的成立大会。

但是,如果所有股东都出席或派代表出席,则无效诉讼不可受理。

第 413 条

因成立大会无效而须负责的公司发起人,以及在成立大会无效发生时在任的董事或执行董事,可被宣布对因公司无效而对第三者造成的损害承担连带责任。

第二分编　股份有限公司的管理

第一章　一 般 规 定

第 414 条

每一股份有限公司的管理方法应在公司章程中明确规定,公司章程在以下方式中作出选择:

(1)设有董事会的股份有限公司;

(2)设有执行董事的股份有限公司。

股份有限公司在经营过程中,可以随时改变其管理方式。

该决定应由特别股东大会作出,并相应修订章程。

这些变更应在商事和动产信用登记簿上公布。

第二章　设有董事会的股份有限公司

第 415 条

设董事会的股份有限公司由董事长兼总经理管理领导,或是由董事长和总经理领导。

第一节　董　事　会

董事会的组成
董事的职数及董事任命

第 416 条

股份有限公司可由至少三名成员最多十二名成员组成的董事会管理，不论他们是否为股东。

第 417 条

公司章程可以要求每位董事持有公司章程确定的若干股份。本规定不适用于员工被任命为董事的情况。

董事在获委任之日并无持有公司章程所确定的股份数目，或在其任期内不再拥有该等股份的，即属违反前款的规定。在这种情况下，该董事必须在其任命后 3 个月内辞去其职务，或如果侵权行为发生在其任期内，则在导致侵权行为的股份转让之日起 3 个月内辞去其职务。在该期限届满时，他应被视为已辞去其职务，并应退还所支付的任何形式的薪酬，而他所参加的诉讼程序的有效性不得受到质疑。

审计员应负责确保本条的规定得到遵守，并应在其提交年度股东大会的报告中披露任何违反本条的情况。

第 418 条

在一个或数个公司合并的情况下，股份有限公司的董事人数可暂时超过数量限制，人数可达被合并的各公司在职超过 6 个月的董事总和，但不得超过二十四人。

除新的合并外，在现任董事人数减至十二人之前，不得更换已故或离职的董事，也不得任命新的董事。

第 419 条

首任董事由公司章程指定，或在适用的情况下由成立大会指定。

在公司存续期间，董事由普通股东大会任命。

但在合并的情况下，特别股东大会可以任命新的董事。

任何违反本条规定的任命均无效。

董 事 任 期

第 420 条

董事的任期由公司章程自由确定,在公司存续期间任命的,任期不得超过 6 年,由公司章程或成立大会任命的董事,任期不得超过 2 年。

法人常驻代表担任董事会成员的任命及任期

第 421 条

法人实体可被任命为股份有限公司董事。任命法人为公司董事时,法人应通过附回执的信件或挂号信向公司指定其任期内的常驻代表。虽然此代表本人不是公司的董事,但其要遵从的条件、义务和要承担的民事、刑事责任等同于自己本身就是董事的情况,且不影响其代表的法人承担连带责任。

常驻代表可以是也可以不是公司的股东。

第 422 条

常驻代表应在其所代表法人的董事任期内履行职责。

在每次延长其任期时,法人必须具体说明它是保留同一自然人作为常驻代表,还是立即任命另一名常驻代表。

第 423 条

法人撤销其常驻代表的授权时,应立即以附回执的信件或挂号信将其撤销及其新常驻代表的身份通知公司。

这同样适用于常驻代表死亡或辞职或因任何其他原因妨碍其履行职责的情况。

选　　举

第 424 条

董事选举细则由公司章程自由确定,可根据股份的类别确定席位的分配，但在本统一法的规定范围内，席位分配不得剥夺股东在董事会内的被选举权，也不可剥夺其某一类股份在董事会的代表权。

董事可再次参加董事选举，除非公司章程有相反的规定。

任何与本条规定不相符的任命皆为无效。

第 425 条

某一自然人，不管是个人名义董事或是法人董事的常驻代表，不得同时担任注册地在同一成员国的五家股份公司的董事。

尽管有第 1 款的规定，该人在受控制的公司（按上述第 175 条定义）中担任董事的职务，不应予以考虑。

任何自然人在担任新职务时，如违反本条第 1 款的规定，应在其被任命后 3 个月内辞去其职务之一。

在此期间届满时，他将被视为已辞去其新职务，并应以任何形式偿还所收到的所有报酬，但他所参加的相关程序的有效性不应受到质疑。

第 426 条

除非公司章程另有规定，如果某一职员的劳动合同与某一有效职位相对应，该职员可以被任命为董事，同样，某一董事可与公司签订劳动合同，条件是该合同与某一有效职位相对应，在这种情况下，合同应遵守本统一法第 438 条及以后各条的规定。

第 427 条

董事的任命必须在商事和动产信用登记簿上公布。

常驻代表的任命须遵守与以自己的名义担任董事相同的公布程序。

第 428 条

不当组成的董事会所作的决定无效。

董事席位空缺

第 429 条

如一名或多一名董事因死亡或辞职而出现空缺，董事会可在两次会议之间委任新董事。

如果董事人数低于法定最低人数，董事会应在空缺发生之日起 3 个月内任命新的董事以补充其成员。董事会在此期间进行的审议应继续有效。

当董事人数低于法定最低人数时,其余董事必须立即召开普通股东大会,以补充董事会的成员。

当董事会未能作出所需的任命或为此目的召开股东大会时,任何利害关系人均可向主管法院提出申请,要求指定一名受托人召开股东大会,以便作出或批准本条规定的任命。

新董事的空缺和任命只有在董事会为此目的举行会议后才生效。

董事会对新董事的任命须经下一届股东大会批准。

如股东大会拒绝批准新的任命,董事会所作的决定仍然有效,并对第三方具有全部效力。

报　　酬

第 430 条

除根据劳动合同领取的款项外,董事不得因其职务而领取除下文第 431 条和第 432 条所述以外的任何其他报酬,不论是永久的还是非永久的。

本条的规定不适用于股东之间定期分配的股息。

违反本条第 1 款的任何决议均无效。

第 431 条

普通股东大会可向董事分配一笔固定数额的年度职务津贴,作为其活动的报酬,由其自行决定。

作为股东的董事可以参加会议的表决,其股份在计算法定人数和多数时被考虑在内。

除章程另有规定外,董事会应在其成员之间自由分配工作津贴。

董事会可以向担任下文第 437 条规定的委员会成员的董事分配比其他董事更多的份额。

第 432 条

董事会还可对委托给其成员的任务和职责给予特别补偿,或授权根据第 438 条及其后各条规定为公司利益而产生的差旅费用给予补偿。

此种报酬和费用应由审计员向大会提交一份特别报告。

董事职权的终止

第 433 条

除死亡或被免职外,董事的任期应在其职务届满的年度内召开的审查该财政年度账目的普通股东大会结束时终止。

董事可随时被普通股东大会免职。

第 434 条

董事职务的终止必须在商事和动产信用登记簿上公布。

董事会职能

权限

第 435 条

董事会确定公司活动的指导原则,并监督其实施。在不违反明确授予股东大会的权力并在公司宗旨的范围内,董事会应处理与公司良好运作有关的任何事项,并通过其议事程序解决与公司有关的事项。

董事会应进行其认为适当的监督和核查。

公司董事长应向每位董事提供履行其职责所需的所有文件和资料。

公司章程或股东大会议事规则中限制董事会权力的条款不得对善意的第三方强制执行。

第 436 条

在与第三方的关系中,公司应受上述第 122 条规定的条件和限制的约束,包括董事会作出的不属于公司宗旨范围的决定。

第 437 条

董事会可就一个或多个特定目的向其一名或多名成员发出任何特别指示。

董事会可决定设立由董事组成的委员会,负责研究董事会或董事长提交供其审议的事项,以征求其意见。它应确定在其负责下开展活动的各委员会的组成和权力。

董事会在设立委员会时,可以决定委员会可以征求非董事专家的意见。

受规制的合同

第 438 条

下列事项须经董事会事先批准：

(1)公司与其董事、总经理或副总经理之间缔结的任何合同；

(2)公司与持有公司资本 10%或以上股份的股东之间缔结的任何合同；

(3)公司董事、总经理、副总经理或持有公司资本 10%或以上股份的股东在其中具有间接利益的合同,或此类人员通过中间人与公司达成的任何交易合同；

(4)公司与某一企业或法人之间缔结的任何合同,如果公司的其中一名董事、总经理、副总经理或持有公司资本 10%或以上股份的股东是该某一企业或法人的所有者或普通合伙人、经理、董事、董事长、副董事长、总经理、副总经理或其他高级职员。

第 439 条

如果合同涉及在正常条件下订立的日常交易,则不需要授权。

日常交易是指公司在其业务过程中以惯常方式进行的、作为其经营活动一部分的交易。

对于类似的合同,正常条件不仅是有关公司所适用的条件,而且也是同一行业其他公司所适用的条件。

第 440 条

董事、总经理、副总经理或有关股东在知悉须经授权的合同时,应通知董事会。董事、总经理、副总经理或有关股东应特别说明其在合同下的地位和个人利益,具体说明其在合同其他缔约方中的参与、作用和个人联系,以及其可能从这些参与中获得个人利益的程度。当他是董事时,他不得参加对所寻求的授权的表决,而他的票数在计算法定人数和多数票时亦不被考虑在内,以供该项审议之用。否则授权无效。

董事长或董事长兼首席执行官应在董事会授权的任何合同达成后 1 个月内将其通知审计员,并将其提交股东大会批准,就上一财政年度的账目作出决定。

审计员须就该等合同向普通股东大会提交特别报告,而普通股东大会须就该报告作出决定,并批准或不批准获授权的合同。

报告应说明提交普通股东大会批准的合同,董事、总经理、副总经理或相关股东的姓名,合同的性质和目的,其基本条款,特别是所适用的价格或税率,给予的回扣或佣金,给予的担保以及使股东能够评估缔结所审议的合同的利益的任何其他细节。报告还应说明交付的用品和提供的服务的规模,以及在财政年度内根据本条第 3 款所述合同支付或收到的款项的数额。

有关的人员不得参加表决,在计算法定人数和多数票时,其股份不应计算在内。任何违反本款规定作出的决议均无效。

如果几年前订立和批准的合同在上一个财政年度继续执行,则应在该财政年度结束后 1 个月内将这一情况通知审计员。

在无审计员特别报告的情况下通过上述第 438 条所提及的合同的决议无效。如审计员的特别报告不包含本条所规定的信息,可予以撤销。

第 441 条

审计员应负责确保本统一法第 438～448 条的规定得到遵守,并应在其提交大会的报告中报告任何违反规定的情况。

第 442 条

审计员必须在普通股东大会召开前至少 15 日起草本统一法第 438 条和第 448 条规定涉及事项的特别报告,并将其提交公司注册办事处保管。

第 443 条

经普通股东大会批准或不批准的合同对共同的缔约人和第三方具有约束力,除非因欺诈而被取消。

但即使在没有欺诈的情况下,受管制的合同对公司带来的损害后果,特别是公司遭受的损失和由合同产生的不当利润,仍可由董事、总经理、副总经理或有关股东承担责任,并可最终由董事会其他成员承担。

第 444 条

在不影响有关人员责任的情况下,上面第 438 条所提及的未经董事会事先授权而订立的合同,如对公司造成损害,可予以废止。

第 445 条

受规制的合同的无效诉讼自合同订立之日起 3 年内提起。但在合同被隐瞒的情况下,诉讼时效应自合同被披露之日起计算。

第 446 条

合同无效的诉讼可以由公司管理层提起,也可以由任何以个人身份行事的股东提起。

第 447 条

合同无效问题可由普通股东大会在向审计员提交特别报告后通过特别表决来解决。

董事、总经理、副总经理或有关股东不得参加表决,其股份不得计入法定人数和多数票。

第 448 条

本统一法第 438~448 条的规定适用于总经理和副总经理。

保证金、担保和保证

第 449 条

除经营经正式授权的信贷、小额供资或保证保险机构的公司外,公司为第三方作出的承诺而提供的保证金、保证、担保、反担保和其他担保,须经董事会事先授权。

董事会可在其确定的总额范围内,授权董事长兼总经理或总经理为第三方作出的承诺提供保证金、保证、担保或反担保。

此种授权还可通过承诺确定一个数额,超过该数额,公司不得提供保证金、保证、担保或反担保。

如承付款项超过其中任何一个数额,则须经董事会批准。

前几款规定的授权期限不得超过 1 年,无论保证金、保证或担保承诺的期限如何。

董事长兼总经理或总经理可将根据前几款授予的权力转授。

未经授权为第三方所作承诺提供的保证金、保证、担保和其他担保无效。

如果公司所有出具的保证金、保证、担保和其他担保对应的金额总数超过了确定的当前限额,公司不得就超额部分向不知情的第三方索赔,除非所涉承付款项的数额本身超过董事会根据本条规定作出的决定所规定的限额。在这种情况下,保证金、保证、担保或其他担保无效。

被禁止的合同

第 450 条

董事、总经理、副总经理及其配偶、前辈或后代及其他中间人,不得从公司获得任何形式的贷款。他们不得让公司向其经常账户或以其他方式提供透支额度,或让公司为其对第三方的承诺提供担保或保证,否则此类合同将被宣布为无效。

本禁令不适用于作为董事会成员的法人。

但其常驻代表以个人身份行事时,同样应遵守本条第 1 款的规定。

当公司经营银行或金融机构时,这一禁令不适用于在正常条件下进行的通常交易。

董事会的其他权力

第 451 条

公司注册地在同一成员国境内的迁移,可由董事会决定。董事会应据此修改公司章程,但须经下次普通股东大会批准。该决定授予修改公司章程的权力,应适用上面第 263、264 条规定的相关公开手续。

股东大会不批准公司注册地迁移的,董事会的决定失效。在这种情况下,必须完成新的公开程序以便第三方了解公司返回原注册地。

第 452 条

董事会应通过关于公司活动的财务摘要报表和管理报告,以提交普通股东大会批准。

董事会的运作
董事会召集和董事会决议

第 453 条

在不违反本统一法规定的情况下,公司章程应确定董事会的召集和审议规则。

应董事长召集,董事会可根据需要经常召开。

但如果董事会超过 2 个月未开会,至少占董事会成员三分之一的董事可以召集董事会,并说明会议议程。

如果董事会的所有成员未经适当召集,则其议事程序无效。

第 454 条

董事会只有在至少一半的董事会成员到场出席的情况下方可进行有效审议。

董事会的决定应由出席或派代表出席的成员的过半数作出,除非章程规定了更大的多数。在票数相同的情况下,除非章程另有规定,会议主席应投决定票。

任何违反本条规定或在适当情况下违反公司章程规定的条件而作出的决定均无效。

第 454-1 条

如果公司章程规定,通过视频会议或其他电信方式参加董事会,允许其确认并保证其有效参与的董事,可以口头表决。

为确保识别和有效地参与通过电信手段参与的董事会会议,该技术应至少传输参与者的声音,并满足允许持续和同时重新传输程序的技术要求。

如果董事通过视频会议或任何其他电信方式参与,董事会只有在至少三分之一的董事亲自在场的情况下才能有效地进行审议。

公司章程可限制在这些条件下举行的会议上可作出的决定的性质。

任何违反本条规定或在适用情况下违反公司章程规定的条件而作出的决定均无效。

第 455 条

董事及任何被要求出席董事会会议的人士,须就会议主席所提供的属机密性质的资料，予以保密。

第 456 条

除公司章程另有规定外，董事可通过信函、传真或电子邮件授权另一董事代表其出席董事会会议。

每位董事在一次会议期间只能拥有一份授权。

本条规定适用于法人的常驻代表。

第 457 条

董事会会议应由董事长主持。

董事长应组织和指导董事会的工作，并向大会报告。他应确保公司各机构的正常运作，特别是确保董事能够履行其职责。

如董事长不能出席会议，会议应由拥有最多股份的董事主持，如人数相等，则由年龄较大的董事主持，除非公司章程另有规定。

董事会的报告

第 458 条

董事会会议的审议情况，应当记录在公司总部保管的特别登记册上，由主管法院的法官编号并草签。

但会议记录也可以记录在连续编号的散页纸上，按前款规定的条件草签，并由草签的机构盖章。一旦一页纸被记满，即使是部分记满，也应附于以前使用过的纸上。

禁止任何加页、删除、替换或颠倒页码。

会议记录应说明董事会会议的日期和地点，并说明出席的、被代表的或缺席的、未被代表的董事的姓名。

它们还应说明根据法律规定被召集出席董事会会议的人是否出席，以及任何其他人是否出席了会议的全部或部分。

如以电视会议或其他通讯方式出席董事会会议，会议记录须注明会议期间发生的任何技术事故，而该等事故已影响会议的进行。

第 459 条

董事会会议记录应由董事长和至少一名董事核实。如董事长不能出席会议,应由至少两名董事签署。

第 459-1 条

董事长应确保董事会会议记录以专人送达董事,或以附回执的信件或挂号信、传真或电子邮件尽快送达董事,最迟在下一届董事会召开时。

第 460 条

董事会会议记录的副本或摘录应由董事长、总经理或副总经理正式核实,否则,应由专门授权的代理人正式核实。

在公司清算期间,会议记录的副本或摘录应由清算人正式核实。

第 461 条

董事会会议记录应视为初步证据。

出示该等会议记录的副本或摘录,可足以证明在职董事的人数,以及他们出席或代表董事会会议的情况。

第二节 董事长兼总经理

任命与任期

第 462 条

董事会应从其成员中任命一名董事长兼总经理。

董事长兼总经理应为自然人,否则其任命无效。

第 463 条

董事长兼总经理的任期不得超过董事的任期。

董事长兼总经理可连任。

第 464 条

任何人不得同时担任注册地在同一成员国的股份有限公司的三个以上董事长兼总经理的职位。

同时,董事长兼总经理不得同时在注册地在同一成员国的股份有限公司担任两个以上的董事长或总经理职位。

上述第 425 条第 3 款和第 4 款关于兼任董事的规定适用于董事长兼总

经理。

董事长兼总经理的职责和报酬

第 465 条

董事长兼总经理主持董事会和股东大会。

他负责公司的一般管理,并代表公司与第三方联系沟通。

他应向每位董事提供履行其职责所需的所有文件和资料。

在履行这些职能时,他被赋予最广泛的权力,他在公司宗旨的范围内行使这些权力,但须遵守法律或公司章程明确授予股东大会或特别保留给董事会的权力。

在与第三方的关系中,在上面第 122 条规定的条件和限制下,公司受董事长兼总经理不属于公司宗旨范围的行为的约束。

公司章程中限制董事长兼总经理权力的条款、股东大会的审议或董事会的决定对善意的第三方不具约束力。

第 466 条

董事长兼总经理可以根据上述第 426 条规定的条件与公司签订劳动合同。

第 467 条

董事长兼总经理的薪酬条件和数额由董事会规定。

在适用的情况下,给予他的实物福利应以与他的薪酬相同的方式确定。

除根据雇用合同收取的款项和给予的实物福利外,董事长兼总经理不得从公司领取除本条所述以外的任何报酬。

董事长不得参加对其薪酬的表决,在计算法定人数和多数票时不应考虑其投票。

违反本条作出的任何决定均无效。

董事长兼总经理的空缺和免职

第 468 条

董事长兼总经理暂时不能履行职责的,董事会可以在规定的期限内委派另一名董事担任董事长兼总经理。

董事长兼总经理去世或离职时,董事会应任命新的董事长兼总经理,或委派一名董事担任董事长兼总经理,直至董事长兼总经理被任命为止。

第 469 条

董事长兼总经理可随时由董事会罢免。

副 总 经 理

第 470 条

根据董事长兼总经理的提议,董事会可以任命一个或多个自然人担任副总经理,协助董事长兼总经理。

违反本条对副总经理的任何任命均无效。

第 471 条

董事会可自由决定副总经理的任期。如果他是董事,他的任期不得超过他作为董事的任期。

副总经理可连任。

第 472 条

董事会应与董事长兼总经理商定,确定授予副总经理的权力范围。

在与第三方打交道时,副总经理拥有与董事长兼总经理的权力。在上面第 122 条规定的条件和限度内,他的行为,包括不属于公司宗旨的行为,对公司具有约束力。

公司章程中限制副总经理权力的条款、董事会或股东大会的决定,对善意第三方不具有约束力。

第 473 条

副总经理可以根据上面第 426 条规定的条件与公司签订劳动合同。

第 474 条

副总经理的薪酬条件和薪酬数额由董事会规定。

副总经理若为董事,则不得参加表决,在计算法定人数和多数票时,不得将其票数计算在内。

违反本条作出的任何决定均无效。

第 475 条

根据董事长兼总经理的提议，董事会可以随时解除副总经理职务。违反本款对副总经理的任何解职均无效。

如果解职是在没有正当理由的情况下作出的，则可导致损害赔偿。

第 476 条

副总经理的任期通常在其任期结束时届满。

但在董事长兼总经理死亡或停止履行职责的情况下，除非董事会另有决定，副总经理应继续履行其职责，直至任命新的董事长兼总经理为止。

第三节　董事长兼总经理

董事长

董事长任命和任期

第 477 条

董事会从董事会成员中指定一位自然人为董事长。

第 478 条

董事长的任期不能超过其作为董事的任期。

董事长可连任。

第 479 条

任何人不得同时担任注册地在同一成员国的股份有限公司的三个以上董事长的职位。

同样地，董事长的职务不得与同一成员国的股份有限公司的两个以上执行董事或总经理的职务同时兼任。

本统一法第 425 条第 2 款和第 3 款有关董事兼任职务的规定适用于董事长。

董事长的职责和报酬

第 480 条

董事长主持召开董事会和股东大会。

董事长必须确保董事会对委托给总经理的公司的管理行使控制权。

在一年中的任何时候，董事长应进行他认为适当的检查，并可要求总经理提供他认为对执行其任务有用的所有文件，总经理有义务这样做。董事长应将该等材料和资料转发给每位董事。

第 481 条

董事长可以根据上述第 426 条规定的条件与公司签订劳动合同。

第 482 条

董事长的报酬条件和数额由董事会规定。

在适用的情况下，给予他的实物福利应以与他的薪酬相同的方式确定。

除根据劳动合同收取的款项和授予的利益外，董事长不得从公司获得除本条所述以外的任何报酬。

董事长不得参加对其薪酬的表决，在计算法定人数和多数票时不应考虑其投票。

违反本条作出的任何决定均无效。

董事长的免职和解职

第 483 条

如董事长暂时不能出席董事会会议，董事会可委派其中一名成员担任董事长，任期由董事会决定。

董事长去世或职务终止时，应任命新董事长或委派一名董事担任董事长，直至董事长被任命为止。

第 484 条

董事会可以随时候罢免董事长。

总经理

总经理的任命和任期

第 485 条

董事会应从其成员中或成员以外任命一名总经理，该总经理必须是自然人。

根据总经理的提议，董事会可以根据上面第471～476条规定的条件，委托一个或多个自然人协助总经理担任副总经理。

第486条

董事会应自由决定总经理的任期。

总经理可连任。

总经理的职责和报酬

第487条

为履行以上职责，总经理负责公司经营管理，在对第三方的关系中代表公司，他享有公司经营范围内最广泛的权利，法律和公司章程特别规定授予股东会和董事会的权利除外。

第488条

在其与第三方的关系中，在本统一法第122条规定的条件和限度内，公司为总经理的在公司经营范围以外行为承担义务。

公司章程、股东会或董事会有关限制总经理权利的规定、决议或决定，不可对抗善意的第三方。

第489条

根据本统一法第426条规定，总经理可与公司签订雇佣合同。

第490条

总经理的报酬细则及金额由任命他的董事会确定。

总经理的免职和解职

第491条

当总经理不能履行其职责时，董事会应董事长的推荐立即任命一位总经理代替。

第 492 条

总经理可以随时由董事会解除职务。

如果解职是在没有正当理由的情况下作出的,则可能导致损害赔偿。

第 493 条

除死亡或离职外,总经理的职责通常应在其任期届满时终止。

第三章 设执行董事的股份有限公司

第一节 总 则

第 494 条

股东人数为三人或三人以下的股份有限公司可选择不设立董事会,并可指定一名执行董事,由其负责履行公司的行政和管理职能。

第二节 执行董事的任命和任期

第 495 条

首任执行董事由公司章程指定。

在公司存续期间,执行董事由普通股东大会任命。

他可从股东中或股东之外选出。

第 496 条

执行董事的任期由公司章程自由规定,在公司存续期间任命的,不得超过 6 年,根据公司章程任命的,不得超过 2 年。任期届满可连任。

第 497 条

任何人不得同时担任注册地在同一成员国的股份有限公司的三个以上执行董事的职位。

同样地,执行董事的职务不得与在同一成员国的股份有限公司的两个以上董事长兼总经理或总经理的职务同时兼任。

董事在担任新职务时,如违反本条第 1 款和第 2 款的规定,应在其被任命后 3 个月内辞去其所有职务。

在这一期限届满时,他应被视为辞去新的任期,并应以任何形式退还他所领取的薪酬,但不应因此而质疑他所作决定的有效性。

第三节　执行董事的职责与报酬

第 498 条

执行董事负责公司经营管理,在对第三方的关系中代表公司。

他召集并主持股东大会。

任何情况下,他代表公司在公司经营范围内行事,享有公司经营范围内最广泛的权利,法律和公司章程特别规定授予股东会的权利除外。

在其与第三方的关系中,在本统一法第 122 条规定的条件和限度内,公司为执行董事在公司经营范围之外的行为承担义务。

公司章程、股东会或董事会有关限制执行董事权利的规定、决议或决定,不可对抗善意的第三方。

第 499 条

执行董事应受劳动合同的约束,但该合同须与实际受雇有关。

雇佣合同须经股东大会事先批准。否则,劳动合同无效。

第 500 条

除根据劳动合同领取的款项外,执行董事不得因其职务而领取除下面第 501 条所述以外的任何其他报酬,不论是永久的还是非永久的。

股东大会作出的任何相反决定均无效。

第 501 条

执行董事的薪酬条款和数额,以及在适用的情况下给予的实物福利,应由普通股东大会决定。

任何违反本条规定作出的决定均无效。

第四节　受规制的合同

第 502 条

执行董事应在审查上一年度财务摘要报表的股东大会上提交一份报

告,说明其直接或间接或通过中间人与公司签订的合同,以及他所拥有的、且他在其中是承担无限责任的成员或作为经理的法律实体与公司签订的合同。

本条的规定不适用于在上面第439条所述正常条件下订立的通常交易合同。

第503条

执行董事应在合同订立后1个月内通知审计员,无论如何,应在年度普通股东大会召开前至少15日通知审计员。

审计员应向普通股东大会提交一份关于这些合同的报告。

报告应列出提交大会批准的合同,具体说明其性质,这些合同所涵盖的产品或服务,其基本条款,特别是所收取的价格或关税,所给予的回扣或佣金,所给予的担保以及使股东能够评估订立这些合同所涉及的利益的任何其他细节。

在无审计员特别报告的情况下通过上述第438条所提及的合同的决议无效。如审计员的特别报告未载明本条规定所规定的信息,可予以撤销。

第504条

股东大会批准或不批准的合同对缔约双方和第三方完全有效。

但股东大会不批准的合同对公司的不利影响可由执行董事承担。

第505条

上述第502条和第503条的规定不适用于执行董事为股份有限公司唯一股东的情况。

上述第502~504条的规定适用于执行董事和副执行董事。

第五节　保证金、保证和担保

第506条

经执行董事或副执行董事正式批准的向信贷机构、小额融资或保险机构以外的公司提供的保证金、保证、担保、反担保以及其他担保利益,只有在获得普通股东大会或特别决定的事先授权时,才能对公司强制执行。

第六节　被禁止的合同

第 507 条

执行董事或副执行董事以及其配偶、前辈或后代和中间人，不得以任何形式与公司签订贷款合同，以经常账户或其他方式透支，或要求公司向第三方提供担保或保证第三方承诺，否则合同无效。

但当公司是银行或金融机构时，它可向其执行董事或副执行董事以任何形式提供贷款、支票账户透支或其他的保证、担保等，如果这些合同涉及在正常业务过程中进行的通常交易。

第七节　执行董事的免职或解职

第 508 条

当执行董事暂时不能履行其职责时，如果任命有副执行董事，则由副执行董事临时履行其职责。

如果执行董事死亡、辞职，其职责由副执行董事履行，直到股东大会在最近一次大会上任命一位新执行董事。

第 509 条

执行董事可随时由股东大会解除职务。

如果解职是在没有正当理由的情况下作出的，则可导致损害赔偿。

第八节　副执行董事

第 510 条

根据执行董事的提议，股东大会可以委托一个或多个自然人担任副执行董事协助执行董事。

第 511 条

股东大会可自由决定副执行董事的任期。

副执行董事可连任。

第 512 条

股东大会应与执行董事商定,确定授予副执行董事的权力。

股东大会限制其权力的章程条款或决定不得对善意的第三方强制执行。

第 513 条

副执行董事可受雇佣合同约束,只要合同是有效的。

雇佣合同须经普通股东大会的事先授权。

否则,雇佣合同将无效。

第 514 条

副执行董事的薪酬条款和数额,以及在适用情况下给予的实物福利,应由普通股东大会决定。

违反本条作出的任何决定均无效。

第 515 条

经执行董事提议,普通股东大会可随时解除副执行董事职务。

如果解职是在没有正当理由的情况下作出的,则可导致损害赔偿。

第三分编　股 东 大 会

第一章　适用于所有股东大会的共同规则

第一节　股东大会的召集

第 516 条

股东大会由董事会或执行董事召集。

否则,可在下列情况下召集会议:

(1)审计员在要求董事会或执行董事召开会议未获成功后,以附回执的信件或挂号信要求召开会议。审计员召集会议时,应制定议程,并可出于决定性原因,选择公司章程规定以外的会议地点。他应在向大会宣读的报告中说明召开会议的理由。

(2)由主管法院在紧急情况下应任何利害关系人的请求,或在普通股东大会的情况下，应代表至少十分之一股本的一名或多名股东的请求，或在特别股东大会的情况下，应代表有关类别股份的十分之一的股东请求，通过快速裁决指定的代表召集会议。

(3)由清算人召集。

第 517 条

除公司章程另有规定外，股东大会应在公司注册地或公司注册地成员国领土内的任何其他地点举行。

第 518 条

在不违反本条规定的情况下，公司章程应规定召开股东大会的规则。

股东大会是通过在被授权发布法律通知的报纸上刊登的会议通知来召开的。

如所有股份均为记名股份，则可由公司付费以附回执的信件或挂号信、传真或电邮方式发出通知。传真和电子邮件召集通知方式仅在公司成员之前已书面同意并提供其传真号码或电子邮件地址的情况下，方为有效。公司成员可在任何时候以附回执的挂号信明确要求公司今后以邮递方式取代上述通信方式。

会议召集通知应注明会议的日期、地点和议程。

股东大会通知应在第一次召开股东大会之日前至少 15 日送达或通知股东，如适用，随后的股东大会通知应在至少 6 日前送达或通知股东。

如果会议是由临时代表召集的，法官可以规定不同的时限。

第 519 条

会议通知应注明公司名称，在适当情况下，附上其首字母缩写，公司的形式，注册资本的数额，注册地址，商业和个人财产信用登记簿上的注册号，会议的日期，时间和地点，以及会议的性质，如普通股东大会、特别股东大会或专门股东大会，和会议议程。

在适用的情况下，通知应说明无记名股票或该等股票的存托凭证交付处，以使其持有人有权参加会议，并说明此类股票交付的日期。

共有股份的共同所有人、基本权利的持有人和股份的用益权人，应当按照上述方式召集。

任何不当召开的会议都可予以取消。但根据上文第 246 条规定的条件确定的无效诉讼,在所有股东都出席会议或由代表出席会议的情况下,不予受理。

第 520 条

大会议程应由召集人通过。

但如果会议是由临时代表召集的,议程应由指定该代表的主管法院确定。

同样,一位或多位股东可以请求将决议草案列入议程,如果:

(1)在公司资本低于 10 亿西非法郎时,他们代表 5%的资本;

(2)在公司资本介于 10 亿西非法郎和 20 亿西非法郎之间时,他们代表 3%的资本;

(3)在公司资本超过 20 亿西非法郎时,他们代表 0.5%的资本。

他们的要求应包含:

(1)决议草案,并附简短的解释性备忘录;

(2)证明拥有或代表本条所要求的那部分资本;

(3)如决议草案涉及董事或执行董事职位候选人的提名,则须提供后面第 523 条所规定的资料。

第 521 条

这些决议草案应在股东大会召开前至少 10 日以附回执的信件或挂号信或传真送交公司总部,以便提交股东大会表决。

根据本条规定送交的决议草案未经大会表决,大会的审议无效。

第 522 条

大会不得对未列入议程的事项进行审议。任何违反本款作出的决议均无效。

尽管有前款的规定,大会在任何情况下都可以罢免董事会的一名或多名成员,或在适当情况下罢免执行董事或助理执行董事,并替换他们。

第 523 条

凡股东大会的议程涉及董事或执行董事职位的候选人的提名,则须注明候选人的身份、职业证明、职业活动及过去五年的公司职务。

第 524 条

大会议程不得在第二次大会通知上修改,或在可能情况下,特别大会不得在第三次大会通知上修改。违反本款规定的审议无效。

第二节 文件传递

第 525 条

关于年度普通股东大会,任何股东均有权亲自或由其指定代表其出席股东大会的代理人在公司注册办事处查阅:

(1)公司盘存,财务摘要报表以及成立董事会的公司的董事名单;

(2)提交股东大会的审计员报告和董事会或执行董事的报告;

(3)在适当情况下,解释性声明、决议草案以及有关董事或执行董事候选人的资料;

(4)股东名单;

(5)经审计人员核实的支付给十名或五名最佳薪酬管理人员和员工的薪酬总额,取决于公司的员工人数是否超过两百人。

除公司盘存外,股东查阅上述记录的权利包括有权自费复制这些记录。查阅这些记录的权利可在股东大会前 15 日行使。

对于年度普通股东大会以外的会议,查阅文件的权利涉及决议草案、董事会或执行董事的报告,并且在可能情况下,还涉及审计员或清算人的报告。

股东大会违反本条规定出的决定,应被撤销。

第 526 条

此外,任何股东均可随时查阅及复印:

(1)前条所提及的与最近 3 个财政年度有关的公司文件;

(2)董事会会议记录和出席记录;

(3)过去三个财政年度举行的会议的会议记录和出席记录;

(4)公司订立的受规制的合同;

(5)公司章程规定的所有其他文件。

同样,任何股东可在每个财政年度内两次向董事长兼总经理、总经理或执行董事提出书面问题,说明任何可能影响持续经营的事实。

对此类问题的答复应送交审计员。

第 527 条

上面第 525 条和第 526 条规定的知情权也属于共有股份的每一共有人、基础权利的持有人和股份用益物权人。

第 528 条

如果公司拒绝提供上述第 525 条和第 526 条所提及的全部或部分文件,主管法院应根据股东的请求,迅速作出决定。

主管法院可命令公司按照上文第 525 条和第 526 条规定的条件向股东提供文件,并支付罚金。

第三节 股东大会的召开

第 529 条

根据具体情况,股东大会由董事长兼总经理、董事长或执行董事主持,如果他们因故不能主持并且公司章程无另外规定,则由拥有最多股份的股东或其代表主持,如果遇到股份相同的情况,则由年长者主持。

第 530 条

代表最多股份的两名股东自己或其代理人应被指定为监票人,但需要他们接受这一任命。

第 531 条

股东大会应任命一位秘书起草会议纪要,该秘书可从股东以外的人中选择。

第 532 条

每次股东大会应制备出席名单,除载明每一出席股东的股份及此类股份所拥有的投票数外,还应载明:

(1)出席或派代表出席的每一股东的姓名和住所;

(2)每名代表的全名和住所;

(3)以电视会议或任何能识别其身份的电讯方式出席会议的每名股东的全名及住所;

(4)以邮寄方式向公司提交投票表格的每名股东的全名及住所。

在没有按照本条规定编制出席名单的情况下,大会的审议可被撤销。

第 533 条

在会议开始时，出席会议的股东及代表须在出席名单上签字。

授权书和邮寄选票应在会议结束时附于出席名单上。

如有违反本条规定的情况，大会通过的决议可被撤销。

第 534 条

出席名单须由监票人勤勉核实为真。

如有违反本条规定的情况，大会通过的决议无效。

第 535 条

会议记录应注明会议日期和地点，大会的性质，召开方式，议程，主席团的组成，法定人数，提交大会表决的决议案文和每项决议案的表决结果，提交大会的文件和报告以及讨论摘要。

它应由主席团成员签署，并根据上文第 135 条的规定与出席名单及其附件一起在公司注册地存档。

以视频会议或其他电信方式参加会议的，应在会议记录中说明会议期间发生的任何干扰会议进行的技术事件。

第 536 条

会议记录的副本或摘录应由董事长兼总经理、董事长、执行董事或为此目的正式授权的任何其他人有效核实。

在公司清算的情况下，由清算人核实。

第 537 条

以下人员可参加股东大会：

(1)符合本统一法或公司章程条款规定条件的股东或其代表；

(2)由法律规定或公司章程条款为此目的授权的任何个人。

这同样适用于公司以外的人，如果他们是由主管法院授权的，或者是由大会主席团的决定授权的，或者是由大会本身授权的。

第四节　股东代表、表决权

第 538 条

任何股东均可由其选择的代理人代表。

任何股东均可获得其他股东发出的代表其出席会议的权力,但法律规定或法定条款所规定的限制除外,这些规定或条款规定了同一人以其个人名义或作为代表可行使的票数。

委托书必须载明:

(1)委托人的全名、住所、股份数和表决权;

(2)委托书所针对的会议的性质;

(3)委托人的签名,前面加上“授权书”字样和授权日期。

委托书用于一次股东大会,但也可以用于在同1日或7日内举行的两次大会,一次是普通股东大会,另一次是特别股东大会。

为一次会议给予的授权也适用于议程相同的连续会议。

第539条

非股东董事可以顾问身份参加所有股东大会。

第540条

附质押股份的投票权属于股票所有人。

第541条

参加股东大会的权利以股东大会当日以股东名义在公司保存的记名证券登记册中登记股份为条件。

但章程可规定,该权利须于会议前第三个营业日当地时间零时在记名证券登记册上登记。

第542条

公司依照第639条及其后各条之规定回购之股份,无表决权。在计算法定人数时,不应将其考虑在内。

第543条

与本金股或分红股相关的表决权应与其代表的份额对应,每一股至少代表一票。

但公司章程可以限制每个股东在会议上的票数,只要这种限制适用于所有股份。

第544条

根据在资本金中所占的份额,公司章程或后来的股东大会可授予全额认购并登记2年以上的记名股票相对于其他股票两倍的表决权。

另外,公司因提留、利润或发行溢价纳入资本金而增加公司资本时,双倍表决权在发行新股时即可按其原来无偿享受的比例授予记名股票。

第545条

任何记名股份如果转换为无记名股份或转让所有权的,则丧失其可能附带的双重表决权。

但由于继承、夫妻共同财产的清算或生前赠与给配偶或亲属的继承而产生的转让,并不导致既得权利的丧失。

如果收购公司的章程有此规定,公司的合并不影响收购公司内可行使的双重表决权。

第二章　普通股东大会

第一节　职权范围

第546条

普通股东大会应作出一切决定,但下文第551条特别股东大会和下文第555条专门股东大会明文规定的决定除外。

股东大会应当审查各项报告和决议草案,并酌情由董事长报告其工作情况。

它特别有权:

(1)就该财政年度的财务摘要报表作出决定。

(2)决定收益的分配;应从该财政年度的利润减去以前的任何损失中拨出至少十分之一的款项,拨入法定公积金。与此任何相反的决定无效。当公积金达到股本的五分之一时,这种划拨就不再是强制性的。

(3)委任董事会成员或执行董事,并在适当情况下委任副执行董事及审计员。

(4)就上述第440条所规定的审计员报告作出决定,并批准或拒绝批准公司管理层和持股超过10%的股东之间订立的合同。

(5)发行债券。

(6)批准后面第547条规定的审计员报告。

第 547 条

如果在注册登记后的两年内公司自股东处取得价值不低于 500 万西非法郎的资产,审计员应董事长兼总经理、董事长或执行董事的请求负责该资产的价值编制报告。该报告提交最近一次普通股东大会批准。

该报告应说明所购置的资产,确定价格所采用的标准,并评估这些标准的相关性。

审计员必须在股东大会召开前至少 15 日起草报告并将其提交公司注册办事处。

在无审计员报告的情况下作出的任何决议均无效。如果报告不包含本条规定所提及的信息,则审议可被撤销。

大会应就财产的估价作出决定,否则出售无效。卖方不得代表自己或作为代理人参加与出售有关的决议的表决,在计算法定人数和多数票时,卖方的股份不应被考虑在内。

任何违反本款规定作出的决议均无效。

第 547-1 条

董事会或执行董事向股东大会提交的报告应每年报告雇员在财政年度最后一日的持股情况。

第二节　会议、法定人数、多数票

第 548 条

普通股东大会每年至少举行一次,在财政年度结束后 6 个月内召开,但如股东大会未在该期间内举行,则须由法院命令延长该期间。检察官或任何股东可将此事提交主管法院,法院应在短时间内作出裁决,命令公司高级管理人员召开该会议或指定一名代表召开该会议,必要时处以罚金。

第 549 条

普通股东大会只有在出席或派代表出席的股东拥有至少四分之一有表决权的股份的情况下,才可在第一次会议上进行有效审议。

第二次召集,无须任何法定数量。

第 550 条

普通股东大会应以所投票数的多数作出决定。空白选票或投票不应计算在内。

第三章　特别股东大会

第一节　职 权 范 围

第 551 条

只有特别股东大会才有权修改章程的所有条款。

特别股东大会还有权:

(1)批准公司的合并、分立、转型和部分资产转让;

(2)将公司注册办事处迁往其所在缔约国的任何其他城市,或迁往另一国领土;

(3)提前解散公司或延长公司的期限。

但特别股东大会只有在征得每一股东的同意后方可增加股东在其投资以外的义务。

第二节　会议、法定人数、多数票

第 552 条

所有股东皆可参加特别股东大会,表决权不受限制。

第 553 条

特别股东大会只有在出席或派代表出席的股东在第一次会议上拥有至少二分之一的股份,在第二次会议上拥有至少四分之一的股份的情况下作出的审议有效。

如未达到法定人数,可在第二次会议确定的日期起计不超过 2 个月的期限内召开第三次会议,法定人数仍为持有四分之一股份的股东。

第 554 条

特别股东大会通过表决的三分之二多数作出决定。

如果进行投票,空白票不计算在内。

如果涉及将公司所在地搬迁到另一个国家境内,决定应由全体出席股东或股东代表一致作出。

第四章　专门股东大会

第一节　职 权 范 围

第 555 条

专门股东大会由某一特定类型的股票的持有人组成。

专门股东大会批准或不批准修订其成员权益的普通股东大会的决议。

普通股东大会修改某类股份权利的决定,须经该类股份的专门股东大会批准后,方为最终决定。

第二节　会议、法定人数、多数票

第 556 条

专门股东会议只有在出席或派代表出席的股东在第一次会议上拥有至少一半的股份,在第二次会议上拥有至少四分之一的股份的情况下作出的审议有效。

如未达法定人数,会议应在第二次会议所定日期起 2 个月内举行。法定人数仍为出席或派代表出席并持有至少四分之一股份的股东。

第 557 条

专门股东大会应以所投票数的三分之二多数作出决定。

空白票不应计算在内。

第 557-1 条

违反上述第 546、549、550、551、552、553、554、555、556、557 条规定作出的审议无效。

第五章　一人股份有限公司的特殊情况

第 558 条

如果公司只有一个股东,会议必须作出的决定,不论是属于特别股东大会的职权范围内的决定,还是属于普通股东大会的职权范围内的决定,均应由单一股东作出。

与上面第 516~557-1 条规定不冲突的规定应予适用。

第 559 条

在财政年度结束后 6 个月内,单一股东应作出属于年度普通股东大会职权范围内的所有决定。

应根据执行董事和根据后面第 721 条出席股东大会的审计员的报告作出决定。

第 560 条

唯一股东所作的决定应以会议记录的形式作出,并应存入公司档案。

第 561 条

唯一股东所作的所有决定如果需要依法公开,则以通过会议作出决议的同样形式公布。

第四分编　公司资本变更

第一章　总　　则

第一节　增加资本的方式

第 562 条

注册资本可以通过发行普通股或优先股或增加现有股份的票面价值来增加。

新股的认购可以现金,抵销公司的到期确定的债权,通过纳入公司的公积金、利润或注资或发行与合并溢价,或通过实物投资的形式实现。

只有在全体股东一致同意的情况下方可决定通过增加股票票面价值增

加资本,除非是通过纳入公积金、利润或注资或发行与合并溢价而实现的。

根据后面第822条第1款及其后各条规定的条件,也可以通过行使可转让证券所附带的权利来增加资本。

第563条

新股应按票面价值发行,或按票面价值加溢价发行。

第564条

只有特别股东大会根据董事会或执行董事以及审计员的报告,才能决定或批准增加公司注册资本。

第565条

以公积金、利润或者注资,发行或者合并溢价的方式增加资本的,股东大会应当按照上面第549条和第550条规定的普通股东大会的法定人数和多数票作出决定。

第566条

授予红股的权利以及股东因将公积金、利润或注资、发行或合并溢价纳入资本而可能产生的任何权利,是可转让和流通的。

但特别股东大会可根据上面第565条规定的法定人数和多数票条件,明确决定不能构成整股的权利不得流通,与此种权利相应的股份必须出售。

出售所得款项应在分配的全部整股股份记入持有人账户之日起30日内分配给持有人。

第567条

股东大会可授权董事会或执行董事(视何情况而定)制定不能构成整股的权利的出售条款和条件。

第567-1条

股东大会授权增资时,可视情况将决定增资的权力转授予董事会或执行董事。

在这种情况下,大会应确定授权使用的期限和增加的总上限,但不得超过24个月。

根据情况,董事会或执行董事有权制定股份发行条款和条件,确定由此产生的资本增加的实现情况，并对公司章程进行相应修订。

第 568 条

股东大会决定增资时，它可将必要的权力转授予董事会或执行董事，根据情况，以便分一次或多次进行增资，确定增资的全部或部分条款和条件，确定增资的完成情况，并对公司章程进行相应修订。

第 569 条

任何赋予董事会或执行董事决定增资的权力的相反条款，应视为未制定。

第 570 条

根据情况，董事会或执行董事的报告包括所有有关资料，说明建议增加资本的理由，以及自本财政年度开始以来的业务进展情况，如尚未召开决定账目的普通股东大会，则包括上一财政年度的业务进展情况。

第 571 条

增资必须在决定或授权增资的股东大会之日起 3 年内完成。

自认购和缴款公证声明制作之日起，增资即视为完成。

第 572 条

在发行任何以现金支付的新股份之前，必须全额支付资本。

第二节　优先认购权

第 573 条

股份应包括认购增资的优先权利。

股东有权优先认购为增加资本而发行的现金股份。这项权利是不可减少的。

第 574 条

如果优先认购权与其本身即可转让的股票分离，则其在认购期内亦可转让。

否则，该权利可在与股份本身相同的条件下转让。

第 575 条

如股东大会有明确决定,股东亦有优先权利按可约规则[1]认购未能按既约规则[2]认购的新股。

第 576 条

按可约规则分配给股东的股份可能会超过股东按既约规则认购的股份,但无论何种情况,仅以股东个人申请认购的数目为限。

第 577 条

股东行使优先认购权的期限不得少于 20 日。该期限自认购开始之日起计算。

第 578 条

一旦所有既约认购权和适当情况下可约认购权行使后,或未认购的股东放弃认购权后资本增资已被全部认购,则该期限应提前结束。

第 579 条

如果按既约规则认购,或在适当情况下,按可约规则认购,仍然没有认购全部拟增资数额,则:

(1)增资数额可限定为已得到认购的数额,但须符合两项条件,即已认购的数额至少为决定或授权增资的股东大会所确定的增资数额的四分之三,且股东大会明确规定了这种选择;

(2)除非股东大会另有决定,未认购的股份可全部或部分自由分配;

(3)如果股东大会明确同意,未被认购的股份可以全部或部分公开发售。

第 580 条

董事会或执行董事(视情况而定)可按其决定的顺序使用上面第 579 条规定的权力,或仅使用其中部分权力。

---

[1] 可约规则(à titre réductible):在具有优先认购权增资的情况下,按照可约规则进行的认购是既有股东除了因其优先权而有权获得的新股之外还要求认购新股的权利,但当股票认购申请数量大于供给时,该权利可被限缩。——译者注

[2] 既约规则(à titre irréductible):当股东发起增资时,优先认购权将从股东的证券账户中分离出来,具体取决于其持有的股份数量和公司定义的部分。然后,股东可以选择通过行使其认购权来执行该操作:这个优先认购阶段据是既约规则。相反,若股东可不参与,在这种情况下,股东将在市场上出售其的认购权。——译者注

如果在行使这些选择权后，所收到的认购额未达到增资额的全部，或在上面第 579 条第 1 项规定的情况下，未达到增资额的四分之三，则增资没有实现。

但在任何情况下，如认购股份占增资额的 97%，则董事会或执行董事可自行决定将增资额限制在所达到的数额内。

用 益 权

第 581 条

当旧股份附带用益权[1]时，用益权人和虚有权[2]持有人可以设定他们认为合适的行使优先购买权和分配新股的条件。

双方未达成协议的，适用以下第 582~585 条的规定。

这些规定也适用于当事人未采取行动的情况下，红利股的分配。

第 582 条

附于旧股份的优先认购权属于标的虚有权持有人。

如果虚有权持有人出售其认购权，则转让或因再投资而获得的资产的收益应遵守用益权的规定。

第 583 条

虚有权持有人未行使优先认购权的，用益物权人可以代替其认购新股或者出售认购权。

用益权人出售认购权的，虚有权持有人可以要求将转让收益再投资。由此取得的资产应遵守用益权的规定。

第 584 条

如果股票虚有权持有人既不认购新股，也没有在授予股东的认购权期限届满前至少 8 日出售其认购权的，则股票虚有权持有人相对于用益权人而言，就视为没有行使其有限认购权。

---

〔1〕 用益权是指非所有人对他人所有之物享有的占有、使用和收益的权利。——译者注

〔2〕 虚有权是指所有权人在所有物上设定用益权后对所有物的权利，是所有权的一种形式。——译者注

第 585 条

新股票的虚有权属虚有权持有人,用益权属用益权人,但如果出现虚有权持有人或用益权人为认购或补足认购款而支付资金的情况时,新股票按认购权的范围归属虚有权持有人和用益权人,超出部分的股票作为自由股归缴款人所有。

优先认购权的取消

第 586 条

决定或授权增资的股东大会,可为一名或多名指定受益人的利益,取消全部增资或增资的一个或多个部分的优先认购权。

第 587 条

如果受益人是股东,他们不能代表自己也不作为代理人参加表决,在计算法定人数和多数票时不考虑其股份。

第 587-1 条

关于转换优先股的决定意味着股东放弃认购转换所产生股份的优先权利。

第 587-2 条

发行可转让证券以获得资本的决定,亦应包括股东放弃其优先认购可转让证券所赋予的股本证券的权利。

第三节　发行价和报告

第 588 条

新股的发行价格或厘定价格的条件,须由特别股东大会根据董事会或执行董事的报告及审计员进一步的报告厘定。

第 589 条

上面第 588 条规定的董事会或执行董事的报告应说明:

(1)拟议增资的最高数额和理由;

(2)建议取消优先认购权的理由;

(3)新股配股人的姓名,每名配股人的股份数目以及发行价格。

第590条

当股东大会自行决定增加资本的所有条款和条件时,上文第588条所述的报告还应说明拟议发行对股东状况的影响,特别是其在上一财政年度结束时的股本份额。

如果财政年度在拟议的交易至少6个月前终结,此类影响应当根据与上一年度资产负债表相同的方法和列报方式编制的中期财务状况进行评估。

未经上面第588条规定的审计员或执行董事(视情况而定)的报告而进行的决议无效。如果报告没有提供本条和上面第589条规定的所有信息,则决议可被撤销。

第591条

审计员应当对取消优先认购权的建议、计算发行价格的方式及其金额以及发行对公司股东相对于公司股权的财务状况的影响发表意见。

他应当核实和证明其意见所依据的、源于公司账户的信息的公正性。

在无上述第588条和本条规定的审计员报告的情况下作出的决议无效。如果本报告未包含本条规定的所有信息,决议可被取消。

第592条

如果股东大会根据上面第568条规定的条件授予其权力时,董事会或执行董事(视情况而定),在使用其授权时准备一份附加报告,说明根据会议授权设立的交易的最终条款。该报告还应包括上述第589条规定的信息。

审计员根据股东大会的授权和指示审核操作规程的合规性,对于价格计算因素和最终确定的金额,发行新股对股东股本尤其对股东股本份额在最近一次财务年度结束时的影响,审计员应出具具体意见。

这些附加报告应在董事会会议或执行董事决议通过后15日内在公司总部提交给股东查阅,并在下次会议上提请股东注意。

第四节　个人放弃优先认购权

第593条

股东个人可以将其优先认购权让渡给指定的人。他们也可以在没有指明受益人的情况下放弃这一权利。

第594条

股东放弃优先认购权,必须在认购期限届满前,以附回执的信件或挂号信通知公司。

第595条

如属无记名股份,则在没有指明受益人的情况下放弃股份,必须附有相应的息票或证券保管人证明股东放弃股份的声明。

向指定受益人作出的放弃,必须附有该受益人的接受。

第596条

股东在没有指明受益人的情况下放弃的新股份,可以按照上文第576条规定的条件按可约规则认购,或者在适当的情况下,在股东之间分配,或者按照上文第579条规定的条件向公众发售。

但在决定增加资本之日或之前将放弃通知公司的,相应的股份应按既约规则提供给其他股东,以行使其优先认购权,并在适用的情况下,按可约规则提供给其他股东。

第597条

当股东放弃为指定人员的利益而认购增资时,其权利应按既约规则转让给指定人员,并在适用的情况下按可约规则转让给指定人员。

第五节 认购前公示

第598条

新股的发行及其条件应通知股东,通知除包含第257-1条规定的事项外,还应包括下列事项:

(1)股票的数量及票面价值以及拟增资的数额;

(2)拟认购股份的发行价,以及在适用情况下的总溢价;

(3)认购开始和结束日期和地点;

(4)存在有利于股东的优先认购权;

(5)每股认购股份应立即支付的金额;

(6)指定接收资金的银行或公证人;

(7)在适用的情况下,包括在资本增加中的实物出资的简要说明、估值和评估方法以及这种估值和评估方法的临时性质的说明。

如果发行了可获得资本的证券,该通知还应说明该证券的主要特征,包括其给予权利的股份的分配条款,以及可行使分配权利的日期。

第599条

上述第598条规定的通知,应由董事会成员、执行董事或为此目的获得授权的任何人以附回执的信件或挂号信在认购开始日期前至少6日通知股东。

第600条

当股东大会决定取消股东优先认购权时,上面第598条的规定不适用。

第六节　认购单的编制

第601条

认购合同由两份认购单见证,一份公司留存,另一份由负责起草认购和付款公证声明的公证人留存。

第602条

认购单应由认购人或其代理人注明日期并签字,并完整注明认购的股票数。认购单的副本应交与认购人或其代理人。

第603条

认购单应注明:

(1)公司名称及其简称;

(2)公司形式;

(3)公司资本;

(4)公司商事和动产信用登记号;

(5)公司地址;

(6)增资的数额和方式:名义股份,发行价格;

(7)现金股金额和实物股金额;

(8)收款人的姓名或公司名称和地址;

(9)认购人姓名、地址和认购股票数量;

(10)指明负责收款的银行和公证人;

(11)指明负责编制认购和付款声明的公证人;

(12)向认购人提供认购单副本的声明。

第七节 缴纳股票认购款

第 604 条

以现金认购的股份,须缴纳认购面值的至少四分之一并在适当情况下缴纳全部发行溢价。

第 605 条

根据情况,应董事会或执行董事的要求,在增资之日起 3 年内,应一次或多次缴清剩余款项。

第 606 条

现金股认购一部分为缴纳现金,一部分为公积金、利润或溢价的,必须在认购期内全部缴款。

第 607 条

现金认购股票所得资金应由公司管理层代表公司存入公司注册办事处所在成员国的经正式批准的信贷或小额供资机构,或存入公证人的办公室。

此存款应在收到资金后 8 日内完成。

第 608 条

在存款时,存款人应向银行或任何其他经正式授权的信贷或小额供资机构,或在适当情况下向公证人提供一份清单,列明认购人的身份,并说明每名认购人所支付的款项的数额。

第 609 条

在提取资金之前,保管人有义务将该清单送交任何提出要求并证明其认购的认购人。

申请人可查阅该清单,并自费索取副本。

第 610 条

保管人向存款人出具资金存放证明。

第 611 条

当通过对公司的债权补偿缴纳股票款时,根据情况需要董事会或执行董事编制对账单并由审计员核准。

第八节　认购和付款的公证声明

第 612 条

认购和付款由公司管理层在一份名为《认购和付款公证声明》的公证文件中予以声明记录。

第 613 条

在提交认购单后,或在适用的情况下,在提交保管人证明资金已存入的证明书后,公证人应在他拟备的文件中声明,所申报的认购金额与认购单上所显示的金额一致,而公司管理层所报告的付款金额与存入他办公室的金额一致,或在适用的情况下,与上述证明书上所显示的金额一致。

公证人在公证处保存公证声明供认购人查验并获取副本。

第 614 条

当通过确定的应收款补偿实现增资时,公证人应记录所发行的现金股已通过审计员审核过的且在本统一法第 611 条所指的对账清单予以支付。该对账单作为认购和付款公证声明的附件。

第九节　提　　款

第 615 条

只有在增资完成后,才能提取现金认购的资金。

提款由公司的代理人在向保管人提交经公证的认购和付款声明后进行。

第 616 条

以发行以现金支付的股份而增加的资本,应视为在公证认购及付款声明书拟备之日已实现。

第 617 条

任何认购人在资金支付 6 个月后,如果在该日未实现增资,可向主管法院提出紧急申请,指定一名受托人提取资金并负责在扣除分配费用后将资金返还给认购人。

第 618 条

增资应按照本统一法第 264 条规定的条件进行公示。

第 618-1 条

任何违反上述第 562~565 条,第 566 条第 2 项,第 572、573、575、576、577、579、580、586、587、588、596、597 条作出的决议均无效。

违反第 567、598、599 条规定作出的决议可被取消。

第二章　以实物和/或特殊利益增资的特别条款

第 619 条

在以实物和/或特殊利益出资的情况下,一名或多名出资审计员应由股东一致任命,如无法作出此种任命,则根据情况应董事长、总经理或执行董事的请求,由公司注册办事处所在地的主管法院任命。

第 620 条

出资审计员应遵守本统一法第 697、698 条有关职位不得兼任的规定。

出资审计员不得是公司的审计员。

第 621 条

出资审计员应根据其职责制定一份报告,描述每一项出资和/或特别利益,指明其价值,明确所采用的估值方法和作出此选择的理由,并证明出资和/或特殊利益的价值至少与拟发行股份的面值相对应。

他可以由他所选择的一个或多个专家协助他履行职责。这些专家的费用应由公司承担。

如果出资审计员无法确定特殊利益的价值,他应当分析特殊利益的一致性及其对股东地位的影响。

第 622 条

出资审计员的报告应在特别股东大会召开前至少 8 日在公司总部备案,并应提供给股东,股东可查阅报告,并自费获得报告的全部或部分副本。

出资审计员的还应在同一时期内向公司总部所在地成员国的商事和动产信用登记处备案。

在无本条规定的出资审计员报告的情况下作出的决议无效。如果报告中没有载有上文第621条所提及的信息,则可取消决议。

第623条

特别股东大会审议批准实物出资或者给予特殊利益时,在计算法定人数和多数票时,不考虑出资人或受益人的份额。

出资人或受益人不得为自己或作为代理人投票。

第624条

特别股东批准对出资额或者给予特殊利益的,应当酌情记录增资已经完成。

第625条

如果特别股东大会减少了对实物出资或特殊利益的估价,则需要由出资人、受益人或其正式授权的代理人为此目的明确批准该变更。

第625-1条

违反上述第623条和第625条通过的决议为无效。

第626条

在发行时,应全额支付初始股份。

第二章之一　无偿分派股份

第626-1条

特别股东大会根据董事会或执行董事的报告,或在相应情况下,根据审计员的特别报告,授权董事会或在相应情况下授权执行董事为公司的薪金雇员或某些类别的薪金雇员的利益,无偿分配公司现有的或将要发行的股份。在没有本款规定的报告的情况下进行的审议无效。

特别股东大会应确定根据第一款规定的条件可分配的股本的最高百分比。无偿发行的股份总数不得超过董事会或执行董事决定发行之日股本的10%。

特别股东大会还可确定董事会或执行董事可使用该授权的期限。这一期限不得超过 36 个月。

如分配涉及拟发行的股份,特别股东大会所给予的授权,应自动导致股东放弃其优先认购权,以利于无偿分配股份的受益人。

相应的资本增加仅在股份最终分配给受益人的情况下才最终实现。

股份分派在收购期结束时完成,收购期的最短期限不得少于 2 年,由特别股东大会确定。但如果受益人丧失工作能力,不能从事任何职业,特别股东大会可规定在收购期结束前分派股份已完成。

特别股东大会还应规定受益人持有股份的义务的最短期限。该期限自股份最终授予之日起计算,但不得少于 2 年。但是,在受益人丧失工作能力的情况下,股份可以自由转让。

如果特别股东大会为第 5 款所述的收购期确定了至少等于 4 年的全部或部分股份,则特别股东大会可以缩短或取消第 6 款所述的股份保留义务的期限。

第 626-1-1 条

在证券获准在证券交易所交易的公司中,这些股票在持有义务期结束时,按照以下规定,仍然不得转让:

(1)在综合财务报表或年度财务报表公布之日之前和之后的 10 个交易日内;

(2)在公司部门知悉对公司证券的市价有明显影响的信息之日与这一信息公开之后的 10 个交易日之间。

公司董事会或在相应情况下执行董事应确定第 1 款所述股份分配的受益人身份,并相应确定无偿分派股份的条件和标准。

第 626-1-1-1 条

违反第 626-1 条第 1 款、第 2 款、第 3 款、第 5 款、第 6 款和第 626-1-1 条第 1 款所作的审议和决定以及分派的股份均无效。

第 626-1-2 条

股份公司的董事长、执行董事、副执行董事、总经理、副总经理以及简易股份公司的自然人董事长、执行董事、副执行董事可以按照与薪金雇员相同的条件并按照后面第 626-6 条规定的条件,分派公司股份。

他们也可以根据下文第626-2条规定的条件获得关联公司的股份,但后者的股份须获准在证券交易所交易,并须符合下文第626-6条所述的条件。

尽管有前几款的规定,对于分派给股份公司董事长、执行董事、副执行董事、简易股份公司自然人董事长、总经理、副总经理的股份,董事会应决定在他们离任前受益人不得转让这些股份,或者应决定他们离职前需要保留的股份数额。

相关信息应在上述第547-1条所述的报告中公布。

对于分配给总经理或副总经理的股份,由股东大会作出决定。

任何违反本条规定作出的审议、决定和股份分派均无效。

第626-1-2-1条

不得将股份分派给各自持有超过10%股本的员工和公司经理。股票的无偿分派也不能导致员工和公司经理各自拥有超过10%的股本。对于证券不允许在证券交易所交易的公司,公司章程可以规定更高的百分比,但不得超过股本的20%。

第626-1-3条

在上述第626-1条和第626-1-1条规定的取得或持有股票的期间,因按照现行规章实现公司的合并或分立而进行股票全数交换的情况下,上述第626-1条和第626-1-1条规定以及上述自进行交换之日后仍剩余的期限,均应继续适用于因交换所取得的分派权和股份。这同样适用于在保留股份期内根据现行规章实现的公开要约收购、拆股或并股交易所产生的交换。

在向某一公司或共同基金出资的情况下,如果该公司或该基金的资产完全由可以进入公司资本的证券组成,或完全是由可以进入后面第626-2条所指的、与其有关联的某一公司的证券组成,则上述第626-1条和第626-1-1条规定的保留证券的义务,对于至出资日尚剩的时间,仍然适用于以出资换取的股份或股权。

第626-2条

可以按照上文第626-1~626-1-3条所述的相同条件向下列人员分派股份:

(1)由分派股份的公司直接或间接持有至少10%的资本或表决权的公司或经济利益集团的薪金雇员;

(2)直接或间接持有分派股份的公司至少10%的资本或表决权的公司或经济利益集团的薪金雇员;

(3)由直接或间接持有分派股份的公司至少50%资本的公司直接或间接持有其至少50%资本或表决权的公司或经济利益集团的薪金雇员。

不允许在证券交易所交易的股份,只能根据上述条件分派给进行股份分派的公司的薪金雇员或上面第1项所提及的薪金雇员。

违反本条规定作出的审议、决定和股份分派无效。

第626-3条

无偿分派的股份所产生的权利在取得这些股份的期间结束前不可转让。

在受益人死亡的情况下,其继承人可在其死亡后6个月内申请分派股份。这些股份可以自由转让。

第626-4条

董事会或执行董事(视情况而定)每年向普通股东大会提交一份根据上文第626-1~626-3条的规定进行的交易的专门报告。

该报告应包含下列内容:

(1)在该年度内由本公司及其关联公司根据上文第626-2条规定的条件无偿向其每一位任职的管理层人员分派的股份的数量和价值;

(2)在该年度内受控制的公司就其任职的每名管理层人员而无偿分派的股份数目及价值。

该报告还应说明在该年度内由本公司和其关联公司或经济利益集团根据上文第626-2条规定的条件无偿分派给公司十名非公司管理层人员的雇员的股份的数量和价值,这些雇员所获得的无偿分派的股份数量最多。

该报告还应说明前项所述公司在该年度内无偿向所有受益人分派的股份的数量和价值,以及受益人的数量和分派给这些受益人类别的股份的分派情况。

第626-5条

应当根据上文第626-4条规定的条件,向直接或间接控制无偿分派股份的公司的普通股东大会进行通知。

第 626-6 条

在证券获准在证券交易所交易的公司，只有在下列情况下，才能根据上文第 626-1-2 条第 1 款和第 2 款分派股份：就分派股份的财政年度而言，根据上文第 626-1～626-5 条规定的条件，为其所有雇员和其在成员国的子公司所有雇员的至少 90%的利益无偿分派股份。

违反本条规定作出的审议、决定和股份分派无效。

第三章　减少资本

第 627 条

公司减资通过减少股票票面价值，或通过减少股票数量来实现。

第 628 条

资本的减少应由特别股东大会授权或决定，特别股东大会可将实现资本减少的一切权力授予董事会或执行董事。

在任何情况下，股东大会不得损害股东的平等权，除非利益受到损害的股东明确同意。

第 629 条

减资建议应在决定或授权减资的特别股东大会召开前至少 45 日送交审计员。

第 630 条

审计员须向特别股东大会提交报告，说明其对资本减少的原因和条件的评估。在无审计员报告的情况下作出的任何决议均无效。

第 631 条

如董事会或执行董事根据股东大会的授权进行减资，则须拟备公开的会议记录，并对公司章程作出相应修订。

第 632 条

公司债权人不得反对因亏损而减资。

第 633 条

如果不是因为亏损而减资,则债权发生在特别股东大会决定或批准减资的决议在法律公报上公开之前的债权人可以反对减资。

第 634 条

债权人反对减资的期限为 30 日,自特别股东大会决定或批准减资的决议提交公司所在的商事和动产信用登记处后、有关减资通知在法律公报之日公布起计算。

第 635 条

反对减资的意见应通过司法执达员送达通知的方式提出,或以任何能够确定收信人可以收到通知的方式提出,并应提交主管法院,法院应在短时间内作出裁决。

第 636 条

反对期内不得开始减资操作,同样,不得在有关反对的一审过程中便开始操作。

第 637 条

如果反对被接受,则减资程序中止,直至债权清偿或公司向债权人提供被认可的足够的担保。

第 638 条

减资应按照本统一法第 264 条的规定办理公示手续。

第 638-1 条

任何违反上述第 627、628 条规定作出的决议均无效。

第四章　公司认购、回购自己的股票或用其股份设质

第 639 条

禁止公司直接认购或购买自己的股份,或由以自己的名义但代表公司行事的人认购或购买自己的股份。同样,公司不得为第三方认购或购买其股份而预支资金,提供贷款或提供担保。

但决定非因亏损而减资的特别股东大会,可授权董事会或执行董事购

买一定数量的股份予以注销。

公司创办人,或在增资的情况下,董事会成员或执行董事有义务根据下文第 738 条和第 740 条规定的条件,支付公司因违反本条第 1 款规定认购或购买股份的股款。

同样,如果股份是由以其个人名义但代表公司利益的人认购或购买的,则该人须与创办人,或在相应情况下,与董事会成员或执行董事连带缴纳该等股份的股款。

第 640 条

尽管有上文第 639 条第 1 款的规定,根据上文第 626 条第 1 款及其后各条规定的条件分派股份的公司可以为此目的认购或购买自己的股份。以这种方式取得的股份必须在取得后 1 年内分派。

公司不得直接或通过以其名义但代表公司行事的人拥有超过其自身股份总额的 10%。

认购或购买的股份必须以记名形式入账,并在认购或购买时全部付清股款。

公司创办人,或在增资的情况下,董事会成员或执行董事有义务根据下文第 640-1 条规定的条件,支付公司根据本条第 1 款认购或购买的股份。

同样,如果股份是由以其个人名义但代表公司利益的人认购或购买的,则该人须与创办人,或在相应情况下,与董事会成员或执行董事连带缴纳该等股份的股款。此外,认购人被视为代表自己认购股份。

收购公司股份不得导致股本减少到低于注册资本加上不可分配公积金的数额。

公司拥有的股份不具有分红权。

第 640-1 条

对认购的股份或无偿分派的股份的支付应当从一个或多个财政年度的利润以及公积金中按比例强制扣除,法定公积金除外。

为支付或取得股份而从利润中支取的金额应存入储备账户,直至股份最终分派为止。

当扣除公司利润所构成的储备账户金额等于所分派的股份数额时,可以实现股份最终分派。

在发行股份的情况下,董事会或相应情况下的执行董事有权对公司章程的条款进行必要的修改,只要这些修改在实质上与交易的结果相对应。

第 641 条

上述第 639 条的规定不适用于因全部财产的转移或法院判决而获得的全部实收股份。

但股份必须在认购或购买后 2 年内出售;在这一期限届满时,它们必须被注销。

第 642 条

禁止公司直接或通过以自己的名义但代表公司行事的人以自己的股份作质押。

由公司作为质押接受的股份必须在 1 年内归还其所有者。如果质押股份转让给公司是由于全部财产的转移或法院判决造成的,则可在 2 年内归还;否则,质押合同自动无效。

本条的禁止性规定不适用于经正式授权的信贷、小额融资或保险机构的日常业务。

第 643 条

当公司决定购买自己的股份予以注销并相应减少资本额时,公司应向所有股东发出购买要约。

为此目的,它应在公司注册所在地有权发布法律公告的报纸上刊登公告,其中载有下列内容:

(1)公司名字;

(2)公司形式;

(3)公司注册地址;

(4)公司注册资本;

(5)拟购买的股票数量;

(6)每股单价;

(7)付款方式;

(8)收购要约期限,该期限自发布通知之日起不得少于 30 日;

(9)接受要约的地点。

第 644 条

如果所有股票为记名股，则本统一法第 643 条规定的通知可通过载有相同内容的附回执的信件或挂号信的方式替代。通知由公司负责。

第 645 条

如提交购买的股份超过拟购买的股份数目，则每一出售股东须按其证明拥有或持有的股份数目的比例扣减。

第 646 条

要约购买的股份少于拟购买的股份数量的，应当按所购股份的比例减少股本。

但董事会或相应情况下的执行董事可根据上文第 643 条和第 644 条规定的条件决定续签交易，直至完成购买最初确定的股份数量，但须在授权减少资本的股东大会决定的规定期限内进行。

第 646-1 条

违反上述第 643、644、645、646 条规定的回购业务无效。

第 647 条

如果股东大会为推进增资、合并或分拆而批准董事会或执行董事根据情况购买最多不超过公司资本 1% 的大量的股票予以注销，则本统一法第 643 条和第 644 条不适用。

同样，这些规定也不适用于公司回购拟议受让人未获授权的股份的情况。

审计员须在其有关拟议交易的报告中，就建议购买股份的适当性及方式提出意见。

第 648 条

如果股票附带用益权，回购要约应发给虚有权人。

但只有在用益权人明确表示同意时，股票回购才能最终确定。

除虚有权人和用益权人另有约定，股份的回购价格应按其各自对股份的权利价值在他们之间分配。

第 649 条

发行公司为减少资本而购买的股份必须在上述第 643 条规定的通知中

规定的维持购买要约的期限届满后15日内注销。

为便利增资、合并、分立而进行回购的,注销股份的期限自回购股份之日起计算。

公司违反上述第639条和第640条的规定而取得或持有的股份,应在取得后15日内注销,或在相应情况下,在上文第640条第1款提及的1年期限届满时注销。

第650条

股份的注销,如属记名证券,应在公司记名股份登记册上注明。

在无记名证券的情况下,股份注销是通过转入以公司名义在公司或中间人开立的订单账户来记录的。

第五章　资本的分期偿还

第一节　分期偿还方式

第651条

资本分期偿还是公司向股东偿还其股票票面价值的全部或其中一部分,作为公司将来清算的预付款。

第652条

如公司章程内有规定,资本分期偿还由普通股东大会决定。

如公司章程无规定,则应由特别股东大会决定。

违反本条规定作出的任何资本分期偿还均无效。

第653条

股份可以全部或部分分期偿还。本金已全部偿还的股份称为受益股。

第654条

资本的分期偿还只能采取每一张同类股票偿还相等数额的方式进行,且不应导致公司资本减少。

第655条

用来偿还股票资金的款项从利润和公司章程没有规定的公积金的提留

中列支。

它们既不能从法定公积金中提取，也不能从公司章程规定的公积金中提取，除非特别股东大会另有决定。

资本偿还不应使公司资产低于公司注册资本加上法律和公司章程禁止分配的公积金的数额。

第 655-1 条

违反上述第 654 条和第 655 条规定进行的资本偿还业务无效。

第二节　已偿还股的权利及已偿还股与资本股的转换

第 656 条

部分或全部股金已偿还的股票保留其所有的权益，但第 145 条规定的首次分红权及其按比例失去的股票票面价值的偿还权益除外。

第 657 条

特别股东大会可决定将全部或部分偿还股金的股票转换成资本股。

关于转换的决定应根据修改章程所规定的法定人数和多数条件作出。

第 658 条

股份的转换应按照待转换股份已经偿还的本金数额，在支付其有权取得的首次分红或公司章程规定的利息之后，从它们在一个或几个会计年度的应得的利润份额中强制性扣除的方式实现。

同样，特别股东大会可授权股东在同样的条件下，将其股份的已偿还金额加上本财政年度结束时的首次股息或法定利息，以及在相应情况下，将上一财政年度结束时的首次股息或法定利息，返还公司。

第 659 条

上述第 658 条规定的决定须经享有同等权利的每一类股东的特别会议批准。

第 660 条

依照前款第 658 条规定征收的利润或者股东支付的款项，应当计入公积金账户。

当股票本金全部偿还时,应为每一类偿还的股票分别开设储备账户。

第 661 条

由公司利润构成的公积金账户内的资金与股票偿还金额或相应类别股票的股金偿还金额相等时,则转换完成。

董事会或相应情况下的执行董事有权对公司章程的条款进行必要的修改,只要这些修改在实质上与交易的结果相对应。

第 662 条

当转换是通过股东向公司付款实现时,董事会或执行董事根据情况有权最迟在每一财政年度结束时,就该财政年度进行的返款对公司章程作相应的修改。

第 663 条

已决定转换为资本股的部分已偿还股份,有权在每一财政年度内,直至转换完成为止,按该等股份已缴清但未偿还的款额计算首次股息或代替股息的利息。

此外,已全部或部分偿还的股份,如已决定从利润中扣除,则在每一财政年度内,直至转换完成为止,有权从上一财政年度结束时有关储备账户的数额中计算第一次股息。

第 663-1 条

违反上述第 657、658、659 条作出的审议和决定以及采取的股份转换无效。

第五分编　资 本 变 动

第 664 条

如果由于汇总财务报表中记录的损失表明公司股本已减少到注册资本的一半以下,董事会或在相应情况下的执行董事需要在显示亏损的账户批准后 4 个月内召开特别股东大会,以决定公司是否提前解散。

第 665 条

未宣布解散的,公司必须在不迟于记录亏损后的第二个财政年度结束时，减少至少等于无法计入留存收益的损失金额，如果在该期间，股本未恢复至至少等于一半的注册资本。

第 666 条

特别股东大会的决定应提交公司所在地成员国的商事和动产信用登记处备案。

它应在公司注册所在地有权发布法律公告的报纸上刊登。

第 667 条

未能召开股东大会，且在上次会议期间未能进行有效审议的情况下，任何利害关系方均可采取法律行动，要求解散公司。

如果本统一法第 665 条的规定未得到执行，则情况同上。

第 668 条

受理解散申请的主管法院可给予最多 6 个月的时间使情况正规化。

如果法院在其就实体问题作出裁决之日，这种正规化已经发生，则不得宣布公司解散。

第 669 条

上述第 664~668 条规定，不适用于破产管理或者资产清算中的公司。

第六分编　合并、分立、转型

第一章　合并与分立

第一节　合　　并

第 670 条

上面第 189~199 条所提及的、仅在股份有限公司之间进行的业务，适用本章的规定。

第 671 条

合并应由参与经营的各公司的特别股东大会决定。

如有必要，参与经营的各公司的合并须经上面第 555 条所提及的专门股东大会批准。

任何违反本条第 1 款和第 2 款作出的决议均无效。

参与交易的每一公司的董事会或在相应情况下的执行董事应起草一份报告,提供给股东。

该报告应从法律和经济的角度详细解释和证明该项目,特别是关于所使用的股票交换比率和评估方法,这些方法必须与所有相关公司一致,并在相应情况下说明估值的特殊困难。股东大会在没有董事会或执行董事报告的情况下所作的任何决定均无效。如果报告不包含本款规定的所有细节,则可撤销审议。

第 672 条

主管法院任命的一名或多名合并审计员应负责起草一份关于合并条款和条件的书面报告。

他们可以从每家公司获得任何有关文件,并进行任何必要的检查。就参与公司而言,合并审计员应遵守下文第 698 条有关不得兼任职务的规定。

合并审计员核查并保证给予参与公司的股票的价值合理且交换比例公平,合并审计员的报告提交给股东,并应说明:

(1)确定拟议交易比率所采用的一种或多种方法;

(2)该等方法在个案中是否充分以及每种方法所导出的价值,并就该等方法在厘定所选择的价值时所给予的相对重要性提出意见;

(3)评估方面的任何特殊困难。

股东大会在没有合并审计员报告的情况下作出的决定无效。如果报告不包含本条规定的所有细节,则可撤销审议。

第 673 条

合并审计员应按照上面第 619 条及其后各条规定的条件任命并履行其职责。合并审计员不得从参与合并的公司的审计员中选出。

如果对整个操作只编制一份报告,则应根据有参与公司的联合请求进行指定。

第 674 条

参与合并交易的任何股份有限公司必须在决定合并条款草案的股东大会召开之日前至少 15 日,向其注册办事处的股东提供下列文件:

(1)合并方案;

(2)上面第671条和第672条所提及的报告;

(3)股东大会批准的财务摘要报表以及参与交易的公司最近3个财政年度的年度报告;

(4)以与上一份年度资产负债表相同的方法和格式方式编制的会计报表,如果上一财政年度的财务摘要报表终结于拟议的合并之日前的6个月,则其通过日期必须在本次合并之日前3个月内。

任何股东如提出要求,可自费索取上述文件的全部或部分副本。上述所列文件可以电子方式提供给股东。

如不遵守本条规定,股东大会可被取消。

第675条

吸收公司的特别股东大会应根据上面第619条及其后各条的规定,就实物出资的批准作出决定。任何违反本条的决定均无效。

第676条

自合并文书草案提交商事和动产信用登记处之日起,直至交易完成,吸收公司永久持有被吸收公司的全部资本,无须被吸收公司特别股东大会批准合并,或准备上述第671条和第672条所提及的报告。

第677条

如果合并是以设立新公司的方式进行的,则除合并公司的出资外,新公司可以在没有其他出资的情况下成立。

在任何情况下,新公司的章程草案均须由每一解散公司的特别股东大会批准。该交易无须由新公司股东大会批准。违反本款作出的任何决定均无效。

第678条

合并方案应提交被吸收公司的债券持有人大会批准,除非持有人请求后立即向他偿还债券款。

违反本款规定进行的合并无效。

在要求偿还的情况下,吸收公司成为被吸收公司债券持有人的债务人。

根据上述债券持有人的要求赎回证券的提议,应在成员国有权发布法律公告的报纸上公布。

未在规定期限内申请赎回的债券持有人,按照合并合同规定的条件,在吸收公司中保留其资格。

第 679 条

吸收公司代替被吸收公司而成为其非债券持有人债权人的债务人,这种替代不应引起债务更新。

参与合并操作的非公司债券持有人型债权人,包括被吸收公司的房东,其债权产生于合并方案公示之前的,他们可以在公示后 30 日内向主管法院提出反对合并方案的意见。

主管法院应驳回异议,或命令偿还债权或提供担保,如果公司提供担保并且法院认为这些担保是足够的。

在未偿还债权或未提供所命令的担保的情况下,合并对该债权人无效。

债权人提出的反对不得具有禁止合并交易继续进行的效果。

第 680 条

上文第 679 条的规定不妨碍适用允许债权人在债务人公司与另一公司合并的情况下要求立即偿还其债权的协议。

第 681 条

合并方案不提交吸收公司的债券持有人大会。

但债券持有人大会可授权债券持有人团体的代表在上文第 679 条和第 680 条规定的条件和效力下反对合并。

第 682 条

债权人根据上述第 679 条和第 681 条规定的条件提出合并异议的,应自上面第 265 条规定的公布之日起 30 日内提出。

第 683 条

债券持有人代表对上面第 681 条规定的合并提出的异议,应当在同一限期内提出。

第二节　分　　立

第 684 条

上面第 670~683 条规定适用于公司分立。

第 685 条

如果分立是通过向新的股份有限公司提供出资来实现的,则除被分立的公司的出资外,每个新的公司都可以成立,而不需要任何其他出资。

在这种情况下,如果每一新公司的股份按其在被分立公司资本中的权利的比例分配给被分立公司的股东,则无须编制上文第 672 条所提及的报告。

在任何情况下,新公司的章程草案应由分立公司的特别股东大会批准。违反本款成立的新公司无效。

该交易无须由每一新公司的股东大会批准。

第 686 条

分立方案应提交被分立公司的债券持有人会议,除非债券持有人提出赎回要求。违反本款进行的分立无效。

如要求赎回,接受分立所产生的出资的受益公司须对要求赎回的债券持有人负连带责任。

第 687 条

分立方案不得提交接受资产转让的公司的债券持有人会议。但该债券持有人会议可以授权债券持有人团体的代表在上文第 681 条规定的条件和效力下反对分立。

第 688 条

因分立而接收出资的受益公司取代被分立公司对债券持有人和非债券持有人的债权人负有连带责任,责任转移不导致债券持有人和非债券持有人债权人权益的改变。

第 689 条

尽管有上面第 688 条的规定,可以规定因分立受益的公司仅负责被分立公司给予分立后的公司的部分债务,而不承担连带责任。

在这种情况下,参与公司的非债券持有人债权人可以根据上面第 679 条第 2 款及其后各条规定的条件和效力对分立提出异议。

第二章 转 型

第 690 条

任何股份有限公司,如在转型时已成立至少 2 年,且已编制并获得股东批准其前2个财政年度的资产负债表,则可转型为另一种形式的公司。

第691条

转型决定应根据公司审计员报告作出。

该报告应证明公司净资产至少等于公司注册资本。

如有必要,转型须提交债权人大会审议批准。

转型决定应按照上文第263条和第265条规定的修改公司章程的条件予以公布。

第692条

股份有限公司转型为合名公司的,由股东一致决定。在这种情况下,不应适用上面第690条和第691条的规定。

第693条

股份有限公司转变为有限责任公司,应按照修改这种形式的公司章程所规定的条件决定。

第693-1条

任何违反上述第690、691、692、693条规定作出的审议均无效。

第七分编　股份有限公司的监督

第一章　审计员和候补审计员的选择

第694条

每一股份有限公司的审计应由一名或多名审计员进行。

审计员的职能应由自然人或由这些自然人以本统一法规定的形式之一组成的公司履行。

第695条

如果在作为审计对象的公司注册办事处所在地的成员国有审计员协会,则只有在该协会名册上登记的审计员才能担任审计员的职务。

第696条

在没有审计员协会的情况下,只有在被审计的公司注册办事处所在地成员国管辖范围内的上诉法院委员会拟订的名单上登记的审计员才可担任审计员。

该委员会由四位成员组成：

(1)一名可以投决定票的上诉法院法官；

(2)一名法学、经济学或管理学教授；

(3)一名对商事事项具有管辖权的法院的法官；

(4)一名在审计领域具有专门知识的财政部的代表。

第 697 条

审计员不得同时从事下列行为：

(1)任何可能影响其独立性的活动或行为；

(2)任何有报酬的工作。但审计员可以教授与其职业有关的课程，或在审计员或注册会计员那里担任带薪工作；

(3)任何商业性活动，无论是直接进行还是通过代理人进行。

第 698 条

下列人员和单位不得任审计员：

(1)公司或其附属公司的发起人、股东、特别利益受益人、高级职员及其配偶；

(2)第 1 款所提及的人员的父母及其四代以内的亲属；

(3)拥有公司十分之一资本或公司十分之一资本的公司的董事及其配偶；

(4)直接或间接或通过中间人从本条第 1 款所提及的人或从本条第 3 款所提及的任何公司因从事除审计员以外的长期活动而领取工资或报酬的人，这同样适用于这些人的配偶；

(5)审计公司，其合伙人、股东或经理符合上述标准情形之一的；

(6)审计公司，其作为审计员行事的经理、合伙人或股东的配偶符合本条第 5 款规定的标准之一。

第 699 条

在该公司审计结束后 5 年以内，审计员不得被任命为被审计公司的董事、执行董事、副执行董事、总经理、副总经理或其他管理层人员。

该禁令同样适用于审计公司的成员。

在同一期限内,审计员不得对拥有他所控制的公司十分之一资本的公司行使同样的监督职能,或对由其控制的公司拥有十分之一资本的公司进行监督。

第 700 条

曾担任过公司董事、执行董事、副执行董事,经理或公司雇员的人员,在其从公司离职后的 5 年内不得被任命为该公司的审计员。

在同一期间内,他们不得被任命为拥有其履行职责的公司 10%资本的公司的审计员,或在其职责终止时拥有其 10%资本的公司的审计员。

本条对第一款所述人员的禁令,同样适用于与其关联的及其作为股东或管理人员的审计事务所。

第 701 条

根据经正式任命的审计员缺席情况下或违反上述第 694~700 条的规定被委任或留任的审计员的报告而进行的审议,均无效。

当股东大会根据正式任命的审计员的报告明确确认这种审议时,无效诉讼将失效。

第二章　审计员及候补审计员的任命

第 702 条

不公开发售债券的股份有限公司应指定一名审计员和候补审计员。

公开发售债券的股份有限公司应至少指定两名审计员和两名候补审计员。

第 703 条

首任审计员和候补审计员应在公司章程或股东成立大会中任命。

在公司存续期间,审计员和候补审计员由普通股东大会任命。

第 704 条

公司章程或股东成立大会任命的审计员的任期为 2 个会计年度。

普通股东大会任命的审计员的任期为 6 个会计年度。

第 705 条

公司章程或股东成立大会任命的审计员,其职责自第 2 个财政年度结束后终止;由普通股东大会任命的审计员,其职责自第 6 个财政年度结束后终止。

第 706 条

因取代另一位审计员而由股东大会任命的审计员,其任期至前任任期届满时结束。

第 707 条

当审计员任期届满时,如有建议不再延长其任期,应该审计员的申请,股东大会可听取其意见。

第 708 条

如果股东大会没能选出职业审计员或候补审计员,任一股东均可向主管法院申请指定正式或候补审计员,董事长、董事长兼总经理或执行董事应被依法通知参与此类程序。

通过此种方式任命的审计员的任期自普通股东大会任命新的审计员后终止。

第 709 条

如股东大会未能延长审计员的任期或在其任期届满时更换该审计员,并且除非该审计员明确拒绝,则该审计员的任期须延长至下一次年度普通股东大会。

第三章　审计员职责

第一节　审计员义务

第 710 条

审计员应出具意见,说明财务摘要报表是公平、准确的,并公平地呈现该财政年度结束时的经营结果以及该财政年度结束时公司的财务状况和资产。

第 711 条

审计员在其提交普通股东大会的报告中,应根据证据:

(1)说明财务摘要报表是正常的和真实的,并真实和公允地反映了公司过去经营的结果以及该财政年度结束时的财务状况和资产和负债;或

(2)发表有充分理由的保留意见,或发表不利意见,或声明他不能形成意见。

第712条

审计员在不干预公司管理的情况下,应继续负责审计公司的价值和会计记录,并检查其账目是否符合现行规则。

第713条

审计员应审核董事会或执行董事的管理报告所提供的信息是否与公司财务摘要报表一致、准确,并审核向股东发送的有关公司财务状况和财务摘要报表的文件中所包含的信息是否准确、一致。

审计员将其评论写进提交给年度股东大会的报告中。

第714条

审计员应确保股东间的平等原则得到遵守,特别是同类股份应享受同等权益。

第715条

审计员应编制报告,告知董事会或执行董事并在适当情况下告知审计委员会:

(1)他所进行的核查和检查,以及他所进行的各种调查及其结果;

(2)他认为需要修改的资产负债表和其他会计文件中的项目,并就编制这些文件所用的估值方法提出一切有关意见;

(3)他发现的不合规之处和不准确之处;

(4)根据对本财政年度结果的评论和上述修正得出的结论。

该报告应在董事会会议或执行董事通过本财政年度账目的决定前提交给董事长或执行董事。

第716条

审计员应将其在执行任务过程中发现的任何不合规和不准确之处通知下一届普通股东大会。

另外,他应向检察机关揭露其在履行职责时发现的犯罪行为,他不应因

此种披露承担责任。

第 717 条

在不违反上文第 716 条规定的情况下,审计员及其工作人员对因其职责而知悉的事实、行为和资料负有专业保密义务。

第 717-1 条

在没有向股东大会提交审计员根据本统一法拟备的报告的情况下举行的会议所通过的决议应无效。如果报告不包含本条规定的所有细节,则可撤销审议。

如股东大会根据正式指定的审计员的报告明确确认了会议程序,则请求审议无效的诉讼即告终止。

第二节　审计员权益

第 718 条

审计员应在一年中的任何时候进行他认为适当的任何审核和监督,并可在现场获得他认为与执行任务有关的任何文件,特别是所有合同、账簿、会计文件和会议记录。

为完成这些审核工作,审计员可负责请专家或合作者协助或作为其代表,审计员应将其姓名告知公司,这些人员享有与审计员同等的调查权。

本条规定的调查可对公司或上文第 178 条和第 180 条所指的母公司或子公司进行。

第 719 条

如果多位审计员在职,他们可分别进行核查工作,但应集体编制审计报告。

如果审计员意见不一致,报告应注明其不同意见。

第 720 条

审计员亦可向代表公司进行交易的第三者收集一切有用的资料,以履行其职责。

但这一知情权不得扩大到披露第三方持有的任何信息、合同和文件,除非主管法院在短时间内作出决定授权这样做。

不得以职业特权反对审计员,除非法院法官提出这一反对。

第 721 条

审计员必须出席所有股东大会,最迟应在股东大会召开时,以附回执的信件或挂号信方式出席。在审计员未被召集的情况下,只有在审计员必须提交报告的情况下,大会才无效。在所有其他不当召集会议的情况下,会议可被取消。

但在审计员出席会议时,不得提起会议无效的诉讼。

第 722 条

审计员根据情况必须出席董事会或执行董事有关批准年度财务报表的会议,以及董事会和执行董事的其他会议。

会议通知应最迟在召集董事会成员时,或在公司是由执行董事领导的情况下,至少在会议前 3 日以附回执的信件或挂号信方式送达。

如审计员未被召集,会议可被取消。然而,在审计员出席会议的情况下,对会议无效诉讼不予受理。

第 723 条

审计员的酬金由公司承担。

酬金应确定总额,不论审计员数量多少,他们共同分配这一总额。

第 724 条

审计员为履行其职责的差旅费用和生活费用由公司承担。

同样,在下列情况下,公司可以发给审计员一份特别津贴:

(1)在国外为公司完成额外的专业工作;

(2)对被审计公司持有或打算持有股份的公司的账目进行特别审计;

(3)执行公司应公共当局要求委托的临时任务。

第四章　审计员的责任

第 725 条

审计员须就其在履行职责时所犯的任何损害性后果、过失或疏忽,向公司及第三者负民事责任。

不过,审计员对根据本统一法第 153 条规定披露其正在核查的信息和事实不承担责任。

第 726 条

审计员对董事会成员或执行董事的违法行为所造成的损害不负赔偿责任,除非审计员知悉这些违法行为,但未在其提交股东大会的报告中披露这些违法行为。

第 727 条

对审计员提起的赔偿责任诉讼应在损害事件发生之日起 3 年内提出,如果该事件被隐瞒,则应在该事件被披露之日起 3 年内提出。

如果损害事件被认定为刑事犯罪,则诉讼时效为 10 年。

第五章　审计员暂时或永久丧失行为能力

第 728 条

当审计员丧失行为能力、辞职或死亡时,其工作由候补审计员承担直到其恢复工作,如遇到永久丧失行为能力,则直到该审计员任期结束。

当恢复行为能力后,审计员在下一次审议账目的普通股东大会后重新开始工作。

第 729 条

当候补审计员被要求担任正式审计员时,应在下一次普通股东大会上任命一名新的候补审计员,该候补审计员应在不能任职的审计员复职时自动停止其职责。

第 730 条

代表至少十分之一资本的一名或多名股东和检察官可向法院申请取消普通股东大会任命的审计员的资格。

如果他们的请求得到批准,法院应任命一名新的审计员。他应任职到股东大会任命的审计员就职为止。

第 731 条

代表至少十分之一资本的一名或多名股东、董事会或执行董事、普通股东大会或检察官,可在审计员有过错或无行为能力的情况下,向法院申请罢免审计员。

第 732 条

对审计员质疑或免职的申请,应向主管法院提出,法院应在短时间内作出裁决。

应向审计员和公司送达传票。

免职请求应在任命审计员的普通股东大会召开之日起 30 日内提出。

第 733 条

如果请求是由检察官提出的,则以动议的形式提出。

检察官代表以外的当事方应由书记官长或成员国主管当局以附回执的信件或挂号信方式召集。

第 734 条

对主管法院的裁决提出上诉的期限为自裁决送达各方之日起 15 日。

第八分编　股份有限公司的解散

第 735 条

下述第 736 条和第 737 条的规定,不适用于处于破产管理或资产清算状态的公司。

第 736 条

所有股份有限公司因本统一法第 200～202 条规定的共同的原因而解散,并产生规定相应的后果,股份有限公司如果在本统一法第 664～668 条规定的条件下发生资产损失同样应解散。

第 737 条

股东可以宣布公司提前解散。

该决定应在特别股东大会上作出。

第九分编　民 事 责 任

第一章　发起人的责任

第 738 条

对公司无效负有责任的发起人以及无效发生时在任的公司董事、执行董事,应因公司无效而对股东或第三方造成的损害承担连带责任。

对于那些出资或利益未经核实和批准的股东,也应承担同样的连带责任。

第 739 条

基于公司无效责任的诉讼时效按上面第 256 条的规定。

第二章　董事的责任

第 740 条

如果董事对违反适用于股份有限公司的法律法规,违反公司章程条款或管理不当,则应对公司或第三方承担单独或连带责任。

如果两名或两名以上的董事就同一事实进行了合作,主管法院应确定每一董事在损害赔偿中所占的份额。

第 741 条

除个人损害赔偿诉讼外,股东可以单独或集体对董事提起公司责任诉讼。

如果股东至少代表指定资本的二十分之一,为了共同利益,股东可以在派生诉讼中自费指定其中一名或几名股东代表他们作为原告和被告。

在诉讼过程中,一名或多名股东自愿或因失去股东地位而退出,不影响上述责任诉讼的进行。

原告有资格要求赔偿公司所遭受的全部损失,如果有此类损失的话。

第 742 条

发行以现金支付的股票进行增资,自出具认购支付公证书之日视为完成。

股东大会的决定不得终止对董事或执行董事在履行职责时有不当行为而承担责任的诉讼。

第 743 条

对董事或执行董事提起的法律责任诉讼,不论是派生诉讼的还是个人诉讼,应自有害事件发生之日起 3 年内提出,如果该事件被隐瞒,则自该事件被披露之日起 3 年内提出。但如果该行为被定性为犯罪,则诉讼时效为 10 年。

第二编　股份有限公司发行的证券及其他有价证券

第一章　总　　则

第一节　定　　义

第 744 条

股份有限公司可发行证券和其他金融证券。

就本统一法而言,股份有限公司发行的可转让证券包括:

(1)资本证券;

(2)货币市场证券以外的债务证券。

货币市场证券的形式,制度和特点应由各成员国主管机构确定。

可转让证券应按类别授予相同的权利,并应直接或间接获得发行公司的一定比例资本或对其资产的一般债权。它们对发行公司是不可分割的。

禁止发行实益股份或发起人股份。

股份有限公司还可以酌情根据各成员国主管当局规定的条件订立金融合同,也称为“金融期货工具”。

第 744-1 条

任何形式的证券都必须以其所有人的名义入账。它们是通过账户对账户的转账传送的。

证券所有权的转移是由于证券在收购人的证券账户中登记而发生的。

在转让获准在中央保管机构交易或在各成员国主管当局授权的结算和交付系统交付的证券的情况下,这种登记应在主管市场当局规定的日期和条件下进行。

在其他情况下,登记应在当事人约定的日期进行,并通知发行公司。

第二节　票 据 形 式

第 745 条

可转让证券应采取无记名证券或记名证券的形式,不论是以实物或现金出资作价发行。但本统一法或公司章程的规定可以要求完全采用记名形式。

第 746 条

作为包括无记名票据的发行部分的票据的所有人,尽管有相反规定,仍有权将其无记名票据转换为记名票据,反之亦然。

第 746-1 条

每一公司或其授权的人须备存该公司发行的记名证券的记录。

登记册应载有与证券的转让、转换、质押和接管有关的详情,特别是:

(1)交易日期。

(2)转让时,新旧证券持有人的全名及住所。

(3)无记名证券转换为记名证券时,证券持有人的全名及住所。

(4)转让或转换的证券的面值和数量。但如该等证券为股份,则可披露该等证券的股本及该等股份所代表的证券数目,以代替其票面价值。

(5)如公司已发行不同类别的股份,而只备存一份记名股份登记册,则转让或转换的股份的类别及特征。

(6)交易的序列号。

在转让的情况下,前证券持有人的姓名可以用序号代替,以便在登记册中找到该姓名。

登记册所载的所有记录均须由公司的法定代表人或其代表签署。

第 746-2 条

公司保存记名证券的记录。审计员提交年度股东大会的报告应说明登记册的存在,并就登记册的适当保存提出意见。管理人员关于适当保存记录的声明应附于报告之后。

第三节 证 券 质 押

第 747 条

根据以下第 772 条和第 773 条的规定,账户内的证券质押应当按照《担保统一法》的规定办理。

对于获准在受管制市场上交易的证券以外的证券,应按照《担保统一法》第 104 条和第 105 条的规定执行金融证券账户质押。

第四节 次级证券

第747-1条

在发行代表对发行公司的债权或者赋予认购或者取得证券权利的证券时,可以规定,只有在其他债权人清偿债务后,该证券才予以偿还。

在这些证券类别中,还可以规定付款的优先次序。

第二章 有关股票的规定

第一节 股票的形式

第748条

以现金发行的股票是指以现金支付或因纳入公积金、利润或发行溢价而发行的股票,以及部分因纳入公积金、利润或股份、发行或合并溢价、现金支付而产生的股份。后者必须在认购时全额支付。

所有其他股票均为代表实物出资股的股票。

第748-1条

不允许在证券交易所交易或不允许在中央保管机构交易的股票应以记名形式持有。

第749条

以现金发行的股票在全额支付之前应是记名的。

实物出资股票只有在2年后才可转换为无记名股票。

第750条

股票的面值应由公司章程自由设定。股票的面值应以整数表示。

第二节 股票所附权利

表决权

第751条

每一股票应按其所代表的资本比例享有表决权,每一股应至少有一票表决权。

第 752 条

根据其所代表的资本比例，公司章程或特别股东大会可授予已全部缴足的记名股票的表决权是其他股份的两倍，如果该等股票已以同一股东的名义登记至少 2 年。

同样，在通过转化公积金、利润或发行溢价而增加资本的情况下，就股东已享有双重投票权的旧股份而免费派发予该股东的记名股份，可在发行时获赋予双重投票权，如果该记名股份是就该股东已享有双重投票权的旧股份而派发的。

第 753 条

任何转换为无记名的股票均丧失双重表决权。

分　红　权

第 754 条

每股股票均有权按其所代表的资本比例获得股息。

第 755 条

尽管有上面第 754 条的规定，在公司成立时或存续期间，可以根据第 778-1 条及其后各条的规定设立优先股，优先于所有其他股份。

第 756 条

每一会计年度股份的利息、股息或其他定期收益的支付日期，由普通股东大会确定，如无此种安排，则由董事会或执行董事确定。

优先认购权

第 757 条

股东有权按其股份的比例优先认购为实现增资而发行的现金股票。

在认购期内，该权利可在与股份本身相同的条件下转让。

第 758 条

本统一法第 757 条的适用只能被股东大会和特别股东大会以确定的法定人数和多数票的同样条件所推翻,只有在董事会或执行董事在向股东大会的报告中说明增资的原因以及将分配给新股的人员以及分配给每个人员的股份数量、发行价格和设定增资的基础时才有效。

第三节　股票的流通性

第 759 条

股份只有在公司在商事和动产信用登记簿上登记或在增资作出变更登记后才可转让。

第 760 条

应禁止股票承诺交易,除非该股票是为公司增资而发行的,而该公司的旧股票已在一个或多个成员国的证券交易所正式上市。在这种情况下,只有在实现增资的先决条件下进行交易,交易才有效。在没有明确说明的情况下,应推定存在这一条件。

第 761 条

现金股只有全部股金缴纳后才能流通。

第 762 条

公司解散后股票继续保持流通,直到清算结束为止。

第 763 条

如果股票从形式上看是正常的,公司停业或取消股票发行不影响在这之前已经发生的交易。

但买方可要求请卖方提供担保。

第 763-1 条

根据上面第 759 条和第 761 条不能流通的股份,仍可转让。

转让必须有书面证明。只有在完成下列手续之一后,才可对公司强制执行:

(1)以执达员的身份或以任何能证明收件人实际收到转让的方式,将转让通知送达公司；

(2)公司以公证文书接受转让；

(3)将转让契据正本交存公司办事处，但须由董事长兼总经理、总经理或执行董事出具交存证明书。

只有在完成上述手续之一并在商事和动产信用登记处备案公布后，该转让才可对第三方强制执行。

第四节　股 票 转 让

第 764 条

股票原则上可以自由转让。

第五节　股票转让的限制

第 765 条

尽管有上面第 764 条规定的自由转让原则，上面第 2-1 条所述的公司章程或协议可以根据下面第 765-1～771-3 条规定的条件对股份的转让规定某些限制。

在继承、夫妻共同财产清算或转让给配偶或长辈或后代的情况下，不得对股份的转让施加限制。

第 765-1 条

影响股份的不可转让性条款只有在规定期限少于或等于 10 年且有充分和合法理由的情况下才有效。

第 765-2 条

公司章程规定不可转让条款的，违反该规定转让股份无效。

如果上面第 2-1 条所述的协议中有不可转让条款的，任何违反该规定的股份转让，一旦确定受让人知道或不能忽视该条款的，股份转让即无效。

第 765-3 条

其股份不得在证券交易所交易的公司，公司章程可以规定，向公司以外的第三方转让股份，不论是无偿转让还是有偿转让，均须经董事会或普通股东大会批准。

第 766 条

如果股份转让须经会议批准的,转让人不得参加表决,其股份应在计算法定人数和多数票时扣除。如果转让人是董事,情况也是如此。任何违反本条的决定均无效。

第 767 条

如果公司章程中有批准条款,转让人须在以附回执的信件或挂号信或传真方式向公司提出的授权申请中,附上拟转让人的全名、职位和地址以及拟转让的股份数目及价格。

第 768 条

批准通过正式通知生效,或者申请后 3 个月无回复即生效。

第 769 条

如果公司不批准拟议的受让人,根据情况,董事会或执行董事应在拒绝通知之日起 3 个月内,安排一名或多名股东、第三方或公司收购股份。

第 770 条

如果当事方没有达成协议,转让价格应由当事方指定的专家确定,如果仍没有达成协议,则由主管法院应最勤勉的当事方的请求确定。

第 771 条

如果在拒绝批准之日起 3 个月内仍未进行购买,则视为已给予批准。但如果指定了一名专家来确定价格,当事各方或指定该专家的法院可将该期限延长不超过 3 个月。

第 771-1 条

转让人可随时放弃转让其股份。

但已宣布购买的股东、第三方或者公司,如果已向转让人提议使用专家鉴定程序,并且转让人接受了这一提议,则不得撤回转让。

第 771-1-1 条

任何违反授权条款的股份转让均无效。

第 771-2 条

可在上面第 2-1 条所述的公司章程或协议中规定，拟转让其全部或部分股份的股东有义务通知一名或多名其他股东，这些股东可以让转让人知道他们以通知的价格和条件行使优先购买权。

第 771-3 条

在公司章程中规定优先购买条款的情况下，任何违反优先购买权的股份转让均无效。

在上面第 2-1 条所述协议中规定了优先购买条款的情况下，如果能证明受益人之一知道或不可能不知道该股份的存在，则任何违反优先购买权的股份转让均无效。

第六节 股 票 质 押

第 772 条

如果公司已对拟议的股票质押表示同意，则此种同意应意味着在强制执行所质押的股票的情况下获得被转让人的批准，除非公司倾向于毫不拖延地重新购买这些股票以减少其资本。

股票质押方案只有在公司章程为此目的指定的授权转让股份的机构批准的情况下，才可对公司强制执行。

未经公司事先同意，为履行质押而转让股票所有权，须经公司批准。

第 773 条

质押方案必须事先以任何能证明收件人实际收到的方式送交公司，并注明拟质押的股票的全名和数量。

以质押申请同样的形式通知接受质押，或申请后 3 个月未回复即形成同意。

第 773-1 条

违反法定优先购买条款，因履行质押而产生的股票转让的，适用上面第 771-3 条及其后各条的规定。

第七节　未缴股金的股票

第 774 条

股票必须在认购时至少缴清其价值的四分之一,余额应在董事会或执行董事提出请求时支付,最长期限为认购之日起 3 年。

第 775 条

如果未缴清股份的剩余款项未在董事会或执行董事规定的时间内付清,公司须以附回执的信件或挂号信向违约股东发出正式通知。

如果通知后 1 个月无果,公司可自主决定出售这些股票。自该日起,欠缴股票不再拥有股东大会表决权,这些股票从法定人数和多数票计算中扣除。

在 1 个月期限届满时,该等股份附带的增资认购优先权和分红权应暂停,直至欠款付清为止。

第 776 条

在上面第 775 条第 2 款规定的情况下,上市股票应当在证券交易所出售;未上市股票应当由公证人公开拍卖。

在进行前款所述出售之前,公司应在上述第 775 条规定的通知后 30 日,在被授权发布法律通知的报纸上公布拟出售的股份数量。它应通过附回执的信件或挂号信通知其债务人或共同债务人,说明公示报刊的日期和刊号。不得在上述信件发出后的 15 日内出售股票。

违约股东仍然是债务人或可从差额中受益。公司为实现出售而发生的费用由违约股东承担。

第 777 条

违约股东、后继受让人和认购人对未清偿的股份承担连带责任。

公司可以在出售之前或之后,或同时对他们提起诉讼,以获得应付款项和偿还所发生的费用。

对公司进行支付的任何人有权对股票的后来持有人进行追偿。债务的最终费用由最后的股票持有人承担。

第八节 股票赎回

第778条

尽管有任何相反的立法、法规或合同规定,仍禁止通过抽签赎回股票。

第二章之一 有关优先股的规定

第778-1条

在公司成立时或存续期间,可以临时或永久地设立有表决权或无表决权的优先股,并附带任何种类的特殊权利。这些权利由根据上面第543、623、751条的规定由公司章程确定。

优先股的表决权可以是其他股票的两倍。

表决权可在确定的或可确定的期限内行使。它可以在一段确定的或可确定的时间内暂停,也可被取消。

无表决权的优先股不得超过股本的一半,其股份获准在证券交易所交易的公司的优先股不得超过股本的四分之一。

任何使该比例超过该限额的发行均可作废。

根据本统一法第573条和第822-1条的例外,附带股息、公积金或资产分配有限权利的优先股被剥夺了任何增资的优先认购权,除非公司章程有相反规定。

第778-2条

特别股东大会是根据董事会或执行董事的报告和审计员的特别报告来决定优先股的发行、回购和转换的唯一主管机构。它可根据上面第564~568条所规定的条件授权这种权力。违反本款规定的决定无效。

回购在优先股发行前必须在公司章程中明确规定。否则,赎回股份的决定将无效。

回购或转换优先股的条款也可在公司章程中规定。

第778-3条

根据情况,董事会或执行董事的报告除说明上述第570条要求的信息外,还应说明优先股的特点,并说明交易对资本证券和资本证券持有人的情况的影响。

审计员应当就计划增资的情况、优先股的特点、交易对资本证券和可获得资本的证券持有人情况的影响发表意见。

第 778-4 条

当特别股东大会决定在章程中列入转换、购买或赎回优先股的程序时,董事会报告须载明转换、购买或赎回的安排,以及向股东提供董事会或执行董事及审计员报告的安排。

审计员应就这些转换、购买或赎回安排提出意见。

第 778-5 条

在本财政年度的任何时候,但不迟于本财政年度结束后的第一次会议,根据情况,董事会或执行董事,如有必要,应记录上一财政年度转换优先股所产生的股份数量和名义金额,并对公司章程中有关股本数额和构成股本的证券数量的条款作出必要的修改。

第 778-6 条

优先股可以转换为普通股,也可以转换为其他类别的优先股。

如果股份转换导致资本非因亏损而减少,则其债权在转换通知在成员国被授权发布法律文件的报纸上公示之前形成的债权人,可在股东大会或被授权的董事会的会议记录提交商事和动产信用登记处后,根据上面第633~638 条规定的期限和条件反对该转换。

第 778-7 条

当特别股东大会必须决定优先股的转换时,根据情况,董事会或执行董事的报告应说明转换比率的计算方法和完成程序,还应当说明交易对资本证券和融资证券持有人情况的影响。如适用,该报告应说明因转换所产生的优先股的性质。

审计员应当就转换以及交易对资本证券和融资证券的持有人的影响情况发表意见。他还应说明用于计算转换率的方法是否准确和真实。

如果转换导致资本增加,则可通过合并公积金、利润或股份发行溢价来支付与该等增加对应的股份面值。

第 778-8 条

当要求会议就购买或赎回优先股作出决定时，根据情况，董事会或执行董事的报告应具体说明购买或赎回的条件、建议价格的理由和计算方法，以及交易对资本证券持有人和融资证券持有人地位的影响。

审计员须就要约购买或赎回提出意见，其方式与转换优先股的方式相同。

第 778-9 条

特别股东大会可根据情况将决定购买或转换的权力转授予董事会或执行董事，或将决定购买或转换的条款和条件的权力转授予董事会或执行董事。

第 778-10 条

优先股的设立，应适用上面第 399～403 条和第 619～625 条关于向一个或多个指定股东发行股份的特别利益的规定。在这种情况下，审计员应遵守上述第 697 条和第 698 条有关不得兼职的规定。他可以是公司的审计员。

拟转换为计划设立类别的优先股的股份持有人，不得参加关于设立该类别的表决，其持有的股份在计算法定人数和多数票时不予考虑，除非所有股份均转换为优先股。任何违反本款规定作出的决议均无效。

作为对第一项规定的减损，如果发行涉及已设立类别的优先股，则对由此产生的特殊利益的评估应在上面第 778-2 条第 1 款所述审计员的特别报告中公布。

第 778-11 条

如资本发生变更或赎回，特别股东大会应确定该等交易对优先股持有人权利的影响。

这些影响也可在公司章程中作出规定。

第 778-12 条

在公司合并或分立的情况下，优先股可以交换为受让公司的股份，这些股份具有同等的特别权利，或者根据考虑到放弃的特别权利的特定交换平价进行交换。

在没有交换赋予同等特别权利的股份的情况下，合并或分立应提交上面第 555 条规定的特别大会批准。

任何违反这一规定作出的决议均无效。

第 778-13 条

如果有股息,则派发给优先股持有人的股息,可按照特别股东大会或公司章程所订定的条款,以股本形式派发。

第 778-14 条

在没有上面第 778-3、778-4、778-7、778-8 条规定的董事会或执行董事报告和审计员报告的情况下作出的决定无效。如果报告不包含这些条款规定的所有细节,则可撤销审议。

第 778-15 条

在优先股持有人组成的专门会议上,可要求一名公司审计员准备一份关于公司遵守优先股附带的特别权利的特别报告。该等报告应在专门会议期间分发给这些优先股持有人。

除审计员关于这些权利得到遵守的意见外,该报告还应酌情包括违反这些权利的日期。编制本报告的费用应由公司承担。

该报告应在提交本报告的专门会议召开之日前至少 15 日在公司注册办事处提供给股东。

第三章　有关债券的规定

第一节　总　　则

定　　义

第 779 条

债券为可流通票证,同期发行的债券拥有同等债权,金额同票面价值。

发 行 条 件

第 780 条

只有成立 2 年并已编制两份经股东合法批准的资产负债表的股份有限

公司和由股份有限公司组成的经济利益集团才允许发行债券。

第 781 条

未全额缴清资本的公司不得发行债券。

第 782 条

禁止发行彩票债券。

第 783 条

只有股东大会才有权决定或授权发行债券。它可酌情将在 2 年内发行一次或多次债券所需的权力授予董事会或执行董事,并制定发行条款和条件。

第 783-1 条

违反第 780~783 条规定的债券发行无效。

第 784 条

发行公司购买并赎回的债券作废,不得再流通。

债券持有人团体

第 785 条

同一发行的债券的持有人,为维护其在具有法人资格的团体中的利益,应按权利分组。但在债券连续发行的情况下,公司可以在每份发行合同中有规定的情况下,将具有相同权利的债券持有人合并为一个团体。

第 786 条

根据债券持有人大会的决定,债券持有人团体应由其选举的一至三名持有人代表。

第 787 条

债券持有人团体代表的授权只能授予债务人公司所在地成员国的自然人或法人。

下列人员不得被选为团体代表:

(1)债务人公司;

(2)参与债务人公司的公司;

(3)为债务人公司的全部或部分负债提供担保的公司;

(4)债务人公司或参与其资本的公司的管理人员或董事及其长辈、后代或配偶;

(5)上述公司的职员;

(6)上述公司的审计员;

(7)被禁止从事银行业的人,或被剥夺领导、管理和经营公司的权利的人。

第 788 条

紧急情况下,应任何利益相关人的请求,债券持有人团体代表可由主管法院指定。

第 789 条

债券持有人大会可以罢免团体代表。

第 790 条

除非债券持有人大会决定限制,团体代表有权代表团体和所有债权人完成保护债权人共同利益的管理行为。

第 791 条

团体代表不得干预公司的管理。他们可以参加股东大会,但没有表决权。他们有权在与股东相同的条件下获得向股东提供的文件。

第 792 条

在资产清算或公司重整的情况下,债券持有人团体的代表有权代表公司行事。他们须就团体内所有债券持有人的资产清盘或公司破产重整的负债,披露公司欠团体内债券持有人的本金及利息金额。

他们无须提供团体债券持有人的证券以支持其请求。如有困难,任何债券持有人均可要求主管法院指定一名专案代理人,负责作出此种声明并代表团体。

第 793 条

如果公司遇资产不足而关闭,团体代表或指定的管理代表负责回收债券持有人的权益。

在公司资产清算或司法重整程序中代表债券持有人所产生的费用,应由公司承担,并应视为司法行政费用。

第 794 条

团体代表的报酬由股东大会或债券发行合同确定,由债务人公司承担。

如未确定该报酬或对报酬金额有争议,由主管法院确定。

第二节　债券持有人大会

大会召集

第 795 条

同一类别的债券持有人大会可在任何时候举行。

第 796 条

大会应由债券持有人集团的代表召集,或在适当情况下由董事会或执行董事召集,或在清盘期间由清盘人召集。

大会同样可由代表至少三十分之一债券的持有人通过团体代表或主管法院指定的专案代理人申请召集。

第 797 条

债券持有人会议的召开,其形式和时间与股东会议的召开相同。向债券持有人大会提供和提交的拟议决议草案和报告也是如此。

强制事项

第 798 条

召集大会的通知必须包括下列事项:

(1)被召集的债券持有人认购的债券的详情;

(2)提议召集大会的人的姓名、住所及其行事的身份;

(3)在适用的情况下,指定负责召集会议的专案代理人的法院作出决定的日期。

第 799 条

以任何非正常程序召集的大会都可以被取消。然而,如果所有相关债券持有人都出席会议或由其代表出席会议,则对会议无效诉讼不予受理。

议　　程

第 800 条

议程由召集人确定,不过,代表至少三十分之一债券的一个或多个债券持有人有权将决议草案列入议程。

这些决议草案列入议程并由会议主席提交大会表决。

大会不得对未列入议程的事项进行审议。

经第二次召集,议程不得更改。

代　　表

第 801 条

任何债券持有人有权参加大会或由其自行选派代表参加。

根据本统一法第 787 条规定不能代表团体的人不能在大会上代表债券持有人。

大会召开

第 802 条

大会应由团体的一名代表主持。如果有两个或两个以上的债券持有人且他们之间不能达成一致,会议应由代表最多证券的出席债券持有人主持。

如由专案代理人召集,大会应由其主持。

召开股东大会的规则应酌情适用于债券持有人会议。

第 803 条

债券持有人大会决定团体代表及其任期、报酬、候补、召集以及任何保证维护债券持有人利益的措施和借款合同的实施、这些措施附带的管理费用以及任何带有保护和管理性质的措施。

债券持有人大会应根据上面第 549 条规定的法定人数进行审议。

它应以出席或派代表出席的持有人的多数票作出决定。

任何违反本条规定作出的决议均无效。

第 804 条

债券持有人特别会议应审议任何修改借款合同的建议,特别是:

(1)公司经营范围或形式的变动;

(2)公司的合并或分立;

(3)就有争议的权利或已作出司法裁决的权利提出的任何折中或和解建议;

(4)全部或部分更改担保或延长到期日;

(5)公司注册地的变更;

(6)公司解散。

特别会议应根据上述第 553 条规定的法定人数进行审议。

它应以出席或派代表出席的债券持有人的三分之二多数票作出决定。

任何违反本条规定作出的决定均无效。

表 决 权

第 805 条

债券的投票权与其所代表的贷款数额成比例。

每一债券至少应有一票表决权。

债券持有人可以以股东会议上与股东相同的条件和形式通过邮寄或远程投票。

第 806 条

持有债务人公司至少 10%资本的公司不能在会议上以其持有的债券进行表决。

第 807 条

如果债券所有权被分割,表决权属虚有权人,除非利益各方另有相反的约定。

大会决议

第 808 条

大会既不能增加债券持有人的责任,也不能对同一批发行的债券的持有人进行区别对待。

任何违反本条的决定均无效。

第 809 条

如果债券持有人大会没有批准公司有关变更经营范围和公司形式的提案,公司可以在变更形式或经营范围之前赎回债券。

第 810 条

如果债券持有人大会未批准公司有关合并或分立的提案,公司可以推翻此结果而实施合并或分立,但债券持有人在收购公司、合并后的新公司或分立后的公司中保留其债券持有人的身份。

当公司推翻债券持有人大会的决定时,董事长兼总经理、总经理或执行董事应以附回执的信件或挂号信方式通知债券团体代表。

债券持有人团体可就合并或分立向主管法院提出反对意见。

主管法院应驳回异议,或命令偿还债券或提供担保,如果收购公司或分立公司提出并且法院认为这些担保是足够的。

第 811 条

公司因合并或分立而解散的,应立即偿还债务。

第 812 条

公司的司法重组并不终止债券持有人大会的运作和作用。

债券持有人的个人权益

第 813 条

债券持有人不能个人对公司经营进行核查,也不能获取公司文件的披露。

他们有权自费向公司索取他们所属团体的债券持有人会议的会议记录

和出席记录的副本。

第 814 条

在发行合同没有特别规定的情况下,公司不能要求债券持有人提前赎回债券。

对债券的担保

第 815 条

决定发行债券的股东大会可决定这些债券须附带担保。

股东大会确定提供的担保,或将确定这些担保的权力授予董事会或执行董事。

第 816 条

公司在发行前提供的担保利益应记录在为债权人团体利益而制备的专门文件中。

担保公示手续应在债券认购前完成。

第 817 条

担保仅因认购而产生。对于须登记的担保权,其追溯至登记之日,对于其他担保权,其追溯至认购之日。

第 818 条

自认购开始之日起 6 个月内,认购结果应由公司法定代表人出具公证书。

在公证书出具后 30 日内,认购结果应在担保书的空白处注明。

如果因为认购没有发生或认购不足致使发行未实现的,担保登记取消。

第 819 条

担保的续期由公司承担费用,并由其法定代表人负责。

债券持有人团体的应负责确保有关注册续期的规定得到遵守。

第 820 条

只有在贷款已全部偿还并支付所有利息的情况下,团体的代表才能解除登记。

此外,他们必须得到债券持有人大会的明确授权。

第 821 条

债券发行后提供的担保,应由公司法定代表人根据普通股东大会的授权提供,或在公司章程有规定的情况下,由董事会或执行董事提供。

担保应得到债券持有人团体明确接受。

第 821-1 条

违反上述第 815、816、821 条设定的担保无效。

第二编之二　复合证券[1]

第 822 条

股份公司可以发行可转让证券,使其能够获得资本或有权获得债务证券。

第 822-1 条

发行可获得资本的证券的公司的股东有权按其股份数额的比例优先认购该等证券。

上面第 573~587-2 条和第 593~597 条对这项权利作了规定。

违反本条作出的决定和进行的交易无效。

第 822-2 条

发行合同可以规定,该等证券和该等证券所赋予的资本或债务证券只能一起转让和交易。在这种情况下,如果最初发行的证券是资本证券,则该证券不属于上文第 555 条所指的特定类别。

第 822-3 条

股本证券不得转换或转换为代表债权的可转让证券。

第 822-4 条

根据第 822 条及其后各条发行的可转让证券,就上述第 760 条而言,不得视为构成股份承诺。

---

〔1〕 原文无第二编之一。——译者注

第 822-5 条

发行可获得资本的证券或授予受本编调整的债务证券的权利，应由特别股东大会根据上述第 562~572 条和第 588~618 条授权。任何违反这一规定的决定都是无效的。

大会应就简易股份公司董事会或董事长或执行董事的报告以及审计员的特别报告作出决定。

报告应特别说明有权授予债务证券或提供资本的证券的特点，根据这些证券授予债务证券或资本的安排，以及可行使授予权的日期。发行只由债务证券组成的授予权利的债务证券的证券，审计员的报告应当说明公司债务情况，不包括用于计算发行价格的项目的选择。

在保留优先认购权的情况下进行增资的，审计员应当就计划的发行以及发行价格计算要素的选择和数额提出意见。

在没有本条规定的董事会或执行董事和审计员的报告的情况下作出的决定无效。如果报告不包含规定的所有细节，则可撤销审议。

第 822-6 条

股份有限公司可以发行可获得资本的休眠证券，以获取直接或间接拥有其一半以上资本的公司或直接或间接拥有其一半以上资本的公司的资本。

发行必须得到被要求发行证券的公司的特别股东大会和行使权利的公司的特别股东大会的授权，但须符合上文第 822-5 条规定的条件。如无此种授权，发行无效。

第 822-7 条

自可获得资本的可转让证券发行之日起，被要求发行该等证券的公司不得改变其形式或目的，除非经发行合同授权或符合下文第 822-14 条规定的条件。任何违反这一规定作出的决议均无效。

第 822-8 条

自发行可获得资本的证券之日起，被要求派发这些证券的公司不得修改其利润分配规则，或者分期偿还的资本，或创设导致此种修改或分期偿还的优先股，或为根据上文第 586 条指定的人增加资本，除非根据下文第 822-14 条规定的条件获得授权，并根据第 822-10 条及其后各条规定或发行合同确定的条件,采取必要措施维护可获得资本的证券持有人的权利。

但在这些相同的条件下,它可以发行优先股。

任何违反本规定作出的决议均无效。

第 822-9 条

因亏损而减少资本的,如果是通过减少可获得资本的证券的名义金额或数量来实现的,则可获得资本的证券持有人的权利应相应减少,如同他们在公司实现减资之日前已行使这些权利。

第 822-10 条

被要求发行资本证券或可获得资本的证券的公司,如果决定发行,必须采取必要措施保护由此产生的任何形式的权利持有人的利益,具有优先认购权的新资本证券保留给其股东,以现金或实物分配发行溢价或公积金,或通过设立优先股来改变其利润的分配。

为此目的,它必须:

(1)在发行合同规定的期限尚未到期的情况下,使这些权利的持有人能够行使这些权利,以便他们能够立即参与或受益于第一款所述的交易;或

(2)作出安排,使他们在以后行使权利能够按既约条件认购新发行的证券,或获得无偿分配,或接收现金,或按照他们在这些活动进行之时即公司股东之相同条件与相同数量或比例接收与已分配的金钱或财产类似的金钱或财产,但分红权除外;

(3)或者调整最初规定的认购条件、转换基础、交换条件或分配条件,以考虑到第 1 款所述交易的影响。

第 822-10-1 条

除非发行合同另有规定,公司可同时采取上述第 822-10 条第 2 款第 1 项和第 2 项规定的措施。

在任何情况下,它都可以用该条第 2 款第 3 项授权的调整来取代它们。

当资本证券不允许在证券交易所交易时,这种调整由发行合同组织。

第 822-10-2 条

根据上面第 822-10 条第 1 款的规定,如存在可获得资本的证券,发行股东保留优先认购权的公司,如果只能在特定日期行使资本权证券的权利,则应当指定特殊的期限,使此类证券的权利持有人可行使认购新证券

的权利。

如果可以随时行使可获得资本的证券所附带的权利,公司应采取必要措施,使行使这些权利的持有人能够购买新证券。

第 822-10-3 条

根据上文第 822-10 条第 2 款的目的,如存在可获得资本的证券,免费配发股份的公司应将可获得资本的证券的权利持有人在作为股东在进行股份配发的情况下按其应该获得的股份数量的比例所应获得的上述股份的数量转入不可动用的储备账户。

同样为第 2 款的目的,如果存在可获得资本的证券,免费配发股份的公司应免费将可获得资本的证券的权利持有人在作为股东在进行股份配发的情况下按其应该获得的股份数量的比例所应获得的股份数量转入不可动用的储备账户。

第 822-10-4 条

为上述第 822-10 条第 2 款第 3 项的目的,调整应相当于接近如果在交易完成后行使与可获得资本的证券的权利而获得的证券的价值以及如果在交易完成前行使这些权利而本应获得的证券的价值的百分之一的股份。

为此目的,在计算行使可获得资本的证券的权利的新基础时,应考虑到:

(1)按照优先认购协议的规定,具有优先认购权的交易:

(a)由认购期内所有交易日的平均开盘价所确定的优先认购期的价值与该权利剥离后股份的价值之间的比率;

(b)或旧股份有权获得的已发行证券的数量,该等证券的发行价格,以及该等股份在剥离认购权前的价值。该值应等于发行开始日前至少 3 个交易日的加权平均价格。

(2)在无偿配发股份的情况下,旧股有权获得的股数。

(3)如属公积金的分配,不论是现金或实物,或发行溢价,则分配的每股金额与分配前的股份价值之比。该值应等于分配日之前至少 3 个交易日的加权平均价格。

(4)在利润分配发生变化的情况下,每股利润权利减少额与该变化前的股份价值之比。该值应等于变更之日前至少最近 3 个交易日的加权平均数。

(5)在资本偿还的情况下,每股偿还金额与偿还前股份价值的比率。该值应等于偿还日之前至少3个交易日的加权平均数。

第822-10-5条

公司股份没有获准在证券交易所交易的,发行合同应当规定调整程序,特别是确定适用上面第822-10~822-10-4条所考虑的股份价值的程序。

董事会、简易股份公司董事长或执行董事应在下次年度报告中报告调整的计算项目和结果。

第822-10-6条

发行保留股东优先认购权的新股本证券,在违反上面第822-10~822-10-5条规定的情况下,以设立优先股的方式分配公积金或改变其利润分配的,均无效。

第822-11条

上面第822-7~822-10-6条的规定,只要存在与这些条款所述证券的每一要素有关的权利,即适用。

第822-12条

发行股本证券的公司被另一公司吸收或与一个或多个其他公司合并成立新公司的,或分立的,可获得资本的证券的持有人应在接受出资的一个或多个公司中行使其权利。上面第804条不适用,发行合同另有规定的除外。

可获得资本的证券持有人有权获得的吸收公司或新公司的资本证券的数量,应考虑到接收出资的公司计划发行的股份数量并根据发行合同中拟发行的或拟配发的股份数量进行调整后确定。出资审计员应就确定的股份数量提供意见。

接受出资的公司或新公司的股东批准合并或分立条款草案,即构成股东放弃第822-1条所述的优先认购权,以利于可获得资本的证券持有人。

接受出资的一个或多个公司或一个或多个新公司应自动取代发行公司对上述证券持有人的义务。

第822-13条

除发行协议另有规定外,以及除因合并或分立而过早解散公司外,公司不得要求可获得资本的证券持有人购买或赎回其权利。任何与此相反的决议均无效。

第 822-14 条

根据本章剥离原始证券的权利后，可获得资本的证券持有人，为维护其共同利益，可自动形成具有民事人格的团体，并遵守与上面第 786~814 条相同的规定。

在适当情况下，应为给予相同权利的每一类证券成立一个单独的团体。

应召集该等证券的持有人大会，授权对发行合同进行所有修订，并就有关发行时确定的资本证券的认购或分配条件的任何决定作出审议。

每个可获得资本的证券应有一个表决权。法定人数和多数票的条件适用上面第 552~554 条的规定。

召集会议的费用，以及一般情况下与各团体运作有关的所有费用，应由被要求发行或发行代表其股本的新证券的公司承担。

当根据本条规定发行的证券是打算转换或赎回为资本证券的证券或针对资本证券进行赎回或交换的证券时，本条第 2、3、4 款的规定适用于根据上面第 785 条第二句形成的团体。

第 822-15 条

对根据上面第 822 条规定的条件对可获得资本的证券的发行公司启动司法重整程序的，自启动判决之日起，规定的行使分配股本份额权的期限开始。

第 822-16 条

行使可获得资本的证券所附带的权利所必需的增资，不会产生上面第 598 条规定的公示要求。

认购单应按照上面第 601~603 条的规定编制，但第 603 条第 6 项和第 7 项规定除外。上面第 571、604~617 条不适用于通过行使可获得资本的证券所附权利而增加的资本。上面第 618 条规定的公示应在 1 个月内进行。

资本的增加应仅通过行使权利和在适用情况下支付相应的款项来完成。

在本财政年度的任何时候，但不迟于本财政年度结束后的第一次会议，根据情况，董事会或执行董事，如有必要，应记录上一财政年度为权利持有人的利益而发行的股份的数量和名义金额,并对公司章程中有关股本数额和构成股本的证券数量的条款作出必要的修改。

第 822-17 条

如果可获得资本的证券的持有人无法获得整数数量的证券的,应当以现金支付小数部分,该现金支付额等于小数部分的数量乘以该股份价值的乘积。

第 822-18 条

在发行新的股本证券或新的可获得资本的证券的情况下,以及在被要求发行该等证券的公司合并或分立的情况下,根据情况,董事会或执行董事可暂停行使下面第 822-19 条或上面第 626-1 条所述权利获得股本证券的可能性,最长期限为 3 个月。

除发行合同另有规定外,在暂停期结束时通过行使证券所附权利而获得的股本证券,应有权获得就发行该证券的财政年度支付的股息。

根据情况,董事会或执行董事在通知中所作的陈述,应在暂停生效之日前至少 7 日,通过附回执的挂号信通知可获得资本的证券的持有人。如果公司的可获得资本的证券获准在证券交易所交易,或者公司的此类证券不是以记名形式提供的,载有这些信息的通知应在同一期限内刊登在有权刊登法律公告的报纸上。

除上面第 257-1 条规定的信息外,该通知还应说明暂停期的生效日期和终止日期。

第 822-19 条

发行公司或拟发行新股本证券的公司所已行使的或取得的可获得资本的证券所附带的权利,由发行公司撤销。

第 822-20 条

可获得资本的证券的持有人,针对其拟接收的证券的发行公司,有权获得该公司向股东传送或提供给股东的公司文件。

如果分派股本的权利并入或者附属于债券的,按照上面第 791 条和第 797 条的规定,由债券持有人的代表行使知情权。

这些权利与原票据/证券剥离后,知情权由按照上面第 822-14 条成立的团体的代表行使。

在任何情况下，不同团体的代表都可以参加股东大会，但没有表决权。他们不能以任何方式干涉公司事务的管理。

第 822-21 条

上面第 765~773-1 条的规定，在符合本章特别规定的范围内，适用于可获得资本的证券。

第三编　公开募集资金的股份有限公司的特别规定

第一章　总　　则

第 823 条

在不影响证券市场和有关证券进入该市场的规定的前提下，已成立的公司或正在组建的公司欲通过公开发售上市，应同时遵守股份有限公司的规定和本编的特别规定。

如果本编的规定与关于股份有限公司的一般规定不一致，则应优先适用这些规定。

第 824 条

其证券在一个或多个成员国证券交易所上市或在一个或多个成员国公开发行证券的公司的最低资本应为 1 亿西非法郎。

注册资本不得少于前款规定的数额，公司变更为另一种形式的公司的除外。

如违反本条规定，任何利益相关人都可向法院申请该公司解散，如果法院就实质事项进行裁决的当日违规事项得到纠正，则不能裁决公司解散。

第二章　公 司 成 立

第 825 条

在股票认购操作开始前，发起人应在公司注册地成员国有权发布法律文件的刊物上发布公告，或根据情况在公开募集进行地的成员国发布公告。

第 826 条

前条提及的公告除包含第 257-1 条规定的信息外,还应包括下列信息:

(1)公司的经营宗旨;

(2)公司的存续期间;

(3)以现金认购的股份数目及立即支付的款额,包括发行溢价;

(4)拟发行股份的面值,并酌情区分每一类股份;

(5)简要说明实物出资、总体估价和支付方式,并说明此类估价的临时性质和报酬方法;

(6)公司章程为任何人规定的特殊利益;

(7)参加股东大会和行使表决权的条件,并酌情说明关于双重表决权分配的规定;

(8)在适用的情况下,与批准股份受让人有关的条款;

(9)关于利润分配、公积金构成和清算盈余分配的规定;

(10)公证人的全名和住址,或者接受认购资金的银行的法定名称和注册办事处;

(11)认购的截止日期,如果在该截止日期届满前全部认购,则说明提前结账的可能性;

(12)召开股东会议的方式和地点。

公告由发起人签名并注明:

(1)如果是自然人,其姓氏、常用名、住所、国籍、职业证明、过去 5 年的职业活动和社会任务;

(2)如果是法人,则说明其名称、形式、注册办事处,并在适用的情况下说明其注册资本的数额。

第 827 条

为告知公众即将发行的股票,应编制一份招股说明书,详细说明上述第 826 条所述公告中所载的信息。

招股说明书应当提及在被授权发布法律公告的报纸上刊登了该公告。他们应提供这些报纸的出版号。

此外,招股说明书还应详细说明发起人使用认购股份资金的情况。

报纸上的海报和通告应提供与公告相同的信息或至少提供这些信息的摘要,以及被授权发布法律公告的报纸的发行数量。

第 827-1 条

公司章程草案应由一名或多位发起人起草并签署,并应将副本送交公司注册地主管法院的书记员或成员国的主管机关。

如未遵守与通知和公司章程草案有关的手续,则不得进行认购。

被剥夺经营或管理公司的权利或被禁止履行这些职责的人员,不能成为发起人。

第 827-2 条

资本必须全部认购。

以现金发行的股票,在认购资本时,应至少支付其面值的四分之一。余额应在董事会决定后,在公司在工商处登记后不超过 3 年的期限内支付。

代表未全额支付的现金出资的股份应保留记名形式。

如果资本未足额缴纳,公司不得增加资本,除非该等增加是通过实物出资实现的,也不得发行债券。

出资股份自发行之日起全额缴清。

股份不能用服务出资。

第 827-3 条

认购现金式股份的,应当以认购单确认。

认购单应由认购人或其代理人注明日期并签名,并完整注明认购的股票数。认购单正本一式两份,一份给成立公司,另一份给负责保管资金的保管人。应向认购人提供一份免费纸质副本。

认购单应列出公告中的信息。

第 827-4 条

认购现金股份所得资金由代表组建中的公司的收款人存在公证人处,或存在组建中公司的注册办事处所在地成员国的经正式授权的信贷或小额供资机构以该公司名义开立的特别账户中。

资金应当自收到之日起 8 日内存入。

存款人应当在存款时向银行提供一份记载认购人身份的清单,并载明每个认购人所支付的金额。

在提取资金前,保管人应向提出要求且出示认购证明的认购人提供上述第 3 款所提及的清单。申请人可查阅该清单,并自费索取副本。

第 827-5 条

认购和付款应在提交认购单后,在存入资金时作出的经公证的认购和付款声明中予以确认。

第 827-6 条

经公证的认购和付款声明或者保管人证明出具后,发起人应当召集认购人召开公司成立大会。

会议通知应通过附回执的信件或挂号信、传真或电子邮件发送。通过传真或电子邮件发出的会议通知,仅在认购人事先书面同意,提供其电子地址,并经收件人确认收到的明确条件下才有效。

会议通知应当注明会议的日期、地点和议程。它应至少在会议日期前15 日发送给每个认购人。

会议通知还应在会议日期前至少 15 日在公司注册地成员国有权发布法律通知的报纸上公布。

第 827-7 条

会议应确定资本已全部认购,股份到期款项已全部缴清。

会议应决定通过公司章程,公司章程只有在所有认购人一致同意的情况下才能修改,并任命首任董事、审计员。

会议议程必须包括关于过去 5 年期间董事候选人的身份、职业参考资料、专业活动和管理职位的信息。

会议记录应记录董事和审计员接受职责的情况。

第 827-8 条

在实物出资的情况下,以及在为关联或非关联人员规定特别利益的情况下,应发起人或其中一人的请求,由法院命令任命一名或多名出资审计员。

出资审计员应从主管法院拟定的审计员或专家名单中选出。

他们应由主管法院根据请求任命。

他们可选择一名或多名专家协助执行任务。这些专家的费用由公司承担。

他们应遵守上述第 697 条及其后各条有关不得兼职的规定。

出资审计员负责评估实物出资的价值和特别利益。

出资审计员的报告应说明每一项实物出资和/或特别利益,所采用的评估方法及其原因。它证明出资的价值至少相当于拟发行股份的面值,如果可能加上发行溢价。

在无法评估特别利益的情况下,出资审计员应评估其一致性及其对股东状况的影响。

出资专员的报告应在成立股东大会日期前至少 8 日提交给认购单上注明的公司注册办事处的预定地址,并提交给注册办事处所在地的商事和动产信用登记处。

报告应提供给认购人审阅,他们可获得全部或部分副本。

成立大会应就实物出资的估值和特别利益的授予作出决定。只有在所有认购人一致同意的情况下,股东成立大会才能减少它们。

未经会议记录中所提及的特别利益受益人和出资人的明确批准的,公司不能成立。

第 827-9 条

股票认购人参加表决或派代表参加表决。

上面第 133-1 条和第 133-2 条的规定不适用于大会。

股东成立大会应由认购股份数量最多的人主持,如无,则由最年长的认购人主持。

它应根据特别会议规定的法定人数和多数票进行审议。

第 827-10 条

当大会审议批准实物出资或给予特别利益时,在计算多数票时不应考虑实物出资人或受益人的股份。

出资人或受益人不得代表自己或作为代理人行使表决权。

第 827-11 条

根据上面第 242 条及其后各条规定的条件,任何不当召开的股东成立大会均可被取消。

但如果所有认购人均出席或派代表出席大会,则请求大会无效的诉讼不可受理。

第 827-12 条

只有当公司在商事和动产信用登记处登记之后,才能提取现金认购所得的资金。根据情况,由董事长兼总经理、总经理或任何公司代表向保管人提交书记官或主管当局作出的证明公司已在商事和动产信用登记处登记后的证明后,方可提取资金。

任何认购人在资金支付6个月后,如果在该日公司尚未完成登记,可向主管法院提出紧急申请,指定一名管理人提取资金并负责在扣除分配费用后将资金返还认购人。

第三章 公司运行

第一节 公司管理

第828条

在一个或多个成员国公开发行证券或其证券在一个或多个成员国证券交易所上市的公司,必须设立董事会。

第829条

本统一法第828~853条所提及的公司的董事会必须至少由三名成员组成,当公司的股票获准在证券交易所上市时,最多由十五名成员组成。

但如果在一个或多个成员国证券交易所上市的一个或多个公司进行合并,则合并后的公司的任职6个月以上的董事人数可超过十五名,不过总数不得超过二十人。

如果公司股份在一个或多个成员国的证券交易所上市,只要董事人数没有减少到十五名,则其不得任命新董事或替换已故董事或离职的董事。

如果在一个或多个成员国证券交易所上市的公司从证券市场除名,则其董事人数应尽早减少至十二名。

在上述各种限制范围内,董事人数可由公司章程自由决定。

第829-1条

本统一法第828~853条所述公司的董事会必须设立审计委员会。

审计委员会应完全由公司的无薪董事或在公司内不行使任何董事长兼总经理、总经理或副总经理职务的董事组成。董事会应确保其任命为审计委员会成员的董事的资格。

审计委员会的主要任务是：

(1)审查账目，并确保在编制公司综合账目和社会账目时所采用的会计方法是适当和一致的；

(2)监督财务报告的编制过程；

(3)监督内部控制和风险管理制度的效力；

(4)就拟由股东大会任命的审计员发表意见。

它应定期向董事会报告其履职情况，并应尽快将遇到的任何困难通知董事会。

第 830 条

股票在成员国证券市场上市的公司的董事长兼总经理、总经理、副总经理以及在该公司担任董事的自然人或法人，应在本条第 2 款规定的期限内，将该公司自己发行的、该公司子公司发行的、该公司的母公司发行的、该公司的母公司的其他子公司发行的属于他们自己的或属于其未解除监护的未成年子女的股票，变更为记名股票，如果这些股票在一个或多个成员国证券市场上市。

前款规定的期限，自上述人员取得前款规定所适用的身份之日起 1 个月。当这些人获得本条第 1 款所述股份时，期限应为自占有股份之日起 20 日。

在一个或多个成员国的证券交易所上市的公司担任董事的法人的常驻代表以及本条所述所有人员的未分居配偶也应承担同样的义务。

第二节　股 东 大 会

第 831 条

股东大会召开前，为发行其证券而公开募集的公司，或其证券在一个或多个成员国上市的公司，应在公司注册地成员国以及可能情况下在公开募集地成员国有权发布法律公告的报纸上刊登通知。该通知除包含上述第 257-1 条规定的信息外，还应包括：

(1)大会议程；

(2)董事会提交大会的决议草案；

(3)股份的存放地；

(4)除公司向股东派发邮寄投票表格外,可取得该等表格的地点及条件。

第 831-1 条

尽管有上面第 541 条的规定,股东参加上市公司成立大会的权利可以在会议召开前的第 3 个工作日通过代表股东或其中介的股份登记账户,或公司持有的记名票据登记册,或被授权保管人持有的无记名证券账户登记册,予以证明。

第 831-2 条

董事长应提交一份报告,附于上面第 525 条第 1 款第 2 项和第 547-1 条所提及的报告后面,说明董事会的组成,筹备和组织董事会的工作的条件,以及公司实施的内部控制和风险管理程序,特别详细说明这些程序中与编制和处理公司账目的会计和财务信息有关的程序,以及在适用情况下与综合账目的会计和财务信息有关的程序。在不影响上面第 487 条和第 488 条规定的情况下,本报告还应披露董事会对总经理权力的潜在限制。

公司自愿参照企业代表组织制定的公司治理守则的,本条规定的报告还应说明哪些规定被排除在外,以及排除的理由。此外,报告还应说明可在何处查阅守则。如果公司没有提及这类公司治理守则,本报告应说明除法律要求外所采用的规则,并解释公司决定不适用这类公司治理守则任何条款的理由。

本条规定的报告还应具体说明股东参加股东大会的具体安排,或提及公司章程中规定这些安排的条款。

本条规定的报告应由董事会批准并公布。

第 831-3 条

前条所称报告还应载明董事会为确定授予公司高级职员的任何种类的报酬和福利而制定的原则和规则。

该报告还应说明在财政年度内向每名公司高级职员支付的薪酬和任何种类的福利总额,包括派发的股本证券、债务证券或可获得资本的证券或有权分派债权凭证的证券。

它应说明每一公司高级职员在财政年度内收到的任何种类的薪酬和福利的数额。

它应说明这些薪酬和福利的固定的、可变的和例外的组成部分，以及计算这些薪酬和福利所依据的标准或确定这些薪酬和福利所依据的情况。它还应说明公司为其代表的利益所作的各种承诺，这些承诺与因职责的任命、解职或变更或随后而应支付或可能应支付的薪酬、津贴或福利的要素相对应。

为此报告应具体说明如何确定这些承诺。除善意的情况外，违反本款所作的付款和承诺可予以取消。

报告还应说明每名高级职员在财政年度内在任何公司履行的所有职责和职能的清单。

第三节　公司注册资本的变更

第832条

发行新股或其他可获得资本的证券及其条件等事应通知股东和投资人。通知应在公司注册地成员国或在可能情况下在公开募集地成员国有权刊登法律公告的报纸上以附于招股说明书中的通知的形式发布，或在公司发行记名证券时，通知可以通过附回执的信件或挂号信方式送达。

第833条

公司签署的通知及附回执的信件或挂号信应包含以下内容：

(1)公司宗旨的简要说明；

(2)公司的正常到期日；

(3)无论是否有延期的公司增资数额；

(4)认购的开始和终止日期；

(5)保管人的全名或法定名称，住所或注册办事处的地址；

(6)已发行股票或其他可转让证券的类别及其特点；

(7)以现金认购的股份或其他可转让证券的面值，以及发行溢价的数额；

(8)每股股票或其他认购证券应立即支付的金额；

(9)股东是否享有认购新股份或其他可转让证券的优先权利，以及行使该权利的条件；

(10)公司章程为任何人规定的特殊利益；

(11)在适用的情况下,限制股份自由转让的法定条款;

(12)关于利润分配、公积金的建立和清算盈余分配的规定;

(13)以前发行的其他债券的未偿还金额及其担保;

(14)由公司担保的债券发行时的金额,以及该等债券的担保部分;

(15)在适用的情况下,资本增加时实物出资的简要说明、估值和支付方法,以及这种估值和支付方法的临时性质。

第 834 条

经公司法定代表人证明为真实的最后一份资产负债表副本,应在上面第 833 条所述通知的附件中公布。如最后一份资产负债表已在获授权公布法律公告的报纸上公布,则该资产负债表的副本可改为提供前一份公告的参考资料。尚未建立资产负债表的,该通知应当载明。

第 835 条

向公众通报发售股票或其他有价证券的通知应该复述本统一法第 833 条规定的内容,注明其已经在法定刊物登载并注明登载刊号。

报刊的宣传、海报应复述同样的内容或至少是参照通知内容的概要并注明刊登通知的法定刊物。

第 836 条

组建时未曾向公众发售股票的公司两年内以向公众发售股票的方式增资,应在本统一法第 619 条及其后的条款规定的条件下,对公司的资产负债进行审核,如有必要,应该对获得特别收益也进行核查。

第 837 条

在没有优先认购权的情况下,以公开发行方式发行新股,使其持有人享有与旧股相同的权利,须符合下列条件:

(1)发行应当在股东大会批准后 3 年内完成;

(2)对股票在证券市场上市的公司,发行价应至少等于发行前 40 日这些股票连续 20 日价格的平均价,并考虑对平均价格进行调整以反映计息日的差价;

(3)对本条第 2 项规定以外的公司,根据公司的选择并不用考虑计息日的差价,发行价应至少与每股对应的资产份额持平,或与主管法院指定的专家意见确定的价格持平。

第 838 条

在没有优先认购权的情况下,以公开发行方式发行不赋予持有人与旧股份相同权利的新股份,须符合下列条件:

(1)发行应当在股东大会批准后 2 年内完成;

(2)发行价或发行价确定的条件由特别股东大会根据董事会的报告和审计员的特别报告决定。

如在作出决定后的年度股东大会之日尚未发行,特别股东大会应根据董事会的报告和审计员的特别报告,决定维持或调整发行价或确定发行价的条件;否则,上一届特别股东大会的决定即告失效。

第 839 条

决定增资的股东大会,可以取消优先认购权,不论是否为一名或多名被指定的人的利益。

这项决定的受益人不得参加表决,否则审议无效。法定人数和所需的多数票是在扣除他们所拥有的股份后计算的。

发行价格或确定该价格的条件应由特别股东大会根据董事会和审计员的报告确定。

第 840 条

如果某个或多个从事银行业务的金融机构向公司提供发售完成担保,则增资被认为完成。票面认缴部分金额和溢价的全部金额的支付应最晚在认购期结束前 35 日进行。

第四节　债 券 发 行

第 841 条

如果债券在一个或多个成员国公开发行,发行公司应在开始认购之前和任何其他公布措施之前,在这些成员国完成下面第 842~844 条规定的手续。

第 842 条

公司应在有权刊登法律公告的报纸上刊登通知,除上面第 257-1 条规定的信息外,还应包括下列信息:

(1)公司宗旨的简要说明;

(2)公司的正常到期日;

(3)以前发行的债券的未偿还金额及其担保;

(4)由公司担保的债券发行时的金额,以及该等债券的担保部分;

(5)发行金额;

(6)拟发行债券的面值;

(7)利息和其他收入的利率和计算方法以及付款方式;

(8)赎回债券的时间和条件,以及在适当情况下赎回债券的条件;

(9)为债券提供的担保。

通知应附公司印章。

第 843 条

上面第 842 条所提及的通知的附件应为:

(1)经股东大会批准并经公司法定代表人核证的最新资产负债表副本;

(2)如果资产负债表的编制日期早于发行开始日期 10 个月,根据情况由董事会或经理负责编制的最长 10 个月的公司资产和负债状况报表;

(3)公司当期会计年度经营情况信息,如果审议财政决算的一般股东大会尚未召集,则还须提交上一年度经营情况信息。

如果尚未建立资产负债表,则应在通知中注明。

本条第 1 款第 1 项和第 2 项提到的附件可根据情况由最近一次的资产负债表在法定刊物上公示信息代替,或由最早 10 个月前中止的资产负债表在法定刊物上公示信息代替。

第 844 条

向公众通报发售债券的通告应复述本统一法第 842 条所提及的通知的信息,注明发行价格并应提及该通知已在有权发布法律公告的报纸上发布以及该期报纸的刊号信息。

报纸上发布的广告或海报须载有相同的信息,或至少载有该等信息的摘录,而该等信息须参照该通知,并指明获授权刊登该通知的报纸的刊号信息。

第五节　债券持有人大会

第 845 条

债券持有人大会前,大会召集通知应在公司注册地成员国或债券发售

地成员国有权发布法律公告的法定刊物登载,通知包含以下内容:

(1)公司名称、简称;

(2)公司形式;

(3)注册资本额;

(4)公司注册地址;

(5)公司商事和动产信用登记号;

(6)大会日程;

(7)大会日期、时间、地点;

(8)在适用的情况下,为获得参加会议的权利而必须交存债券的一个或多个地点;

(9)其团体召集参会的债券持有人认购的债券金额;

(10)主动召集会议的人的姓名和住所,以及其以何种身份行事;

(11)如适用,法院指定负责召集会议的代理人的裁决的日期。

第六节 公 示

第 846 条

本节规定适用于其全部或部分股票在某一成员国或多个成员国证券市场上市的公司。

年 度 公 示

第 847 条

股票在证券市场上市的公司应在会计年度结束后 4 个月内并至少在年度一般股东大会召开 15 日前在法定刊物上登载以下文件,其标题应清晰显示这些文件为审计员尚未审核的草案:

(1)财务摘要报表(资产负债表、损益表、资金来源支出表及所附报表);

(2)利润分配方案;

(3)对于有子公司或参与权益的公司,合并财务摘要报表。

第 848 条

证券在证券交易所上市的公司应在股东大会批准财务摘要报表后 45 日

内,在有权接收法律公告的报纸上公布下列文件:

(1)经审计员核证的批准后的财务摘要报表;

(2)利润分配决议;

(3)经审计员核证的综合摘要财务报表。

但如果这些文件与根据上面第 269 条公布的文件完全相同,则只应在有权刊登法律公告的报纸上刊登提及首次刊登并载有审计员的证明。

半 年 公 示

第 849 条

其证券在一个或多个成员国证券交易所上市的公司应在财政年度上半年结束后 4 个月内,在这些成员国有权发布法律公告的报纸上公布经营和收入情况报表,以及半年期经营报告,并附审计员对所提供信息真实性的证明。

第 850 条

经营和收入报表应显示税前普通业务的净营业额和损益情况。表中的每一项目应显示上一个财政年度和该财政年度上半年相应项目的数字。

第 851 条

半年经营报告应对头半年营业额和盈亏表进行说明。同时应对本阶段公司的经营状况以及至本会计年度结束公司的经营预测进行描述。过去半年发生的重大事件也应该在报告中说明。

第 852 条

编制综合财务摘要报表的公司,必须以综合形式公布其经营和收入报表以及半年期经营报告,并附审计员对所提供资料的真实性的证明。

公示——上市公司的子公司

第 853 条

未在证券市场上市的公司,如果其证券半数由一个或多个上市公司持有并且:

(1)其资产负债表金额超过2亿西非法郎,

(2)或持有证券投资组合并且存量价值或市值超过800万西非法郎;则其应在大会批准财务摘要报表后45日内,在有权发布法律公告的报纸上公布已批准的财务摘要报表,并附审计员的证明以及分配利润的决定。

第四卷之二　简易股份公司[1]

第853-1条

简易股份公司是由一个或多个成员设立的公司,其公司章程自由规定了公司的组织和运作,但须遵守本卷的强制性规定。简易股份公司的股东只对其出资范围内的公司债务承担责任,其权利以股份为代表。

如果简易股份公司只有一人的,该人称为"唯一股东"。在本卷规定集体决策的情况下,唯一股东行使赋予股东的权力。

唯一股东作出的、如同股东会议作出的须经过法律公示的所有决议,应当按照同等手续公布。

第853-2条

简易股份公司应以公司名称表示,该名称必须紧接在"简易股份公司"(société par actions simplifiée)或其缩略语"SAS"字样之前或后面,并以清晰的字符表示。

如果公司只有一名成员,则应以公司名称指定,该名称必须在前面或后面加上"一人简易股份公司"(société par actions simplifiée unipersonelle)或其缩略语"SASU"字样。

第853-3条

除第387条第1款、第414~561条、第690条、第751~753条外,关于股份有限公司的规定,在符合本卷特别规定的范围内,适用于简易股份公司。为适用本规定的目的,在公司章程没有具体规定的情况下,董事会或其主席的权力应由简易股份公司的主席或公司章程为此目的指定的一名或多名高

[1] 原文无第四卷之一。——译者注

级职员行使。

第 853-4 条

简易股份公司不能公开募集资金。

第 853-5 条

股本数额和股份面值由公司章程规定。

简易股份公司可以因服务或技艺出资而发行不可转让的股份。公司章程应规定认购和分配这些股份的条件。

第 853-6 条

转换为简易股份公司的决定应由股东一致作出。这同样适用于一个简易股份公司合并和收购另一个公司的情况。任何违反本条的决定均无效。

第 853-7 条

公司章程应规定公司的管理条件。

第 853-8 条

公司应由根据公司章程规定的条件任命的董事长作为代表与第三方交往。董事长拥有最广泛的权力,在任何情况下都可以在公司宗旨的范围内代表公司行事。

在与第三方的关系中,在上面第 122 条规定的条件和限制下,公司甚至受董事长不属于公司宗旨范围的行为的约束。

公司章程可规定除董事长以外的一人或多人行使本条赋予董事长的权力的条件。

公司章程中限制董事长、总经理或副总经理权力的条款和决定不得对第三方强制执行。

第 853-9 条

如果法人获委任为简易股份公司的董事长或高级人员,该法人的董事应受与以自己的名义担任董事长或董事相同的条件和义务的约束,并承担相同的民事和刑事责任,但不影响其所领导的法人的连带责任。

第 853-10 条

有关股份有限公司董事会成员责任的规定,同样适用于简易股份公司的董事长和高级职员。

第 853-11 条

公司章程应规定股东根据章程规定的形式和条件集体作出的决定。违反法定条款作出的决定无效。

但授予股份有限公司特别股东大会和普通股东大会有关公司增资、资本偿还和减资、公司合并、分立、部分资产转让、公司解散、公司转型、任命审计员、年度账目和利润等的权力,应按照公司章程规定的条件,由股东集体行使。违反本款规定作出的决定无效。

如果集体采取行动,但违反章程规定的条件,这些行动也是无效的。

在只有一名成员的公司中,年度报告、年度账目和合并账目应由董事长通过。唯一规定应在会计年度结束后 6 个月内,根据审计员的报告批准账目。唯一股东不得转授其权力。他的决定记录在一个特别登记册中。违反本款作出的决定,可应任何利害关系方的申请予以撤销。

如果唯一的股东是自然人并亲自担任公司董事长,则在同一期限内将库存和正式签署的年度账目交存商事和动产信用登记处,即构成对账目的批准。

第 853-12 条

每股至少有一票表决权。

第 853-13 条

合伙人可以按照上文第 853-11 条规定的条件任命一名或多名审计师。

在会计年度结束时,符合下列两项条件的简易股份公司必须任命至少一名审计员:

(1)资产负债表总额超过 1. 25 亿西非法郎;

(2)年营业额超过 2. 5 亿西非法郎;

(3)长期工作人员超过五十人。

如果公司在审计员任期届满前的 2 个财政年度内未能符合上述两项条件,则公司无须再委任审计员。

根据上面第 174 条控制一个或多个公司或由一个或多个公司控制的简易股份公司,也应任命至少一名审计员。

即使不符合前款规定的条件,至少占资本十分之一的一个或多个合伙人也可以向法院申请任命审计员。

如因抵销对公司的债权而增加资本,公司并无审计员,则董事长拟备的账目报表须由审计员核证为正确无误。

第 853-14 条

审计员,或如果没有指定审计员时公司董事长应向股东提交一份关于公司与其董事长、一名高级职员、一名拥有 10%以上表决权的股东,或如果该股东是附属公司,则其上面第 174 条所提到的控股公司直接达成的合同的报告。

第 1 款所述人员与公司有间接利害关系或通过中间人与公司打交道的人员签订的合同也应如此。

股东应就该报告作出决定。直接或间接有关的人不得参加表决,其所持股份不应计入法定人数和多数票。违反本条作出的决定无效。

但未经批准的合同仍然有效,有关人员以及董事长和其他高级管理人员必须承担对公司造成损害的后果。

在没有审计员或董事长报告的情况下进行的任何审议,均无效。

作为对第一款规定的减损,如果公司只有一名成员,则在特别登记册中只应提及公司与其高级职员或其中一名高级职员直接或通过代理人订立的合同的决定。

在与唯一股东订立合同的情况下,不需要在登记册中作出任何提及,也不需要审计员编写报告。

第 853-15 条

前条规定的例外是在通常条件下签订的正常业务的合同。

第 853-16 条

董事长和高级人员及其配偶、尊亲属或卑亲属和其他中介被禁止以任何形式与公司签订贷款合同,让公司同意以经常账户或其他方式透支,或让公司保证或担保其与第三方的债务,否则合同无效。

这一禁止性规定不适用于作为公司管理层的法人。

第 853-17 条

公司章程可规定股份或可获得资本的证券在不超过 10 年的期限内不可转让。

第 853-18 条

公司章程可根据其规定的条件,规定任何股份或可获得资本的证券的转让及其优先权须经公司事先批准。

第 853-19 条

公司章程可规定,在其规定的条件下,股东必须出售其股份。

公司章程也可规定暂停该成员的非金钱权利,直至该成员作出转让为止。

第 853-19-1 条

任何违反根据上面第 853-17、853-18、853-19 条制定的公司章程条款而转让股份或可获得资本的证券,均无效。

第 853-20 条

公司章程可以规定,控制权变更的联营公司必须在变更后立即通知公司。董事会可根据公司章程规定的条件,决定暂停该成员行使非金钱权利,并将其排除在外。

前款规定,在同样条件下,适用于因合并、分立、解散而取得此种地位的股东。

第 853-21 条

公司实施根据上面第 853-18、853-19、853-20 条引入的条款时,如果公司章程未规定股份转让价格的条款的,该价格应由双方协议确定,如果无法达成一致意见,则由根据公司章程条款或由当事人指定的专家确定,如果当事人无法就专家指定达成一致意见,则由公司注册地的主管法院通过快速裁决作出指定。

当股份被公司回购时,公司必须在 6 个月内出售或取消股份。

第 853-22 条

上面第 853-17、853-18、853-19、853-20 条所指的公司章程条款,只有在股东一致同意的情况下才能通过或者修改。任何违反本条规定作出的决议均无效。

第 853-23 条

上面第 853-17~853-20 条不适用于只有一名股东的公司。

第五卷 隐名合伙公司

第一编 总 则

第 854 条

隐名合伙公司(société en participation)是指合伙人同意不在商事和动产信用登记处登记的合伙企业。它不具有法人资格,也无须公示。

隐名合伙公司的存在可以通过任何方式予以证明。

第 855 条

合伙人应自由商定合伙企业的目的、期限、经营条件、合伙人的权利和终止,但不得减损合伙企业共同条款的强制性规则,但与法人资格有关的规则除外。

第二编 合伙人之间的关系

第 856 条

除非另有规定,合伙人之间的关系适用合名公司的规定。

第 857 条

隐名合伙公司经营所需的财产由公司经理支配。

但每个合伙人仍然是他提供给公司的财产的所有人。

第 858 条

合伙人可以同意将某些财产分割,或者其中一人对第三方拥有其为实现公司目标而获得的全部或部分财产。

第 859 条

公司存续期间通过资金和再投资购买的资产,以及在将给公司前即为共有财产的资产被认为是共有财产。

同样适用于合伙人可能已经约定变成共有财产的资产。

第 860 条

除非公司章程另有规定,任何合伙人都不得在公司解散前要求分割共有财产。

第三编　与第三方的关系

第 861 条

每个合伙人以自己的名义签订合同,并对第三方承担个人责任。

但如果合伙人明确地以合伙人的身份对第三方采取行动,则每一个合伙人都对其他合伙人的行为承担责任。

在这些条件下承担的义务对他们具有无限和连带的约束力。

同样的情况也适用于这样的合伙人,即如果他的行为使合同另一方当事人相信他打算对他作出承诺,并且有证据表明他的承诺是为了他的利益而作出的。

第四编　公 司 解 散

第 862 条

隐名合伙公司因终止合名公司的相同事件而解散。

但合伙人可以在公司章程或随后的文件中约定,尽管发生了这些事件,公司仍将继续存在。

第 863 条

如果公司经营无固定期限,其解散可以在通知后任何时间发生,通知由其中一位合伙人通过附回执的信件或挂号信交与所有合伙人,只要该通知出于善意并且没有不合时宜。

第六卷　事实上的公司

第 864 条

当两个或两个以上的自然人或法人作为合伙人行事,但他们之间没有组成本统一法承认的公司之一时,即为事实上成立的公司。

第 865 条

当两位或多位自然人或法人组建了以本统一法认可的公司但未完成法定组建手续,或者他们组建了不为本统一法所承认的公司,则同样存在事实上的公司(société de fait)。

第 866 条

任何利害关系人均可向主管法院申请承认两人或两人之间事实上成立的公司,该公司的身份或公司名称应由他提供。

第 867 条

事实上成立的公司或事实上的公司的存在,须以任一方式证明。

第 868 条

当法官承认事实上成立的公司或事实上的公司的存在时,合名公司的规则适用于合伙人。

第七卷　经济利益集团

第一编　总　　则

第 869 条

经济利益集团的宗旨仅限于在一定期限内,投入所有必要的资源以便利或发展其成员的经济活动,改善或提高该经济活动的成果。

其活动必须与成员的经济活动有关,而且只能是辅助活动。

它可以在没有资本的情况下成立。

第 870 条

经济利益集团自身并不导致实现和分配利润。

第 871 条

两个或两个以上的自然人或法人可以在他们之间组成一个经济利益集团,包括受法律或法规约束或其头衔受保护的人。

成员的权益不得通过可流通证券代表。

第 872 条

经济利益集团在商事和动产信用登记处登记后享有法人资格和完全的行为能力。

第 873 条

经济利益集团的成员应对集团的债务承担责任。但如果合同允许,可以免除新成员在加入集团之前产生的债务。豁免决定必须公示。

经济利益集团的成员应对集团的债务承担连带责任,除非与另一缔约方另有约定。

第 874 条

集团的债权人只有在向集团发出正式通知未获成功后,才可向成员追讨债务。

该通知应通过执达员或任何其他能证明收件人实际收到通知的方式发出。

第 875 条

如果经济利益集团本身完全由获准发行债券的公司组成,则该集团可根据发行这些证券的一般条件发行债券。

第 876 条

在不违反本统一法规定的情况下,合同应确定经济利益集团的组织,并自由确定每一成员的出资。

否则,每一成员应承担相等的份额。

在集团存续期间,可以在合同规定的条件下吸收新成员。

任何成员均可根据合同规定的条件退出集团,但须履行完其义务。

合同以书面形式作成,并遵守本统一法有关公司公示的规定。

合同应特别包含下列内容:

(1)经济利益集团名称;

(2)经济利益集团每一成员的名称,公司名称或法定名称,法律形式,住所或注册办事处地址,以及在适当情况下在商事和动产信用登记册上的登记号码;

(3)经济利益集团存续的期限;

(4)经营范围;

(5)注册地址。

对合同的所有修改均应在与合同本身相同的条件下起草和公布。它们只有在发布之日起才具有对抗第三方的效力。

由经济利益集团发出并发给第三方的文件,特别是信件、发票、公告和各种出版物,必须清楚地标明该集团的名称,后面跟着“经济利益集团”或“G. I. E.”字样。

任何违反上述条款的行为均构成违法行为。

第877条

经济利益集团的成员大会被授权作出任何决议,包括在合同规定的条件下提前解散或延长经营期限。

合同可规定,所有或部分决定均须在合同规定的法定人数和多数票条件下作出。在合同没有规定的情况下,决定应一致作出。

合同还可以为经济利益集团的每一成员分配与其他成员不同的票数。否则,每一成员应有一票表决权。

第878条

应经济利益集团至少四分之一的成员的申请,股东大会必须召开。

第二编 管 理

第879条

经济利益集团应由一个或多个自然人或法人管理,如果是法人,则应指定一名常驻代表,该代表应承担与以自己的名义担任董事相同的民事和刑事责任。

在不违反这一规定的情况下,合同或在没有合同的情况下,经济利益集团成员大会应自由组织集团的管理,并应任命管理人员,其职责,权力和罢免条件应由合同确定。

在与第三方的关系中,管理人员应就属于经济利益集团经营范围内的任何行为对经济利益集团负责。对权力的任何限制不得针对第三方。

第三编　监　　督

第 880 条

对管理和财务摘要报表的监督应按照合同规定的条件进行。

但如果一个经济利益集团根据上面第 875 条规定的条件发行债券,管理监督必须由大会任命的一个或多个自然人行使。

他们的任期和权力由合同确定。

财务摘要报表的审计应由大会从正式审计员名单中选出的一名或多名审计员进行,任期为 6 个财政年度。

在不违反有关经济利益集团的规则的情况下,审计员应具有与股份有限公司审计员相同的地位、权力和责任。

第 881 条

在经济利益集团发行债券的情况下,对违反本统一法规定的义务的处罚应适用于经济利益集团的管理人员和管理成员公司的自然人或管理这些公司的法人的常驻代表。

第四编　转　　型

第 882 条

任何公司或联合会如果其经营范围与利益集团的定义吻合都可以转为经济利益集团,而不必解散或创建新的法人。

经济利益集团可以转型为合名公司或有限责任公司,而不必解散或设立新的法人。

经济利益集团转型为有限责任公司的,其债务在转型前形成的债权人保留其对经济利益集团及其成员的权利。

第五编　解　　散

第 883 条

经济利益集团通过以下条件解散:

(1)经营期限届满;

(2)实现其经营目标或目标消失;

(3)由其成员根据上面第 877 条规定的条件作出决定;

(4)根据司法裁决,有正当理由;

(5)作为经济利益集团成员的自然人死亡或法人解散,除非合同另有规定。

第 884 条

如果其中某一成员失去行为能力、被宣告个人破产或被禁止管理、经营、监管任何形式或任何经营宗旨的企业,经济利益集团都应解散,除非合同规定继续经营,或其余成员全体一致决定继续经营。

第 885 条

经济利益集团的解散应导致其清算。为清算目的,集团的人格应继续存在。

清算应按照合同的规定进行,否则清算人应由经济利益集团成员大会任命,或在大会无法任命的情况下,由主管法院的决定任命。

在偿还债务后,剩余资产应按照合同规定的条件在成员之间分配。否则,应按等额分配。

第三部分　刑 事 条 款

第一编　有关公司组建的违规行为

第 886 条

股份有限公司的发起人、董事长兼总经理、总经理、执行董事或副执行董事在公司注册前或在任何时候发行股票的,如果公司注册是以欺诈手段取得的,或公司是不当成立的,则均属刑事罪行。

第 887 条

下列人员应受到刑事处罚:

(1)为编制认购和付款公证声明或存款保管人证明,明知认股情况虚假,却故意核实为真实可信,或股款未交付公司却声称已实际交付的人员;

(2)向公证人或保管人提供虚假股东名单或认购和付款单的人员,其中认购款并未最终提供给公司；

(3)故意通过虚假认购或付款方式，或故意通过公布不存在的认购或付款情况或任何其他虚假事实，已取得或企图取得认购或付款的；

(4)为诱使他人认购和付款，故意虚假公示某人姓名并声称该人与某公司或证券有关联的人员；以及通过虚假方式对某一实物出资给出过高估价的人员。

第二编　与公司的管理、行政及领导有关的罪行

第 888 条

故意作出下列行为的，构成犯罪：

(1)未完全缴清出资款；

(2)未支付股份面值四分之一的现金出资款。

第 889 条

公司领导在无盘存或通过虚假盘存特意在股东或合伙人间分配虚假红利的，应该受到刑事处罚。

第 890 条

公司领导在没有任何分红的情况下，为掩盖公司的真实情况，特意在会计年度结束时公布或向股东、合伙人报告年度不真实的经营情况、财务情况和公司资产情况的，应该受到刑事处罚。

第 890-1 条

公司领导未在批准后一个月内提交财务摘要报表的，将受到刑事处罚。

第 891 条

私人有限责任公司的经理、董事、董事长兼总经理、总经理、副总经理，简易股份公司董事长、执行董事或副执行董事，不诚实地将公司的财产或信贷用于他们明知违背公司利益的用途，用于个人的物质或道德目的，或用于他们直接或间接与之有利害关系的另一法人的，应该受到刑事处罚。

第 891-1 条

公司领导故意作出下列行为的，构成犯罪：

(1)未在所有针对第三方的公司行为和文件中包含公司名称;

(2)未在公司名称之前或之后清晰标注公司类型、注册资本、公司注册地址和公司的商事和动产信用登记号码。

第 891-2 条

作为公司管理人员的外国公司或外国自然人,其分支机构在 2 年后既未转让给根据成员国之一先前存在的公司或根据成员国法律将要成立的公司,也未根据上面第 120 条规定的条件被取消资格。

第三编　与股东大会有关的犯罪行为

第 891-3 条

故意阻止股东或合伙人参加股东大会的,将受到刑事处罚。

第 892 条

公司领导故意未按本统一法规定的格式起草股东大会会议记录的,将受到刑事处罚。

第四编　与股份有限公司资本变更有关的犯罪行为

第一章　增　　资

第 893 条

股份有限公司的董事、董事长、董事长兼总经理、副总经理、执行董事、副执行董事或简易股份公司的董事长在增资期间在下列情况下发行股份或记名股份的,构成犯罪:

(1)在保存人证书签发前;

(2)未按规定办理增资前手续的;

(3)公司以前认购的资本尚未全部缴清;

(4)在认购时未支付新股面值的四分之一;

(5)在适用的情况下,在认购时未支付全部溢价。

刑事处罚同样适用本条款提及的人员,如果他们没将现金股以记名的形式保持到股金全部缴讫。

第 893-1 条

有限责任公司的管理人员在增资期间发行股本时未支付其名义价值的一半,将面临刑事指控。

第 894 条

公司管理人员在增资时,若存在下列行为,应受刑事处罚:

(1)未能使股东从以现金发行的股份的优先认购权中受益,且股东未放弃该权利;

(2)未从认购开始之日起为股东分配至少 20 日的期限,除非该截止日期提前结束;

(3)由于按既约规则认购的股份数量不足,未能按既约规则认购人的权利比例将可分配的股份分配给按既约规则认购股份的人员,他们本来可以比按可约规则认购更多数量的股份;

(4)未能保留认购权持有人的权利。

第 895 条

如果公司领导在提交给审议取消优先认购权的股东大会的报告中提供不准确的信息,他们就应受刑事处罚。

第二章　减　　资

第 896 条

董事、董事长兼总经理、总经理、副总经理、简易股份公司的董事长、执行董事、副执行董事如在下列情况下故意进行减资,则构成犯罪行为:

(1)没有尊重股东的平等权;

(2)没有在审议减资的股东大会召开 45 日前将减资方案通报审计员。

第五编　与公司监督有关的犯罪行为

第 897 条

公司领导如果没有促成审计员任命或召集审计员参加股东大会的,应受到刑事处罚。

第 898 条

任何人不管是以其自己和名义还是以审计公司合伙人的身份,不顾法律规定的不得兼职的规定而接受、从事或保留审计员职务的,应该受到刑事处罚。

第 899 条

任何审计员,不管他是以个人名义还是以审计公司合伙人的身份,如果特意就公司的情况提供或确认虚假信息或没有向检察机关披露其知情的违法事实的,应该受到刑事处罚。

第 900 条

公司领导或任何公司的工作人员故意阻挠审计员核查、审计或拒绝在现场提交任何有利于审计员履行其职责的单据,尤其是所有的合同、账册、财务文件和会议纪要簿的,应该受到刑事处罚。

第六编　与公司解散有关的犯罪行为

第 901 条

当净资产因综合财务报表中确认的亏损面变得低于公司资本一半时,公司管理人员有下列行为的,构成犯罪:

(1)在通过确认亏损的财务报表的股东大会 4 个月后,未召集特别股东大会以决定公司提前解散的;

(2)未在商事和动产信用登记处记录公司的提前解散情况,并在被授权发布法律公告的报纸上公示的。

第七编　与公司清算有关的犯罪行为

第 902 条

公司清算人故意从事下列行为的,构成犯罪:

(1)在他被任命后的 1 个月内,未能在公司注册地被授权发布法律公告的报纸上发布任命他为清算人的文书,并且也未向商事和动产信用登记处提交宣布公司解散的决定；

（2）清算结束后未召集成员大会就最终清算账目、其管理的最终解除及其职责的解除作出决定，也未对清算程序的终结进行记录；

（3）在上面第 219 条规定的情况中，未能向公司注册地的商事和动产信用登记处提交其决算，并向法院申请批准。

第 903 条

当根据法院裁决进行清算时，如果清算人故意从事下列行为，则构成犯罪：

（1）在他被任命后的 6 个月内，没有提交一份关于正在清算中的公司的资产和负债以及继续进行清算交易的报告，也没有要求完成这些交易所需的授权；

（2）在每个财政年度结束后的 3 个月内，未能根据存货编制汇总财务报表，并在书面报告中说明上一财政年度的清算交易；

（3）清算期间未允许公司成员在原先的条件下行使其对公司文件的知情权；

（4）在公司继续经营的情况下，未做到至少每年一次召集公司成员向其汇报综合财务报告；

（5）未在决定分配之日起 15 日内将成员与债权人之间的指定分配款项存入清算公司的银行账户；

（6）在清算结束后的 1 年内，未能将分配给债权人或合伙人的款项存入国库资本支付账户。

第 904 条

清算人如果恶意从事下列行为，就会面临刑事指控：

（1）将清算公司的资产和信用用于其知晓的、不符合公司利益的个人目的或用于其有直接或间接利益的其他法人；

（2）在未获得公司成员一致同意或未获得主管法院批准的情况下，将清算公司的全部或部分资产转移给公司内的个人合伙人、经理、董事、执行董事或审计员。

第八编　与公开募集相关的犯罪行为

第 905 条

在进行公开募集时,如果公司的董事长、董事或执行董事从事了下列行为,则构成犯罪:

(1)未在发布招股公告前,在被授权发布法律公告的报纸上发布通知;

(2)招股说明书和通告没有复制本条第 1 项所述的通知的信息,且没有提及在被授权发布法律通知的报纸上刊登该通知;

(3)在报刊上登载的海报、公告未复述同样的内容或未说明发布通知的法定刊物的刊号;

(4)没有注明发出要约的个人、公司代表签名的海报、招股说明书、通告,并详细说明所发行证券是否上市,以及是否在哪一家证券交易所上市。

在未遵守本条规定的情况下担任证券转让中间人的,也适用同样的刑事处罚。

第四部分　最终和过渡条款

第 906 条

西非法郎为统一法的基本货币,对于非西非法郎的签约国家,西非法郎对应的当地国货币的价值开始应该是本统一法被通过的当日适用的现行西非法郎与当地货币比价确定的价值。对应的价值如果折算时出现小数,应该调整为更高单位的整数。

《非洲商法协调条约》成员国部长委员会根据成员国财政部部长的提议,应根据这些成员国的经济和货币发展情况,审查并在必要时修订本统一法中以西非法郎表示的数额。本国货币的等值应酌情采用西非法郎与这些成员国本国货币在本统一法订正数额通过之日的现行平价确定。

第 907 条

自本统一法在某成员国生效之日起,即适用于在该国组建的公司和经济利益集团。

但不必重复本统一法生效前已经完成的组建公司的手续。

第 908 条

在本统一法生效前组建的公司和经济利益集团应遵守本法的规定。自生效日起两年内，他们应使其公司章程与本统一法的规定一致。

第 909 条

协调的目的是废除、修改和在必要时取代与本统一法的强制性规定相抵触的公司章程条款，并提供本统一法规定的强制性补充。

第 910 条

可以通过修订旧的公司章程或通过重新起草公司章程的所有条款来实现协调。

修改公司章程可以由股东大会或合伙人大会根据一般决定的有效条件作出，尽管有任何相反的法律或公司章程规定，但条件是只修改与新法律不一致的条款的实质内容。

第 911 条

改变公司形式或以公积金、利润或发行溢价资本化以外的方式增资，只有修订公司章程要求的正常条件下进行。

第 912 条

如果由于任何原因，股东大会或合伙人大会不能适当地作出决定，则应根据公司法定代表人的请求，将调整公司章程的建议提交主管法院批准。

第 913 条

如果无须对公司章程进行调整，股东大会或合伙人大会应对此进行备案。该决议应同公司章程修改一样进行公示。

第 914 条

其注册资本未至少增加至本统一法第 311 条对有限责任公司和本统一法第 387 条对股份有限公司规定的最低数额的，资本少于这些数额的有限责任公司和股份有限公司，在本统一法第 908 条规定的期限届满前，宣布其解散或转变为本统一法规定的最低资本不超过现有资本的另一种形式的公司。

不遵守前款规定的公司，应当在规定期限届满时依法解散。

第 915 条

在统一法生效后 2 年内，如未对公司章程进行调整以使其与本统一法的

第 4 条

本统一法所指的人保(sûretés personnelles)是指一个人承诺在主债务人违约时或在担保权益人第一次主张履行担保义务时履行担保义务。

除本统一法另有规定外,只有本统一法管辖的担保权才是唯一有效设立的担保权。这些权利应包括从作为债务人履约担保的抵押品清算价格中支付给债权人的优先权,或者是收回债权人拥有的用于担保债务资产的自由处置权。

担保权可由债务人本人或第三方设立,作为对债务的担保,但须符合本统一法的具体规定。

河流、海洋和航空法特定领域的担保权,本统一法管辖范围外的担保权,以及确保专用于金融机构之间协议履行的担保权,均可受特别立法管辖。

第二章　担保代理人

第 5 条

任何担保或为履行义务的其他担保,可由国内或国外金融机构或信贷机构以自己的名义并作为担保代理人,为被担保债权人的利益设立、登记、管理和执行担保事务。

第 6 条

指定担保代理人的文书应包含以下内容,否则无效:

(1)被担保债务,或如果是未来债务,则包括能够使其特定化的要素,如债务人的指示、付款地、债务金额或其估价,以及到期日期;

(2)担保代理人任命之日,被担保债务的债权人身份;

(3)担保代理人的身份和注册办事处;

(4)担保代理人的任务期限及其管理和处置权的范围;

(5)担保代理人向被担保债务的债权人报告其活动的条件。

第 7 条

担保代理人为被担保债务的债权人的利益行事时,应明确说明,在其任职期间进行的任何担保登记均应说明其姓名和作为担保代理人的身份。

第 8 条

除另有规定外，对于所有与被担保债务有关的事项，债权人在与债务人、担保人，以及为这些债务而分配或转让财产的人和第三方的关系中，均应由担保代理人代表。

在被担保债务的债权人授予的权力范围内，担保代理人可以采取任何行动维护其利益，包括法律诉讼，只要表明其作为担保代理人身份行事即可。

第 9 条

当担保权的设立或变现需要将所有权转让给担保代理人时，被转让的一项或多项资产构成其指定用途的资产时，担保代理人应将其与自己的资产分开。担保代理人在履行职责时收到的付款也是如此。

在可能对此类资产行使转售权的情况下，在不发生欺诈的情况下，只有在对担保代理人提起集体债务清偿程序（破产程序）的情况下，这些资产才可由因保留和管理这些资产而产生债权的持有人扣押。

第 10 条

指定担保代理人的文书可以规定担保代理人代替第三方履行职责的条件。

在这种情况下，被担保债务的债权人可以直接对担保代理人所替代的人采取行动。

此类文书还可以规定，如果担保代理人未能履行职责或损害委托方的利益，或如果他是集体债务清偿程序的对象，则可以更换担保代理人。如果没有这方面的合同规定，在上述情况下，被担保债务的债权人可以要求主管法院迅速作出裁决，指定一名临时担保代理人或要求更换担保代理人。

替换担保代理人时，无论是依据合同规定还是法院命令，担保代理人为被担保债务的债权人利益持有的所有权利和股份应自动转让给新的担保代理人，无须任何其他手续。

第 11 条

如果指定担保代理人文书中没有相反的规定，担保代理人对被担保债务的债权人的责任应按照雇员代理人的方式评估。

第一编　人　　保

第 12 条

本统一法管辖的人保是保证(cautionnement)和独立担保(garantie autonome)。

第一章　保　　证

第 13 条

保证是一项合同,根据该合同,担保人向接受担保的债权人承诺,如果债务人本人不履行现在或将来的债务,则由担保人履行。

该承诺可以在没有债务人命令的情况下作出。

第一节　保证的成立

第 14 条

不论被担保债务的性质如何,均不得推定保证。

证明文件应包括担保人和债权人签名,并由担保人以字母和数字书面形式注明的最高担保金额,包括本金、利息和其他费用。如有任何差异,保证应以字母文字记载的金额为准。

不知道如何书写或不能书写的担保人,必须有两名证人在场协助,证人应在保证书中证明自己的身份和在场,并进一步证明证人已经解释了该文书的性质和效力。证人在场时,担保人应免于办理前款规定的手续。

本条的规定也应适用于各成员国法律或法院判决要求的保证。

第 15 条

如果合同、各成员国的法律或法院的裁决要求债务人提供保证,则担保人应在提供保证的领土管辖范围内设立住所或提供送达地址,除非债权人或主管法院免除这种条件。担保人必须在考虑到其资产的所有要素来提交偿付能力的保证。债务人无法找到担保人的,可以用向债权人提供具有相同担保的任何物的担保来代替人的担保。

第 16 条

如果通过债权人自愿或法院判决得到的担保人随后破产,债务人应提供另一名担保人,或向债权人提供相同担保的物的担保。

只有当债权人同意主合同中指定的担保人对其作出承诺的条件时,该规则才可能有例外。

第 17 条

只有在被担保的主要债务有效设立后,保证才能存在。但是,在完全知情的情况下,可以担保无行为能力人的承诺。债务人对相对无效债务的确认,对担保人没有约束力,除非担保人明确放弃这种无效性。

只有在主要债务没有被有效设立的情况下,主要债务人的担保人才能援引代理人无权约束主要债务人的情况,除非主要债务人已经确认了该债务,且担保人明确放弃援引上述义务无效性的权利。

担保人的承诺不得以比主要债务更为苛刻的条件作出,除非是减少主要债务的数额,也不得超过主要债务人在诉讼时应支付的数额。

主要债务人不得通过保证后达成的协议加重担保人的义务。

第 18 条

除另有规定外,对债务的保证,除本金外还应在最高担保金额范围内有所延伸至债务的附属债务和债务追偿的费用,包括向担保人发出通知后产生的费用。

根据担保人的要求,构成主要债务的文书应附在保证协议中。

也可以仅为债务部分签订保证合同,且以较不苛刻的条件而订立。

第 19 条

除另有规定外,对主要债务人债务的一般保证(cautionnement général),无论是以任何债务担保、经常账户借方余额担保还是任何其他形式,均仅指对直接合同债务的担保。合同须双方自由确定最高金额,包括本金、利息和其他杂费,否则无效。

当达到最大金额时,一般保证可以延续。

延续须明示,与此相反的任何条款均应视为未订立。

担保人可以在达到最高担保金额之前随时撤销该保证。撤销保证之前,被担保的债务人产生的所有债务仍应由担保人担保。

除另有规定外,一般保证不得担保主要债务人在保证日期之前的债务。

第二节 保证方式

第 20 条

保证被认为是连带责任。

如果各成员国法律或成员国间公约有明确规定的,则保证被认为是单一的。

第 21 条

担保可由合同中指定的担保人进行。

除非另有规定,担保人应为已认证担保的单一担保人。

第 22 条

担保人可以通过对其一项或多项资产上提供物的担保来担保其债务。

担保人还可以将债务限制在其提供担保的一项或多项资产的可变现价值上。

第三节 保证的效力

第 23 条

只有在债务人不付款的情况下,担保人才有义务偿还债务。

只有在向债务人发出未付款正式通知且债务人仍然没有付款的情况下,债权人才可以对担保人提起法律诉讼。

债务人应将债权人给予的延长期限通知担保人。担保人有权拒绝这种延长期限的好处,并对债务人提起诉讼以要求其付款或获得担保或保全措施。

尽管有相反的规定,授予债务人的终止期限不应自动扩大到担保人,担保人只能在被要求提供保证时确定的到期日付款。但是,如果担保人在接到正式通知后未在规定的时限内履行义务,则会丧失对该期限的抗辩权。

第 24 条

在向主要债务人发出正式付款通知当月,如果债务人对此置之不理,债权人须将主要债务人的违约情况告知担保人,说明债务人在付款事件发生之日应偿还的本金、利息及其他杂费。

否则,担保人对自付款事件发生之日起至被告知之日之间的逾期罚金或利息不承担责任。

任何违反本条规定的条款均应视为未订立。

第 25 条

债权人有义务在签订保证合同后每半年结束后的 1 个月内,向担保人提交一份主要债务人债务的声明,说明债务的原因,到期日期以及半年结束时所欠的本金、利息和其他费用,以提醒担保人可以通过复制本统一法第 19 条的规定行使撤销权。

在没有遵守本条规定的情况下,被担保债务的债权人无权享有自从他收到上一次来文之日起至新信息传达之日为止应计的合同利息,但不影响本统一法第 29 条的规定。

任何违反本条规定的条款均应视为未订立。

第 26 条

担保人应承担与主要债务人相同的义务。连带担保人应在与连带债务人相同条件下履行主要债务,但要遵守本统一法的特别规定。

但是,债权人只能通过向主要债务人提起诉讼来起诉单一担保人或连带担保人。

第 27 条

通过法院命令确定的担保人和连带担保人不享有对债务人的财产进行扣押和出售的利益。

除非已明确放弃了该项利益,否则单一担保人可以在针对他的第一次诉讼时要求扣押或出售主要债务人在该国境内可立即被扣押的财产,并为全额偿还债务提供足够的资金。

此外,担保人应预付扣押或出售的费用,或存入主管法院为此目的裁定的必要金额。

如果担保人指明了资产并提供了足够的扣押或出售费用,则债权人应在指明的资产数额内,对因未向主要债务人提起诉讼而导致的无力偿债向担保人承担责任。

第 28 条

如果同一债务人和同一债务有多个担保人,除非他们之间有一致的规定或他们已放弃该项利益,否则每个担保人都可以在债权人提出第一次诉讼后,在主张抗辩之日要求在有偿付能力的担保人之间划分债务。

担保人对划分后发生的其他担保人的无力偿债不承担责任。

自愿分割诉讼的债权人不得撤销该划分,并应承担被起诉的担保人的无力偿债责任,而不得将其转让给其他担保人。

第 29 条

任何担保人或担保人的保证人均可向债权人提出属于主要债务人的,旨在减少、消灭或推迟债务所固有的抗辩,但须遵守本统一法第 17 条和第 23 条第 3 款和第 4 款,以及本统一法关于集体债务清偿程序的特别规定。

单一或连带担保人在债权人不能再以其名义代为行使权利和担保时,应予以解除。

与此相反的任何条款均应视为未订立。

如果债权人被指控的行为仅限制了代位权,则担保人应在保留的担保不足的范围内解除担保。

第 30 条

担保人在向起诉的债权人清偿债务前,应通知主要债务人或向其提出疑问。

如果担保人在没有通知或质疑主要债务人的情况下付款,如果债务人在担保人付款时或付款后发现自己有偿还债务的能力,或者如果他在不知道担保人已经付款的情况下付款,则担保人将失去对主要债务人的追索权。然而,担保人应保留其对债权人的追索权。

第 31 条

担保人就其向债权人支付的任何款项代位享有债权人的所有权和担保。

如果同一债务有多个连带的主要债务人,则担保人应就其支付的所有款项向每一个主要债务人行使代位权,即使担保人只担保了其中一个主要债务人。如果债务人是配偶,法院必须分割其诉讼。

第 32 条

已支付担保金的担保人有权就其支付的本金、利息和自通知主要债务人对其提起的诉讼之日起产生的费用对主要债务人提起个人诉讼。此外，他还可以要求赔偿由于债权人提起诉讼而遭受的损失。

如果存在部分担保，对于剩余部分，债权人不得优先于已经付款并根据其个人追索权行事的担保人。任何与此相反的条款均应视为未订立。

第 33 条

担保人对已认证的担保的追索权应遵守本统一法第 30、31、32 条规定。

第 34 条

如果同一债务有多个单一或连带担保，如果其中一个担保人有效地偿付了债务，则该担保人可向其他担保人追索他的份额和部分。

第 35 条

担保人甚至可以在向债权人清偿之前，向主要债务人提起付款要求，或要求保全其对主要债务人资产的权利：

(1)一旦债务人被法院起诉；

(2)当债务人处于停止偿债或违约状态；

(3)当债务人未在约定期限内解除债务时；

(4)当债务在合同规定的期限届满时已到期并应立即偿还。

第四节　保证的灭失

第 36 条

主要债务的部分或全部灭失，应在同样程度上导致担保人的承诺消灭。

当担保人付款后，即使债权人此后失去了接受其付款的权利，担保人也将被最终解除担保义务。任何与此相反的条款均应视为未订立。

通过变更标的物或改变原因更新主要债务，或修改其条款或担保权益，担保人可免于承担责任，除非担保人同意将其担保转移到新债务上。变更前与此相反的条款均应视为未订立。

单一担保或连带担保人的承诺应仅限于担保人死亡之前的债务传给其继承人。

第37条

在下列情况下,担保人的承诺应独立于主要债务而消失:

(1)因对其提起诉讼,担保人要求赔偿个人债务的;

(2)债权人已同意免除单一担保人债务的;

(3)债权人与担保人的身份发生混同的。

第38条

但当由于继承而导致债务人与其担保人之间身份混同时,不应消除债权人对担保人的保证人的诉讼。

第二章　独立担保和独立反担保

第39条

独立担保是指担保人根据委托人的委托,并根据委托人的指示,有义务根据受益人的首次要求或根据约定的条件,向受益人支付一定金额的承诺。

独立的反担保是指反担保人受委托人的委托,并根据委托人的指示,有义务根据担保人的首次请求或根据约定的条件,向担保人支付一定金额的承诺。

第一节　独立担保和独立反担保的设立

第40条

独立担保和独立反担保不得由自然人承担,否则无效。

它们产生了独立的承诺,有别于可能构成其基础的公约、行为和事实。

第41条

不得推定独立担保和独立反担保。必须以书面形式证明存在以下要件,否则独立担保或独立反担保无效:

(1)独立担保和独立反担保的名称;

(2)委托人的名称;

(3)受益人的名称;

(4)担保人和反担保人的姓名;

（5）独立担保或独立反担保所依据的基本协议、行为或事实；
（6）独立担保和独立反担保的最大金额；
（7）导致担保到期的日期或事实；
（8）付款条件，如果有的话；
（9）担保人或反担保人不可能从担保的例外中受益。

第二节　独立担保和独立反担保的效力

第 42 条

除另有明确或约定外，受益人的担保权不得转让。但是，担保权的不可转让性不应影响受益人转让其在根据担保书提出符合要求的索赔后本应有权享有的任何金额的权利。

第 43 条

除另有明确规定或约定将在日后生效，独立担保和独立反担保应自签发之日起生效。

对于定期独立担保或独立反担保，根据委托人的指示，独立担保和独立反担保是不可撤销的。

无限期的独立担保或独立反担保可以分别由担保人或反担保人撤销。

第 44 条

担保人和反担保人只应承担独立担保书或独立反担保书中规定金额范围内的数额，并应扣除担保人或反担保人根据其承诺条款支付的先前款项。

独立担保和独立反担保可以规定，在规定的日期或向担保人或反担保人提交担保书中规定的文件时，应按规定或可确定的数额减少担保金额。

第 45 条

独立担保的付款请求应由受益人书面提出，并附上担保中规定的任何其他文件。该要求应表明委托人在履行担保义务时被指控的违约行为。

独立反担保的付款请求应由担保人以书面形式提出，说明担保人已收到受益人根据担保条款提出的付款请求。

任何付款请求均应符合为其设立的独立担保或反担保的规定，除非另有规定，否则应在独立担保的签发地提出，或在反担保的情况下，在反担保的签发地提出。

第 46 条

担保人和反担保人各有 5 个工作日审查付款请求是否符合独立担保或反担保的规定。他们只有在 5 日期限届满之前通知受益人,或在反担保的情况下通知担保人,才可以拒绝付款请求。

担保人应将受益人的请求和所有附带文件的副本转给委托人,或者如果是反担保则转发给反担保人,由后者将其转发给委托人。

担保人应将任何担保金额的减少以及终止担保的任何行为或事件(有效期自动终止日期除外)通知委托人,或在反担保的情况下,通知委托人的反担保人。

第 47 条

只有当受益人的付款请求明显是滥用或欺诈的情况下,委托人才可以禁止担保人付款。反担保人在相同条件下对担保人享有相同的选择权。

只有在担保人知道或应该知道受益人的付款请求具有明显滥用或欺诈性质的情况,担保人才可以为反担保人付款辩护。

第 48 条

根据独立担保或独立反担保的规定付款的担保人或反担保人,应享有与担保人针对委托人的相同救济措施。

第 49 条

在下列情况下,独立担保或独立反担保应终止:

(1)在指定的日历日或设定的期限届满时;

(2)向担保人或反担保人提交独立担保或反担保中规定的解除文件时;

(3)经受益人书面声明解除担保人在独立担保下的义务,或经担保人书面声明解除反担保人对独立反担保的义务。

第二编　动产担保权益

第 50 条

动产担保权益包括:留置权、以担保方式保留或转让的财产权、对有形资产的质押权以及对无形资产的质押和留置权。

除另有规定外,应予公示的担保权应按照本编第一章的规定在商事和动产信用登记处登记。

第一章　在商业和动产信用登记处的动产担保权

第 51 条

担保权的登记应根据债权人、担保代理人或担保权益设保人的要求进行。

财政部、海关总署和社会保障机构的一般留置权的登记应根据债权人管理机构公共会计师的要求进行。

第 52 条

登记应根据以下地区管辖权的规则在商事和动产信用登记处进行:

(1)有权接受担保权登记的商事和动产信用登记处是担保权设保人登记的管辖区的登记处,或者如果不需要登记,则是设保人所在地或住所所在地的管辖区的登记处,具体视情况而定;

(2)有权接受债务抵押或质押或债务转让登记的商事和动产信用登记处是该债务的债务人登记管辖区域的登记处,或者如果债务人不需要登记,则是债务人注册办公室或住所所在地管辖区域的登记处,具体视情况而定;

(3)有权接受商业公司或法人团体的成员权利和证券质押登记的商事和动产信用登记处,须在该公司或法人团体登记地的管辖区;

(4)有权登记商业质押和企业卖方留置权的商事和动产信用登记处,应为企业的自然人或法人团体在其管辖范围内的登记处;

(5)有权接受财政部、海关总署和社会保障机构对一般留置权登记的商事和动产信用登记处,应是债务人在其管辖范围内登记的登记处,如果债务人不需要登记,则在债务人登记办事处或所在地的登记处登记,具体视情况而定;

(6)关于登记企业担保权的管辖规则应与适用于登记人的管辖权规则相同。

第 53 条

为进行登记,债权人、担保代理人、设保人,或必要时公共会计师应向负

责管理商事和动产信用登记簿的登记处或成员国主管机构提交一份登记表,并说明:

(1)债权人或担保代理人、被担保债务的债务人和不是债务人的设保人的姓名、企业名称、住所或登记办事处,以及在适用的情况下,电子地址和登记编号或活动申报编号。

(2)产生担保权的所有权的性质和日期。

(3)在适当的情况下,双方同意的登记期限。

(4)担保债权的最大金额,包括本金、利息和其他费用,到期日期和是否存在委托协议。对于未来的债务,表格应列出有助于确定未来债务的标准。

(5)在适用的情况下,设保人可以根据本统一法第 102 条规定的条件,转让担保权所涵盖的可替代资产。

(6)对担保资产的描述,并说明能够识别该资产的标准,包括其性质、位置以及必要时其品牌名称或序列号;或者,如果是一组现有或未来的资产,则说明其性质、质量、数量或价值。

如果担保的标的是一项或一组现有或未来的债权,在确定担保资产时,应说明可能使债权个性化的标准,例如说明债务人、付款地点、债权数额或其估价和期限。

如果是商业公司的成员权利和证券以及任何其他法人团体的可转让权利和债权的质押,该表格还应注明其成员权利和证券作为质押标的的公司的注册号。

在商业质押或出售的情况下,申请质押登记或卖方留置权的表格还应包括拥有或经营申请质押或卖方留置权的企业的自然人或法人团体的登记或活动申报编号。

第 54 条

在核实登记表是否包含本统一法第 53 条规定的强制性细节后,负责保管商事和动产信用登记簿的法院登记员或成员国主管机构负责人,应立即在按时间顺序排列的申请登记册中进行登记。他应立即向申请人签发登记确认书,并注明日期、所办理手续的名称和按时间顺序排列的登记册上记录的序列号。登记或拒绝登记也应由登记处或成员国主管机关通知债务人或不是债务人的设保人。债务人或设保人在收到通知后 8 日内,酌情向成员国主管法院或主管当局提出上诉,主管法院或主管当局应迅速作出裁决。

如果表格不规范，登记官或成员国主管机构负责人应拒绝登记。拒绝必须有理由。登记官或该成员国的主管机关应立即通知申请人，并将其记入按时间顺序排列的登记册的空白处。可在收到拒绝通知之日起8日内，向主管法院或成员国主管当局提出上诉，主管法院或主管当局应迅速作出裁决。

根据本条第1款和第2款作出的决定，可在收到通知后15日内向主管上诉法院提出上诉，该上诉法院应迅速作出裁决。

第55条

如果未能通知申请人被拒绝的情况，则登记官或成员国主管机关负责人应立即：

(1)在被登记的自然人或法人的名义开立的个人档案中记下该记录；

(2)将申报表归入上述档案，并注明登记日期和序列编号；

(3)向国家商事和动产信用登记处通报登记情况，并向其提供登记表的副本和以登记对象名义开立个人档案的摘录。

第56条

如果是商业公司的成员权利和可转让证券以及任何其他法人团体的成员权利和可转让证券被质押，法院登记官或成员国主管机构的负责人还应在以其成员权利和可转让证券涉及的公司或法人团体的名义开立的个人档案中注明该情况。

第57条

须公示担保权的正式登记，自其在商事和动产信用登记处按时间顺序登记备案之日起，具有对抗第三方的效力。

如果需要在同一日对同一资产进行竞合登记，则应将最早拥有所有权方要求登记的视为首先登记，不论上述登记册的顺序如何。

如果需要在同一日根据同一日期的证券对同一资产的竞合担保权益进行登记，则担保权应视为具有相同等级，但作为担保转让和保留所有权除外，在这种情况下，担保转让和保留所有权应视为先于当日要求登记的其他担保权登记，不论上述登记册中的顺序如何。

如果需要在同一日对同一资产进行所有权保留和担保转让的登记，则不论上述登记册中的顺序如何，都应将所有权保留视为已首先登记。

如果在同一日需要根据同一日期的证券对同一资产进行担保权的转让登记,则该资产应按其债权额比例视为属于债权人,不论上述登记册中的顺序如何。

第 58 条

财政部、海关总署和社会保障机构的一般留置权的登记应自其登记之日起 3 年内保留债权人的权利。

对于需要登记的其他担保权益,当事人可以在商事和动产信用登记处登记该担保权文书的有效期,但该期限不得超过自登记之日起 10 年。

如果在有效期届满前未重新登记,则登记处或成员国主管机关应自动注销登记。

登记时应担保与本金同等级别的 2 年利息。

第 59 条

登记的延续应按照与初始登记相同的条件进行。

有效的延续应自其在商事和动产信用登记处按时间顺序登记备案之日起对第三方有效。这发生在原始登记生效的期限届满之前,并允许申请人保留登记的利益。

在商事和动产信用登记簿的备案序号中,注明登记日期和序列号的重新登记证书,应当立即发送给申请人。

第 60 条

通过对担保权的合同代位权或优先权转让的方式对商事和动产信用登记簿中原始记录的任何修改,只有在原始登记的空白处记录才有效力。

任何合同或法院命令的对担保权或担保债务的变更,均应按照原始登记的条件和形式进行变更登记。

第 61 条

被列入本编一项或多项登记的自然人或法人,可以随时向成员国主管法院或主管当局提出请求,要求解除、修改或担保该登记。

在任何情况下,甚至在对案情作出决定之前,成员国的主管法院或主管当局都可以在申请人具有合理和正当理由的情况下部分或全部解除登记。

第 62 条

任何部分或全部解除商事和动产信用登记处中的登记事项,只有在原始登记的空白处标注后才有效。

第 63 条

对登记的司法撤销应由该成员国的主管法院或主管当局下令。

第 64 条

只有在债权人或其合法代为受让人以电子方式提交或传送真实文书,或在债权人或其合法代位受让人正式表示同意并证明其权利,并提供一份表明以下情况的表格上,方可进行协议注销:

(1)被要求登记的自然人或法人的姓名、企业名称、住所或注册办事处,以及在必要的情况下,在涉及成员权利和证券登记的情况下,其成员权利和证券作为该项登记对象的法人团体的注册编号;

(2)提交文书的性质和日期。

在核实表格是否与所提交文书的内容相符后,应将删除的内容记入商事和动产信用登记簿。应向任何提出要求的人签发注销证明。

第 65 条

任何以欺诈手段进行的担保权登记,或恶意提供不准确登记的,均应受到国内刑法规定的处罚。

成员国主管法院或主管当局在作出判决时,可以命令按其确定的条款更正不准确的条目。

第 66 条

任何要求提供信息的请求均应采用商事和动产信用登记处为此目的提供的表格填写。

对于根据前款提出的提供信息的请求,登记官或该成员国主管机关负责人必须立即作出答复,或最迟在商业和动产信用登记处收到申请后 2 个工作日内作出答复。答复方式为向申请人签发表明未进行登记的证书,或发出一份没有作出任何记载的证明或发出一份载有现有登记旁注的一般说明,或出具一份或多份关于债务人或设保人财产或某类财产的特别说明。

任何不符合法律要求的登记、修改或注销,以及签发不完整或错误的摘录,应酌情由成员国的登记官或主管机构的负责人承担责任。

第二章　留　置　权

第 67 条

在适用本统一法第 107 条第 2 款规定的情况下，合法持有债务人动产的债权人可以扣留该动产，直至其到期应支付全部欠款为止，不论是否有任何其他担保。

第 68 条

只能在下列情况下才能行使留置权：

（1）留置权人的债务是确定的，有固定数额且应支付；

（2）产生的债权与留置财产之间存在联系；

（3）并且如果该财产在被留置权人扣留之前没有被没收。

第 69 条

当存在以下情况时，则视为联系已经存在：

（1）留置的物品已交付，直至留置权人的债权已全部付清为止；

（2）未偿债权产生于要求留置权人交付被留置物品的合同；

（3）未偿债权是在持有被留置的物品时产生的。

第 70 条

债权人有义务妥善保管留置的资产。尽管有前款的规定，如果因为该资产的状况或易腐性要求，或者该资产的保管成本超过其价值，债权人可以在其主管法院的紧急授权下出售该资产。在这种情况下，留置权应转移至被记录的销售价款中。

第三章　作为担保而保留或转让所有权

第 71 条

可以通过保留所有权条款来留置动产的所有权作为债务担保。

它也可以根据本章规定的条件，作为债务的担保进行转让。

第一节　所有权保留

第 72 条

动产所有权可以通过保留所有权条款的效力予以保留，该条款在构成合同对价的债务全额支付之前中止了合同的效力。

第 73 条

所有权保留条款最迟应在财产交付之日以书面形式商定，否则无效。它可以以书面形式规定当事人之间目前或将来一系列的交易。

第 74 条

所有权的保留只有在根据本统一法案第 51～66 条的规定在商事和动产信用登记处已正式登记的情况下，才具有对抗第三方的效力。

第 75 条

可替代资产的保留所有权可以对债务人或代表债务人持有的同类和相同质量的财产行使，但以尚未偿还的债务金额为限。

第 76 条

在财产可以分离而不会受到损害时，将保留所有权的一项资产并入另一项资产中不得妨碍债权人行使其权利。

否则，所有财产应归属于构成主要部分物品的所有人，并由其向另一方支付在付款之日估计的与该物品相关的物品的价值。

第 77 条

如果债务人未能在到期日前全额偿还债务，则债权人可以要求归还财产，以追回其保留的所有权。

收回的财产的价值应以付款方式从附担保债权的余额中扣除。

收回的财产价值超过余额的，债权人应向债务人支付差额。

任何与本条第 2 款和第 3 款相违背的条款都应视为未订立。

第 78 条

出售或销毁财产时，所有权应视情况从债务人向转购人的债权或该财产的保险赔偿中转移。

第二节　作为担保转让的财产

第79条

在本节规定的条件下,可以将现有或未来的一项财产或一组财产的所有权转让,作为清偿现有或未来一项债务或一组债务的担保。

第一分节　转移债权作为担保

第80条

对第三方持有的债权可以作为本国或外国法人授予的任何信贷的担保而转让,如果该法人以从事银行或信贷业务作为其通常职业。

如果债权是通过合同产生的,而且债权是由于从事被转让债务人的专业活动而产生的,或者与被转让债务人的任何专业活动直接相关,即使这不是他的主要活动,则被转让债务人不得对受让人主张债权的不可转让性。

第81条

作为担保的债权转让应以书面形式记录,并应说明以下内容,否则无效:

(1)转让人或受让人的名称或商号;

(2)转让日期;

(3)对担保债权和被转让债权的描述。

如果这类债权是未来的债权,则该文书应允许债权的特定化,或包含允许债权特定化的要素,如债务人的说明、付款地点、债权数额或债权估价,以及在适用的情况下债权的到期日。

第82条

以担保方式转让现有或未来债权的合同在订立之日起,均应在双方当事人之间立即生效,不论债务发生的日期、到期日期或可支付性如何,并自其在商业和动产信用登记处登记之日起,可对第三方强制执行,无论该债权适用何种法律以及债务人居住国的法律如何规定。

自转让之日起,未经受让人同意,转让人不得改变所转让债权所附的权利范围。

第 83 条

除非当事方另有约定,否则转让应扩大到债权的费用,并应自动导致其转让和对第三方的可执行性,无须采取前款规定的任何其他手续。

第 84 条

为了使所转让债权的债务人具有对抗第三方的效力,应收债权的转让应通知给债务人,或由债务人采取行动。

否则,转让人应有效地收到债权的付款。

第 85 条

如果被转让债权的债务人是本统一法第 3 条所指的专业债务人,他可以根据受让人的要求,承诺通过接受转让直接向其付款。

在这种情况下,债务人不得根据其与转让人的个人关系向受让人提出抗辩,除非受让人在获得或接受债权时故意损害债务人的利益。该承诺应记录在一份题为"接受以担保方式转让债权"的书面文件中,并以足够清晰的文字复制本条的规定,以宣告无效。

第 86 条

就所转让的债权向受让人支付的款项,应在有担保债权到期时从中扣除。如有盈余,应退还转让人。

任何相反的条款应视为未订立。

第二分节　款项的受托转让

第 87 条

款项的受托转让是指设保人转让资金作为履行义务的担保协议。

此类资金应存入以该债务的债权人名义开立的冻结账户中,并存入有权收取这些款项的信贷机构的账簿。

第 88 条

受托转让担保协议应确定被担保的债务以及作为担保转让的资金数额,并确定冻结的账户,否则无效。

第 89 条

信托转让应在其通知持有账户的机构之日起对第三方具有约束力,前提是资金已在被冻结账户中登记。

第 90 条

除非另有约定,如果转让的资金产生利息,利息应记入账户。

第 91 条

在担保债权到期并全额支付的情况下,账户中的资金应退还给设保人。

在债务人违约的情况下,在向设保人发出正式通知后 8 日内,债权人可以在未偿还有担保债权的范围内要求偿还应分配给他的资金。

任何违反本条规定的条款均应视为未订立。

第四章　对有形资产的质押

第 92 条

质押是指设保人授予债权人以现在或将来的一项或多项有形财产的优先受偿权获得付款权利的合同。

第一节　质押的设立

第 93 条

质押可作为对一项或多项现有或未来债权的担保,前提是这些债务是已确定或可确定的。

第 94 条

当事人可以约定在合同履行过程中由另一物品代行质押物的权利。

质押还可能包括公务员、部门官员或任何其他人作为担保金存入的款项或价值,以担保他们可能承担的任何不当行为,以及为提供担保金而提供的贷款。

第 95 条

现有资产的质押人应是质押物的所有人。如果不是,质押人可以按照善意占有人的约定对所有权人的债权提出异议。

第 96 条

质押合同必须以书面形式证明,并注明被担保债务的名称,质押资产的数量、种类或性质,否则无效。

如果质押涉及未来的一项或一组资产,除非另有约定,否则债权人的权利应在设保人取得该财产所有权后立即对该质押财产行使。

第 97 条

质押合同对第三方具有可撤销性,可以在商事和动产信用登记处登记,也可以将质押资产交给质权人或当事人约定的第三方。

如果质押已经正式公布的情况下,设保人的特定所有权继承人不能被视为善意占有人,质权人可以对其行使追偿权。

第 98 条

除非另有约定,设保人只有在全额偿付了以本金、利息和其他附属物担保的债务后,才可以要求注销登记或归还质押财产。

第二节　质押的效力

第 99 条

当质押以占有方式设定,质权人在不违反本统一法第 107 条第 2 款规定的情况下,可以直接或通过约定的第三方对质押财产主张留置权,直至被担保债务的本金、利息和其他费用全额付清为止。

第 100 条

如果违背债权人意愿被剥夺财产的,债权人可以作为善意占有人主张获得质押物。

第 101 条

如果占有式质押的标的物是可替代物,除非另有规定,债权人应将其与债权人或约定的第三方持有的相同性质的资产分开存放。否则,设保人可以要求在不影响赔偿的情况下要求返还质押物。

如果协议免除了债权人的债务,债权人就获得了质押物的所有权,条件是他要归还相同数量的等价物。在代管的情况下,债权人由此获得的所有权可以对约定的第三方持有的相同种类和质量的货物行使。

第 102 条

如果无处分权的质押涉及可替代物,质押合同可以允许设保人转让这些货物,条件是他用相同数量的等值货物替换这些货物。给予设保人的这种授权应视为构成债权人放弃对货物的第三方买受人行使追索权。

第 103 条

除非另有约定,质权人不得使用质押物或者收取孳息。如果被授权收取孳息,则应将孳息从应付给他的利息中扣除,如果没有利息,则应从债务的本金中扣除。

第 104 条

如果债务人未能在到期日之前偿还债务,有强制执行令的债权人可在向债务人以及必要时向构成质押的第三方发出传票 8 日后,在组织执行程序的规定所规定的条件下,凭借可执行的所有权,着手强制出售质押财产,质押合同不得减损该权利。在这种情况下,他应根据本统一法案第 226 条规定的条件,对所出售物品的价格行使优先权。

债权人也可以由主管法院下令,将质押财产转让给债权人,数额以其债权余额为限,并结合法院或专家的估计予以确定。如果质押财产是一笔款项或有正式报价的资产,当事人可以约定,如果发生违约不支付债务的情况,质押资产的所有权应归属于质权人。当被担保债务的债务人是专业债务人时,同样的规定也适用于其他有形资产。

在这种情况下,质押资产应在转让之日以友好方式或由司法任命的专家进行估价,任何相反的条款均应视为不成文条款。

第 105 条

如果是法院下达的命令或合同分配的资产,如果资产的价值超过所欠金额时,如果有其他债权人对同一质押资产拥有权益的情况,则应缴纳与差额相等的款项,否则应向设保人支付该款项。任何与之相反的条款都应视为不成为条款。

第 106 条

如果质押物的全部或部分灭失或损坏不是由质押人造成的,则质押人应根据本统一法第 226 条规定,在适用的情况下,对担保债权的本金、利息和其他费用,行使其在保险赔偿款上的优先权。

第 107 条

如果同一财产是连续几次非占有式质押的标的时，债权人的优先等级应按照登记顺序确定。

如果非占有式质押财产事后成为占有式质押的标的，在先质押人的优先权在其正式公布时对在后质押人具有对抗第三方的效力，尽管后者享有留置权。

如果占有式质押财产事后成为非占有式质押的标的，在先质押人的留置权对在后质押人具有对抗第三方的效力，在先质押人得到全额付款之前，在后质押人无权对该财产主张权利。

第 108 条

当质押是占有式质押时，质押债权人或商定的第三方应按照有报酬的保管人的要求对质押物进行保管和保全。

同样，设保人继续占有担保财产的，设保人应妥善保管，包括为担保财产的全部或部分毁损和灭失提供保险。

第 109 条

在占有式质押的情况下，如果债权人或约定的第三方不履行其保管质押资产的义务，设保人可以在不损害赔偿的情况下要求返还质押资产。

在非占有式质押的情况下，如果设保人未能履行其保管质押资产的义务，则债权人可以要求解除担保债务的期限，或要求提供额外的担保。

第 110 条

如果以任何方式质押的标的是一组可替代的资产，则债权人可以要求设保人在期限届满前维持其价值。

债权人可以在任何时候自费向设保人或商定的第三方获得所有质押资产的报表以及与设保人有关的所有交易的会计记录。如果担保权的设定导致签发了库存品质押单，则库存品质押单的所在机构也有权签发库存品质押单。

任何有权接受公众存款的机构，均应视为本统一法所指的所在机构。

第 111 条

如果占有式质押标的的资产有可能灭失，质押权人或商定的第三方可以经请求主管法院，向设保人发出许可通知后，自行将质押财产出售。质押的效力随后将被转移到价款中。

第 112 条

商定的第三方以及在适当情况下善意取得质押物的人,应与质押权人一起对不履行本统一法第 103 条、第 108 条第 1 款和第 111 条规定义务承担连带责任。

第 113 条

在全额偿还本金、利息和其他费用后,质权人应将返还资产及附属物一并返还。此后,设保人必须向质权人或商定的第三方偿还质权人为保存质押物而产生的任何有用或必要费用。

第 114 条

尽管债务对债务人的继承人或债权人的继承人是可分割的,但质押也是不可分割的。

债务人的继承人在清偿完债务前,不得要求返还其在质押物中的份额,即使质押物在性质上是可以分割的。

收到债权份额的债权人的继承人不得以损害未支付的共同继承人的利益为代价,将可分割的质押物交付。

第 115 条

债务人对库存质押单、提单、运输收据或海关收据货物的质押处分,应根据每一份此类单据或文件的具体规定办理。

第三节　质押的终止

第 116 条

质押在其所担保的债务全部清偿时终止,无论是本金、利息还是其他附属债务。

第 117 条

占有式质押的消灭,不论附属担保债务如何,如果该质押物自愿返还给设保人,该物因质权人的行为而灭失;或者如果主管法院因占有式质押债权人的过失而下令返还该物,除非指定了一个应承担约定第三方任务的接管人。

第四节　特定质押的具体规定

第一分节　专业设备和机动车辆的质押

第 118 条

在不影响本分节规定的情况下，专业设备和机动车辆，不论是否需要申报投入使用和进行行政登记，均可以根据本统一法第 92～117 条规定进行质押。

根据本统一法第 162～165 条的规定，构成营业资产一部分的专业设备可以与该基金的其他组成部分一并质押。

第 119 条

关于需要申报投入使用并办理行政登记的机动车辆，应当在准予使用登记的行政证件上注明质押事项。如果没有注明，也不会对在商事和动产信用登记处登记的质押的有效性或执行产生影响。

第二分节　存货的质押

第 120 条

在不影响本分节规定的前提下，原材料、农产品和工业产品、货物可以根据本统一法第 92～117 条的规定进行质押。

第 121 条

非占有式库存品质押可由登记官长或成员国主管机关负责人签发库存品质押单。

在这种情况下，除了本统一法第 96 条规定的情况外，质押文件还应包括承保因盗窃、火灾和全部或部分损坏而获得的库存品的保险人姓名，以及库存品质押单上的所在机构的名称。

第 122 条

登记后交付给债务人的单据应明确包含：

(1)说明是“库存品质押”的字样；

(2)交付日期，即在商事和动产信用登记处登记的日期；

(3)按时间顺序排列的登记册的登记号;

(4)债务人的签名。

债务人应通过签署并注明日期的背书将其交付给债权人。

单据可以按照与本票相同的条件背书和批准,并具有相同的效力。

除非另有约定,否则单据自签发之日起有效期为5年,但续签情况除外。

第123条

背书应赋予单据持有人质权人的地位和权利。

第124条

发出库存品质押单的债务人保留出售质押库存品的权利。

只有在向付款机构存入价款后,他才能交付出售的资产。

第五章 无形资产的质押

第125条

无形资产的质押是将一项或多项现有或未来的无形资产作为一项或多项现有或未来债权的抵押品,前提是这些债权是确定的或可以确定的。它是依据合同或是依据司法确立的。

第126条

以下无形资产可以被质押:

(1)债权;

(2)银行账户;

(3)合伙人、证券和金融证券账户的权利;

(4)营业资产;

(5)知识产权。

第一节 债权的质押

第127条

债权质押应以书面形式记录,其中应包括担保债权和质押债权的名称,或在未来的情况下,应包括使这些债权能够特定化的要素,例如说明债务人的姓名、付款地点、债务金额或其估值和到期还款日，否则债权质押无效。

第 128 条

如果质押以未来债权为标的，质权人自债权产生之日起取得债权权利。

第 129 条

债务质押可以覆盖债务的一部分，除非该部分是不可分割的。

第 130 条

除非当事人另有约定，质押应延伸至质押权的附属物。

第 131 条

自其签署之日起，任何现有或未来的债权质押应在当事方之间生效，无论质押权的设立日期、到期日如何，并自其在商事和动产信用登记处登记之日起具有对抗第三方的效力，不论债务适用的法律和债务人居住国的法律如何规定。

第 132 条

为了使被质押债权具有对抗债务人的效力，债权质押必须以书面形式通知债务人，或者债务人必须介入该行为。

否则，除非另有规定且应遵守本统一法第 134 条的规定，只有设保人才能有效地收取债权付款，并向有担保债权人付款。

第 133 条

在发出通知或介入质押债权的债务人的行为之后，只有质押权人才能有效地获得包括本金、利息和其他费用在内的对债务的偿付，即使他并没有要求支付。

第 134 条

如果质押债权的到期日早于有担保债权的到期日，则有担保债权人应将该笔款项作为担保物存入有权收取该笔款项的机构开立的账户中，并在有担保债务得到履行的情况下将其退还设保人。在有担保债权债务人违约的情况下，在违约生效后 8 日内，质押债权人应当在未付金额范围内将款项用于清偿其债权。

如果有担保债权的到期日早于质押债权的到期日，则债权人可以由主管法院或根据协议规定的条件，将质押债权及其所有相关权利授予债权人。

质押债权人也可以等待质押债权到期。

除非另有约定,质押债权人还应从所欠本金、利息和其他费用中收取利息。

第 135 条

如果向有担保债权人支付的数额超过担保债务的款项,则有担保债权人应以设保人的代理人身份对所收到的盈余负责。任何与此相反的条款均应视为未订立。

第二节 银行账户质押

第 136 条

银行账户质押是一种债权质押。除本节另有规定外,适用本条款。

第 137 条

如果质押涉及银行账户,则质押债权是指担保权强制执行之日的临时或最终贷方余额,但须根据《债务追偿和执行措施统一法》的规定,对进行中的交易进行调整。

在该种情况下,如果对有担保债权的债务人启动了集体程序,则有担保债权人的权利应与启动之日账户的贷方余额有关。

第 138 条

当事人可以约定设保人继续处分质押账户中款项的条件。

第 139 条

即使在强制执行之后,银行账户的质押仍然存在,直至账户关闭和担保债权得到全额清偿。

第三节 股东权利、证券和金融证券账户的质押

第一分节 股东权利和证券质押

第 140 条

商业公司的股东权利和证券,以及须在商事和动产信用登记处登记的任何其他法人团体的可转让权利和证券,可以通过协议或法院质押。

第 141 条

股东权利和证券权利的质押应以书面形式记录，并注明以下内容，否则无效：

(1)指定债权人，债务人和质押设保人，如果质押设保人不是债务人；

(2)发行股东权利和证券的法人团体的注册办事处和商事和动产信用登记处的登记号码；

(3)确定质押证券的数量和方式，以及在适用的情况下确定有价证券的数量；

(4)使担保债务特定化的要素，如数额或估值、期限和到期日。

第 142 条

主管法院可以授权债权人对股东权利和证券进行质押登记。司法质押受《债务追偿和执行措施统一法》规定的管辖。

法院判决应包括上述规定的内容。

第 143 条

在不违反有关商业公司和法人团体的特别规定的情况下，在本统一法第 51~66 条规定的范围和条件下，只有在商事和动产信用登记处登记的情况下，协议或司法质押才具有对抗第三方的效力。

临时登记和最终登记应当分别在授权质押的决定和最终生效的确认决定之后进行。

除上述登记外，协议质押或司法质押可送达签发合伙人权利和可转让证券或证明合伙人权利的证券的商业公司或法人。

第 144 条

股东权利和证券权利的质押应赋予债权人：

(1)根据本统一法第 97 条第 2 款规定行使的追偿权；

(2)根据本统一法第 104 条和第 105 条规定行使的强制执行权；

(3)根据本统一法第 226 条规定行使的优先权；

(4)经当事人约定，获取公司权利和质押证券收益的权利。

第 145 条

除受质押规则约束的证券预付款外，金融机构和信贷机构还可在适用条例许可的情况下，提供 3 个月的有价证券贷款，有担保债权人可在未付款的到期日第2日,无须其他手续在证券交易所强制执行。

第二分节 金融证券账户质押

第146条

金融证券账户的质押是指设保人将该账户中的所有证券和其他金融证券作为债务担保的协议。

第147条

金融证券账户的质押应包括当事人双方之间以及对发行公司和第三方的质押,通过账户持有人注明日期并签署的声明进行。

构成质押的声明应包括下列内容,否则无效:

(1)债权人、债务人和设保人的指定;

(2)构成初始抵押基础的金融证券的数量和性质;

(3)使担保债权个性化的要素,如数额及估值、期限和到期日;

(4)特殊质押账户的身份证明材料。

第148条

最初存入质押账户的金融证券,以任何方式替代或对其进行补充的金融证券及其孳息和收益,均应计入质押基数。

在质押成立声明之日后,记入质押账户贷方的任何货币的金融证券和金额,应视为在质押成立声明之日已交付。

经申请,质押债权人可以从质押账户中获得金融证券账户质押证书,该证书应包括金融证券的库存以及在该证书签发之日以任何货币记录的金额。

第149条

质押账户应采取以持有人名义开立并由发行法律实体或金融中介机构开立的专用账户的形式。

第150条

未经授权接受公众资金的人开立账户的,本统一法第148条所规定的孳息和收益,应记入有权接受该类资金的机构账簿中,以账户持有人名义开立的特殊账户的贷方。

该专用账户自质押声明之日起,视为质押账户的组成部分。

质押债权人可根据特殊账户持有人提出请求,获得一份载有截至该日记入该账户贷方的任何货币的金额清单。

第 151 条

质押债权人应当和质押账户持有人约定质押账户持有人可以处分该账户中任何货币的金融证券和金额的条件。在任何条件下,质押债权人均应享有账户中金融证券和任何货币金额的留置权。

如果质押权人授权质押权持有人处分质押权账户中的证券和任何货币,质押权持有人和质押权人应书面通知质押权持有人该项规定的内容。未经质押债权人同意,账户内容不得减损所收到的指示。

第 152 条

持有确定、流动和到期债权的质押债权人可就金融证券以及质押账户上的任何货币金额,在债务人亲自或通过挂号信发出通知后 8 日内,或在与账户持有人事先商定的任何其他期限届满时实现质押。如果设保人不是债务人,则应通知设保人;如果设保人不是质押债权人,则应通知账户持有人。

第 153 条

前述规定的正式通知应完整地包含以下内容,否则无效:

(1)"由于不付款,债权人可在八日内或在与质押权持有人事先商定的任何其他期限届满时实现质押";

(2)"在上述期限届满之前,质押账户的持有人可向账户持有人发出通知,说明根据债权人的选择,将资金或金融证券全部分配或出售的顺序"。

第 154 条

在质押债权金额范围内,并在适当情况下,按照质押账户持有人的指示,该账户在以下情况实现质押权:

(1)对质押账户中的任何货币金额,直接将全部所有权转让给质押债权人;

(2)对于在受管制市场上获准进行谈判的金融证券,由质押账户持有人或质押债权人指定,通过在受监管市场出售或分配质押债权人确定数量。该数量由质押债权人根据受监管市场的最新收盘价确定。

质押账户持有人应承担因质押产生的所有费用。

这些费用应从实现这些目标所产生的金额中支付。

第 155 条

如果质押权人非质押账户管理人认为质押权的强制执行条件已满足,则应书面请求质押账户管理人按照本法第 154 条的规定强制执行质押权。

第四节　知识产权质押

第 156 条

知识产权质押是指设保人将其全部或部分现有或未来的知识产权(如发明专利、商标、图纸和模型)作为债务担保的协议。

知识产权的质押可以是根据合同约定设立的质押,也可以是司法质押。

第 157 条

知识产权质押应以书面形式证明,并载明下列事项,否则无效:

(1)指定债权人,债务人和质押设保人,如果质押设保人不是债务人;

(2)识别或确定质押权利的要素;

(3)允许担保债权特定化的要素,如金额或估价、期限和到期日。

第 158 条

主管法院可以授权债权人办理知识产权质押质押登记。司法质押受《债务追偿和执行措施统一法》中关于监管公司证券预防性扣押规定的管辖。

法院裁决书应载明前款规定的内容。

第 159 条

除非双方另有约定,否则知识产权的质押不得扩展到使用质押标的知识产权所产生的附属物和孳息。

第 160 条

在本统一法第 51~66 条规定的范围和条件下,只有在商事和动产信用登记处登记的情况下,协议或司法质押才具有对抗第三方的效力。

临时登记和最终登记应当分别在授权质押的决定和最终生效的确认决定之后进行。

如果质押标的物是在适用知识产权条例管辖的任何登记处登记的权利,则质押权还必须遵守该条例规定的公示规则。

第 161 条

知识产权质押应赋予债权人:

(1)根据本统一法第 97 条第 2 款规定行使的追偿权;

(2)根据本统一法第 104 条和第 105 条规定行使的强制执行权;

(3)根据本统一法第 226 条规定行使的优先权。

第五节　营业资产质押和营业资产卖方的留置权

第一分节　营业资产质押

第 162 条

营业资产质押是设保人用来将商业资产的无形组成部分,即客户、教育和商业名称作为债务担保的协议。

质押还可以包括营业资产的其他无形组成部分,如商业租赁权、经营许可证、发明专利、商标、外观设计和其他知识产权。它也可以扩展到专业设备。

这种质押的延伸必须遵守一项特别条款,规定了所发生的事项,并在商事和动产信用登记处被特别提及。本条款仅按照本统一法第 160 条规定的登记后才有效。

质押权不得以租赁或协议授予或确认的不动产物权为标的,并在不动产公示登记簿上登记。

质押涉及企业及其分支机构的,应当准确说明其所在地。

第 163 条

营业资产质押应以书面形式记录,并应包含以下内容,否则无效:

(1)指定债权人,债务人和质押设保人,如果质押设保人不是债务人;

(2)企业及其分支机构的确切名称和地址;

(3)质押资产的要素;

(4)能够使被担保债务特定化的要素,如金额或估价、期限和到期日。

第 164 条

主管法院可以授权债权人对债务人的营业资产进行质押登记。司法质押受《债务追偿和执行措施统一法》中关于监管公司证券预防性扣押规定的管辖。

法院判决书应当载明前款规定的全部内容。

第 165 条

在本统一法第 51~66 条规定的范围和条件下,只有在商事和动产信用登记处登记的情况下,协议质押或司法质押才具有对抗第三方的效力。

临时登记和最终登记应当分别在授权质押的决定和最终确认决定之后进行。

第二分节 营业资产卖方的留置权

第 166 条

为了使其具有转换性并具有对抗第三方的效力,卖方应登记买方的请求,并按照《一般商法统一法》的规定在商事和动产信用登记处进行登记。

第 167 条

在遵守前款规定的情况下,营业资产的卖方必须在商事和动产信用登记处登记出售及其特权,才能享有商业资产销售条款规定的特权和行动权。

第 168 条

任何要求以友好、司法或法定方式解决营业资产出售问题的申请,均应在卖方的倡议下,在商事和动产信用登记处预先登记。

该预先登记应得到登记销售地主管法院根据申请书作出的决定的授权,并应向其提出申请。

预先登记和随后登记的有效性取决于对销售决议作出的决定。

第 169 条

如果通过友好协商、司法裁决或自动解决条款解决了出售问题,则该决议必须在商事和动产信用登记处公布。

第三分节　营业资产质押和卖方留置权的通用公示规则

第 170 条

如果营业资产的协议或司法质押或者留置权涉及发明专利、商标、服务和商业商标、外观设计等知识产权以及专业设备的，除在商事和动产信用登记处登记债权人的担保权外，应遵守知识产权所有权行为的公示规则以及本统一法中关于商业资产部分设备质押的规则。

第 171 条

如果被质押或留置的企业包括一个或多个分支机构，应在企业主要登记的商事和动产信用登记处办理本统一法第 164～167 条规定的登记。

第 172 条

企业在其内经营的建筑物的出租人必须收到登记表或原始登记变更的通知。否则，质押债权人不得援引本统一法第 176 条的规定。

第 173 条

任何商业资产或其任何组成部分的友好或司法出售，都必须在卖方或负责销售的法院官员出示一份关于该商业资产登记情况的说明后才能进行。

第四分节　登记的效力

第 174 条

在营业资产被出售或强制执行的情况下，无担保债权人可以通过法院强制执行其债权，以协助分配价款。

第 175 条

如果营业资产被转移，所有人必须至少提前 15 日，通过非司法行为通知登记债权人其转移资产的意图，并指明其计划转移资产的新地点。

未经适当通知而进行的转移将导致债务人提前还款。

登记债权人拒绝同意转移的，可以在通知后 15 日内，在其担保权减少的情况下，申请撤销担保权。

已登记的债权人同意转移的，如果在同一期限内在原始登记的空白处注明其同意,则保留其担保权。

如果资产转移到另一成员国,则应登记债权人的请求,初次登记应转移到资产转移的商事和动产信用登记处。

第 176 条

出租人如欲终止经营已登记业务的建筑物的租约,必须以非司法行为方式将其申请通知已登记的债权人。

只有在收到通知后 2 个月期限届满后,法院才可以作出终止的决定,不得通过协议或根据自动解除条款终止。

第 177 条

已登记的债权人有权根据营业资产的出售规定行使竞标权。

第 178 条

已登记的债权人享有:

(1)根据本统一法第 97 条第 2 款规定行使的追偿权;

(2)根据本统一法第 104 条第 1 款规定行使的强制执行权;

(3)根据本统一法第 226 条规定行使的优先权。

第六章 留 置 权

第一节 一般留置权

第 179 条

一般留置权授予权利持有人根据本统一法第 225 条和第 226 条的规定行使优先权。

设立一般留置权的特别文本应根据本统一法第 180 条的规定确定这些权利的序位。

否则,这些留置权的序位应为第 180 条规定的最后一级。

第 180 条

一般留置权的设立无须公示,其顺序如下:

(1)丧葬费、扣押资产前债务人最后一次的医疗费;

(2)在债务人死亡、扣押资产或法院下令启动集体诉讼之前的最后 1 年向债务人提供的生活用品；

(3)在债务人死亡、扣押资产或法院下令启动集体诉讼之前的最后1年内，因履行和终止合同而欠工人和学徒的款项；

(4)在债务人死亡，扣押资产或法院下令启动集体诉讼之前的最后3年内，所欠知识、文学和艺术作品作者的款项；

(5)在法律规定的临时执行法院判决的金额范围内，应向社会保障和福利机构支付的款项；

(6)在法律规定的临时执行法院判决的金额范围内，债务人应缴纳的税费和关税费用。

第181条

未缴税款、关税和未缴社会保险费应优先于本统一法第180条第5项和第6项规定的数额。

这些优先权只有在应付款到期之日起6个月内在商事和动产信用登记处登记才能生效。但如果违反了税收、海关或社会立法的行为，则该期限应从通知强制执行或征收凭证或任何其他征收凭证之日起计算。

登记应当自登记之日起3年内保留财政、海关、社会保障和社会福利机构的优先留置权；除非在期限届满之前申请延期，否则其效力即告终止。

第二节　特殊留置权

第182条

根据本统一法第226条的规定，享有特别留置权的债权人，在资产被扣押后，对法律分配给他们的动产享有优先权。

优先权也可以通过代位求偿的方式，对已损毁或丢失的动产的保险赔偿金行使，直至支付为止。

第183条

已售出且债务人仍然持有的资产，卖方应享有留置权，以担保未付价款的支付或下级购买者所欠的价款。

第184条

出租人对租赁场地的动产享有留置权。

这种留置权除了可判给出租人的损害赔偿金外,还担保出租人在扣押前 12 个月内和扣押后 12 个月内对承租人提起的索赔权。

承租人或任何通过欺诈手段完全或部分剥夺出租人留置权的人,均构成各成员国国内法规定的刑事犯罪。

如果在未征得出租人同意的情况下转移了租赁场所中的动产,如果出租人在扣押文书中已声明了对动产的留置权,则出租人仍可继续扣押他们财产,并保留对这些动产的留置权。

第 185 条

陆运承运人对所运输的货物享有留置权,只要运输的货物与债务之间存在联系。

第 186 条

家政服务的工人有权对雇主应付的款项享有留置权,以确保因雇佣合同产生的应收账款。

第 187 条

建筑公司的工人和供应商有权对其已完成的工作欠款享有留置权,以此作为在施工过程中为工人和供应商产生的应收账款的担保。

应付给工人的工资应优先于付给供应商的欠款。

第 188 条

经纪人应对其代表委托人持有的货物享有留置权,以担保因委托协议而产生的债务。

第 189 条

为防止物品丢失或维护其预期用途而支付费用或提供服务的人,应对该物品享有留置权。

第三编 抵　　押

第一章 总　　则

第 190 条

抵押是指设保人拥有的特定或可确定的不动产作为一项或多项现有或

未来债权的担保,只要这些债权是确定的或可确定的。

抵押可依法律、合同或司法确定。

第191条

除另有规定外,适用于协议抵押的规则也应适用于强制抵押。

第192条

除另有规定外,只有现有和登记的不动产才可以抵押。

以下可以成为质押的标的:

(1)已建或未建的资产及其改善或后续修复,但不包括附属动产;

(2)根据成员国规则定期登记的不动产权利。

第193条

抵押从性质上讲是不可分割的,尽管所有权发生了继承,但仍然完全存在于受影响的不动产中,直至全额偿付为止。

第194条

凡在不动产上只享有受正式公布的条件、决议或撤销约束的权利的人,只能在相同的条件、决议或撤销约束下授予抵押权。

未分割的不动产的抵押权,如果是由所有共有人授予的,则不论分割结果如何,该抵押权仍然有效。否则,只有在授予该权利的共有人在分割时从未分割的不动产中获得该权利的情况下,或在该不动产被合法转让给第三人时,该共有人从该转让的价款中获得该权利的情况下,该权利才具有效力。

一项或多项未分割的不动产的份额的抵押权,只有在给予该份额的分割人在分割时从该等未分割的不动产中获得的权利范围内,才具有效力;在这种情况下,它在分配的权利范围内保留其效力,而不限于授予抵押权的共有人的份额;当不动产被转让给第三人时,如果该共有人从支付的价款中获得分配,它也保留其效力。

第195条

构成抵押的任何协议或司法文书必须按照担保资产所在成员国颁布并按规定公示的规则进行登记。

定期公布的抵押权自登记之日起生效。

作为抵押标的的不动产权利包括用益物权、土地使用权、承租权、建筑租金等物权分割的,抵押登记也应当以非司法方式通知所有人、土地拥有人或出租人。

第 196 条

除非国内法另有规定,登记的期限是固定的,债权人的权利应保留至协议约定或法院判决规定的日期为止,但不得超过登记之日起 30 年。如果在该期限届满之前未在规定期限内延期,则其效力应终止。如果没有设立确定的期限,也同样适用。

第 197 条

抵押权应当授予抵押权人追索权和优先权。

优先权应根据本统一法第 225 条的规定行使,担保本金、费用和 3 年利息具有相同的优先级,但对原登记保留利息以外的利息,自登记之日起作出具体抵押登记的除外。

优先权也可以通过代位求偿的方式,对受影响的不动产的保险赔偿金行使。

第 198 条

除非抵押权人继续按照不能减损不动产的扣押规则出售抵押财产,否则未得到偿还的抵押债权人可向法院申请继续付款。

但如果不动产是抵押人的主要住所,则不得向其授予这种权利。

第 199 条

如果设保人是在商事和动产信用登记处正式登记的法人或自然人,并且所抵押的不动产不用于居住,则抵押协议可以约定债权人将成为被抵押不动产的所有人。

在以非司法方式发出付款通知后 30 日内,债权人可以按照各成员国要求的不动产转让形式起草的文书中记载所有权的转让。

第 200 条

在前两条规定的情况下,不动产应由友好协商或司法指定的专家估价。

如果其价值超过被担保债权的数额,则债权人应向设保人支付相当于差额的款项。如果还有其他抵押权人,他应将其记录在案。任何与此相反的条款均应视为未订立。

第 201 条

与抵押有关的任何行为，包括转让、变更优先权、代位、弃权、放弃、终止，均应根据不动产所在地国家的法律，以公证书或私人名义，按照符合有关成员国规则的模式加以确定，并作为授予或设立抵押权的文书予以公布。

合同约定或司法确定的抵押的终止是因为：

(1)主要债务的终止；

(2)债权人放弃抵押权；

(3)由不动产登记官负责核实的登记已过期，该证书必须表明没有延期或新的登记都会影响有效期；

(4)强制征收裁决书所产生的抵押权的清偿，以及因公共利益而支付最终征收赔偿金。

第 202 条

抵押应根据担保财产所在成员国的公示规则予以撤销。

如果债权人拒绝同意或登记官拒绝撤销抵押，则债务人或有权获得解除抵押的人可以获得对该担保权的司法解除。法院对债权人或其继承人作出的解除债务的判决已成为既判力，要求登记官取消登记。

第二章 协议抵押

第 203 条

协议抵押只能由拥有并能够处置合法登记的不动产权利的人授予。

除前款规定外，在下列情况和条件下，可以对未来的不动产设定抵押：

(1)不拥有现有或自由不动产或没有足够构成债务抵押品的个人，可以同意他以后将获得的每项不动产在取得时都将用于支付债务；

(2)现有不动产抵押财产已灭失或损毁，以致不足以担保债权安全的，债权人也可以这样做，但不影响债权人从现在开始进行追偿的权利；

(3)任何人如果有权为自己的利益而在他人土地、公共领域或国家领域内建造建筑物，可以将已开始或计划建造的建筑物和构筑物进行抵押，如果这些建筑物被毁损，抵押权将自动转移到同一地点建造的新建筑物上。

第 204 条

协议抵押必须以规定的数额或至少可以确定的数额作为本金,并通过登记行为通知第三方。此后,债务人有权根据为此目的制定的土地公示规则的要求减少该笔数额。

第 205 条

协议抵押应根据不动产所在地国家的法律授予的:

(1)由具有属地管辖权的公证人或有权作出此类行为的行政或司法当局签发的真实文书;

(2)或根据土地所有权保护局批准的模式起草的私人契约。

授权第三方以公证形式设立抵押的授权书,应当以同样的方式确定。

第 206 条

在登记之前,抵押行为不具有对抗第三方的效力,且该行为构成双方当事人之间要求其进行公示的共同承诺。

第 207 条

担保短期贷款的协议抵押的公示最长可延迟 90 日,债权人并不因此丧失优先权。

为此,债权人应遵守不动产所在地国家法律规定的短期贷款抵押公示规则中为此目的专门制定的规定。

第 208 条

为担保贷款而授予的抵押权,其抵押金额不超过拟提供的特定金额,自其公布之日起具有优先权,而不论贷款提供者所作承诺的连续履行日期。

第三章　强 制 抵 押

第 209 条

强制抵押是指未经债务人同意,通过法律或法院命令授予的抵押。

除本统一法规定的强制抵押外,其他强制抵押应受各成员国国内法的具体规定管辖。

第一节　法定强制抵押

第 210 条

《债务清偿集体程序统一法》规定的债权人财产的法定抵押，应当在法院根据登记官或受托人的请求决定启动集体程序后 10 日内进行登记。

第 211 条

卖方、交易人或共同所有人可以要求合同另一方对已出售、交换或分配的不动产提供抵押，以确保全部或部分支付价款、交换收益或分享所产生的债权。

在没有协议抵押的情况下，卖方、交易人或共同所有人可以根据主管法院的决定，对该不动产进行强制抵押。

因未能支付价款或价值差而导致撤销销售、交换或分割契约的诉讼，应属于持有因获得本担保而定期公布的常规或强制抵押的卖方、交易人或共同所有人。

为购买出售、交易或分割的不动产提供资金的人，可以在与卖方、交易人或共同所有人相同的条件下获得协议或强制抵押，前提是证明已支付所借款项的贷款文件，卖方、交易人或共同所有人的收据确实能证明该笔款项用于该用途。

第 212 条

建筑师，承包商和其他从事建筑、维修或重建建筑物的人，在工程开始之前可以获得协议抵押，或通过法院命令获得对所涉建筑物的强制抵押。

抵押暂时记作预期将要支付的数额。该记项须自该日期起生效，但登记期不得超过执达主任所记录的工程完成后 1 个月。如果在同一期限内，经双方协议或法院裁判，全部或部分到期金额的登记成为最终登记，则抵押将继续有效。

为建筑师，承包商和其他受雇建造、维修或重建建筑物的人提供款项或偿还款项的人，只要贷款文件正式证明这笔款项是用于该用途，就可以按照与这些债权人相同的条件获得协议抵押或强制抵押。

第二节 司法强制抵押

第 213 条

除了本统一法第 210~212 条规定的情况外,为担保其债权,债权人可以根据债务人住所地或被扣押不动产所在地的司法管辖区的主管法院的命令,对债务人的不动产进行临时抵押登记。

判决书应说明允许抵押的金额。

它为债权人规定了一个期限,在此期限内,债权人必须向主管法院提起保全性抵押诉讼或实质性申请,即使是以申请付款令形式提出的申请也是如此。此外,它还规定了债权人不能向实质性法院提起诉讼的期限。

如果债权人违反了前款规定,可以由批准抵押的法院撤销该决定。

第 214 条

该决定可要求债权人事先证明其有足够的偿付能力,或在没有偿付能力的情况下,通过在登记处或在接管人手中提交的文件提供担保,不论是否有义务遵守有关收取担保的规则。

第 215 条

主管法院只有在遇到困难时才能将其提交上级法院作出裁决。

即使有任何异议或上诉,该法院的裁决也应立即执行。

第 216 条

债权人有权在提交包含以下内容的决定后作出临时抵押登记:

(1)债权人的名称、住所,债务人的姓名;

(2)作出决定的日期;

(3)以本金、利息和费用担保的债权的原因和金额;

(4)按土地所有权编号指定的已下令登记的每一个不动产;在没有土地所有权的情况下,在适用本统一法第 192 条的情况下,未登记的不动产应按照为此目的专门指定的国家法律的规定予以指定。

本条规定不排除土地法规定的公示程序。

第 217 条

债权人必须通过发出有效诉讼或实质性诉讼的传票来通知法院作出抵押命令的决定。他还必须在 15 日内通知已完成登记情况。

他必须在主管法院或土地保护机构的管辖范围内选择住所。

第 218 条

可从授权抵押的主管法院在短时间内获得解除或减少抵押，将本金、利息和费用记在由该法院指定的抵押人，并将该笔款项专用于债权。抵押权的解除或减少，应当在发出有效传票或提起诉讼的当月内申请。

如果对有争议的债权作出了具有法律效力的裁决，则被扣押的款项应特别优先用于支付原告的债权。因为在诉讼过程中，他们遭受了预防性的扣押。

第 219 条

在任何情况下，如果债务人有充分和合法的理由，即使在对案情作出裁决之前，法院也可以命令全部或部分解除抵押。

在终止诉讼、撤销诉讼的情况下，临时登记的未经同意的解除应由批准临时登记的法院作出，并应根据法院已作出的具有法律效力的决定予以撤销。

第 220 条

如果有理由证明不动产的价值是已登记金额的两倍，债务人可限制首次登记对债务人为此目的指明的不动产的影响。

第 221 条

如果债权得到承认，根据案情作出的决定应全部或部分维持已登记的抵押权或者应授予最终抵押权。

最终决定作出之日的 6 个月内，应根据抵押资产所在国的法律要求对由此产生的抵押进行登记。保留的内容在临时登记之日起具有优先地位，抵押权在最后登记之日具有优先地位。

如果在上述期限内没有进行最终登记，或者如果某项既判裁决不承认该债权，则第一次登记将具有追溯效力，任何利害关系人均可向授权进行登记的法院提出注销登记申请，费用由登记人承担。

第四章　抵押的效力

第 222 条

如果抵押的不动产由于灭失或毁损而不足以担保其债务的，则债权人可以在期限届满前要求提前清偿债权或获得其他抵押。

第 223 条

不动产的所有权人对不动产在抵押后公布的任何第三方持有人享有追索权。转售权应针对所有权在抵押权之后公布的财产的任何第三方持有人行使。

尽管第三方持有人本人没有债务义务,但他可以通过代位求偿人,以支付本金、利息和其他附带费用的形式,全额清偿债权人的债权。

第四编　资金分配和担保权的序位

第 224 条

扣押价款的分配程序应由执行程序规则确定,但须遵守以下关于分配顺序的规定。

第 225 条

不动产所得的资金应按以下顺序分配:

(1)债权人为实现所售资产的强制执行和分配而产生的法律费用;

(2)特别优先工资债权人;

(3)在法定期限内登记的协议抵押或强制抵押的债权人和分立债权人,视其在不动产广告登记处登记的先后顺序而定;

(4)根据其在商事和动产信用登记处登记的先后顺序,享有一般优先权并须加以公示的债权人;

(5)按照本统一法第 180 条规定的顺序,享有一般优先权但未予公布的债权人;

(6)通过扣押或反对程序进行干预的具有可执行性的无担保债权人。

如果资金不足以偿还本条第 1 款第 1、2、5、6 项规定的同等优先等级债权人的债权,则这些债权人应根据债权总额按比例分配。

第 226 条

在不损害行使任何留置权或专属支付权的情况下,清算个人财产所得的收益应按以下顺序分配:

(1)债权人为实现所售资产的强制执行和分配而发生的法律费用;

(2)为持有先前所有权的债权人的利益而保全债务人资产的费用;

(3)特别优先工资债权人;

(4)在对第三方具有效力之日,以一般优先权、担保或质押为担保的债权人;

(5)享有特别优先权的债权人,每一个债权人都按照其所享有的优先权所针对的动产行事;对同一资产享有特别优先权的债权发生冲突的,应优先考虑第一个扣押人;

(6)按照本统一法第180条规定的顺序,享有一般优先权但未予公布的债权人;

(7)通过扣押或反对分配程序进行干预的具有可执行性的无担保债权人。

如果资金不足以偿还本条第1款第1、2、3、6、7项规定的同等优先等级债权人的债权,则这些债权人应根据债权总额按比例分配。

第五编　过度和最终条款

第227条

本统一法废除了1997年4月17日的《担保统一法》,仅适用于在其生效后授予或设立的担保权。

在本统一法之前根据当时有效的法律授予或设立的担保权,在终止之前,应继续受该法管辖。

第228条

本统一法应在通过之日起60日内在非洲商法协调组织官方公报上公布。它也应在成员国官方公报上或以任何适当方式公布。根据1993年10月17日在路易港签署,2008年10月17日在魁北克修订的《非洲商法协调条约》第9条,本统一法应自其在非洲商法协调组织官方公报上公布之日起90日后生效。

本统一法于2010年12月15日在洛美制定

会计与财务报告统一法

非洲商法协调组织部长委员会，

考虑到1993年10月17日在路易港签署，2008年10月17日在魁北克修订的《非洲商法协调条约》，特别是其中的第2条、第5~10条和第12条；

考虑到常设秘书处的报告和各成员国的意见；

考虑到司法与仲裁共同法院2016年12月20日第003/2016号意见；

经审议后，出席并参加表决的成员国一致通过如下统一法：

第一编　实体（自然人与法人）个人账户

第一章　总　　则

第1条

以下第2条规定的所有实体均应遵守本统一法的规定，并应根据本统一法编制总账，供外部信息和自身使用。

基于此，

（1）须对其项下会计账目涉及的所有营业，与第三方交涉或涉及内部管理产生价值的活动进行分类、登记并记录；

（2）公司还须在妥善处理经营活动后，递交合法账目及满足用户需要的信息。

第2条

以下类型公司须设立会计（又称财务会计）系统：受《一般商法统一法》（普通商法部分）、《商业公司和经济利益集团统一法》、《合作社统一法》（合营公司法部分）调整的公司；公共部门、从属公共部门的公司，以及最常见的以营利或非营利为目的的生产服务类公司（主营或是辅营的业务具有重复性），遵守公共会计准则的公司机构除外。

第3条

会计必须按照审慎原则，遵守其所处理的信息的保存、控制、列报和披露所固有的规律性，真实性和透明度的义务。

第4条

为确保相关信息的可靠性、可理解性与可比较性，每个实体公司的会计都应：

（1）遵照非洲商法协调组织规划涉及的全体成员国实体公司统一术语与准则。

（2）使用由专门机构最终统一的原则、公约、方法以及程序。

（3）包含一个满足收集、管理、控制、说明以及与涉及第一条实体公司操作的会计行为的规定的组织。

第5条

根据非洲商法协调组织会计总计划，对一体化及合并账目会计的有关条例设立唯一公共会计系统。该系统被命名为非洲商法协调组织会计系统（以下简称 SYSCOHADA），并作为现行统一法的一部分适用于全体成员国。

SYSCOHADA 旨在用于实体公司在同一具有可靠性、可理解性与可对比性金融信息的收集、管理、控制、说明与沟通。

但是，SYSCOHADA 不适用于信贷机构、小型金融机构，金融市场机构、保险与再保险公司、社会保险机构以及非营利性实体公司。

一般情况下，根据非洲商法协调组织会计标准化委员会关于创建、组织与运行的第 002/2009 号章程与其提供的意见与建议，通过决议途径，可对非洲商法协调组织会计总计划与关于账目整理与合并会计章程进行更新。

第6条

SYSCOHADA 会涉及：

（1）审慎协定项下合理的会计活动评估与会计年度登记的相关操作；

（2）实体公司须合理使用现行规定与流程；

（3）账目的负责人建立并实施必要的内控流程，以了解与实体公司活动相关的事件、操作和情况的真实性与重要性；

(4)所有信息都应清楚表述和传达,不得刻意隐瞒。

第7条

财务综合报表须至少一次性囊括1年/12个月(会计年度)的财务状况,该报表称为年度财务报表。

会计年度为一个公历年。

在特殊情况下,从日历年上半年开始的第一个财政年度的财政年度应少于12个月。在该年下半年开始的第一个财政年度,这一期限可能超过12个月。

在因任何原因停止活动的情况下,清算业务的期限应计算为一个财政年度,但须确定临时年度情况。

第8条

年度财务资料应包含资产负债表、损益表、现金流量表以及附录说明。

财务状况应是一个不可分割的整体,旨在真实地展示公司的财产和财务情况,并定期、真实地记录会计年度所发生的一切经营活动和状况。

根据下列第25~34条规定,财务状况须在同一准则、准确性和对比性的条件下进行开立,会计年度可根据时间进行对比,亦可与其他公司年度财务状况进行对比。

证券在证券交易所上市的实体和通过公开发行寻求融资的实体,除前几款所述财务报表外,还应根据《国际财务报告准则》(IFRS)编制和列报年度财务报表。

根据IFRS编制的年度财务报表仅供金融市场使用。它们不能作为确定《商业公司和经济利益集团统一法》所述可分配利润的基本依据。

第9条

公司年度财务报表所列信息的合法性和真实性源于记录在会计年度报表中的商业活动准确、公正、明确、详细与完整的表述。

年度财务报表要在连续财政期间具有可比性,就必须在术语和方法上保持一致,以记录报表中列报的事项、交易和情况。

第10条

根据以上第8条规定,所有公司都应正确使用SYSCOHADA,提供真实的财务和经营活动状况。

若会计登记说明材料不足以或不适于提供真实状况、完整信息或供必要的证明性文件,则应在附录中提供必要的补充材料或理由。

第 11 条

根据会计年度营业额(免税)的相关准则,公司须根据其规模(全部或部分)提交涉及第 8 条的年度财务报表。

现行统一法规定的年度财务报表和账目管理表述即为财务规范系统和小型财务系统。

除因其规模而有例外情况外,所有实体均须遵守正常的财务报告和簿记保存制度。

第 12 条(已废除)

第 13 条

除有其他选择,小型公司也须遵守小型财务系统(SMT)。

某些公司在其营业额(不含税)小于以下金额时,亦可使用小型财务系统:

(1)6000 万西非法郎或持有等值成员国法定货币的贸易实体;

(2)4000 万西非法郎或持有等值成员国法定货币的手工业或相类似的实体;

(3)3000 万西非法郎或持有等值成员国法定货币的服务实体。

第二章　会 计 机 构

第 14 条

为确保账目记录的真实性,实体的会计机构应遵守规范与安全要求,并为实体伙伴提供权利与义务的衡量标准、给予证明性材料、提供第三方及管理信息。

第 15 条

会计机构须确保:

(1)每日提供详尽的基础信息,不得延误;

(2)及时处理在册数据;

(3)在固定的法律交付期限内向用户提供所需的文件。

第 16 条

为保障信息录入的持续性,所有的公司均须编制一个手册,以记录会计操作步骤与组织。

该手册须进行定期更新,以保障所有运作活动的准确录入。该手册须与连续记录的财务报表同步更新。

影响公司资产的账目须进行会计录入(包含:活动名称、日期顺序和会计金额)。此处的日期指公司发生经营活动证明文件所提及的日期或外部原始文件的查收日期。同一地点、同一日期发生的事项名称须记录在同一张证明材料上。

未超过 1 个月发生的相关事宜须进行记录。

每一个实体应进行盘存,对其所有资产进行实物清点,并说明每一项资产在盘存之日的性质、数量和价值。

盘存数据的组织和保存方式应能证明每一项已确定的资产的内容是合理的。

第 17 条

会计单位须遵守以下规范性和安全性条件:

(1)使用成员国本币、成员国官方语言进行会计管理;

(2)使用双栏记账方式,至少可反映两类账目:一栏为记入借方(借记),另一栏为记入贷方(贷记),借记总金额须与贷记总金额相等;

(3)会计手册描述了会计操作流程和组织模式,为账目的记录提供了证据和参考,其中的证明材料应按照开立日期、留存和分类规定的顺序提供;

(4)依照上述第 16 条第 3 款、第 4 款和第 5 款按时间录入经营活动;

(5)每列录入的项目都应详细指明账目出处和计入以及和所提供的证明材料相符的活动内容;

(6)根据上述第 16 条第 6 款和第 7 款,作好公司货物、借/贷款项的清点工作;

(7)可借助 SYSCOHADA 一般性账目清单列表,进行公司会计账目的查询;

(8)为编制上文第 8 条所述年度财务报表,必须保存账簿或其他经授权的媒介，并执行经授权的处理程序。

第18条

SYSCOHADA对同类别（科目）的账目进行收录。

会计科目可分为：

（1）资产类科目；

（2）管理类账目。

根据与上级账目的隶属关系，每个科目项下以十进制编码，采用两个或多个数字记录子账目。

为保证每项经营活动都记录在册，每个公司的账目表都应做到非常翔实。

当SYSCOHADA的账目无法清楚地记录所有经营活动时，系统应开启需要的子项目录入。

相反应企业需要，若SYSCOHADA提供的账目过于翔实，则公司可根据SYSCOHADA，按照SYSCOHADA提供的可能性（在至少可开立年度会计报表的条件下），对同一水平的账目进行合并。

所有对账目的操作行为都应与其对应的属性进行记录。

第19条

账目手册与其他的管理支撑性材料应包含以下项目：

（1）根据上述第17条第4项描述的条件，记账手册应包括会计年度发生并记入的经营活动。

（2）总账目手册应包含各公司的记账手册，在其内记录会计年度发生或推后的经营活动所涉及的账目。

（3）账目结余总表应在会计年度结束时，概括每个账目的以下方面：

自会计年度开始时，借贷余额；

自会计年度开始时，借贷累计余额；

某一指定日期的借贷余额。

（4）在清点册上应对每个会计年度的资产负债表、损益表和资金流量表以及清点操作进行标注。

根据记账的重要性和公司的需要，对账册、辅助账册或支撑类材料的管理使得账册和总账册的开立变得更加容易。在这种情况下，应周期性（至少

1月1次)提交关于总账和细账的所有支撑性材料。

第20条

账册和其他支撑性材料不得以任何方式留白和更改。

所有在会计年度发生并被发现的错账更改,均会影响错误项目的负录入,该情况一经发现,应立即予以更改。

应通过再次调整结转账户来纠正上一个财政年度的重大错误。

在现行会计年度发现的所有错账更改,以及在之前会计年度发生的错账更改,均须在附录中进行说明。

第21条

上述第13条涉及的小规模公司可利用小型财务系统,根据SYSCOHADA规定的条件进行账目管理。

第22条

在以计算机处理为基础的情况下,会计单位应采用符合相关规范性和安全性要求的程序,以便:

(1)在记入账目管理系统时,相关的记账数据包括账目出处、内容和相关活动的记入,所有记账数据均须有纸质或一种直接明了的方式留存。

(2)所有操作均不可逆,禁止对已录入内容进行删减、添加或进行后期更改。所有数据录入须作生效处理,并与相关录入项相对应,而且该操作必须在每个期限(不可超过1个月)进行操作。

(3)不得对经营活动时间排序表进行任何后期插入或添加。为了固定这一时间列表,会计处理系统预设一个周期操作(以下简称信息截止期),该周期至少为一个季度,该系统会在接上一个期限后的季度末(最晚期限)进行准入。

(4)对于截止期限发生的账目记录,应按照相关活动的会计金额日期进行分类。然而,如果会计金额日期对应的是一个已经截止的日期,则相关经营活动应在未截止期限的第一日进行账目记录。在这种情况下,活动会计金额应清楚标注。

(5)完整的数据库给已生效的各准则提供了保障和留存参考。所有记录数据的副本准确无误,不得涂改,该措施保证了不得对支撑性材料进行可逆性更改。

(6)尤其是为进行必要的测试和管控,会计单位须在路径的重建和修复、相关分析材料的获取、程序设计和流程处理方面尽其所能,作好最终管控。

(7)处理系统提供的期限性账目须进行编号并标注日期。为保证可信度以及在规定期限内账目留存和归还的清楚描述,记账必须有附载支撑性纸质证明材料。

通过一个处理系统转至另一处理系统的所有数据均须附载证明性材料。

第 23 条

年度会计报表最迟应在本会计年度终了之日的 4 个月内编制。在账目转移时,须注明开立时间。

第 24 条

记账手册和所有相关文件以及证明性材料应保存 10 年。

第三章　年度会计报表概览

第 25 条

除附录部分外,上述第 8 条涉及的年度会计报表,应遵循连续表格分类项目及其子项目构建的模板提供。

该模板根据上述第 11、13 条规定的会计系统进行开立,根据 SYSCOHADA 流程图提供。

第 26 条

标准会计系统包括:SYSCOHADA 主要准则所规定的资产负债表、损益表、现金流量表以及附录说明。

第 27 条　(已废除)

第 28 条

根据 SYSCOHADA 模型,公司会计账目给出的资产负债表、损益表、现金流量表以及附录说明为上述第 13 条涉及的小型会计系统的构建基础。

小型资金系统应考虑损益表、资产负债表以及下列项目(如有显著性影

响):

(1)库存变化值;

(2)借(出)款变化值;

(3)贷(入)款变化值。

第 29 条

资产负债表应分别提供公司的资产与负债组成,并以清楚的方式提供全部资产。

损益表应由收入和支出两栏组成,阶式开列中间项,根据两栏的计算得出会计年度的净收益或净亏损。

现金流量表可对会计年度中以现金结算的"收入"与"支出"项目进行追溯查验。

附录应详细全面地概述其他会计年度报表数据。

第 30 条

资产负债表应分开提供:

(1)资产部分:不固定资产、流动资产、收益资产、资产转换差;

(2)负债部分:固定资源、流动负债、负债资产、负债转换差。

第 31 条

根据一般性与非一般性经营活动,损益表分别给出经营类与财务类的收入和支出部分。

收入与支出分类列表须自上而下提供 SYSCOHADA 规定的中间余额。根据 SYSCOHADA 相关条件,收入与支出分类列表可"阶梯式"得出管理类中间项余额。

第 32 条

资金流量表须在每个会计年度开始时,提供经营活动资金流量、经营投资资金流量、自有资金流量、外来资金流量以及会计年度末的资金净流量。

第 33 条

上述第 30~32 条所述的年度会计报表,须加入附录(含相关参考资料)。

附录部分应包含涉及资产负债表、损益表、资金流量表的补充信息。附录还应提供相关描述性信息,其他年度会计报表解析材料,以及不满足其他会计年度报表会计化标准的相关信息。

附录还应包含其他年度会计报表的未尽之处,包含影响公司资产、财务运行情况和盈亏差额的若干信息。会计单位要特别注意支出与收入部分,并对其流程进行跟踪监控。

年度会计账目的修改部分或操作流程都应记录在附录之中。

第 34 条

每个公司的年度会计报表应符合以下规定:

(1)会计年度开始的资产负债表承接上一个会计年度资产负债表;

(2)禁止所有资产负债表中的资产项与负债项之间,以及在资产损益表中的收益项与支出项的非法清算划账;

(3)每个会计年度提供的会计报表表述方式相同;

(4)如会计报表中相关项目无法和上一会计年度报表对应项目对比,这种对比性的缺失或数字的调整均须记录在附录之中。

当会计报表中的某个项目,无法与上一个会计年度相关项目作比较时,须保留后一项。会计数据的缺失项目或保留项目须在附录中进行注明。

第四章　关于盈亏差额的评定准则

第 35 条

会计录入评估方法可根据公司持续的经营活动所提供的历史价格、审慎协定与假设条件予以确定。然而,公司可根据以下第 62~65 条对其有形不动产与金融不动产进行再评估。

再评估的决议须由公司管理层下达,该决议涉及:使用方式、相关会计报表清单的开立、相关金额的确定以及再评估差额的财政处理方式。

每个成员国的当局机构都应确立公司资产评估条例。这种合法的再评估方式可能会违背以下第 62~65 条法令。

第 36 条

资产负债表的资产收益由以下部分组成:

(1)从第三方购买的获得物、股东、合伙人或成员带来的股金、以免费或交换得来的现值以及两项最可靠估算物的现值;

(2)公司自产物品的实际金额。

不影响获取物或生产物价值计算的获取或生产津贴(如有的话)。

第37条

不动产的购入实际价格包括:

(1)扣除折扣和可回收税费的实际购买价格;

(2)购买时直接产生的附带费用;

(3)在扣除可回收税费后的购置费用,特别是注册费、咨询费、中介费和合同费用;

(4)因为使用所产生的安装费;

(5)如公司拥有有形不动产的购置以及特定时期的使用(存货除外)权,则该有形不动产拆除与移除或原地翻修产生的费用(首次估价)计入在内,该笔会计费用作为不动产的一部分根据折旧期限与方式列入在内。

商品、原材料或是服务的实际费用包括:

(1)扣除折扣和可回收税费的实际购买价格。结算折扣不适用于金融产品;

(2)购买时直接产生的附带费用。

不动产或服务产生的费用由以下部分组成:

(1)材料购买费用与生产所需的供料费用;

(2)直接生产费用;

(3)与商品生产有关产生的间接生产费用;

(4)根据上述第37条第1款第5项有关条件规定,有形不动产拆除与移除或是原地翻修产生的费用(首次估价)。

当涉及资产生产阶段直至准入或接收期限时,通过融资获取的必要贷款或合格资产、无形/有形不动产或是存货,上述项目产生的价值计入在内;

合格资产是指在投入使用或变卖前需要长期准备的资产;

若产生的附带费用于经营与运转,则该部分费用也应计入期内,包含在物品购买或生产金额中。

第38条

当不同商品以统一或以不可分割的方式进行生产时,则以购买或生产总价计入,既定的物品的每一项价值由以下条件进行确定:

(1)如果一个商品可进行一一列举,商品最初价格则可根据估价方法由其贡献值进行有比例地分配;

(2)如物品可根据市场参考价(如有)或是统包价(无市场参考价)的方式逐个提供,对于无法进行直接估价的商品则由物品初始价格其他商品(一个或多个)估价的差价提供其价格。

在产品估价方式附录中须进行标注。

第38-1条

公司可对满足以下条件的有形不动产进行分割:

(1)资产组成部分可进行分割;

(2)资产组成部分有不同的效用;

(3)每个组成部分使用时间期限不同;

(4)每项价格均可用可靠方式进行估价,对不动产总价有显著影响。

以上条款涉及的不动产的每个组成部分都应在购买或是更换时分别进行会计录入。

可对建筑和其他工事、飞机、轮船、卡车、大客车、公共汽车、押钞装甲车,部分工业、矿业、农业、医用和石油勘探所用的部分材料与工具所涉及的不动产进行拆分;公司一旦掌握相关统计以及其他信息,即可获得每个组成部分的效用时间。

第38-2条

有形不动产的持续运行可能取决于定期进行大修或重大检查,以查明可能的故障,不论是否更换部件。在进行重大检查或大修时,如果符合确认标准,其费用作为替换部件记入不动产的账面价值。前一次维修成本的任何剩余账面价值应终止确认。

第39条

考虑到经营活动持续性这一假设,公司运作状态显示"运营中",即在未来的一段时间内,公司还会继续运营。当公司处于清算状态或是显著地减小经营范围时,持续状态将无法保障,在这种情况下,公司须再次考虑是否对持有物进行评估。

同样,由于市场或技术不可逆操作,自有物品(一个或多个)使用的持续性也会受到牵连。

第 40 条

连续会计年度的评估的一致性使得相关操作流程和准则使用变得持久稳定。

第 41 条

任何上述 40 条中涉及持久稳定以外的情况须提供有力或必要的说明。

这些情况包括:

(1)意外突发变更或由于公司所处的法律、经济或金融环境导致的变更;

(2)会计条例的修改或补充。

一旦当局负责人对上述例外情况作会计标准化确认后,其产生的会计结果应在会计年度开始时进行全部或部分记录。

所有用来理解和评估意外变化的必要信息均须按照上述第 33 条相关规定记录在附录中。

第 42 条

在会计年度结束时,公司须对物品,借、贷款现值金额进行盘点和评估。

现值金额是指:公司根据市场和使用情况进行估价时提供的估计值金额。

如有必要,公司物品效用可根据上述第 39 条规定的经营或使用的连续性框架予以确认,否则将按照非连续性假设处理。

第 43 条

清点值为会计年度截止之日的现值。

清点值须与资产负债表的录入值作比较。若清点值大于录入值,则保留录入值(法律明文规定的情况除外)。若清点值小于录入值,则根据损失大小,视为经历折旧或贬值的亏损。

第 44 条

现有存货和产品须逐个或逐类评估。

“清点单位”为每项下可清点的最小单位。

在出库和清点时:

(1)物理可见、可一一列举以及可互换的物品应按照入库价格进行逐个评估;

(2)在入库后,可互换但无法识别的物品按照第一商品入库、出库方式

(le premier bien entré est le premier bien sorti,P. E. P. S.)进行评估,价格则按照购买或生产平均价方式(coût moyen pondéré d'acquisition ou de production,C. M. P.)进行评估。

对有相似性质和用途的库存,公司须采用相同方式进行清点。

对于性质和用途不同的库存,要采取不同的清点方式。

库存值评估的若干办法(如标准值法或详细价格法)均可投入使用,但前提是这些办法得出的是库存真实值的近似值。

第45条

折旧是指公司根据既定计划,在使用期中对物品金额进行金额折旧。

物品的折旧金额为物品资产录入值金额和预测剩余值金额之差。

若资产使用期限确定,并能在使用期限末预测其存在状态,资产剩余预估值为扣除预估流出值后的当前资产流出值。

使用期限可根据公司资产使用情况进行确定。以下因素可确定资产使用期限:

(1)公司资产的使用情况可根据资产预计使用能效和物理生产能力来进行预估;

(2)预计的物理磨损情况取决于生产和维修的频次;

(3)由生产变更和优化或由市场需求运作导致的产品或服务类项目的淘汰;

(4)资产的法定期限或类似期限,如租赁合同的截止日期。

根据物品使用期限内经济效用损耗进度,针对折旧物品金额,折旧表可给出其系统折旧分布值。

使用期限内,资产系统折旧分布值可由不同的折旧方法提供。这些方法包括:

(1)根据资产使用期折旧率(不变)计算系统折旧分布值的线性折旧法;

(2)根据资产使用期折旧率(递减)计算系统折旧分布值的递减折旧法;

(3)生产或用品单位折旧法,产品数量、运行小时数、运转公里数、工作小时数均可为资产的使用或资产预计生产情况提供折旧基础;

(4)其他较合适的折旧方法。

然而,基于资产使用期的收入所得的折旧方法不适用于有形不动产。另外,财务折旧为不动产折旧,其与融资成本折旧率不同。

折旧方法在每个时段使用方法须有关联性,除非资产的预期消耗率发生变化。

折旧开始时间为不动产开始运转和在使用地投入使用时间。

公司的法律、技术、经济环境和财产使用条件的任何重大变化都可能导致正在执行的折旧计划的修订。

即使在没有利润或利润不足的情况下,也必须确认可折旧固定资产的折旧费用。

第 46 条

贬值可产生资产价值的损失。

在会计年度截止时,如存在资产贬值额指数,公司须据此进行评估。如果存在该指数,公司必须评估相关资产实际值并和会计净额进行比较。

当账面净值大于现值时,资产应当贬值。

即使在没有利润或利润不足的情况下,也必须确认这一贬值。

对于固定资产,此种贬值通过分摊折旧确认,对于其他资产,此种贬值通过贬值费用确认。

在确认贬值损失后,资产的折旧应按账面总值减去预期剩余价值、累计折旧和贬值计算。

第 47 条

折旧和贬值金额需要以相关产品和应收款项递减的形式分别计入资产项下,以便提供会计净额。

第 48 条

突发性或在经营期限内可能涉及的风险和费用(须明确标注)会产生对应的资金补充项目,补充项目须记入资产负债表的负债一栏:财务债务。然而,若涉及风险和费用期限较短,应以短期风险补助金被计入负债一栏:流动债务。

补助金为外部负债或到期债务或额度不定的金额。补充条款是指用于风险和费用的储备金。

此外,规定的储备金只可用于合法财政条款规定的项目。

外部负债是指,在现行会计年度中公司根据发生项目划拨出的经济收入。

超过一年的风险和费用储备金的补充金额应记录在储备金补充项下，对于小于一年的风险和费用储备金的补充金额应记录在短期风险储备金项下。

公司应该评估并以补偿金的形式记录资产负债表的外部负债部分和撤出部分。

第 49 条

应在一个会计年度中，对所有折旧、贬值和覆盖损失、风险、可能的花费以及利润缺失或不足的储备金进行记录。

尽管会计年度中或上一个会计年度中介入的风险、费用和产品账目，已在会计年度截止期限和账户结算日期之间进行了识别，但也要纳入考虑中。

第 50 条

公司的资产和负债金额均受外币浮动，根据以下第 51～58 条，使用特殊评估条款。

第 51 条

以外币结算的物品按照当日交易成员国外币兑换率进行计算和录入。该金额会在商品消费、终止和消失日期内保留在资产负债表内。

第 52 条

若涉及商业交易或外币使用日期和金融交易，则所有列出的借/贷款项须根据双方运营合同开立日期的汇率进行金额兑换。

第 53 条

若汇率变化导致借/贷款金额发生变化，该数值与计入值的差额则被视为亏损或盈余，且须分别记录在会计年度报表的财务费用或财务收入中。

无论外币列出的借/贷款的期限为何时，一旦会计年度中的信贷储备金名称和金额上限计入在内，都应执行相同的操作。

第 54 条

当外币列出的借/贷款在会计年度截止之日仍存于资产负债表中，那么首笔入账应根据这一日期最新的汇率进行计算。

在最初入账、历史价值和清点之日的汇兑金额之间存在的差额会造成最初金额的增加或减少：

(1)在债务增加或应收账款减少情况下的可能性亏损,

(2)在应收账款增加或债务减少情况下的潜在增加。

这些差额(可能的亏损或负债、潜在的增加)须直接计入资产汇兑差额账户。

可能性的增加不能计入结果构成项。可能性的亏损会造成汇兑亏损的储备金的产生。

第55条

在结算借/贷款之日,这一日期的汇兑的亏损和增加须和历史值作对比。

第56条

此外,当缔结借款合同或贷出款项发生在国外时(贷出款项时限大于1年),由外币借/贷款会计年度结束时产生的亏损或增加应按照期限进行列出,截止期限至最近还款或收款之日,按拟定合同执行其还款或收款比例。

第57条

当外币结算的经营活动涉及公司内部总体汇兑水平,汇兑亏损的储备金补充金额受限于该汇兑水平下增加(潜在)与亏损(可能)差额。

在使用这一条款时,尽管部分操作并未入账,但公司应仍须按照所相关合同规定的外币,提供汇兑的总体情况。

此外,汇兑亏损的补偿金计算应根据总体汇兑水平到期项目进行调整。

第58条

当外币可用资金继续留存于资产负债表时,应按照成员国会计年度结束日期的最新汇率进行汇兑,产生差额视为由汇兑产生的所得或亏损,直接入账。

第58-1条

当保证金合同从起始日期至到期/失效日期均有效的情况下,须进行会计查验。

合规的保证金操作应具备以下特点:

(1)买卖合同和利率选择可减小影响受保项目(或类似项目组)金额的变化风险;

（2）受保项目可能是一项资产、负债或是通过承诺未来可进行的物质化交易（如果交易可被详细描述并很有可能实施）；

（3）将其他资产、负债和承诺纳入考虑之后，可确定风险影响程度；

（4）事先部分或全部抵销操作或受保项目的购买选择，会导致相关风险降低（该风险是指：受保项目的最终亏损和审议版合同所得或是由受保项目购买选择产生的风险），因此须对受保项目金额变化和受保合同或相关金额工具（如涉及利率选择）变化的相关性作出说明。

卖出期权不符合保证金工具的条件，因为它不能有效地降低受保项目结果的风险。但是，如果它被指定为对所购期权的补偿，包括纳入另一种金融工具的期权，则应被视为保证金工具。

第 58–2 条

通过借方和贷方日常结算的市场行为，记录在损益表中花费或是财务支出项下。

对于双方一致同意的交易，涉及金额变更应记录在资金工具账户项下，待后续规范：

（1）涉及的可能损失变更的资产负债表资产部分；

（2）涉及的可能收益变更的资产负债表负债部分。

可能的增加并不计入结果。

当双方一致同意的交易存在潜在亏损时，可能需要额外的财务保证金。

第 58–3 条

当保证金可在到期时确定外币金额，则不确定性消失。外币借/贷款项由外币金额变更为本币金额。

受保日期发生时间对会计处理产生以下影响：

（1）如受保发生在相关操作之前，则借/贷款项由受保工具进行确认并进行记录。并不存在汇兑差也不存在储备金。财务报表不受影响。

（2）如受保发生在相关操作之后，则受保操作、汇兑差和必要的保证金额须根据上述第 54 条进行记账。其差值、借/贷款项初始值以及在受保的估值须进行财务记账。最后的受保金额可收回。

第 58–4 条

当受保操作无法确定到期时的外币汇率时，到期的借/贷款项可用汇率则无法确定。只有通过使用受保工具,方可减小亏损风险。借/贷款项(外币)的汇差亦可全部获取。相反地,汇兑亏损的保证金在风险出现时须重新计入。

第 59 条

每个会计年度都应独立于之前和之后的会计年度。

第 60 条　(已废除)

第 61 条

之前会计年度的收入与支出,是会计年度经营、财务或非一般性经营活动的组成部分,应根据其性质进行记账(如会计年度期间发生的收入与支出)并在附录中作特别标注。

第 62 条

根据现行统一法第 35 条,可对有形不动产和财务不动产展开重新评估。

再次评估会造成之前会计净值变成替代值(又称再评估值)。

禁止一切部分再次评估。

所有参与再次评估产生的再评估值与之前会计净值产生的差值称为再评估差值。

再评估差值应记录在自有资产负债表的亏损一栏。

第 63 条

在开始再评估时,参与再次评估的价值在任何情况下都不得超过其真实值,也就是根据以上第 42 条规定的现值金额。

再评估日期应是再次评估会计年限的截止日期。

第 64 条

除折旧计划修改之外,根据现行统一法第 45 条最后一款,不动产折旧再评估金额为再评估的会计年度开始,使用期限内的折旧计算奠定基础。

第 65 条

再评估差值不得计入再评估工作的结果。

它不得进行分配。

它可以全部或部分并入资产。

第五章　关于文件证明性数值、账户管控与账务信息收集与公布

第 66 条

每个成员国须连续记录账目册、清点册，按照当局法律要求，规范账目册、清点册尺寸和编码，并在每页留下签名。

第 67 条

针对使用信息化技术对账目进行管理的公司，相关电子资料可替代账册和清点册；在这种情况下，通过如遵照账目发生时间顺序、不可撤销性和完整性原则的法律方式，对电子资料进行命名、编号并标注开立日期。

第 68 条

合法记录的会计账目可在法庭上被接受为公司之间的商业或其他交易的证据。

如果会计账目是非法记录的，则提交人不得为其利益援引该账目。

第 69 条

为便于收集信息，如有需要，公司可按照必要流程，通过负责交易真实性和账目管控的账务督查机构这一中介的形式，引入会计组织机构对内控和外控实施管理。

第 70 条

公司强制或自愿指派账务督察机构，该机构须具备：

(1)提供的意见或建议须客观公正地指出一个会计年度的账目情况，以及会计年度末资产财务状况；

(2)在有保留或不利的情况下仍然能够表达其意见或建议或指出不能表达其意见或建议的理由。

账务督查机构须客观一致地对管理报告中的财务和数据信息进行说明。

第 71 条

会计年度结束时，公司领导层和管理层应根据前几章的相关条款提供清点手册和会计报表，确立管理报告，如有需要还应提供公司的资产负债表。

管理报告须对一个会计年度的财务情况、发展前景或者未来动向预测进行说明,尤其须对经营活动的可持续性,财务情况和资金计划进行说明。

在会计年度截止日期至下一个开立日期之间发生的重大事件应予以注明。

所有材料应在召开普通股东大会召开前的至少 45 日送交审计员(如有)。

第 72 条

领导层和管理层提供的财务报表和管理报告应在会计年度结束日期前的 6 个月内送审提交至股东、合伙人或相关成员处。

第 73 条

公司应遵守股东、合伙人或相关成员信息沟通公共办法、年度财务报表公布措施,此外,公司还须根据有关《商业公司和经济利益集团统一法》规定的众筹资金的匿名公司特殊条款,遵守第一季度末众筹资金的公司提供的相关沟通办法。

第 73-1 条

此外,持有股份以及众筹框架下参与融资的公司,除在 SYSCOHADA 中提交会计报表以外,还须按照 IFRS 标准要求,向区域或成员国持有资质的金融市场机构处提交大会审议通过的财务报表以及在册的动产信贷资料。

审计员应:

(1)提供的意见或建议须客观公正地指出一个会计年度的账目情况,以及会计年度末资产财务状况;

(2)在有保留或不利的情况下仍然能够表达其意见或建议;

(3)指出不能表达其意见或建议的理由。

第二编 账目一体化与账目合并

第一章 账目一体化

第 74 条

在所在成员国内,拥有总部或经营主营业务,并单独或合伙控股多家的公司的企业应开立并每年公布其子公司构成的总财务报表与总管理报告。

若相关公司对一个或多个公司有显著性影响,则可以不必开立总财务报表与总管理报告。

相反,一旦公司开立一体化财务报表,那么其显著化影响将被记录在一体化财务报表中。

第 75 条

一体化财务报表由一体化共同体下属成员公司(以下简称:一体化单位)的领导层和管理层开立。

在众筹框架下,持有股份和参与融资的一体化财务报表也应根据 IFRS 进行开立并提交。

第 76 条

尽管一体化单位本身受控于所在地和主营业务在成员国经济领域以外的一家或多家公司,但其依然要履行一体化义务。涉及名称应在所在地和主营业务在成员国经济领域以外的一家或多家公司附录以及一体化附录中进行标注。

第 77 条

位于由成员方组成的法律领域内的支配公司,如果自己处于该领域另一公司的控制之下,则不受合并义务的约束。

但该豁免不适用于以下三种情况:

(1)两家公司总部分别位于非洲商法协调组织范围内的不同区域;

(2)该公司进行了公开募集;

(3)一体化财务报表是由占支配公司资本十分之一或以上的一组合伙人或股东要求的。

非洲商法协调组织范围内的区域是指由成员国组成的不同区域经济集团,如中部非洲经济货币共同体、西非经济货币同盟。

第 78 条

特许管控是指为获取经营经济利益对公司财务和经营的管控行为。

该管控由以下情况决定:

(1)由另一间接或直接持有多数投票权的公司;

(2)在连续的 2 个会计年度中,由另一公司的领导层或管理层机构大多数成员指派;某一时期,直接或间接拥有超过 40% 投票权(没有任何一个合伙人可直接或间接拥有超过该投票权百分比)的一体化单位可影响该管控;

(3)根据法律章程,可对一个公司施以主要影响。

联合管控是指为使财务经营政策得以统一实施而采取的一定数量的合伙人或股东管控权分摊行为。

联合管控权具有以下特点:

(1)公司可由一定数量的合伙人或股东管控权进行管控;管控权的分摊要求任何合伙人或股东不得凌驾于其他合伙人或股东之上独享管控权;联合管控权允许未参加联合管控的小部分股东参与。

(2)相关合同规定应:

(a)对共同开发的公司经济业务的联合管控进行预测;

(b)拟定公司共同开发的经济业务的主要实现目标以及参与联合管控的所有合伙人或股东达成的共识。

显著影响是指不参与管控,但拥有参与财务和经营政策制定的权利。领导机构、战略性决策参与制定机构、公司间作出的重要交易、领导层人员变更以及技术性问题均可产生显著影响。

在一体化账户的开立方面,如果一家公司直接或间接持有小于五分之一的投票权时,控股公司可对该公司的管理和财务决策施加显著性影响。

第 79 条

一体化财务报表包括:资产负债表、损益表、资金流量表、自有资金变更表以及附录。

根据现行统一法规定,一体化财务报表不可分割。

应根据非洲商法协调组织财务系统规定的单位个人账目的标准化模板进行记账,还应对一体化账目栏尤其是收购缺口以及少数收益进行补充。

第 80 条

受控于公司一体化规定的子公司账务亦受控于总公司一体化规定。

与其他合伙人或股东联合受控的账户根据其占比受控于总公司一体化规定。

子公司占有的一体化比例决定其影响程度。

第 81 条

对一体化情况,一体化资产负债表包含一体化公司资产、公司自有资金以及一体化规定的其他项目,被代替的收益与亏损栏内不同项目的债券除外。

在按比例合并的情况下,这些证券的账面价值应由一体化公司或持有公司在构成根据一体化规则确定的这些公司权益的各种资产和负债中的代表权益部分代替。

在同等情况下,公司一体化规定的自有资金可用持有的债券进行替代。

第 82 条

一体化差额为公司会计年度时间内所有物品购入价与其自有资金之差。

公司一体化差额应以评估差额的方式优先录入在一体化资产负债表中;对于差额未影响部分应录入至统一化资产损益表收益与亏损的特别栏目项下,命名为购入差额。

根据折旧表或储备金回收计划,差额未影响部分汇入损益表中。

第 83 条

当公司一体化管控年限增加导致一体化差额进行分摊时,会产生一定的差额,该差额称为采购差额。在公司并入会计年度开始时,扣除集团红利收入和收购差额折旧部分,采购差额可直接计在一体化损益表内。

上述对差额的所有操作均应在附录中予以记录。

第 84 条

一体化营业额等于合并后所有一体化公司经营服务的销售额。

在扣除全部内部操作的费用后,营业额还应包括:

(1)在最后处理操作结束后,通过合并的全体一体化公司产生的净收入额;

(2)在最后处理操作结束后,通过比例合并的定额公司或持有方公司产生的净收入额。

第 85 条

一体化损益表应包括:

(1)组成类项目:

(a)一体化损益结果;

(b)通过合并各个一体化公司产生的损益结果;

(c)通过比例合并,所有一体化公司产生的损益结果,以及一体化内所有定额公司或持有方公司产生的收益。

(2)一体化公司可通过直接或间接收益,也可以通过一体化内持有方公司产生的收益表示等价公司一体化损益结果。

第 86 条

一体化要求:

(1)根据一体化分类标准,对通过合并的公司一体化的亏损项和收益项、收入项和支出项进行分类;

(2)定期对集团公司的亏损项和收益项进行维护和会计化管理;

(3)删除财政法规定的过期记账;

(4)删除总内部损益结果(含红利在内);

(5)所有通过合并的一体化公司之间因预期分配产生的费用不可回收,此外,在预期分配对通过合并的一体化公司产生利润时,应考虑减税;

(6)整体和部分合并的重复性证明应予以删除。

若该条款项下的部分操作对资产、财务和公司整体损益结果的影响可忽略不计,则该部分操作可忽略。

第 87 条

根据相关汇兑办法规定,由一个会计年度至另一个会计年度产生的差额,或由成员国内本币与外币产生的差额,应计入一体化自有资金栏内或一体化损益表内。

第 88 条

根据合同规定,既不用于借款人款项偿还,又因利润缺失或不足的无法作为酬金的收入款项,可计入一体化资产负债表的自有资金一栏中。

对于机构持有的物品应按照特殊法律规定的评估条例提供的金额计入一体化账户。

第 89 条

根据 SYSCOHADA 对个人账户的标准化模板,提供一体化资产负债表,该损益表分别列出:

(1)购入差额;

(2)等价债券;

(3)延迟税费;

(4)未经分配的损益结果之和;

(5)经分配的损益结果中小部分利益。

第 90 条

根据 SYSCOHADA 对个人账户的标准化模板,提供一体化损益表,该损益表分别列出:

(1)通过合并的全体一体化公司产生的净损益结果;

(2)通过等价比例得到的净收入额;

(3)少数合伙人和一体化公司产生的损益结果;

(4)通过股份产生的损益结果。

第 91 条

根据一体化损益表,收入和支出应按照其性质进行分类。该一体化损益表还应附公司规定收入和支出用途说明。

第 92 条

产生的延迟税费应记录在一体化资产负债表和损益表内:

(1)一部分称之为损益表法,具体操作如下:

(a)收入和支出时间差以及今后会计年度的财政损益结果;

(b)以上第 86 条安置费、去除费用和重新处理的费用;

(c)未来可能财政收益的记账一体化延迟的财政亏损。

(2)另一部分称之为资产损益表的收益和亏损之差以及其基础值法。收益或亏损基础值是该财政年度末的收益或亏损的分配金额。

第 93 条

一体化资金流量表将经营产生资金流量分为以下几类:

(1)运行类;

(2)投资类;

(3)融资类。

一体化资金流量表可体现资金总变化情况。

第 94 条

一体化附录应包含：

(1)提供会计年度报表内描述类项目或现行项目；

(2)包含可正确评估范围、财产、财务情况和一体化损益表包含的确定性信息。

同时也包括：

(1)SYSCOHADA 的一体化声明；

(2)会计主要使用方法准则；

(3)最后亏损和非会计化合同信息、非财务信息(如财务风险管理办法和目标)；

(4)一体化变更表须详细注明,所有由一体化公司管控百分比变更(如股份的收购和转账)造成的调整。

第 95 条

在两个连续的会计年度内,在每个会计年度的营业额不超过 5 亿西非法郎(税后)或成员国本币同等金额时,可免去一体化会计报表的开立和公布。

该额度根据一体化公司 2 个会计年度财务情况进行确立。

第 96 条

被母公司证明的公司管控或显著影响缺失行为,不计入一体化范围内。

部分公司只对排除在一体化范围以外的公司进行管控(专属管控或联合管控),这些公司可不公布一体化账目,原因如下：

(1)主要由严格和长期制约性管制,导致的子公司管控或资金转移；

(2)根据今后的转让情况,确定子公司持有的股份或部分股份份额；

(3)开立一体化账目的必要信息不得以过高的费用或在符合编制和审计这些账目的法定时限内取得。

此外,与一体化团体相比,影响力可忽略不计的公司亦不计入一体化范围内。

所有根据现行条例,不计入一体化范围内的公司须在一体化团体的附录中进行性合法性的说明。

第 97 条

进入一体化管理的公司,在开立一体化账目时,应提供必要信息。

用于一体化财务报表筹备的母公司及其子公司会计年度报表结束时间须一致。当母公司及其子公司会计年度报表结束时间不一致时，由于实施一体化的需要，子公司须补充和母公司相同日期的财务报表。

如无法开立同一日财务报表，且子公司与母公司会计年度报表结束时间差在 3 个月以内，可废除该条。在这种情况下，对子公司账目的调整须考虑这一过渡时期的重要交易或事件对其账目的影响。

在这种情况下，须开立子公司补充财务报表，并送交账目督察员处（如有）或负责账目管控的专业人员处。

第 98 条

开立和公布一体化账目信息的公司，对计入一体化管控范围内的公司提供的缺失或不全的信息概不负责。但该公司（此处指：开立和公布一体化账目信息的公司）有责任指出一体化账目信息的不全之处。

第 99 条

一体化总报告应对一体化公司整体情况、未来发展情况，以及在一体化会计年度截止时间与下一个开立时间之间的重要事件的介入以及对研发类经营活动展开说明。

第 100 条

在公司开立一体化会计报表时，审计员须对情况进行详细说明：

（1）定期、真实地记录会计年度所发生的一切经营活动和状况，真实地展示会计年度结束前一体化公司总的财产和财务情况；

（2）在有保留或不利的情况下仍然能够表达其意见或建议或指出不能表达其意见或建议的理由。

审计员也应秉持真诚与一体化财务报表一致原则，对管理报告中的信息数据进行说明。

第 101 条

经正式批准的一体化财务报表，一体化团体的年度报告和审计员的报告，应由编制一体化财务报表的公司按照本统一法第 73 条规定的程序予以公布。

第 102 条

根据《商业公司与经济利益集团统一法》第 849 条规定的经营与损益表指出营业净收入额与总一体化税前一般性经营活动。该表每一项都提供了前一个会计年度与本会计年度第一季度的相关经营活动设计额度。

第二章　账目合并

第 103 条

在非洲商法协调组织区域的一个区域内形成的实体,即受制于位于该区域以外的同一战略决策中心的经济实体,它们之间不存在支配地位的法律隶属关系,它们须编制和提交被称为一体化财务报表的财务报表,如同它们就是同一个公司。

在确立加入某团体的公司时,该团体内所有法人单独或联合控股的其他公司均应在其年度财务报表内的附录部分进行注明。

每个团体内的公司都应在附录中详细阐述该负责开立合并账户成员国公司。

根据现行的统一法合并账务规定与特殊办法规定,必须开立财务报表。

成员国当局机构应要求开设在其领土的公司团体开立并提供合并账目报表,这些账目必须以某些客观要素为基础,确立团体开立和提供的相关账目的合法性。

第 104 条

根据法律条款或公约约定,合并账户规定与方法适用于公司所有非强制性或强制性账户的开立。

根据以下第 105～109 条规定,开立并提供合并账目报表必须遵守一体化账目相关规定。

第 105 条

合并范围包括满足唯一性与经济体完整性准则的某一成员国内或非洲商法协调组织范围内同一区域的所有公司,无论该公司经营何种业务、以何种方式存在或是否盈利。

第 106 条

上述第 103 条最后一行所涉及的客观要素满足唯一性与完整性准则，以下情况满足该准则要求：

(1)由同一法人或由一组有共同利益的团体指挥领导；

(2)属于合作或互助类的公司以及属于相同政策和领导下的类似公司集合；

(3)隶属于同一公司集合，不属于一个控股公司(法律角度)却在同一监管部门下从事相同业务的公司；

(4)拥有公共结构或是可在某一时期内，产生重要经济行为且有合同关系的公司；

(5)拥有损益结果分摊合约或是拥有合约关系的公司，以上两种情况均可具有有力的约束作用，与其中一家公司提供的账目相比，以上情况提供的详尽账目更具有代表性。

第 106-1 条

合并账目可进行以下操作：

(1)在进行最终再分类处理(包括：删除财政法规定的过期记账、产生账目延迟税费等)后，公司账目的累计额度隶属于合并账目的一部分；

(2)删除收益和亏损栏：收入与花费内的重复账目；

(3)合并范围内公司之间经营活动产生的损益抵销。

第 107 条

自有合并资金根据以下情况进行开立：

(1)合并范围内公司参与的缺失、合并的自有资金代表这些公司再处理自有资金的累计值；

(2)如合并范围内公司之间存在资本关联，计入持股公司收益栏内的参股金额应计入合并自有资金项下；

(3)如合并范围内公司是一个自然人或是由自然人组成的团体，在自有资金和公司损益表项下的其他合伙人持有部分应作小型利益模式处理；

(4)由唯一领导机构、更大的公司团体公共经营活动的会计年度、不同公司或是同等情况的经营合并造成的公司集体完整性出现时，应对持合并股份的合伙人以及被看作是第三方持股合伙人进行区分。两种类型合伙人的区分，可对相关经济体账目合并产生的资产负债表和损益表内记录的小型利益进行评估。

第 108 条

当参与账目合并的两家或多家公司的资金关联可对一体化账目进行合法性说明时,在合并资产负债表中,应保留计入统一化账目的评估和购买差价。

第 108-1 条

完整的合并财务报表应包括:合并资产负债表、合并损益表、合并资金流量表以及附录。

第 109 条

关于合并账目附录应对以下情况进行详细说明:

(1)合并账目开立源头的关联;

(2)合并公司名称;

(3)参与合并公司名称清单以及合并范围确立方式;

(4)部分公司未合并的理由及意图、并对合并范围涵盖标准进行回复;

(5)自有资金持股情况以及最终小型利益的受益方;

(6)隶属合并范围内公司损益所涉及的各种税法制度;

(7)其他财务报表中描述性说明和提供的分项情况。

第 110 条

根据统一化财务报表相同规则和办法,合并财务报表是合并总管理报告以及审计员意见的重要组成部分。

第三编　惩罚性条款

第 111 条

根据本统一法第 2 条规定,公司领导若涉及以下情况,可被视为刑事犯罪行为:

(1)未开立会计年度清点册、年度一体化和合并会计报表、管理报告以及公司资产负债表(如有);

(2)瞒报谎报公司资产、财务情况以及损益表的行为。

根据每个成员国相关刑事立法条款规定,对以上犯罪行为进行惩处。

第四编　过渡与最终条款

第 111-1 条

经现行统一法取消或另行规定的收益和亏损账户,应在对此项目专门开立的账户第八编——《关于特别操作的说明》的 41 章中予以指出:过渡账户 475 号(注:475 号是指在会计账目分类手册标注的相关账目编号)与 SY-SCOHADA 收益账目栏-亏损账目栏修订有关联。

第 112 条

根据以下第 113 条第 2 款规定,自该统一法生效之日起,废除 2000 年 5 月 24 日通过的《会计统一法》的规定以及以前任何与此相反的国内法规定。

第 113 条

本统一法应自通过之日起 60 日内在非洲商法协调组织官方公报上公布,并附上非洲商法协调组织总会计科目表与一体化和合并账户有关的会计安排。它还应在成员国的官方公报或以任何其他适当方式公布。自公布之日起 90 日后适用。

生效期规定如下:

(1)公司个人账目自 2018 年 1 月 1 日起生效;

(2)一体化账目、合并账目与根据 IFRS 制定的财务表自 2019 年 1 月 1 日起生效。

2017 年 1 月 26 日于布拉柴维尔(刚果共和国)

公路货物运输合同统一法

前　言

非洲商法协调组织部长委员会；

考虑到《非洲商法协调组织条约》，特别是其中的第2条和第5~10条；

考虑到常设秘书处的报告和各成员国的意见；

考虑到司法与仲裁共同法院2013年12月17日发表的意见；

经审议后，出席并参加表决的成员国一致通过如下统一法：

第一章　适用范围和定义

适用范围

第1条

1. 如果公路货物运输合同中约定的货物发货地和接收地位于某一个非洲商法协调组织成员国境内，或在两个不同的国家，但至少其中一个国家是非洲商法协调组织成员国，不论该合同当事人的居所和国籍如何，均适用本统一法。

2. 本统一法对危险品运输、丧葬托运、家具搬运或任何受国际邮政公约调整的运输均不适用。

定　义

第2条

为本统一法之目的，以下定义特指：

(1)“通知”:口头或书面通知,除非本统一法要求书面形式或相关当事人另有规定;

(2)“货物运输合同”:作为承运人的自然人或法人为获取报酬将作为托运人的另一人所交付的货物利用车辆通过公路从一地运输至另外一地而缔结的任何合同;

(3)“文件”:可在纸上或信息媒介上记载的一系列字母、文字、数字或任何其他具有一定含义的符号或标志;

除非相关当事人另有规定,只要能够确保书面文件的完整性、稳定性和持久性,书面文件的要求即得到满足。

(4)“托运单”是证明公路货物运输合同的书面文件;

(5)“货物”:任何动产;

(6)“危险品”:通常指根据其组成或状态对环境、人员或货物的安全或完整性带来危险的货物;

(7)“家具搬运”:在居住的房屋或用于专业、商业、工业、工艺或行政用途的房屋之间对用过的动产进行的运输,其中承运人负责包装且运输不是其主要服务;

(8)“丧葬托运”:对死者遗体的运输;

(9)“连续运输”:为了执行一项公路货物运输合同,多个承运人依次连续承担的运输;

(10)“混合运输”:为执行一项公路货物运输合同,在不进行转运的情况下,在部分路段通过在非公路车辆上或之中运输装有货物的公路车辆的运输;

(11)“承运人”:自然人或法人,负责通过公路车辆将货物从出发地运至目的地;

(12)“车辆”:任何机动公路车辆或任何挂车或半挂车,其前部连接至被设计为与该车辆连接的牵引车。

第二章　合同和运输单据

货物运输合同的成立

第3条

只要托运人和承运人就商定的价格运输货物达成一致意见,货物运输合同即成立。

托　运　单

第4条

1. 托运单必须包含：

(1)托运单的签发地点和日期；

(2)承运人的名称和地址；

(3)发货托运人和收货人的姓名和地址；

(4)交付和接收货物的地点和日期；

(5)对货物性质和包装方法的通用说明；对于危险货物，要采用普遍认可的说明；

(6)包装件的数量及其特殊标记和编号；

(7)货物的毛重或以其他方式表示的质量；

(8)用于海关的必要指示和其他手续；

(9)货运相关费用(运费、附加费、关税以及从起草合同到交货时产生的其他费用)。

2. 在适用的情况下，托运单还可包含以下内容：

(1)禁止转运的声明；

(2)发货托运人承诺支付的费用；

(3)“货到付款”金额；

(4)在按约定价格另外付款后，发货托运人关于货物价值或代表特殊交付利益的金额的声明；

(5)发货托运人对承运人作出的有关货物保险的指示；

(6)约定的运输期限；以及

(7)支付与车辆停工有关的费用的宽限期；

(8)交付给承运人的文件清单。

3. 合同的当事方可以在托运单中加入他们认为有用的任何其他信息。

4. 托运单或本条第1款或第2款所指细节的缺失或不规范以及托运单的遗失，均不影响货物运输合同的存在或有效性，该合同仍然受制于本统一法的规定。

托运单的证明力

第 5 条

1. 除非另有证明,否则托运单应为货物运输合同条款和承运人收货的初步证据。

2. 托运单应有一份正本,至少两份副本,并且必须注明副本份数。正本应提供给发货托运人,承运人应保留一份副本,另一副本应随货物一起到达目的地。

海 关 文 件

第 6 条

1. 在跨国货物运输中,为了完成海关和其他在交付货物之前要完成的手续,托运人应将必要的文件附在托运单上或提供给承运人,同时向该承运人提供所有相关信息。

2. 承运人不需要检查前款所指文件是否正确或适当。托运人应对由于此类文件和信息的缺乏、不足或不规范而造成的任何损害负责,使承运人不承担上述损害引起的任何责任,除非承运人有过错。

3. 承运人应该对因托运单所附带文件的丢失、使用不当造成的后果承担赔偿责任,在这种情况下,他应支付的赔偿金不得超过货物丢失时应支付的赔偿金。

第三章　货物运输合同的履行

货物的包装

第 7 条

1. 除非合同另有约定或有其他贸易惯例,托运人应以合适方式包装货物。托运人应对因包装缺陷而对人员、设备或其他货物造成的损害或遭致的其他费用负责,对承运人以及承运人为履行货物运输合同而利用其服务的任何其他人员负责,除非该缺陷在承运人接收货物时对承运人而言是显而易见的或已知的,并且承运人对此没有作出保留。

2. 如果接收货物时,对承运人明显的或已知的包装缺陷会给人员、货物的安全或完整性构成明显风险时,承运人应通知负责包装的人并要求他采取补救措施。如果在接到通知后该人没有在合理的时间内采取补救措施,则不得要求承运人运输货物。

3. 如果包装在运输过程中损坏,承运人应采取他认为符合货物权利人利益的最适当的措施,并通知货物权利人。如果破损的包装或包装中包含的商品对人或货物的安全或完整性造成威胁,承运人可立即采取适当的措施,代表货物权利人卸下货物,并通知货物权利人。卸货后,运输视为完成。在这种情况下,承运人应代表权利人负责保管货物。但他也可以将货物委托给第三方,在这种情况下,承运人仅对第三方的选定负责。根据托运单应付的费用和所有其他费用可针对货物提出。

托运人的说明和责任

第 8 条

1. 托运人应向承运人提供第 4 条第 1 款第 3~8 项规定的信息和说明,并视情况提供第 2 款规定的信息和说明。

2. 因货物的固有缺陷或者由于货物的信息和说明不充分、不精确而造成的损害,托运人应对承运人或为承运人为履行货物运输合同而利用其服务的任何其他人员作出赔偿。

3. 在未事先披露危险货物的确切性质的情况下,托运人应对因运输此类货物而遭受的任何损害负责,并承担由此而产生的仓储成本和费用,同时承担风险。承运人可以在知道其性质或特性后以适当的方式卸下、销毁或无害化货物,而无须任何赔偿。

4. 在没有事先披露其性质或价值的情况下,向承运人交付了文件、现金或者贵重物品,托运人应对因运输而遭受的任何损失负责。承运人没有义务运输文件、现金或任何贵重物品。如果承运人运输了此类物品,则他仅应在已向其声明货物性质或价值的情况下对损失负责。有关货物性质或价值的虚假陈述可使承运人免于承担任何责任。

运 输 期 限

第 9 条

货物的运输期限自承运人接管货物时开始至交付该货物时止。

接 管 货 物

第 10 条

1. 接管货物时,承运人应检查:

(1)托运单中件数、标记和编号等信息的准确性;

(2)货物及其包装的外观状况。

2. 如果承运人没有合理的手段来检查本条第 1 款第 1 项信息的准确性,则应在托运单中注明这一保留意见并陈述其正当理由。承运人还应说明其关于商品及其包装外观状况的保留意见的正当性。只有在托运人明确接受的情况下,此类保留意见才对托运人具有约束力。

3. 托运人有权要求承运人检查货物的毛重或以其他方式表示的质量。还可以要求核验包装的内容。承运人可以要求托运人承担核验的费用。验证结果须记录在托运单中。

4. 如果托运单中没有承运人的正当的保留意见,应认定在收货时,货物及其包装状况良好,并且包装数量、标记和编号符合托运单的信息。

运输中处置货物的权利

第 11 条

1. 托运人有权处置运输中的货物,特别是要求承运人停止运输货物、改变交货地点或将货物交付给其他收货人。

2. 如果托运人在托运单中有特别说明,收货人将自货运单作出之时具有货物的处置权。

3. 行使处置权应符合以下条件:

(1)托运人,或本条第 2 款提到的希望行使该权利的收货人,应出示对

承运人作出指示的托运单的正本,并补偿承运人因执行该指示而产生的所有费用和由此而造成的损失;

(2)新指示必须具备可执行的条件,并且不得阻碍承运人业务的正常运行或损害其他货物的托运人或收货人;

(3)新指示不得导致交付的分散。

4. 当由于本条第 3 款第 2 项原因,承运人无法执行收到的新指示时,应立即告知发出该指示的人。

5. 承运人未按照本条规定的条件执行指示,或在未要求出示托运单正本情况下就执行指示的,应承担由此造成的损失。

运输和交货的阻碍

第 12 条

1. 承运人应立即通知并征求下列人员的指示:

(1)货物权利人,如果在货物到达指定的交货地之前,根据托运单规定的条件履行合同是不可能的;

(2)托运人,在货物到达指定的收货地后,无论出于何种原因且在承运人方面没有任何过错的情况下,承运人无法进行交货。

2. 在上述第 1 款第 1 项规定的情况下,如果情况允许以不同于托运单所载条件履行合同,且承运人无法及时地从权利人处获得指示,他就应采取他认为符合权利人最大利益的措施。

3. 如果因收货人的疏忽或拒绝收货而导致货物交付不能时,只要承运人还未收到相反的指示,收货人仍可要求交货。

4. 承运人有权要求支付他在征求和执行指示中产生的费用,除非这些费用是他自身的不当行为造成的。

5. 承运人可根据第 1 款规定的指示,代表受益人卸载货物。卸载后,视为已完成运输。承运人随后应代表货物权利人保管货物,并有权要求对货物的保管或存储给予合理的赔偿。但承运人也可将货物委托给第三方,在此种情况下,他仅对第三方的选择负合理注意义务,而无须承担其他责任。对于依据托运单应支付的费用以及其他所有费用仍可针对货物进行主张。

6. 如果货物易腐或其状况证明有此倾向或仓储成本与货物价值不成比

例时,承运人可以不经指示就对货物进行销售。在其他情况下,如果承运人自通知之日起15日内仍未收到指示,则他也可出售货物。销售的程序应由货物所在地的法律或习惯决定。出售收入在扣除应支付的费用后应提供给货物权利人。如果这些费用超过了销售收入,承运人应有权主张差额。

货 物 交 付

第13条

1. 承运人必须在指定的交付地点将货物交付给收货人,并凭收据向其提供货物随附的托运单副本。交付必须在约定的期限内完成,或者在没有约定的期限的情况下,在要求一个勤勉的承运人可以交货的合理时间内完成。

2. 货物到达指定的交货地点后,承运人必须将货物的到达和收货期限通知收货人,除非货物是在收货人的居所地或营业地交付。

3. 收货前,收货人必须支付托运单项下的费用。如果对费用有争议,除非收货人提供担保,否则不得要求承运人交付货物。

4. 在不损害发货人权利和义务的情况下,收货人以明示或默示的方式接受货物或货物运输合同,就取得了货物运输合同所附的权利,并可以其自己的名义对承运人主张这些权利。但对于同一损失或损害,承运人不应对托运人和收货人双方进行赔偿。

货物状况和延迟交货

第14条

1. 当承运人和收货人就交货时货物的状态达成一致时,他们可以起草一份联合书面声明。在这种情况下,只有在损失或损害不明显,且收货人在该联合声明发出后的7日(不包括周日和节假日)内适当地向承运人发送了表明该损失或损害性质的书面通知,与该书面声明的结果相冲突的证据才可被接受。

2. 如果没有关于交货后货物状况的联合书面声明,则收货人应在下列时间向承运人发送书面通知,说明损失或损坏的性质:

(1)对于明显的损失或损害,应不迟于交货日期之后的第一个工作日;

(2)对于不明显的损失或损害,应自发货之日起 7 日内,星期日和公共假日除外。

3. 若未在上述时限内发出通知,接收的货物应被推定为符合托运单中载明的状况。交货时在托运单或任何其他运输单据上有关损失或损坏的书面标注应符合本款的通知要求。

4. 如果在收到货物达到指定交货地点的通知后的 21 日内,或在可适用的情况下,在货物到达货物将被交付的收货人的居所地或营业地之日起的 21 日内,没有向承运人发出书面通知,则不得对货物延迟交付主张赔偿。

托运单项下费用的支付

第 15 条

1. 除非托运单上另有规定,托运单所载明的到期费用应由委托人在货物交付前支付。

2. 如果货物与合同中所述的货物不是同一种类,或者货物的价值大于所申报的价值,则承运人可以要求支付他本来就可以就实际运输的货物所要求的费用。

3. 根据以上第 13 条第 3 款,在托运单所载明的费用支付前,承运人有权留置所运输的货物。如果托运单载明应由收货人支付此类费用,则在交货前未能向收货人主张此类支付的承运人就无权再向托运人主张此类支付。如果收货人拒绝支付,承运人应将此种情况通知托运人并征求其指示。

4. 就应向其支付的任何有关费用,承运人应对所运输的货物有留置权,只要所运输的货物与应支付的费用之间存在因果联系。

第四章　承运人的责任

责 任 依 据

第 16 条

1. 承运人应在指定的交货地交付货物。承运人应对运输期间发生的货物损害、全部或部分损失以及任何延误交货负责。

2. 如果货物未能在约定的时限内交付，或在没有约定期限时，考虑到具体情况后，未能在可合理允许勤勉的承运人交货的期限内交付，则存在延迟交货。

3. 如果货物在约定的交货期限届满 30 日后，或在没有约定交货期限时，在承运人接收货物后的 60 日后，货物没有交付或只是部分交付，货物权利人无须提供进一步的证据就可根据情况将货物视为全部损失或部分损失。

4. 承运人应对其代理人或雇员以及他为履行运输合同而利用其服务的任何其他人员的作为或不作为负责，如果此类代理人、雇员或任何其他人员是在雇佣职责范围内行事，就如同此类作为或不作为是承运人自己的作为或不作为。

免　　责

第 17 条

1. 如果承运人能证明损失、损坏或延误是由于货物权利人的过失或指示、货物固有的缺陷或由承运人无法避免且其后果无法预防的情况而造成的，则承运人应被免除责任。

2. 如果因以下一种或几种情形所固有的特殊风险而引起的损失或损坏，承运人应被免除责任：

（1）使用了敞篷车，如果托运单中明确约定或指明了此种使用；

（2）对于因其性质而在未正确包装或未包装的情况下容易遭受损耗或可能损坏的货物，缺乏包装或包装状况不佳；

（3）托运人或收货人或代表托运人或收货人行事的人对货物的处理、装载、储存或卸载；

（4）某些货物的性质，此类性质易使其遭受全部或部分损失或损害，特别是由于断裂、生锈、干燥、泄漏或正常损耗而遭受的损失；

（5）包装上的标记或编号不足或不当；

（6）活体动物的运输。

3. 承运人不得因用于货物运输的车辆的缺陷而被免除责任。

4. 如果承运人证明，在具体个案情形中，损失或损害可归因于这些特殊风险中的一种或多种时，应推定就是如此。但货物权利人有权证明损害实际上并非全部或部分归因于这些风险中的任何一种。如果大量短少或整件灭失，则该推定不适用于上述第2款规定的情形。

5. 如果货物由装有特殊设备以便保护货物不受热、冷、温度变化或空气湿度影响的车辆承运，除非承运人证明他对这种设备的选择、维修和使用的情况均已采取了理应采取的所有措施和已按照给予他的特别指示行事，否则承运人不得主张第2款第4项规定的免责利益。

6. 除非承运人证明，根据情况他已采取了一般理应采取的所有措施并且已按给予他的特别指示行事，否则承运人无权享受第2款第6项规定的免责利益。

7. 如果承运人对造成货物损失、损害或延迟的其中一些因素不承担责任，则他仅应对造成货物损害的其应承担责任的范围内承担责任。

责 任 限 额

第18条

1. 货物损坏或全部或部分损失的赔偿应根据货物的价值计算，且每千克货物毛重不得超过5000西非法郎。但是，如果托运人在托运单中附有货物价值或交货时的特殊利益声明，则所遭受的损失赔偿不应超过声明的数额。

2. 在交货时有特别利益声明的情况下，无论第1款规定的赔偿如何，都可要求等同于已被证明的额外损坏或损失的赔偿，但不得超过所声明的特别利益的数额。

3. 在货物延误交付的情况下，无论本条第1款规定的货物损坏或损失的赔偿金如何，如果受益人能够证明延误造成了额外的损失，则承运人应为此类损失支付不超过运费的赔偿。

赔偿的计算

第19条

1. 货物的价值，应根据货物被承运人接管当时和当地的同类和同质的货物的现行市场价格确定。为计算赔偿额,货物的价值应包括运费、关税和其他因货物运输而产生的费用。如果发生全额损失,此类费用全部赔偿;如果发生部分损失或损坏,则按比例进行赔偿。

2. 如果货物发生损坏,承运人应支付根据货物价值计算的折旧额。但是,损坏赔偿额不得超过:

(1)货物全损时应支付的赔偿额,如果全部托运货物因损坏而贬值;

(2)货物部分损失时应支付的赔偿额,如果只有部分托运货物受到损坏。

3. 货物权利人可就赔偿额主张利息。这种利息按年利率5%计算,自将书面索赔提交给承运人之日起算,或如果未提出索赔,则自提起法院程序或仲裁程序之日起算。

4. 在国际运输情况下,如果赔偿额不是用非洲金融共同体法郎表示的,应根据赔偿支付当地当日的汇率进行转换,或在可适用的情况下,根据判决书或仲裁裁决书作出之日的汇率进行转换。

非合同义务

第20条

1. 本统一法所规定的免责和责任限制适用于针对承运人因任何因货物灭失或损坏或交货延迟而造成的损害所提起的任何诉讼,无论该诉讼是基于合同或合同外义务而提起。

2. 如果就货物的损失、损坏或延迟交付所提起的诉讼是针对根据上述第16条第4款的规定承运人应予负责的人员提起的,则该人可主张本统一法为承运人所规定的责任免除和责任限额。

责任免除和责任限额权利的丧失

第21条

1. 如果能够证明货物的损失、损坏或延迟交付是因承运人的作为或不作为所导致,承运人这么做是故意打算造成此种损失、损坏或延迟交付,或因疏忽但明知会造成此类损失、损坏或延迟交付,则承运人不得主张本统一法所规定的责任免除和责任限额,也不得主张后面第25条规定的诉讼时效期间。

2. 尽管有上述第20条第2款的规定,承运人的雇员或代理人或承运人为执行货物运输合同而使用其服务的任何人员,无权主张责任免除和责任限额,也不得主张后面第25条规定的诉讼时效期间,如果能够证明货物的损失、损坏或延迟交付是由于他们在履行职责时的作为或不作为所导致的,他们这么做是故意打算造成此类损失、损坏或延迟,或因疏忽但明知会造成此类损失、损坏或延迟。

混合运输时的责任

第22条

本统一法适用于所有混合运输。但是如果货物的损失、损坏或延迟交付不是发生在公路运输阶段而且公路货物承运人没有过错,公路货物运输承运人的责任应根据适用于其他运输方式的法律中的强制性规则确定。在没有此类规则时,公路货物运输承运人的责任仍受本统一法的调整。

连续运输时的责任

第23条

1. 在连续运输中,通过接受货物和托运单,每一连续承运人都成为合同的当事方。

2. 如果是连续运输,有关货物损失、损坏或延迟交付的法律实施只能针对第一承运人、在其运输阶段发生损坏事实的承运人或最后承运人提起。也可以针对其中一些承运人提起诉讼,他们承担连带责任。

3. 当发生明显损失或损坏时,中间承运人应在其他承运人交给他的托运单上加注与上文第10条第2款所规定的类似的保留。他必须立即将他所作保留通知发货人和向其交付托运单的前一承运人。

4. 连续承运人之间适用上述第4条、第5条第2款和第10条第4款的规定。

第五章　争　　议

承运人之间的诉讼

第 24 条

1. 根据本统一法已支付赔偿金的承运人有权根据以下规定对参加货物运输合同的其他承运人追索赔偿本金、利息和诉讼费用：

(1)对货物损失或损坏负有责任的承运人应单独赔偿，无论该赔偿已由他本人或另一承运人支付。

(2)当货物损失或损坏是由两个或两个以上承运人的行为造成时，每个承运人应按其责任份额支付相应比例的赔偿；如果不可能分割责任份额，则每个人应根据其获得的运费的比例承担责任。

(3)当无法确定哪一承运人应为货物的损失或损坏负责时，赔偿额应按本条第 1 款第 2 项规定在所有承运人之间分配。

2. 如果其中一名承运人资不抵债，则所有其他承运人应按自己获得的运费的比例分担该承运人应承担但尚未支付的赔偿额。

3. 承运人可在他们之间自由作出赔偿安排，而不适用本条的规定。

索赔和诉讼期限

第 25 条

1. 因本统一法所调整的货物运输而引起的任何诉讼，期限为 1 年，自交货之日或没有交货时自本应交货之日起算。但如果存在故意不当行为或等同于故意不当行为的任何过失时，诉讼时效为 3 年。

2. 只有在货物交付之日后 60 日内或未交付货物时在货物被接管之日后的 6 个月内向第一承运人或最后承运人提出书面索赔的情况下，诉讼才应予受理。

仲　　裁

第 26 条

因本统一法所调整的货物运输合同而产生的任何争议均可通过仲裁方

式解决。

国际货物运输的管辖权

第 27 条

1. 在本统一法所调整的国际货物运输而产生的任何法律诉讼中,如果当事人没有指定仲裁机构或国内法院,原告就可在下列国家的法院或法庭提起诉讼:

(1)被告在该国境内有惯常住所或主要营业地或通过其而订立运输合同的分支机构或办事处;

(2)承运人在该国境内接管货物,或指定的交货地位于该国境内。

2. 如果诉讼已在一个有管辖权的法院内提起,或该法院已作出判决,则不得在相同当事人之间就同一事由提起新的诉讼,除非受理首次诉讼的法院作出的判决在新诉讼提起的法院内不能得到执行。

3. 如果缔约国法院作出的判决在该缔约国内可以执行时,则该判决在其他每一缔约国均可被执行,只要相关缔约国的程序得到遵守。这些程序不应构成对案件进行审查的基础。

4. 本条第 3 款的规定适用于合议庭作出的判决、缺席判决以及通过法院命令所确认的和解协议。它们不适用于临时判决或临时赔偿裁决,除了向全部或部分败诉的原告追索的费用。

第六章 杂 项 规 定

违反统一法的规定无效

第 28 条

1. 在不违反上述第 2 条第 3 项、第 15 条第 1 款、第 24 条第 3 款和第 27 条规定的前提下,任何直接或间接减损本统一法规定的合同条款都是无效的。此类条款的无效不会导致合同中其他条款的无效。

2. 特别是,使承运人获得货物保险利益的任何规定或任何其他类似规定,以及转移举证责任的任何规定,均应视为无效。

货币换算

第29条

对于在非洲金融共同体法郎区以外的国家，上面第18条所指的数额应按照判决或仲裁裁决之日或当事方约定之日的汇率转换为本国货币。

第七章　过渡性条款和最终条款

第30条

在本统一法生效之日前缔结的公路货物运输合同仍受合同缔结时所适用的法律的调整。

第31条

本统一法将在非洲商法协调组织官方公报上发布。它还将在缔约国官方公报上或以其他类似方式发布。

本统一法将于2004年1月1日生效。

本统一法于2003年3月22日在雅温得通过

合作社统一法

非洲商法协调组织部长委员会，

考虑到1993年10月17日在路易港签署，2008年10月17日在魁北克修订的《非洲商法协调条约》，特别是其中的第2条、第5条和第10条；

考虑到常设秘书处的报告和各成员国的意见；

考虑到司法与仲裁共同法院2009年12月8日的第02/2009/AU号意见；

经审议后，出席会议并参加表决的成员国一致通过如下统一法：

序章 适用范围

第1条

任何合作社、合作社联盟(union)或联合会(fédération)，如果其注册办事处位于《非洲商法协调条约》的成员国(以下简称成员国)境内，应受本统一法规定的调整。

任何选择合作社体制的合作社总会(confédération)也应受本统一法规定的调整。

尽管有《商业公司和经济利益集团统一法》第1条和第6条的规定，从事商业活动的合作社应受本统一法规定的调整。

第2条

本统一法的规定应为公共政策，除非明确授权各成员国以商定的条款或成员国国内立法取代本统一法的规定，或以本统一法的规定补充其国内立法。

尽管有本统一法的规定，开展银行业务或进行金融活动的合作社，仍应遵守成员国内或地区法律中有关开展此类活动的法律。

第3条

任何个人，不论其国籍如何，如希望在某一成员国境内成立合作社以开展业务，除非本统一法另有明确规定，应在本统一法规定的合作社形式中选择适合该业务的一种合作社形式。

第一卷　关于合作社的一般规定

第一编　合作社的成立

第一章　合作社的定义和合作原则

第4条

合作社是由个人组成的自治团体，他们为了实现自己的愿望，满足共同的经济、社会和文化需要，从而形成一个法人团体，其所有权和管理权是集体的，基于民主和合作行使权力。

合作社除了作为其主要用户的社员外，还可以在合作社章程中规定的范围内向社员以外的人提供服务。

第5条

合作社在人类活动的所有领域中运作。

第6条

合作社的成立和管理应遵循以下普遍公认的合作原则：

(1)自愿加入并向所有人开放；

(2)社员民主行权；

(3)社员的经济参与；

(4)自主性和独立性；

(5)教育、培训和信息传递；

(6)合作社之间的合作；

(7)对社群的自愿承诺。

禁止基于性别、种族、宗教或政治派别的歧视。

第二章　合作社社员

第一节　一 般 规 定

第 7 条

任何根据各成员国的法律规定拥有法律行为能力的自然人或法人都可以成为合作社的社员。

第 8 条

合作社应由社员组成,这些社员因共同的纽带而结合在一起,作为创建合作社的基础,应参加合作社的活动,并根据合作社的原则,按其出资比例持有股份。

在本统一法下,共同纽带应指社员共有的、借以凝聚的共同要素或客观标准。

特别是,它可能与职业、身份认同、商业或法律形式有关。

第 9 条

合作社的注册办事处应保存一份社员登记册,所有社员都按时间顺序登记在册。

对于每个社员,登记册应包括以下内容:

(1)社员号码;

(2)全名和身份证号码;

(3)地址;

(4)职业;

(5)认购的社股数量;

(6)已缴付的社股数量。

第二节　社员资格、退出和除名

第一分节　合作社社员资格

第 10 条

入社申请书应送交其管理机构。应由申请人书写、注明日期并签名。

管理委员会或董事会可使社员的接纳在申请之日或稍后日期生效,但不得超过收到申请之日起3个月。社员资格须经社员大会批准。

社员身份应记录在合作社管理委员会的档案中,其中说明社员的身份、地址、签名或指纹,并列明后者对有关合作社的法律规定予以认可。

第二分节 合作社社员的退出和获得补偿的权利

第11条

社员只能通过发送书面通知的方式退出合作社。退出应在通知中所述的日期或合作社收到通知的日期起生效。

合作社管理机构应以书面形式记录社员的退出情况。

在退出通知生效后的第2年,合作社应按照合作社章程确定的价格偿还退出社员持有的所有社股。

合作社还应向该社员偿还所有贷款和其他由该社员持有的款项,以及该社员向合作社提供的所有未偿贷款,以及这些款项截至付款日的应计利息。

如果管理委员会认为偿还社员股份或偿还社员贷款会对合作社的财务状况产生不利影响,管理委员会或董事会可以基于合理的理由提出2年后进行偿还。社员可以对此决定向主管法院提出诉讼。

如果社员欠合作社款项,社员应留在合作社,直到清偿其债务。在这种情况下,合作社管理委员会应在记录其退出时制定偿还其对合作社债务的条款和条件。

该社员应根据本法第47、48、50条以及合作社章程中规定的条件,对其退出前的合作社债务承担共同责任。

第三分节 社员资格的除名

第一段 一般规定

第12条

在遵守以下规定的前提下,合作社章程中可以规定其他除名条款,但这些条款不得侵犯本统一法赋予的退社者的权利。

第 13 条

合作社在向社员发出书面通知后,可以在以下情况下将社员除名。

(1)该社员是一个正在进行资产清算程序的法律实体;

(2)该社员连续两年没有与合作社做任何业务;

(3)该社员在合作社内部或外部的行为和举动,没有按照本统一法和合作社章程中的规定履行合同义务,特别是对合作社的信托和忠实义务,从而导致合作社的利益受到损害。

第 14 条

应通过社员大会有充分理由的特别决议来作出除名社员的决定。

除名也可以由管理委员会或董事会作出决定。在这种情况下,只有在普通社员大会上通过有充分理由的特别决议来确认除名,才是最终的除名。

在决定或确认除名的社员大会特别决议通过之日起 10 日内,合作社必须向社员发出书面除名通知并说明理由。除名的生效日期应是书面通知中规定的日期,但不晚于收到通知后的第 30 日。

只有社员大会通过的社员特别决议才能使该社员重新加入合作社。

第二段　社员的申诉权

第 15 条

被董事会或管理委员会决议除名的社员可以向社员大会提出申诉,要求废除该决议。

在社员大会通过特别决议之前,董事会或管理委员会的特别决定的效力将被中止。

社员大会应就关于特别决议的申诉作出裁决,根据合作社章程规定的条件,取消或确认除名决议。

在任何情况下,社员大会的决定不影响该社员对除名决定的司法上诉权。

第三段　被除名社员的权利与义务

合作社应在与退社者相同的条件下,向除名社员偿还所有应付款项。

然而,社员的除名并不解除他对合作社的债务或义务或与之签订的有效合同。此外,合作社没有义务在任何已同意的、未到期的定期贷款余额到期前向社员支付。

第 16 条

如果合作社尽了一切合理的努力寻找被除名的社员,但他的地址却不为人所知,而且自除名以来已经过了 2 年,合作社应将欠他的所有款项转入储备基金。这些款项在存入储备基金后的 2 年内不得再有利息。

这样转出的款项应在转出后的 5 年内支付给任何有证据证明他有权得到这笔款项的人。在 5 年后,它们归国家所有。

第三章　合作社章程和议事规则

第一节　合作社章程

第一分节　合作社章程的形式

第 17 条

合作社章程构成合伙协议,必须通过私人或公证的契约来确立。

合作社章程应提交原件,以便在注册办事处提交副本和执行各种手续。合作社章程的副本应放在合作社的注册办事处,供任何社员使用。

第二分节　合作社章程的内容:强制性和非强制性陈述

第 18 条

合作社章程中应包括:

(1)合作社的类型;

(2)其商号,必要时后接其缩写;

(3)与其宗旨相关的业务性质和行业;

(4)其注册办事处和期限;

(5)联结社员的共同纽带;

(6)每个创始社员的全名和居住地址;

(7)其董事或管理委员会成员的具体人数或最低或最高人数,以及与董

事会或管理委员会成员的权力有关的所有规定;

(8)监事会或监事委员会的具体人数或最低或最高人数,以及与行使这些机构的职权有关的所有规定;

(9)管理委员会、董事会、监事会和监事委员会的任职期限;

(10)每个社员享有的最大股本百分比的任何限制;

(11)合作社将根据合作原则组织和运作并开展业务的声明,以及对这些原则的提醒;

(12)现金出资人的身份,以及他们每个人的出资额,每笔出资对应的股份数量和价值;

(13)实物出资人的身份,他们每个人的出资物的性质和评估,为每项出资移交的股份数量和价值,当其价值超过所需出资时提供的商品或价值机制;

(14)股本的数额,相关的最低和最高限制,各类股票的面值,发行或认购的具体条件;

(15)与收益分配有关的规定,特别是盈余和储备;

(16)合作社经营的业务类型;

(17)创始社员的签名或手印;

(18)与社员以外的人的交易范围,同时保障合作社的自主权。

合作社章程中还可以包含:

(1)任何与下列事项有关的规定:

(a)可适用于社员贷款或社员股份的最高收益率;

(b)可适用于社员股份的最高报酬率。

(2)对合作社商业活动的任何限制。

第三分节 商 号

第19条

任何合作社都应以其章程中注明的名称来命名。

合作社不得使用已经在商业和证券登记处或合作社登记处登记的其他企业的商号。

该商号必须出现在合作社的所有文件上,包括信件、发票、通知和各种出版物。商号前必须提及合作社的形式、注册办事处的地址以及在合作社登记册中的注册号码,所有这些都要用清晰的文字书写。

根据本统一法规定的修改章程的条件,每种形式的合作社都可以改变商号。

第四分节　合作社的宗旨

第20条

任何合作社都有一个与其业务相关的宗旨,该宗旨必须在其章程中界定和描述。

合作社的宗旨必须是合法的。

当合作社开展的业务受到管制时,它应遵守有关这种业务的具体规则。

根据本统一法规定的修改章程的条件,每种形式的合作社都可以改变宗旨。

第21条

合作社的宗旨应决定其民事或商业性质。

第五分节　注册办事处

第22条

任何合作社都应有一个注册办事处,并应在其章程中加以说明。

注册办事处必须根据其社员的选择,建立在一个成员国的领土上,要么在合作社的主要业务中心,要么在其行政和财务管理中心。它必须有一个实际地址或一个足够具体的地理位置。

第23条

社员以外的第三方对章程规定的注册办事处所在地有信赖利益。如果合作社提出注册办事处实际在别处,对第三方不具有对抗力。

第24条

根据本统一法规定的修改章程的条件,每种形式的合作社都可以改变注册办事处的地点。

但是,根据合作社管理委员会或董事会的决定,可以将其转移到同一城市的另一地点。

任何搬迁注册办事处的决定都应记录在合作社登记簿中,并由管理委员会或董事会通知监管机构。

第六分节　期限与延长

第一段　期　　限

第 25 条

任何合作社的存续期应在章程中说明。

第 26 条

合作社的存续期应自其在合作社登记簿登记之日起生效。

第 27 条

除非根据本统一法规定的条件决定延长期限,否则合作社的存续期限结束后,将自动解散。

第 28 条

对于每种形式的合作社,应根据本统一法规定的修改章程的条件,修改合作社的期限。

第二段　延　　期

第 29 条

合作社的期限可以延长一次或多次。在延长的决定中应说明延长的期限。

对于每种形式的合作社,应根据本统一法规定的修改章程的条件,决定延长合作社的期限。

在合作社存续期届满前至少 1 年,必须与社员协商,以决定是否应该延长。如果做不到这一点,任何社员可以向注册办事处所在地的主管法院提出申请,该法院应在管辖范围内迅速作出裁决,以任命一名代理人,负责组织本段中规定的协商。

延长合作社的期限不应导致建立新的法律实体。

第七分节　出　资

第一段　一般规定

第 30 条

每个社员都应承诺向合作社出资。

每个社员都应对所承诺的以现金、实物或通过服务带来的每一笔出资对合作社负责。

第 31 条

作为对其出资的对价，并根据合作社的形式，合作社应根据本统一法规定的条件向社员分配股份。

第 32 条

本条的规定应适用于合作社存续期间的出资以及与章程规定的最低资本的增加有关的出资。

第二段　不同类型的出资

第 33 条

每个社员都可以以下列形式向合作社出资：

(1)现金出资；

(2)以实物、动产或不动产、有形或无形的权利出资；

(3)通过服务、劳动或专有技术出资。

第三段　现金出资

第 34 条

现金出资应通过转移社员承诺向合作社出资的款项的所有权来实现。

除非本统一法另有规定,为组建合作社而设定的资本构成的现金出资应在合作社组建期间全额支付。除章程另有规定外,同样的规定也适用于在合作社存续期间接纳社员的情况。只有被视为全额支付的现金缴款,才是合作社已取得所有权并已全部和最终收取的款项。

第 35 条

在延迟付款的情况下,应付给合作社的款项应自动按官方利率计息,从应付款日算起,但不影响任何适用的损害赔偿。

第 36 条

除非合作社章程中另有规定,为合作社集体增资而提供的现金出资,可以通过抵销确定的、固定金额的、到期应收的合作社债务来实现。

第四段　实 物 出 资

第 37 条

实物出资应通过转让与出资资产相匹配的不动产或个人权利,以及实际给予合作社与这些权利相联系的资产来实现。

实物出资应在合作社成立期间或在其存续期间由任何承诺这样做的社员全额支付。

第 38 条

如果出资的形式是不动产,出资人应为合作社作担保,承担不动产卖方对买方承担的同等义务。

第 39 条

如果出资是以不动产使用权转让的形式实现的,出资人应为合作社作担保,承担不动产出租方对承租方承担的同等义务。

但是,如果出资包括可在合作社存续期间替换的货物或所有其他资产,应通过合同将资产的所有权转让给合作社,合作社应给予同等数量、质量和价值的回报。

第 40 条

对资产或者权利的出资,经公示可以对抗第三方的,可以在本社登记前予以公示。追溯效力至实现之日,应当自合作社登记之日起开始计算。

第 41 条

各社员应评估实物出资并担保其价值。

第 42 条

章程中应包含对合作社注册期间的实物出资的评估。在合作社存续期间作出的出资,评估应记录在章程的附件中。

第五段　服务出资

第 43 条

服务出资计划应在章程中规定。

如果没有在章程中列出这种出资,提供服务出资的社员的股份应等于出资最少的社员的股份。

有义务向合作社出资的社员应报告作为出资对象的活动所产生的所有收益。

第八分节　股　份

第一段　原　则

第 44 条

合作社应向社员发行称为社股的证券,代表他们的出资。

第 45 条

合作社发行的所有股份都是记名的。它们的面值对所有社股都是一样的。应在合作社章程中作出规定。

股份不得以低于其面值的价格发行。

第二段　股份附带的权利和义务

第一分段　权　利

第 46 条

社股应赋予其持有人:

(1)享有合作社产生的盈余收益的权利,而这些盈余收益的分配是根据法律规定决定的;

(2)有权享受合作社的所有好处和利益;

(3)参与合作社的集体决策和投票的权利;

(4)在任何情况下,都有权在本统一法和合作社章程的规定范围内,行使或受益于社员身份所附带的权利。

上述权利必须在为每种形式的合作社规定的条件下行使。根据本统一法中的明确规定,这些权利可以被暂停或废除。

第二分段 义 务

第 47 条

合作社的每个社员都必须根据本统一法、合作社章程和每种形式的合作社的程序规则规定的条件,承担合作社的损失。

社员还须按照合作社的宗旨与之进行交易。

第 48 条

除非合作社章程中另有约定,在收益分配方面,上述第 46 条和第 47 条中提到的所有社员的权利和义务都是平等的,无论他们的出资额如何。

第三段 让与和非流通性

第 49 条

社员股份应是记名的、个人的、不可转让的、非公开的,并可根据章程中规定的条件进行让与。

它们不应受到质押。

第 50 条

合作社章程应当规定社员的社员权利转让和报销的条件,并确定这些权利的价值,无论在何种情况下,社员的权利转让或补偿都应当有规定。

在发生争议的情况下,转让或偿还价值应由合作社确定,如果不能确定,则由各方协商指定的专家或由主管法院迅速裁决确定。

第四段　社员数量减少到法定限额以下

第 51 条

在合作社存续期间,如果社员人数减少到低于相应合作社形式的法定人数,不应导致合作社自动解散。

如果这种情况在 1 年内没有得到纠正,任何有利害关系的个人可以向主管法院提出解散申请。

主管法院可给予合作社最多 6 个月的时间来纠正这种情况;如果在法院对案件的实质内容作出裁决之日,这种纠正已经完成,法院就不能宣布解散。

第九分节　合作社的资源

第一段　股 本 权 益

第一分段　股 份 资 本

第 52 条

合作社的股本应是可变的。

在下文第 56、57、58 条规定的条件下,可以增加或减少股本。

第 53 条

初始股本应当在规定数额的合作社章程中载明。

第 54 条

发起人的股本额,为该社员在合作社设立期间认缴的出资额。

服务出资还应适用于初始股本的构成,并应给予授予社员资格的社员股份的分配权。

第 55 条

合作社的股本应当划分为社员的股份。

作为出资的对价,合作社应向出资者发行与出资额等值的股份。

第56条

除因退出或接纳社员而导致初始资本变化的情况外,初始资本的数额可由每种形式的合作社的社员大会根据本统一法规定的修改章程的条件予以增加或减少。

第57条

社员大会的增资可以通过在每个合作社社员已经持有的股份之外按比例认购股份、增加股份面值或纳入免分配的储备金来实现。

第58条

社员大会对资本的削减可以通过减少每个社员所持股份的面值,或通过全部或部分偿还所缴出资来实现。

第二分段 其他权益资本

第59条

合作社可以接受拨款、捐赠和遗赠以发展其活动。这种拨款、捐赠或遗赠,在计算支付给社员股的股息时不应考虑在内。

第二段 贷款资金

第60条

合作社可以根据各种形式的合作社章程的具体规定,在注册地所在国寻求合法的借款。

第十分节 修改章程

第61条

章程可以修改。这种修改只能由特别社员大会决定,并符合本统一法就每种形式的合作社规定的条件。

第62条

除非为此目的而受理的主管法院另有特别目的并迅速作出裁决,否则未经社员同意,不得决定增加其对合作社的出资。

第十一分节　不符合规定及责任

第 63 条

如果章程不完全符合本统一法的规定,或者合作社的成立手续被遗漏或者不适当地完成,任何利害关系人都可以向注册办事处所在地有管辖权的法院或行政机关请求更正。检察官也可以为此采取行动。

第 64 条

上述更正的诉讼时效为 3 年,自合作社登记或者章程修改决定公布之日起计算。

第 65 条

创始社员与管理委员会或者董事会的首届成员,对章程中未载明的强制性声明,或者未履行或者未正确履行成立合作社的必要手续所造成的损害承担连带责任。

同样,如果当时现任的管理委员会或董事会的成员在修改章程条款时出现不合规定之处,其也应承担上款规定的同样责任。

第 66 条

本法第 65 条规定的民事责任的诉讼时效期间,自合作社登记之日或者章程修改决定公布之日起,应当根据具体情况规定为 5 年。

第二节　程 序 规 则

第一分节　程序规则的形式

第 67 条

程序规则应通过私下或公证的契约来确定。

应准备尽可能多的原件,以便在注册办事处提交副本和执行各种手续。程序规则的副本应存放在合作社的注册办事处,供任何社员使用。

第二分节　程序规则的内容

第 68 条

除强制性陈述外,程序规则应包含以下具体内容:

(1)根据下文第 225、305 条的规定确定的董事会或管理委员会、监事会或董事会成员的津贴支付条件;

(2)社员补充股份的认购及其数量;

(3)暂停社员资格的标准和条件;

(4)在联盟、联合会和总会的情况下,分配复数投票权的可能性;

(5)任何其他被认为对实现合作社的企业宗旨有必要的建议,并符合合作社的基础以及本统一法的强制性规定。

第四章　合作社的注册和法律实体的注册

第一节　合作社登记簿

第一分节　一 般 规 定

第 69 条

合作社登记簿的目的是:

(1)接收本统一法所管辖的合作社及其母机构的登记;

(2)也接收合作社及其母机构的法律状态自登记以来发生变化的登记和声明。

第二分节　合作社登记簿的组织

第 70 条

合作社登记簿由负责保存该登记簿的地方当局管理。

在每一成员国,负责合作社登记簿的行政当局应是属地管理机构的权力下放的国家当局或合作社注册办事处直接隶属的主管当局。

《一般商法统一法》规定的国家登记处应将信息集中在各合作社的登记

簿上。

《一般商法统一法》规定的地区登记处应将委托在每个国家登记处的信息集中起来。

提供给负责合作社登记册的行政当局的表格中所载的资料是面向公众的。

第 71 条

合作社登记簿应包括：

(1)来信登记簿，按时间顺序说明每份被接收的申报的日期和编号、登记人的全名或公司名称以及申报的目的；

(2)按字母顺序保存的个人档案集，其中包括其名称、法律形式、业务性质、注册办事处地址、所有关于合作社及其母公司的声明、行为和文件等细节。

第 72 条

所有的声明都应在负责合作社登记的行政当局提供的表格上建立一式四份。

申报书上应有登记人或其授权代理人的签名或指纹，该代理人应出示其身份证明，除非其为律师或公证员，否则应出示登记人签署的授权书或贴有其指纹的授权书。

第一份副本应由负责保管合作社登记簿的行政当局保存。

第二份副本注明日期和办理的手续名称，应交给登记人。

第三和第四份副本应由负责合作社登记的行政当局送交国家登记簿，以便将其中一份转交区域登记簿。

第 73 条

此外，合作社登记簿也应自动包含：

(1)在个人破产程序或债务清偿集体程序中作出的决定；

(2)对官员的制裁决定；

(3)关于恢复或赦免措施的决定，消除取消资格或禁止的决定。

本条规定的事项应由作出裁决的法院转交给辖区内的合作社登记簿管理当局和合作社的母公司，否则，任何有利害关系的个人都应转交给合作社登记簿管理当局和合作社母公司。

第二节 注册和法律人格

第一分节 注 册

第 74 条

任何合作社都必须在每个成员国建立的合作社登记簿中登记。

第 75 条

合作社必须在成立后的 1 个月内在合作社登记簿登记。

该申请应说明:

(1)名称;

(2)适用时,商号、缩写或品牌;

(3)所开展的业务;

(4)合作社的类型;

(5)初始股本的数额,以及现金捐款的数额,可能的话,对实物或服务捐款的评估;

(6)注册办事处的地址,适当时,主要机构和其他各机构的地址;

(7)章程中规定的合作社的期限;

(8)有权对合作社作出承诺的官员的全名、国籍、出生日期和地点以及居住地。

第 76 条

对于该申请,应附以下证明文件:

(1)两份合作社章程;

(2)两份合作社管理委员会或董事会成员名单;

(3)在适当的情况下,在业务受管制的地方,所需的事先授权。

第 77 条

任何合作社不得在多个登记簿或在同一登记簿以多个号码进行登记。

一旦申请人的申请符合要求,负责合作社登记簿的行政当局应指定一个登记号码,并在给登记人的表格上注明;然后,该当局应将个人档案和申请人提交的其他文件的副本转给国家登记簿。

第二分节 法 律 人 格

第 78 条

任何合作社自其在合作社登记簿登记之日起即享有法人资格。

然而,其业务应受有关此类活动的规则约束。

第三分节 注册办事处地址变更时的情况

第 79 条

如果合作社在另一个负责合作社登记的行政当局的领土管辖范围内改变了注册办事处的地址,行政当局应:

(1)将其从初次登记的管辖区的合作社登记簿中删除。

(2)在新辖区的主管部门核实原登记已被删除后,在其迁入的辖区内的合作社登记簿进行新的登记。

为此,合作社必须提供上述第 75 条和第 76 条中提到的信息和文件。

这些手续应在搬迁后 1 个月内由有关合作社办理。

第四分节 更正、修改或补充条目

第 80 条

如果合作社后来发生变化,需要更正或补充在合作社登记册上登记的细节,应在这些变化发生后的 30 日内要求修正补充条目。

有关合作社章程的任何变化都应在合作社登记簿申报。

任何修改、更正或补充条目的申请都应由负责申报的个人或按了指纹的人签字,或由必须证明其身份的代理人签字,如果是律师、公证员、受托人或法律正式授权的其他法院官员,其应出示由登记人签字或按了指纹的特别委托书。

第五分节　公　　示

第 81 条

任何登记以及任何记录自其在国家登记之日起发生的变化和其合作社地位的登记或参考资料,应在此手续登记后 1 个月内,在有权刊登法律公告的报纸上刊登通知。该通知应包括上述第 75 条规定的内容。

第六分节　二级机构的二级条目

第 82 条

每个合作社如果在其他负责合作社登记的行政当局的管辖范围内经营二级机构或附属机构,则需要在开始经营之日起 1 个月内申请二级登记。

这种声明除了提及首次登记外,还应说明上述第 75 条规定的合作社的信息。

第 83 条

申请二级登记必须向二级机构或分支机构注册办事处所在辖区的合作社登记簿管理当局提出。

负责合作社登记簿的行政当局应在二级登记后 1 个月内,将二级登记的声明副本转交给进行主要登记的负责合作社登记册的行政当局。

二级机构登记后,应分配登记号,并在有权刊登法律公告的报刊上自登记之日起 1 个月内予以公告。

第七分节　解散和注销

第 84 条

无论何种原因,合作社的解散必须在 1 个月内向负责登记的行政当局申报,以便在其登记的合作社登记簿中记录。

同样的情况应适用于合作社的无效性,从其决定作出之日起。

清算人应当自清算程序结束之日起 1 个月内提出注销申请。

逾期不提出注销申请的,登记管理机关应当根据登记管理机关或者利害关系人的申请,经主管法院裁定,予以注销。

注销应当在有权发布法律公告的报纸上刊登。

第三节　正在成立的合作社和已成立但未注册的合作社

第一分节　定　　义

第 85 条

合作社尚未成立时,应视为正在组建。

第 86 条

任何合作社都是在成立会议和社员签署章程之日成立的。

在合作社登记簿登记之前,其存在对社员以外的个人不具有强制力。

第 87 条

主动创建合作社的人必须在成员国之一的领土上有自己的住所。

居住地址不能只包括一个邮政信箱。它必须是一个实际地址或一个适当的具体地理位置。

第 88 条

合作社章程一经签署,高管即由创始社员担任。他们应代表尚未登记的合作社行事。

高管的权利和义务应根据本统一法和合作社章程的规定来确定。

第 89 条

自合作社成立之日起至其在合作社登记簿中登记之日止,其社员之间的关系应受适用于其在注册办事处所在国的法律条款和合作社章程的约束。

第二分节　正在成立的合作社在其成立前作出的承诺

第 90 条

创始社员在合作社成立前代表合作社所作的行为和承诺,应在成立大会上向合作社社员报告。

第 91 条

代表正在组建的合作社采取的行动和作出的承诺,须经在本统一法规定的条件下通过的社员大会的特别决议承认。

会议应充分了解必须传递的每一项行动和承诺的性质和范围。作出上述行为和承诺的个人不得投票,在计算法定人数和多数时不得考虑其投票。

第 92 条

由定期成立和注册的合作社承认的行为和承诺,应视为从一开始就已经承担。

未被合作社在本统一法规定的条件下承认的行为和承诺不应强制执行,作出这些行为和承诺的个人应对其固有的义务承担共同和无限的责任。

第三分节　代表注册前成立的合作社的承诺

第 93 条

社员可在合作社章程中或在单独的文件中,或酌情在成立大会上,视情况授予一名或多名高管代表已组建但尚未在合作社登记簿中登记的合作社作出承诺的权力。只要界定了这种承诺,并在职权范围中规定了承诺的范围,合作社的登记就意味着合作社正在承认这种承诺。

超出高管职权范围的行为,或与这些职权范围无关的行为,除合作社章程另有规定外,也可由合作社承认,但须按本统一法规定的条件,并经合作社社员大会批准。

作出了这种行为和承诺的社员不得投票,他们的票数在计算法定人数和多数票时不计入。

第 94 条

尽管有上述第 93 条的规定,本统一法第 92 条的规定应适用于合作社承认的行为和承诺以及未承认的行为和承诺。

第二编　合作社的运作

第一章　高管的权力和一般原则

第 95 条

对于社员以外的善意第三方,管理或董事会可以在本统一法为每种形式的合作社规定的范围内,拥有代表合作社缔约的所有权力,而无须用特别授权来证明。合作社章程对其缔约权力的任何限制,不得对抗善意第三方。

第 96 条

管理委员会或董事会在与社员以外的个人缔约时,应通过符合合作社宗旨的行为使合作社承担义务,但本统一法另有规定的除外。

即使管理委员会或董事会作出了与合作社宗旨不相符的承诺,合作社也应受约束,除非能够证明第三方知道或根据客观情况应当知道这些承诺不符合合作社的宗旨,或通过公开的合作社章程即可证明这一点。

第 97 条

关于社员之间的关系,在符合每种形式的合作社的具体法律规定的情况下,章程可以限制管理和董事会的权力。

这种限制不可对抗善意第三方。

第 98 条

高管的任命、免职或辞职应在 1 个月内公布于合作社登记簿。

第二章　社员大会和一般原则

第 99 条

除非本统一法中另有规定,任何社员都有权参与社员大会的决定。任何与此相反的规定都应视为不可执行。

第 100 条

参加社员大会应亲自参加。

但是,无法出席的社员可以通过代理投票,除非合作社章程中另有规定。在这种情况下,合作社的章程应确定委托投票的程序,包括社员人数和/或委托人的投票。

第 101 条

在合作社章程没有相反规定的情况下,股份的共有人应在不可分割的共有人中选择一个唯一的代理人来代表。在出现分歧的情况下,应根据最早的不可分割的共有人的要求,由注册办事处所在辖区的主管法院指定代理人。

第 102 条

每个社员都有一个投票权,无论其在合作社资本中的股权有多大。

第 103 条

集体决定应是普通的或特别的。它们应根据为每种形式的合作社规定的形式和内容在社员大会上作出。

第 104 条

社员的任何讨论都应记录在会议纪要中,说明会议的日期和地点、出席或代表的社员的全名、议程、提交讨论的文件和报告、讨论摘要、表决的决议文本和投票结果。

会议纪要应根据本统一法为每种形式的合作社规定的条件签署。

第 105 条

前条所述的会议纪要应建立在注册办事处保存的专门登记簿上。

社员审议记录的副本或摘录应有效地证明其真实性,并符合合作社的真实意思表示。

第 106 条

社员人数超过五百人时,合作社章程可以规定,在召开大会之前,由不同部门的会议分别就同一议程进行审议。

部门会议应选举代表,由其召集参加大会。合作社章程中规定协会应确定各分会的分布情况、每个分会的代表人数和实施安排。

第三章　年度财务汇总报表和利润分配

第一节　年度财务汇总报表

第一分节　原　　则

第 107 条

在每个财务年度结束时,管理委员会或董事会应视具体情况,根据本统一法和《会计与财务报告统一法》的规定编制和通过财务汇总报表。

财务汇总报表应由经正式授权承担合作社责任的人签署；如合作社已指定审计人，则应由审计员核证。

第二分节　年度财务报表摘要的批准

第 108 条

管理委员会或董事会应当根据具体情况，编制管理报告，说明财务年度期末的合作情况、可预见的趋势，特别是合作绩效、净现金头寸变化和融资计划。

管理委员会或董事会也应在本报告中说明其社员晋升情况。

第 109 条

摘要财务报表应包括以下内容：

(1)合作社出具的保证、背书和担保书；

(2)经合作社同意的担保债务。

第 110 条

年度财务汇总报表和管理报告应当报送负责审批该文件的合作社社员大会。社员大会应当于会计年度结束后 6 个月内召开。

在适用的情况下，年度财务汇总报表也应在社员大会召开前 45 日内发送给合作社为其附属机构的直属机构。

第 111 条

财务汇总报表的表述、评估方法、折旧和规定的任何变化(符合《会计与财务报告统一法》)应在年度报告中说明。

第二节　佣金和预留款

第一分节　佣　　金

第 112 条

合作社章程可规定按社员与合作社进行的业务活动或有利于合作社的

工作的比例向其支付佣金。

第二分节 预 留 款

第113条

社员大会应当按照法律、行政法规的规定决定收益分配。

社员大会应当对法定(法律和行政法规)公积金作出必要的分配。

第114条

合作社章程规定,在任何其他分配之前,通过对经营性净盈余的年度征收,构成一般储备。

合作社章程规定,在与上段相同的条件下,为培训、教育和提高对合作社原则的宣传活动设立储备金。

只要这些法定储备金没有达到合作社章程规定的资本数额,对每项储备金的征收可以低于经营性净盈余的20%。

第115条

合作社章程可规定通过分配一定比例的净经营盈余来提供可选储备金。可选储备金的总额不应超过净盈余的20%。

第116条

辞职或终止的社员无权获得分配一般储备金和用于培训、教育和宣传活动的储备金。

同样,上述第115条中提到的可选储备金也不应向这些社员分配。

第三节 社员之间的纠纷或社员与合作社之间的纠纷

第117条

社员之间或一个或多个社员与合作社之间的任何争议应提交主管法院处理。

此类争议也可以进行调解、和解或仲裁。

第118条

受本统一法规定调整的合作社及其联盟、联合会、总会或网络,可根据

《仲裁统一法》和有关仲裁、调解及和解的国际法的规定，在其机构内设立仲裁、调解及和解机构。

第四章　预防性审计程序

第一节　预警程序

第 119 条

监事会或监事委员应当根据合作社的形式，要求管理委员会或者董事会在本条下款规定的期限和条件内作出书面或者口头答复，说明合作社在运营时所注意到的可能危害合作社运营的事实。

管理委员会或董事会应在要求说明情况的次月内，以书面或口头形式在专项会议上作出答复。

在答复中，应对有关情况进行透彻的分析，必要时应说明计划采取的措施。

不符合前款规定的，或者虽经监事会或者监事委员作出决定，但合作社仍处于危险之中的，监事会或者监事委员应当向下一次社员大会作出专项报告，或者在紧急情况下召开专门会议报告。

合作社有母公司的，这一职责在相同条件下由母公司承担。

第二节　管理专家

第 120 条

满足超过合作社总人数 25% 的申请人，可要求注册办事处所在地的主管法院院长任命一名或多名管理专家，以他们认为适当的形式组成一个小组，就一项或多项管理业务提出报告。

如果请求获得批准，法官应确定专家的职责和权力范围。专家的费用由社员承担。该报告应送交申请人和本社的行政或管理委员会。

第三节　审 计 人 员

第 121 条

设立董事会的合作社,符合下列条件的,应当至少指定一名审计员:

(1)社员人数超过一千人;

(2)营业额超过 1 亿西非法郎;

(3)资产总额超过 500 万西非法郎。

审计员由社员大会聘任,任期 3 年。

审计员应具备国家批准的审计资格。

简易合作社可自由选择是否任命审计员。

第三编　对合作社高管的民事责任诉讼

第一章　个 人 诉 讼

第 122 条

在不损害合作社可能承担的赔偿责任的情况下,每一高管应就其在履职时的不当行为向第三方单独承担赔偿责任。

合作社高管有集体失当行为的,对第三方承担连带责任。但是,主管法院应当确定高管在分摊应支付的损害赔偿金时各自应承担的股份。

第 123 条

第三方或者社员遭受损失而提起的个人损害赔偿诉讼,诉讼时效期间为自损害事实发生之日起 3 年;损害未被发现的,诉讼时效期间为自发现之日起 3 年。

第 124 条

个人诉讼是由第三方或者社员发起的,因遭受损失而提起的损害赔偿诉讼,而后者遭受的损失与因合作社高管在履行其职责时的个人或集体不当行为造成的损失不同。

上述诉讼应由受损失的个人提起。

第 125 条

应当由合作社注册办事处所在地法院管辖此类诉讼。

第 126 条

个人损害赔偿诉讼,诉讼时效期间为自损害事实发生之日起 3 年;损害未被发现的,诉讼时效期间为自发现之日起 3 年。

针对犯罪,个人诉讼时效为 10 年。

第二章 派生诉讼(社员代表诉讼)

第 127 条

每名高管应因其在履行职责时的不当行为向第三方单独承担责任。

如果合作社的若干董事参与了相同的集体不当行为,主管法院应根据本统一法为每种形式的合作社规定的条件,确定每个高管在损害赔偿损失中的分担份额。

第 128 条

公司诉讼是因一名或多名公司董事在履行职责时所犯的过错而使合作社遭受损害的赔偿诉讼。

这种诉讼应由公司的其他董事根据本统一法对每种形式的合作社规定的条件提起。

第 129 条

在适格机构的正式通知在 30 日内未得到答复后,一个或多个社员可以提起派生诉讼。适格原告有权因合作社利益受损而提起损害赔偿诉讼。如果胜诉,则应判高管向合作社作赔偿。

第 130 条

合作社章程中要求发起派生诉讼前必须获得社员大会、董事会和管理委员会的事前通知或授权,或者要求社员事前放弃提起派生诉讼权利的条款,视为无效。

此外,社员大会、董事会和管理委员会的任何决定均不具有终止因高管在履行其职责时的不当行为而对其提起的侵权诉讼的效力。

第131条

应当由合作社注册办事处所在地法院管辖此类诉讼。

个人诉讼,诉讼时效期间为自损害事实发生之日起3年;损害未被发现的,诉讼时效期间为自发现之日起3年。

针对犯罪,个人诉讼时效为10年。

第132条

提起派生诉讼,不妨碍社员就其个人可能遭受的损害向合作社起诉,要求赔偿损失。

第四编　合作社之间的法律关系

第一章　合作社联盟、联合会、总会和网络[1]

第一节　合作社联盟

第133条

至少有两个具有相同宗旨的合作社可以组成一个合作社联盟,以管理其共同利益。

第一分节　设　　立

第134条

合作社联盟自创立大会通过联盟章程之日起设立,该大会应由至少三名各社员单位的授权代表组成。

第135条

联盟应根据本统一法关于合作社登记的规定,在合作社登记簿登记,并在同等条件下取得法人资格。

[1] 原文只有第一章。——译者注

第二分节 使命和运营

第136条

合作社联盟可以从事一切经济活动。但是,此类经济活动应遵循辅助合作社活动的原则。

在与其联邦或邦联协调或没有此类组织情况下,该联盟应履行分配给某一联邦或邦联的有关合作社分支机构的全部或部分职责。

第137条

每一社员单位应选派该单位社员大会主席作为代表出席联盟大会,或由该合作社董事会或管理委员会在其社员中推选有正当理由之人士出席联盟大会。

第138条

合作社联盟可在其条款和议事规则中为某些社员单位提供多个投票权的可能性,并应确定标准。

第139条

除非本统一法另有规定,拥有两个以上社员单位的联盟不得因某一社员单位自愿或被迫退出而解散,不得因某一社员单位被法院裁决清算财产、其社员自愿或被迫解散合作社或因合作社协议的撤销而解散。合作社联盟应在其他社员单位之间自动存续。

第140条

在本节没有明确规定的所有情况下,本统一法的规定和管理有董事会的合作社的原则应适用于合作社联盟。

第二节 合作社联合会

第一分节 设　　立

第141条

至少有两个联盟,即使它们有不同的宗旨,可以组成一个合作社联合会,以管理它们的利益。

联合会可以接纳不能组成或参加联盟的合作社为分支机构。

第 142 条

合作社联合会自创立大会通过联邦章程之日起设立,该大会应由至少三名各创始成员单位(包括联盟或合作社)的授权代表组成。

第 143 条

合作社联合会应根据本统一法关于合作社登记的规定,在合作社登记簿中登记,并应在同等条件下取得法人资格。

第二分节　使命及运营

第 144 条

合作社联合会的使命是:

(1)确保在作为其附属机构的合作社和联盟内部以合作为基础;

(2)为附属合作社和联盟的组建、行政和管理提供一切必要的协助;

(3)促进和发展合作社运动以及合作社组织之间的合作;

(4)通过公共和私营组织保护和管理其社员的利益;

(5)向社员单位提供一切必要的服务,包括对社员单位进行教育、行政、专业和财务的持续培训,并促进实现其目标;

(6)通过统计研究社员单位的利润,并向它们提供一切可以改进其运营的信息;

(7)在发生纠纷时向其社员单位提供办公场所;

(8)协助其附属机构,在其机构的具体职责范围内,完成其监督任务;

(9)担任联盟和附属合作社的监督机构;

(10)为其社员单位发出警报,或将发现的任何违规情况通知联盟和附属合作社的社员大会;

(11)设立一个基金,为其社员单位的审计或外部控制提供资金。各社员单位按其认购股份的比例每年缴纳一次基金股份。

第 145 条

合作社联合会可以为其社员单位的利益开展经济活动。

此类活动的开展应符合联盟和附属合作社的辅助性原则。

第 146 条

合作社联合会在遵守法律规定的前提下,应制定管理工会和附属合作社的管理规章。

第 147 条

合作社联合会可在其章程和议事规则中规定授予某些社员单位多个表决权,并应规定其标准。

第 148 条

合作社联合会可加入区域或国际组织。

第 149 条

除非本统一法另有规定,有两个以上联盟作为社员单位的合作社联合会不得因自愿或强迫退出而解散,不得因法院判决某一社员单位清算财产,或某一联盟自愿或强迫解散或附属合作社撤销合作协议解散而解散。合作社联合会在其他社员单位中应自动存续。

第 150 条

在本节没有明确规定的所有情况下,本统一法的规定和管理有董事会的合作社的原则应适用于合作社联邦。

第三节　合作社总会

第一分节　设　　立

第 151 条

合作社总会可以采取有关国家立法承认的一种团体形式。

对于合作形式的选择,应适用本统一法的规定。

第 152 条

至少有两个联合会,即使它们具有不同的宗旨,也可在它们之间组成总会,以管理它们的利益。

总会可以接受不能组成或加入联合会的联盟和合作社。

第 153 条

合作社总会自创立大会通过总会章程之日起设立,该大会应由至少三名各创始成员单位包括联合会、联盟或合作社的授权代表组成。

第 154 条

合作社总会应根据本统一法关于合作社登记的规定,在合作社登记簿上登记,并应在同等条件下取得法人资格。

第二分节　使命及运营

第 155 条

除上文第 144~146 条规定的任务外,总会的使命主要是:

(1)开展持续和适当的运动,宣传本统一法和其中提到的其他标准;

(2)确保不断监督合作社立法的演变情况;

(3)在国家和国际层面捍卫其成员的利益。

第 156 条

合作社总会可在其章程和议事规则中规定授予某些成员单位多个表决权,并应确定多数票的标准。

第 157 条

合作社总会可加入区域或国际组织。

第 158 条

除非本统一法另有规定,有两个以上联合会作为成员单位的合作社总会不得因某一成员单位自愿或强迫退出而解散,不得因法院判决某一成员单位清算财产,或某一联盟自愿或强迫解散或附属合作社撤销合作协议解散而解散。

合作社总会在其他社员单位中应自动存续。

第 159 条

在本章没有明确规定的所有情况下,本统一法的规定和设立董事会管理合作社的原则应适用于合作社总会。

第四节 通过共同手段或目标链接的合作社网络

第 160 条

合作社、合作社联盟、合作社联合会和合作社总会即使不具有相同的共同纽带，也可以组成一组手段或目标的合作社网络，这些手段或目标的唯一目的是在固定期限内实施一切适当的方法和手段，以便利或发展其社员的业务，改善或增加这种业务的收入，或达到促进合作社基础的目标。

第 161 条

不在同一属地管辖内的组织之间，或不在同一成员国登记的组织之间，可以建立通过手段或目标链接的合作网络。

第 162 条

网络发起人应当约定网络的注册地点和办公地点。

网络的设立手续应当与简易合作社一致。

第 163 条

合作社网络的管理、经营、运作和解散，应符合合作社的基础和关于简易合作社的规定，并在相容的范围内，由各社员单位签署协议加以规定。

第 164 条

对汇总财务报表的管理和审计的控制，应按照前条所述协议规定的条件进行。

第 165 条

通过共同手段或目标链接的合作社网络应在下述条件满足时解散：

(1)期满；

(2)其目的的实现或消灭；

(3)由其社员按照协议规定的条件作出决定；

(4)法院判决；

(5)网络中一名社员单位解散，除非协议中另有规定。

第 166 条

合作社网络的解散应启动清算程序。因清算需要，该网络的法人资格继续有效。

清算应当按照协议的约定进行。否则,清算人应由合作社网络的社员大会指定,如果会议不能进行指定,则由主管法院决定。

清偿债务后,剩余资产应归属于其他合作社网络或其中一个成员国的合作社,或归属于支持和促进合作社的一个或几个组织。

第五编　合作社的改制

第 167 条

合作社的改制是指合作社经社员的决定而改变其法律形式的行为。

合作社定期转换为另一种形式的合作社应受本统一法的约束,并不产生新的法律实体。它只源于对其章程的修正,并应受本编规定的相同形式和时限条件的约束。

第 168 条

上述第 167 条的规定不适用于不受本统一法管辖的任何其他形式的合作社的改制。

第 169 条

改制自作出决定之日起生效。但是,只有在修改合作社登记簿中的登记,并在将改制公告公布在注册办事处的正式陈列地点之后,才能对社员以外的个人产生约束力。

改制不具有追溯效力。

第 170 条

除非社员另有决定,否则在财务年度内发生的改制不应导致账户关闭。

改制财务年度的财务汇总报表,应当按照新的法定组织形式结转和审批。

第 171 条

改制决定应当终止改制前的合作社的行政或管理委员会的职权。

第 172 条

管理报告应当由原管理机构和新管理机构共同编制,并各自报告管理任期。

第 173 条

合作社原有的权利和义务,由新的合作社继承。这同样适用于股份,除非这些股份的章程中有相反的条款。

第六编　合并与分立

第 174 条

合并与分立只应在受本统一法管辖的合作社之间进行。

如果合作社的注册办事处不在非洲商法协调组织的同一成员国的领土上,则可对合作社进行合并或分立。在这种情况下,各有关合作社应受本统一法在其注册办事处所在国的规定的约束。

第 175 条

合并或分立的具体程序应通过有关合作社之间签署的协议,在它们的母公司的控制下进行。

但是,如果拟议的交易会导致增加社员的投资,或导致有关的一个或几个合作社增资,则只能由这些受影响的合作社一致决定。

第 176 条

合并或分立具有下列效力:

(1)设立一个或多个新合作社的,在新合作社或者最后一个合作社在合作社登记簿上登记之日,每个新合作社应当按照所采用的形式的规则组成;

(2)在其他情况下,除非前条所指的协议规定交易在另一日期生效,该日期不得晚于受益合作社本财务年度结束之日,或在转让其资产的合作社最后一个财务年度结束之日之前。

第七编　合作社的解散与清算

第一章　合作社的解散

第一节　解散的事由

第 177 条

合作社可以因以下事由解散:

(1)注册期限届满;

(2)成立目的满足或消失;

(3)合作社合资协议的解除;

(4)社员根据修订章程的前置条件作出决定;

(5)尤其是在社员之间存在分歧以致妨碍合作社正常运营的情形下,一名或多名社员出于正当理由向有权管辖的法院提出请求,法院作出提前解散的裁决;

(6)出于要求清算合作社资产的判决的效力;

(7)出于本法规定的任何其他原因。

第 178 条

如有下列事由,有权管辖的法院还可以根据主管合作社的行政机关或任何利害关系人的请求解散任意合作社:

(1)合作社自注册之日起 2 年内未开展经营活动;

(2)连续两年未从事章程规定的活动;

(3)连续两年以上未按照本法的规定举行年度会议;

(4)1 年内未能向主管机关或当局提交本法要求的通知或文件;

(5)在没有管理、行政或监督委员会的情况下运营 3 个月以上;

(6)合作社没有组织,或未按照合作原则进行交易。

第 179 条

前条规定的解散不得进行,除非合作社主管机关或有权管辖的法院采取下列措施:

(1)它已向正在解散的合作社及其管理或行政机构下达为期 120 日的预先通知,告知其意图,以及在违规行为规范化的情况下解散措施的可逆性;

(2)它已在向公众开放的出版物中发布关于其意图的通知。

第二节 解散的效力

第 180 条

合作社的解散对在合作社名册上登记的社员以外的个人无效。它自主进行清算。合作社的法人资格在清算期间仍然存续,直至清算结束。

第 181 条

决定或确认解散的文书或纪要及其在合作社名册上的记录已送达合作社主管机关后,解散公告应由上述机关主动在有权发布法律公告的注册办事处所在地报纸上刊登。

第二章　合作社的清算

第一节　一 般 规 定

第 182 条

经章程规定授权,社员可以在章程条款允许的情形下组织合作社友好清算。

在这种情况下,章程应:

(1)规定进行清算的条件,包括清算人的任命、报酬、授权范围、社员对其授权的管控方式。

(2)包含与清算盈余有关的规定,将其分配给适用本法规定的其他合作社或为促进合作社运动而工作的团体或组织。

(3)并且规定了清算相关各方之间可能出现的争议的解决程序。

任何规定社员放弃在依据章程规定无法解决问题时向有权管辖的法院提出申诉的权利的条款,应视为不具有执行力。

第 183 条

合作社自解散之日起处于清算状态,其事由在所不论。

“合作社在清算中”字样及清算人的姓名必须出现在合作社发送给社员以外的人的所有文书和文件上,包括所有信件、发票、通知和各类出版物。

第 184 条

出于清算目的,合作社的法人资格仍然存续,直至清算结束。

第 185 条

由社员决定清算时,应当按照各种形式的合作社特别社员大会规定的法定人数和多数的条件,决议指定一名或多名清算人。

第 186 条

简易合作社应在 8 日内通知由国家法律授权的合作社登记主管机关。该通知应当载明清算决定和执行的安排。

第 187 条

清算人可以在社员中选择,也可以在合作社之外选择。清算人可以是法人。

第 188 条

除非社员一致同意,否则将清算中的合作社的全部或部分资产转让给曾经是管理委员会或董事会成员的个人,只能在有权管辖的法院授权下进行。

在所有情形下,此类转让不得违背合作社对于其社员的承诺。

第 189 条

禁止将清算中的合作社的全部或部分资产转让给清算人,合作社雇员或其配偶、长辈或后代。

第 190 条

合作社资产的整体转让或资产向另一合作社出资,尤其是通过合并方式,应经修改章程所需的多数同意。

第 191 条

清算必须在合作社解散之日起 3 年内完成。

否则,公诉人或任何利害关系人可向在合作社所在地具有管辖权的法院提起申诉以进行合作社清算,如果清算已经开始,则申诉完成清算。

第 192 条

清算人编制的最终账目应当送交合作社主管部门。应附下列文件:或是社员会议关于清算账目以及解除清算人接管和解除授权的决议,或是前条所述法院裁决。

第 193 条

确认完成前条所述手续后,清算人应自清算完成公告之日起 1 个月内,申请将合作社从合作社名册上除名。

第 194 条

清算人应当对合作社和第三方承担因履行职责不当造成损害性后果的赔偿责任。

合作社或个人对清算人提起责任诉讼,时效为 3 年,自损害事实发生之日起算,如损害事实被隐瞒,则自事实披露之日起算。

但是当该事实被认定为重罪时,诉讼时效为 10 年。

第 195 条

对非清算人的社员或其未亡配偶、继承人、继任者提起诉讼,时效为 5 年,自合作社在合作社名册上公布解散之日起算。

第二节　司法清算的特别规定

第 196 条

章程中未规定合作社友好清算有关条款的,其清算应按照与《商业公司和经济利益集团统一法》第 203～241 条相符合的有关规定进行。

须在合作社登记处办理的必要手续,按照商业和证券登记处的规定和前述第一款的规定办理。

清算盈余应归于其他适用本法规定的合作社或为促进合作社运动而工作的团体或组织。

第 197 条

上述第 182～196 条的规定也适用于合作社的联盟、联合会及总会。

在联盟、联合会和总会的情况下,宣布解散和清算不应损害无过错的基层附属组织。

第八编　合作社设立无效与合作社文书无效

第 198 条

合作社不因社员同意的瑕疵或其无行为能力而设立无效,除非上述情况涉及设立合作社的全部社员。

第 199 条

无效的原因于法院初审进行事实认定之日已不存在时,无效之诉消灭,但该无效是基于设立目的的非法性质的情形除外。

第 200 条

法院依法定职权,或依请求受理无效之诉,可以设定期限以弥补导致无效的瑕疵。法院不能在提起法律程序的文件提出之日起 2 个月内宣布无效。

前款规定期限届满仍未作出裁决的,法院应根据最先提出请求一方之请求进行裁决。

第 201 条

如果基于社员同意的瑕疵或无行为能力致使合作社行为、决定或审议无效,并且该致使无效之瑕疵可以弥补的,任何与其存在利害关系的人可以正式通知无行为能力或其同意存在瑕疵的社员对其进行规范化,也可以在 6 个月内提起撤销之诉,该权利逾期灭失。

正式通知应由执达员送达或以任何能留下书面证据证明送达的方式通知。该通知应告知合作社。

第 202 条

合作社设立的无效之诉时效为 3 年,自合作社登记注册之日或自公布章程修改之日起算,除非该无效是基于设立目的的非法性质,但第 201 条规定诉讼时效逾期的情形除外。

合作社的文件、决定或审议的无效之诉时效为 3 年,自无效事由发生之日起算,除非该无效是基于设立目的的非法性质,但第 201 条规定诉讼时效逾期的情形除外。

第 203 条

合作社宣告设立无效的,该无效宣告将终止合作社,不具有追溯力。合作社应当自此解散清算。

第二卷　针对不同形式合作社的特别规定

第一编　简易合作社

第一章　设　　立

第一节　一般规定

第204条

简易合作社由至少五个自然人或法人组成。

简易合作社的设立由设立大会决定。

第205条

合作社应以名称表示，该名称必须紧接在“简易合作社”字样之前或之后，并以清晰的文字加上其缩写“SCOOPS”字样。

第二节　实质要件

第一分节　注　　册

第206条

简易合作社必须按照上述第74~77条规定的条件在合作社登记簿登记注册。

第二分节　社　　股

第207条

简易合作社应以章程规定的初始股本设立。设立时出资不足的社员，可承诺在章程规定的期限内分期付款缴清。

第 208 条

股本应分成相等的股份,其面值由章程规定。

第 209 条

章程可以规定股本报酬。如果合作社章程规定了股本报酬,给予的利息不得高于成员国中央银行的贴现率,并且只有在出现盈余时才应给付。利息只能依据足额认缴的股份的数量计算。

年度一般社员大会应根据管理委员会的提议并根据截至年度的收益决定是否授予会员股份的利息,并在适当的情况下将利率设定在上述第 1 款规定的限额内。

第 210 条

社员的出资至少应等于其在合作社认购的股份数额。但章程可以规定范围更广的责任,不得超过认购股份数额的五倍。

第三分节　实物出资的估值

第 211 条

简易合作社的章程必须包含对每项实物出资的评估作价。有母社的,应在母社监督下进行评估。

必要时,任何社员都可以向有权管辖的法院提出请求,如无,则向合作社主管机关提出请求,以指定专家评估实物出资。指定的专家应准备一份报告,附于章程之后。

专家的报酬由社员承担,合作社同意报销此项费用的情形除外。

第 212 条

社员对不准确或虚假评估以及未能进行实物出资评估作价的后果承担无限连带责任。

第四分节　出资及其使用

第 213 条

用于认缴股份的资金应立即由创始社员或就此事项获得授权的其中一

人存入银行、储蓄和信用合作社、邮政支票中心或经成员国法律规定批准可凭收据接收此类存款的任何其他机构下以正在设立过程中的合作社名义开立的账户中。

第 214 条

如此存入的资金在合作社登记机关登记注册之日之前不得使用。自登记之日起,资金应交由合作社章程或后续文书中指定的管理委员会处置。

合作社自第一笔资金存入之日起 6 个月内未完成登记的,出资人可以单独或共同委托代表人向有权管辖的法院院长请求提取出资。

出资人也可以单独或者共同向合作社主管机关请求允许其单独提取出资。

第三节 形式要件

第 215 条

章程草案必须提交设立大会审议通过。

社员应亲自出席简易合作社设立大会,否则设立无效。

第 216 条

致使简易合作社设立无效的创始社员和首任负责人就因撤销造成的损害对其他社员和除社员以外的个人承担连带责任。

申诉时效为自撤销裁决成为终局裁决之日起 3 年。

第二章 简易合作社的运作

第一节 与股份有关的交易

第一分节 股份转让

第 217 条

社员股份转让只能在有共同纽带的社员之间进行,以证明他们的联合是正当的。

第一段　自然人之间的股份转让

第 218 条

自然人之间的股份转让应当以书面形式记载。

经管理委员会收到存单,将转让合同原件报注册办事处备案后,方可对合作社生效。只有在完成上述手续并将上述转让向合作社登记簿备案后,转让才能对抗第三方。

第 219 条

合作社章程应规定社员之间的社员股份转让程序。否则,社员之间的股份可以自由转让。

合作社章程还应规定在配偶、长辈和后代之间转让社员股份的程序,前提是受让人拥有社员的共同纽带。

第 220 条

对于第三方股份,只有在非转让人的大多数社员同意的情况下,才能进行转让。

转让意向应通知社员。

如果合作社在上款所述通知后 3 个月内未传达其决定,则视为同意转让。

第二段　因死亡转移

第 221 条

合作社章程可以规定,在社员死亡的情况下,允许一个或几个继承人或继任者加入合作社,条件是他们拥有共同纽带。合作社章程应规定此种情况下的入社条件。

允许或拒绝加入应在收到申请之日起 3 个月内作出。逾期未答复的,视为允许加入。

允许或者拒绝的决定应当书面通知各有关继承人或者继任者。

第二分节　合作社股份不可扣押和质押

第 222 条

合作社股份是不可扣押的，也不应被质押。

第二节　管　　理

第一分节　管理组织

第一段　管理委员会

第 223 条

简易合作社由最多三名委员组成的管理委员会领导。合作社社员在一百人以上或者存续期间达到一百人以上的，可以在合作社章程中将管理委员会委员数由三人改为五人。

社员大会应从其自然人社员中以简单多数选举管理委员会委员，除非合作社章程要求绝对多数。

管理委员会应在其委员中任命一名主席。

合作社章程将规定简易合作社的管理。

第二段　任　　期

第 224 条

合作社章程将规定管理委员会委员的选举并确定其任期。

第三段　费用报销

第 225 条

管理委员会主席及其他委员均无薪酬。

但是，主席和管理委员会其他委员因履行职责所发生的费用，可以按照社员大会规定的条件予以报销。当合作社章程规定了津贴的分配条件时，他们也可以获得费用津贴。

第四段 罢 免

第 226 条

按照合作社章程所要求的表决和法定人数条件通过的决议可以罢免管理委员会主席和其他委员。任何相反的条款将视为无效。

此外,注册办事处所在地的有管辖权的法院可以根据社员的请求依照法律罢免管理委员会的主席和其他委员。

第五段 辞 职

第 227 条

管理委员会主席和其他委员可以自愿辞职。

但是,如果辞职是恶意的,合作社可以提起诉讼,要求赔偿损失。

第二分节 管理委员会主席和其他委员的权力和责任

第 228 条

在社员之间的关系中,管理委员会可以在合作社章程中没有规定其权力的情况下为简易合作社的利益实施所有管理行为。

在处理与社员以外的人的关系时,管理委员会应采取符合简易合作社宗旨的行为。

第 229 条

管理委员会主席应当主持管理委员会会议和社员大会会议。主席无法出席的,社员大会由管理委员会委员之一主持。

第 230 条

管理委员会主席和其他委员应对简易合作社或社员以外的个人承担违反简易合作社法律或法规规定,或违反章程或管理不善的责任。

第三节　合作社社员大会

第一分节　社员大会的组织

第一段　一般原则

第 231 条

社员大会实行集体决策。

每位社员均有权参与社员大会的决策,且只有一票表决权,无论其持有多少股份。

第二段　社员大会的召开

第 232 条

社员应由管理委员会主席召集参加社员大会,如管理委员会主席缺席,由管理委员会委员召集。

持有简易合作社四分之一以上股份的社员代表,可以要求召开社员大会。在他们的请求中,他们应说明即将召开的社员大会的议程事项。

此外,主管机关或主管法院在紧急情况下或依社员申请,可以委任代表负责召集社员大会及设定议程。

第 233 条

合作社成员应在股东大会召开前至少 15 日,以附收据的信件、海报、口头或任何其他适当的通信方式召集。除以附收据的信件发出通知外,通知的证明应由管理委员会主席负责。

召集通知应载明上述会议的议程,否则无效。

社员要求召开社员大会的,管理委员会主席应当在召集通知中说明社员制定的议程。

在上述第 1 款所述的形式和期限内,社员必须能够行使下述第 238 条规定的知情权。

第 234 条

任何不当召集的社员大会均应取消。

但是,当所有社员都在场时,不得取消。

第三段 会议纪要

第 235 条

社员大会的流程应当在会议纪要中记载,会议纪要应载明会议的日期和地点、出席社员的全名、提交讨论的文件和报告、讨论的摘要、表决的决议案文本和表决结果。

除合作社章程另有规定外,会议纪要应由在场的每一位社员签字。

第 236 条

会议纪要副本或摘录须经管理委员会主席核证为真实。

第二分节 社员的权利

第一段 原 则

第 237 条

社员拥有了解合作社事务的永久权利。在召开社员大会之前,他们还应享有知情权。

第二段 知 情 权

第 238 条

社员对包含简易合作社行政和财务管理信息和拟议决议信息的文件,拥有知情权。

此类文件放置在简易合作社的注册办事处供社员使用。

任何与本条规定相抵触的条款将视为无效。

第三段　分配可用收益的权利

第 239 条

分配给一般储备金和用于培训、教育及提高对合作社原则的宣传活动的储备金后的余额，减去从赞助收益中提取的任何款项，再加上留存收益，即构成可分配盈余。

第 240 条

被召集批准会计年度账目的社员大会有权按照合作社章程规定的顺序和比例分配上述第 239 条规定的可分配盈余，特别是：

(1) 留存收益；

(2) 将所有资金分配给法定和可选储备金；

(3) 以现金支付或分配社员股份的方式分配的实收资本和股权及相关资金。

第 241 条

合作社章程还可以禁止在其规定的期限内分配任何盈余。

第三分节　普通社员大会

第 242 条

普通集体决定由普通社员大会作出。他们的目的是：

(1) 批准上一会计年度的财务报表；

(2) 允许管理层根据社员事先同意进行章程规定的交易；

(3) 任免管理委员会委员；

(4) 批准简易合作社与管理委员会委员或其中一名社员签订的协议；

(5) 一般而言，对不需要修改章程的问题作出决定。

普通集体决定应由简易合作社的多数社员作出。

第一段　召开普通社员大会

第 243 条

年度普通社员大会应在财政年度结束后 6 个月内举行。管理委员会可以向主管当局请求延长此期限,否则,应向主管法院提出请求,该法院必须在收到请求后 15 日内作出回应。

第 244 条

在普通社员大会上,按出席者的简单多数表决。

未达到法定人数的,除合作社章程另有规定外,社员应视情况再次召集会议,并按出席者的简单多数表决。

然而,在所有情况下,主席和管理委员会委员的免职只能由出席或代表出席会议的社员三分之二的多数决定。

第二段　简易合作社与其一名高管或一名社员之间的协议

第 245 条

普通社员大会应决定简易合作社与其一名高管或一名社员之间直接或通过中介签订的协议。

为此,出席年度普通社员大会的管理委员会主席应在提交给社员的文件中附上关于合作社与其一名高管或一名社员之间直接或通过中介签订的协议的报告。

第 246 条

管理委员会主席应在签署后 1 个月内将上述第 245 条所述的协议通知监事会和审计员(如有)。

第 247 条

在正常情况下签订的与当前经营业务相关的协议,无须提交普通社员大会审议。当前业务应是简易合作社在其业务范围内以正常方式执行的业务。

正常条件应适用于相关的简易合作社或者(可能是)同一行业的合作社的类似协议。

第 248 条

管理委员会的报告应当列出提交社员大会批准的协议并说明其条款。

第 249 条

普通社员大会应根据上述第 245 条的规定对协议作出决定。

有关社员在协议审议期间不得投票，其投票不计入法定人数和多数计算。

第 250 条

未经会议批准的协议仍然有效，管理委员会的签约委员或签约社员应视情况对协议给合作社造成的不利后果承担单独或连带责任。

民事责任诉讼应当在协议订立或者被隐瞒的协议披露之日起 3 年内提起。

第 251 条

禁止自然人、高管或社员以任何形式向简易合作社借款，以支票账户或其他方式透支，以及合作担保或背书他们对第三方的承诺，否则合同无效。

此项措施也适用于本条第 1 款所指个人的配偶、长辈和后代，以及任何中间人。

第四分节　特别社员大会

第 252 条

特别集体决定的目的是对章程的修改作出决定。

第一段　关于合作社社员投票的一般规则

第 253 条

在特别社员大会的首次会议上，由出席社员以三分之二的多数票作出决定，出席数应超总人数的半数。

未达到法定人数的，除章程另有规定外，社员应视情况再次召集会议，并由出席或代表的社员过半数作出决定。

任何相反的条款应视为无效。

第 254 条

在下列情况下需要一致同意：

(1)除非本统一法另有规定，增加社员的义务；

(2)简易合作社的注册办事处迁至另一成员国境内。

第二段　简易合作社的转型

第 255 条

简易合作社可转为有董事会的合作社或不受本统一法管辖的合作社。在适当的情况下,上述第 167~173 条的规定将不适用。

简易合作社只有在计划转换时拥有至少等于其股本的权益,并且已经编制了最近 2 个财务年度的资产负债表并提交给社员批准,才能实现转型。

第 256 条

转型只能根据主席选定的专家的报告进行。母合作社(如有)也可以出具此类报告。

违反这些规定进行的任何转型均无效。

第四节　简易合作社的监管方式

第一分节　监　事　会[1]

第 257 条

监事会是简易合作社的监管机构。

它只为社员的利益行事。

监事会在社员人数充足后立即成立。

第 258 条

监事会由社员大会选举产生的三人至五人组成。

以下人员不得成为监事会成员:

(1)行政和管理委员会委员及与其有关的个人;

(2)从简易合作社或者其附属的母合作社领取任何形式的工资或者报酬的个人。

---

〔1〕 原文只有第一分节。——译者注

第 259 条

就上一条而言，以下人员视为与此条规定的行政或管理委员会委员有关联的个人：

（1）配偶、直系亲属或配偶的直系亲属；

（2）与委员有关联的个人或与其有联系的合作社的个人；

（3）委员、其配偶或者直系亲属单独或者共同控制的法人；

（4）持有已发行股份至少 10%或至少 10%的已发行股份表决权的法人持有人。

第 260 条

合作社章程组织选举监事会成员并确定其任期。

第 261 条

监事会在必要时或应其两名社员的要求召开会议。

监事会的决定应由其成员的简单多数作出。

第 262 条

监事会可以随时对简易合作社管理人员进行检查。

如有任何违规行为，监事会应将其发现的任何违规行为通知合作社母机构，并在适当情况下召开社员大会，决定采取的措施。

第 263 条

管理委员会和监事会成员履行职责不收取报酬。但是，社员大会可以规定补助因履行职责而发生的费用。

第三章　合并与分立

第 264 条

当通过对一个新的简易合作社的出资而实现合并时，除了被合并的合作社之外，无须任何进一步的出资。

当解散是通过对新的简易合作社的出资而实现的，除了被解散的合作社之外，无须任何进一步的出资。

有前两款规定的情形，消失的合作社的社员可以自动成为新的合作社的创始社员。

第四章　简易合作社的解散

第 265 条

简易合作社因适用于所有合作社的共同原因解散。

第 266 条

合作社联盟、联合会和总会应与附属于它们的合作社或其金融主体的清算运作相关联。

第二编　设有董事会的合作社

第一章　设有董事会的合作社的成立

第一节　总　　则

第一分节　定　　义

第 267 条

设有董事会的合作社至少要由十五名自然或法人构成。

第 268 条

设有董事会的合作社名称的前后必须以清晰易读的字符显示“设有董事会的合作社”和首字母缩略词“COOP-CA”。

第二分节　股　　本

第 269 条

设有董事会的合作社的股本必须在社员大会召开前全额认缴。

第 270 条

作为货币出资的社员股份应当在认缴出资时缴足,其金额不得低于票面金额的四分之一。

剩余的支付应根据合作社章程和规则规定，在合作社登记簿登记之日起不超过3年的期限内支付。

资本未足额缴纳的，不得增加法定最低资本，但以实物出资或者新社员入伙等方式增加资本的除外。

第二节　设　　立

第一分节　建立认股书

第271条

发起社员应当以认股书记载认缴股款，由认股人或者其授权的代表签名或者盖章。认股人或者其授权的代表应当填写所认股数。

第272条

认股书一式两份，一份用于合作社注册，另一份交予认购者。

第273条

认股书应载明：

(1)拟成立的合作社的名称，如果适用，后跟其首字母缩略词；

(2)认购的股本金额，指明以实物出资和以现金认购的股本部分；

(3)预计的合作社注册办事处地址；

(4)已发行股份数量及其面值；

(5)认购人的姓名或公司名称和地址，认购的股份数量和支付金额；

(6)指明在合作社登记簿登记之前合作社中的资金保管人；

(7)向认购人交付认股书副本的声明。

第二分节　认购资金存托及支付

第274条

以现金认购股份所得资金，应由接收股份的个人代表合作社，存入银行或成员国法律授权的任何其他机构的以合作社名义开立的特别账户中。

资金应当自收到之日起8日内存入。

保管人应向银行或其他经正式授权的机构提供一份包括认股人身份和每笔存款金额的清单。

保管人应当将前款所指的清单提供给认股人,除非认股人撤回认股。

申请人可查阅该清单,并可自费获取该清单副本。

保管人应当向申请人提交资金存单。

第三分节　合作社章程及程序规则的确立

第 275 条

合作社章程应按照本法第 17、18 条的要求确立。

第 276 条

合作社章程应载明本法第 17、18 条规定的事项:

(1)有董事会的合作社第一任董事会的自然人或法人实体的常驻代表,董事会成员的全名、地址、职业和国籍;

(2)公司名称、股本数额、法人形式、董事会成员;

(3)发行的不同种类股票;

(4)关于设立董事会的合作社的机构的组成、业务和权力的规定。

第 277 条

程序规则依照本法第 67、68 条的规定制定。

第四分节　退　　股

第 278 条

以现金认缴的,须经合作社在合作社登记簿登记后方可退股。

退社由董事长持合作社登记主管机关的证明,向本社保管人办理退社手续。

认股人缴付认股款 6 个月后,如该合作社尚未登记,可请求主管法院迅速作出裁定,指定一名管理人负责提款,以偿还认股人的认股款。

第五分节　实 物 出 资

第 279 条

实物出资的评估应在合作社联盟或联邦的监督下，由创始社员指定的出资审计师进行。

第六分节　成 立 大 会

第 280 条

成立大会是应创始社员的请求召开的。

会议通知应以手递签收或以任何能够留存书面记录的方式发出，并注明会议议程、地点、日期和时间。

该通知应至少在会议召开前 15 日发送给每位社员。

第 281 条

成立大会须有三分之二以上创始社员出席方为有效。

第 282 条

成立大会应当由创始社员所持表决权的过半数通过。

在计算多数时不应考虑弃权票。

第 283 条

召开成立大会，应当遵守不与第 342 条等相抵触的规定。包括其主席团的组成以及代表和参加会议的规则。

会议应指定主席和秘书。

第 284 条

实物出资应当经成立大会以特别表决通过。

成立大会应决定是否通过审计人员或者母社的实物出资评估报告。

实物出资人不参加表决。

第 285 条

只有在认股人一致同意并经认股人明确同意的情况下，会议才能减少实物出资的价值。

出资人同意的,应当在会议记录中说明所出资财产的价值与其出资人的审计师或者合作社确定的价值不一致时的情况。

社员和董事对第三者承担连带责任,其责任期限为5年。

第286条

成立大会应当:

(1)记录资金到位的情况;

(2)通过有董事会的合作社章程;

(3)委任第一任董事;

(4)根据创始社员编写的报告,决定是否继受合作社组建期作出的承诺;

(5)在适当情况下,授权一名或数名董事会成员在按照本统一法第97条规定的条件向合作社登记簿登记之前,代表合作社董事会向合作社作出承诺。

第287条

合作社章程应由董事会全体社员和监事会全体社员签名。

合作社章程还应附有全体签名的出席名单。

第288条

会议记录应载明会议日期和地点、会议的性质、召开会议的方式、议程、法定人数、提交表决的决议,如果必要时,载明每项决议的法定人数、表决条件以及表决结果。

会议记录由会议主持人和会议秘书签名,连同出席会议的名单及附件,交注册办事处存档。

第289条

任何不适当召集的成立大会,均可依本统一法第201条规定之条件予以取消。

但是,如果所有社员都出席或出席,并且没有反对,则取消不应被接受。

第290条

在成立大会被取消的情况下,拥有董事会的合作社创始社员和宣布取消会议时在职的董事应当对合作社随后对第三方造成的损失承担共同责任。

第二章　设董事会的合作社的管理和经营

第 291 条

有董事会的合作社,由董事会管理。

第一节　董　事　会

第一分节　董事会的组成

第一段　董事的人数和任命

第 292 条

设董事会的合作社,由董事会管理,董事会成员不得少于三人,最多不超过十二人。

第 293 条

如果与一个或几个合作社合并,则合并后的有董事会的合作社,其董事人数可暂时增加,但最多不得超过合并后前总的董事人数,最多不得超过二十四人,任期不得超过 6 个月。

除在新的合并期间外,死亡、被免职或辞职的董事不得更换,新董事只能通过选举产生,但董事人数减至十二人以下的除外。

第 294 条

第一任董事由成立大会选举产生。

在合作社存续期间,董事由社员大会选举产生。

但是,在合并的情形下,临时社员大会可以选举新的董事。

违反本条规定进行的选举无效。

第二段　董事的任期

第 295 条

合作社章程应当规定董事选举的办法和任期。

第三段　法人董事的常驻代表

第 296 条

法人可以被选举为董事。在这种情况下,该法人应当在其任期内任命一名常驻代表,方法是发送一封亲手递送的信件,并附上收据,或以任何方式留下写给合作社的书面记录。虽然该常驻代表不是合作社的董事,但他应遵守同样的条件和义务,承担同样的民事和刑事责任,如同以他自己的名义担任董事,但不妨碍他所代表的法人实体的连带责任。

第 297 条

常驻代表应在其所代表法人的董事任期内履行职责。

每延长一次任期,该法人应表明常驻代表是否更换,如果更换,应立即任命另一名代表。

第 298 条

法人更换代表时,应当及时通知合作社,并凭附收据的手写信函或者以任何留下书面记录的方式,说明新的常驻代表的身份。

常驻代表死亡、辞职或者由于其他原因不能履行董事职责的,也适用上款。

第四段　选　　举

第 299 条

董事会成员由社员大会按照合作社章程规定的程序选举产生。

第 300 条

自然人以自己的名义担任董事,或者作为法人董事的常驻代表,不得同时在一个以上的注册办事处设在同一成员国领土内的合作社的董事会任职。

自然人担任新职务后,在 3 个月内违反前款规定的,应当辞去董事职务。

该期限届满时,该自然人应视为已被免职,无论其所参加的免职诉讼程序的结果。

第 301 条

除合作社章程另有规定外,董事的职能可以与雇佣合同相结合,如果该合同与实际工作相对应。

第 302 条

董事的委任应在合作社登记簿上公布。

常驻代表的任命,须履行与以其个人名义任命的董事相同的手续。

第 303 条

未按程序产生的董事会决议无效。

第五段　董事会中的空缺

第 304 条

虽有第 294 条的规定,董事会在两次会议之间出缺一名或者数名董事时,可以增补其他董事。在下次社员大会召开前,应临时任命他们。

董事人数低于法定最低人数的,董事会应当在缺位发生之日起 3 个月内增补董事人选。在此期间作出的董事会决议继续有效。

当董事会人数低于法定最低人数时,其余董事应当立即召集社员大会,以完成董事会的增补。

董事会不按照规定委派董事或者不按照规定召集社员大会的,任何利害关系人可以请求有管辖权的法院院长指定一名代理人,召集社员大会,按照本条规定委派新的董事或者确认新的董事。

新董事的缺额和委任必须在为此目的召开的董事会会议结束时才能生效。

新任董事会的委派由下一次社员大会确认。

社员大会未确认新的任命的,董事会的决议在逾期期间有效,并发生效力。

第六段　费 用 报 销

第 305 条

董事不应取得报酬。

但是,董事因执行合作社职务或者执行董事会交付的职务而支出的差旅费、偶然性费用,可以由合作社报销。这些费用应当合理。

第七段 董事职权的结束

第306条

由于下列原因,董事的职权应终止:

(1)辞职;

(2)免职;

(3)死亡;

(4)丧失社员资格;

(5)在其任期届满并对上一财政年度的账目作出决定的那一年举行的社员大会结束。

第307条

董事可以随时由社员大会予以罢免。

董事的辞职或免职情况应在合作社登记簿上公布。

第二分节 董事会的职能

第一段 权责范围

第308条

董事会被赋予最广泛的权力,可以在任何情况下代表附董事会的合作社采取行动。

其应在合作社宗旨范围内行使该等权力,并遵守本统一法明确授予董事会的权力的规定。

除其他外,董事会应负责:

(1)确定合作社的经营目标和管理方向;

(2)批准每个社员的账目;

(3)确保合作社管理和收益分配符合合作基础;

(4)为社员制订培训和教育计划;

(5)准备合作社的财务和道德报告。

有关限制董事会的权力的合作社章程条款或社员大会决定不得对抗善意第三方。

第309条

附董事会的合作社在与社员以外的个人进行交易时，应对其董事会的行为负责，即使行为可能不符合合作社宗旨，除非能证明交易对手知道该行为超出了合作社宗旨范围或不能忽视这些情况，仅凭公示合作社章程不足以构成此类证据。

第310条

董事会可出于一项或多项特定目的向一名或多名社员授予特别授权。

第二段　受监管的协议

第311条

合作社与董事会、合作社与董事或雇员之间的任何协议，若超过章程规定的条件，应提交社员大会按照在章程规定的法定人数和表决条件进行表决。

第三段　担保、背书和其他担保

第312条

附董事会的合作社对第三方作出的有关业务、担保、背书的具体承诺应事先获得董事会授权。

如果附董事会的合作社经营银行或金融业务，或主要经营存款和贷款业务，则上述限制不适用于正常条件下签订的业务。

第四段　禁止性协议

第313条

董事和雇员以及他们的配偶、长辈或后代和其他中间人，禁止以任何形式从附董事会的合作社中贷款，不得获取合作社为经常账户提供透支便利的保证，也不得让合作社为其对第三方的承诺提供担保或担保，这类协议均无效。

此项禁止不适用于作为法人董事。

但其常驻代表在以个人身份行事时，同样应遵守本条第 1 款的规定。

如果附董事会的合作社经营银行或金融业务，或主要经营存款和贷款业务，则上述限制不适用于正常条件下签订的业务。

第五段　董事会的其他权利

第 314 条

董事会可以向特别社员大会建议合作社注册地址变更。社员大会可因此修改合作社章程。

若变更注册地址，必须办理新的公示手续，以便通知社员以外的个人。章程修正案也应在合作社登记簿公布。

董事会应将注册地址变更通知所在国负责管理合作社的政府机构。

第三分节　董事会的运作

第一段　董事会的召集和决议

第 315 条

根据本统一法的规定，合作社章程确定董事会会议召集和进行的程序。

董事会由董事长召集，至少每个季度开一次会。

但是，如果超过两个季度没有开会，三分之一以上的董事可以召集董事会，并指明议程。

只有董事被正常召集，董事会才能进行有效决策。

如果董事会严重失职，为了进行纠正，监事会可以将此情况提交专门为此召开的社员大会。

第 316 条

董事会只有在至少有一半社员出席的情况下才能进行有效的审议。任何相反的条款将视为无效。

董事会的决议应由出席的董事或董事代表的简单多数作出，除非章程规定更多的多数。

在出现平局的情况下，除非章程另有规定，否则董事长将拥有决定性的一票。

任何违反本条规定的决议均无效。

第317条

董事和任何受邀参加董事会会议的个人均应对会议提供的机密信息和数据保密。

第318条

除非合作社章程另有规定，董事可以通过信函、传真或可以留下书面记录的任何方式，授权另一名董事在董事会会议上代表他。

在同一个会议上，一名董事只能有一个授权。

本条规定适用于法人的常驻代表。

第319条

董事会会议由董事长主持。

在董事长缺席以及副董事长缺席时，出席会议的董事可以在他们中间选出一个主持人。

第二段　董事会纪要

第320条

董事会会议的决议应以会议纪要的形式记录在注册办事处的特别登记簿中。它们应由主管法院的法官编号和草签。

禁止对登记簿纸张进行任何添加、删除、替换或倒置。

会议纪要应载明董事会会议的日期和地点，并载明出席会议、被代表出席或缺席且未被代表的董事。

会议纪要还应说明是否有根据法律规定受邀参加董事会会议的个人，以及出席全部或部分会议的任何其他个人。

第321条

董事会会议纪要应当经董事长和至少一名董事认证。

若董事长未出席会议,纪要应由至少两名董事签字。

第 322 条

董事会会议纪要的副本或摘录应由董事长正式认证。

在附董事会的合作社清算期间,纪要的副本或摘录须由清算人妥为核证。

第 323 条

除非另有证明,否则董事会会议纪要应视为表面证据。

第四分节　董　事　长

第一段　董事长的任免和任期

第 324 条

社员大会在董事会成员中选出一名董事长,如果需要的话,再选出一名副董事长,他们都必须是自然人。

第 325 条

董事长的任期规定在合作社章程中。

第 326 条

任何人不得同时担任在同一个成员国注册的两家或两家以上的附董事会的合作社的董事长,以及简易合作社的管理委员会主席。

同样,任何人不得同时担任合作社董事长,并在合作社办事处所在同一成员国的简易合作社担任管理委员会主席。

董事长的职权不得与合作社管理负责人的职权相结合。

本统一法第 300 条有关持有多个办公室的规定适用于董事长。

第二段　董事长的职责

第 327 条

董事长主持董事会和社员大会。

他确保董事会履行职责。

在一年当中的任何时间，董事长可以组织审计并可以要求提供任何认为有用的资料。

第 328 条

董事长不应同附董事会的合作社签订劳动合同。

第三段　管理负责人的任命和任期

第 329 条

董事会经与监事会协商后，可以招募和任命一名外部自然人为高管或总经理。

第 330 条

根据成员国的劳动法，董事会应当确定管理负责人的任期。

他的任期在同样条件下终止。

第四段　管理负责人的职责和薪酬

第 331 条

董事会应在管理负责人与合作社的劳动合同中规定合作社管理负责人的职权范围。

管理负责人可以参加董事会，但只能以顾问的身份。

第 332 条

在合作社与善意第三方的关系中，对于管理负责人同公司经营目的不一致的行为，合作社应承担责任。

董事会在职权范围内，可以授权管理负责人将附董事会的合作社委托给社员外的个人管理。此项授权须在合作社登记簿公示。

第 333 条

管理人员的薪酬条件和金额由董事会确定。

若给予实物，其确定方式同薪酬的确定方式一致。

第二节　监　事　会

第334条

监事会是附董事会的合作社的监督机构。它将为了合作社社员的利益服务。

第335条

社员大会从社员中选出三名到五名人员组成监事会。

以下人员不能成为监事会成员：

(1)董事会或管理委员会成员及相关个人；

(2)从附董事会的合作社或其上级机构接受任何形式的工资和报酬的个人。

第336条

在本条的含义内,下列个人应视为行政或管理委员会成员的亲属：

(1)配偶、直系亲属或配偶的直系亲属；

(2)与合作社社员或合作社有关联的个人；

(3)由合作社社员单独或集体控制的法人实体,其配偶或直系亲属；

(4)拥有至少10%股份表决权或10%发行股份的法人。

第337条

合作社章程组织选举监事会成员并确定其任期。

第338条

监事会应根据需要或至少两名监事的要求召开会议。

第339条

监事会的决定应由其成员的简单多数作出。

第340条

监事会可以对附董事会的合作社的管理层进行检查。

他应将其观察到的任何违规行为通知上级机构(如果存在),或召开一次大会,决定将采取的措施。

第341条

监事会成员的职责没有报酬。

但是,社员大会可以报销监事会成员在履行其职责期间发生的费用。

第三章　社员大会

第一节　社员大会的规则

第一分节　会议召集

第 342 条

社员大会由董事会召集。若未能召集,则由以下方式召集:

(1)监事会召集,或在监事会未能召集董事会的情况下由上级机构召集,以挂号信或任何留下书面记录的方式,设定议程,并可以因重要原因选择合作社以外的会议地点。他们应当在会上宣读的报告中说明召开会议的理由。

(2)在紧急情况下,由主管行政当局应其四分之一社员的要求召集。

(3)由清算人召集。

第 343 条

除非合作社章程另有规定,社员大会应当在登记的注册地或注册地所在成员国领土内的任何其他地点举行。

第 344 条

依据本条规定,由合作社章程确定社员大会的召集规则。

会议召集通过报纸上的通知进行,该报纸应有资格发布法律通知并邮寄到合作社的注册地。

上段提到的通知可被挂号信或其他涉及议程的书面形式替代,费用由合作社承担。

第 345 条

召集通知应当载明合作社的名称,如果存在简称,也应写明合作社的简称,以及载明合作社的形式、股本金额、合作社的注册办事处地址、合作社登记簿的注册号、会议的日期、时间和地点,以及会议性质(普通或特别)及其议程。

未被恰当召集的会议可以被取消。但是,若全体社员均出席,则不得被取消。

第 346 条

议程由编写召集通知的社员确定。

但是,当会议由法院代理人召集时,议程应由任命他的主管法院院长确定。

同样,代表合作社社员人数的一半以上的社员可以要求将决议草案列入社员大会议程。

此要求需要一并提供下述文件:

(1)带有简要说明的决议草案;

(2)一份包含决议草案社员作者的全称、地址和签名。

如果决议草案涉及推荐董事候选人,需要根据下面的第 349 条提供信息。

第 347 条

决议草案应在会议召开前 10 日,以挂号信、传真或其他留下书面记录的方式被送到注册办公室,以便其可以被投票表决。

如果按照本条规定提交的决议草案未被投票表决,则社员大会的决议无效。

第 348 条

社员大会不能就议程以外的事项进行决议。

但是,常规社员大会可以罢免和更换一名或多名董事会成员。

第 349 条

如果社员大会的议程涉及任命董事,应该指明他们的身份、职业和过去 5 年的经历。

第 350 条

社员大会的议程可以在第二次通知时被修改。

第二分节　文　　件

第 351 条

关于年度社员大会,任何社员均有权在注册办事处检查下述资料:

(1)存货清单、财务报表摘要和董事名单;

(2)向会议提交的审计师和董事会报告;

(3)在适当的情况下,解释性备忘录的文本、决议草案以及有关董事会候选人的信息;

(4)社员名单;

(5)十名或五名薪酬最高的高级管理人员和雇员的薪酬总额,无论附董事会的合作社员工是否超过200名。

除存货外,社员查阅文件的权利包括自费制作副本的权利。文件审查权在社员大会召开前30日内行使。

对于年度社员会议以外的会议,审查文件涉及决议草案、董事会报告,以及监事会的报告、审计师或上级机构的报告。

第352条

此外,任何社员可随时自费检查和复制:

(1)上条所述的最近3个财政年度的合作社的文件;

(2)过去3个财政年度的会议记录和出席签到表;

(3)章程规定的所有其他文件。

第353条

如果合作社拒绝提供上述第351条和第352条所规定的全部或部分文件,应社员的请求,由主管法院院长迅速裁定。

主管法院院长可命令附董事会的合作社,根据本统一法第351条和第352条规定的条件,将文件传达给社员。

第三分节　社员大会的召开

第354条

社员大会由董事长主持。除非章程另有规定,会议应当在出席会议的董事会成员中选举会议主席。

第355条

社员大会以出席社员的简单多数选举两名合作社社员为审查员。

第356条

社员大会应指定负责编制会议纪要的秘书。他可以在附董事会的合作社的受薪员工中选出。

第 357 条

在每次社员大会上,应保存一份列有每位社员的全名和地址的出席表。

第 358 条

出席表应由在场社员在进入会场时签名。

第 359 条

出席表应由审查员负责核实。

第 360 条

会议记录应当载明会议日期和地点、会议性质、召集方式、议程、会议主席团组成、法定人数、提交会议表决的决议草案以及每项决议的表决结果、提交会议的文件和报告以及讨论摘要。

会议记录由会议主席团成员签名,并与出席表及其附件一起在注册办公室存档。

第 361 条

会议记录的副本或摘录应由董事长或为此目的正式授权的任何个人证明。

清算时,由唯一清算人出具证明。

第 362 条

可出席社员大会的有:

(1)社员,根据本统一法和合作社的章程规定的条件进行;

(2)任何个人为此目的获得法律规定或合作社章程规定的正式授权。

这同样适用于附董事会的合作社的外部人士。他们要么由主管法院院长授权,要么由会议主席团授权,或由会议本身授权。

第二节　普通社员大会

第一分节　职　　责

第 363 条

普通社员大会行使除本统一法第 366 条规定明确赋予特别社员大会以外的一切决策权。

普通社员大会有权：

(1)审议年度综合财务报表；

(2)决定收入的分配；

(3)任命董事会成员和审计员(如有需要)；

(4)批准或拒绝高管和附董事会的合作社签订的协议；

(5)在章程规定的情况下授权发行股票；

(6)任命监事会成员。

第二分节　会议、法定人数和多数

第 364 条

普通社员大会应在财务年度结束后 6 个月内召开，每年至少一次，但可根据法院裁定延长该期限。

如果附董事会合作社半数成员出席，一般社员大会应就首次召开进行有效审议；第二次召开时，这些社员中至少有四分之一出席。

社员人数超过一千人的合作社，其章程可以规定较低的法定人数，但不得违反前款规定。

第 365 条

普通社员大会应以多数票表决。举行选举时，空白投票不予计数。

第三节　特别社员大会

第一分节　职　　责

第 366 条

唯有特别社员大会有权修改合作社章程的所有规定。任何有悖于此的条款无效。

特别社员大会亦有权：

(1)批准合并、分拆、转型及不完全资产的投入；

(2)将注册地迁至其所在成员国的任何其他城市，或迁至其他成员国的境内；

(3)提前解散设有董事会的合作社或延续经营期限。

第二分节　会议、法定人数和多数

第 367 条

附董事会的合作社社员三分之二亲自出席或有代表出席的，特别社员大会可进行有效审议。

当未达到法定人数时，可在第一次召开确定的日期起不超过两个月的时间内再次召开大会；在此情况下，该大会可以在至少半数社员亲自出席或派代表出席的情况下，进行有效审议。

第 368 条

特别社员大会应由三分之二多数票决定。

投票期间，空白投票不予计数。

如果将注册办事处迁至另一国领土，则应由亲自出席或派代表出席的社员一致作出决议。

第四章　解散设有董事会的合作社

第 369 条

根据《债务清偿集体程序(破产)统一法》的相关规定，因所有合作社共有的原因而解散设有董事会的合作社时，应以上文第 177 ~ 179 条规定的条件和效力为准。

第 370 条

社员可以宣布提前解散设有董事会的合作社。

该决议由特别社员大会作出。

第五章　责　　任

第一节　社员的责任

第 371 条

社员的责任至少应同于认购的股份额度。但是，合作社章程可以规定更大的范围,但不得超过认购股份的五倍。

第二节 创始社员的责任

第372条

可能对解散负有责任的设有董事会的合作社的创始社员以及当时在任的董事,应对随后由于设有董事会的合作社的无效而给社员或第三方造成的损害承担连带和无限期的责任。

对于其出资未经审计和批准的社员,可以裁定他们承担同样的连带责任。

第373条

基于设有董事会的合作社无效而提起的损害赔偿诉讼应在有害事件发生3年后失效,或者,在隐瞒的情形下,则自该等事件披露起的3年后失效。但是,当该事实符合犯罪条件时,该诉讼应在10年后失效。

第三节 董事的责任

第374条

董事违反管理设有董事会的合作社的法律或监管规定,违反合作社章程的规定以及管理不善的,应酌情单独或共同向合作社或第三方承担连带责任。

如果数位董事对上述违反负有共同责任,管辖法院应确定每一个体对损害的份额。

第375条

除了个人遭受损失的损害赔偿诉讼外,社员可以单独或集体对董事会提起民事责任诉讼。

如果该等社员在设有董事会的合作社中代表至少一半的社员,该等社员为其共同利益,可以在该等社员中间保留一个或数个社员,在民事责任诉讼中代表他们作为原告或被告。

审判期间,如有一名或数名社员退出,也不影响该诉讼。

索赔人有权就公司遭受的全部损害寻求赔偿,并在适当情况下判给公司损害赔偿。

第六章　股份相关条款

第一节　股票的不同形式

第 376 条

社员股票应采取记名证券的形式,无论是以实物出资还是货币出资的形式发行。

第 377 条

货币出资发行股票是指股款以现金支付或通过抵销合作社的固定、确定及到期债务进行支付的股票,因将自由分配储备金纳入资本而发行的股票,而其金额部分来自储备金纳入、自由分配,部分来自实缴资金。该等款项必须在认购时全额支付。

代实物出资股票是指以实物出资为交换条件发行的股票。

禁止发行受益人股票或创始成员股票。

第二节　股　　权

第 378 条

每名社员均有一票表决权,无论其股票数量如何。

第 379 条

股票不可流通。股票不可进行质押。

第 380 条

股票只有在下列情况下方可进行转让:

(1)章程可以规定向设有董事会的合作社以外的第三方无偿或者有偿转让股份,但该第三方须拥有成员加入合作社所依据的共同关系。该等转让须提交一般社员大会审议。

(2)只有股份受益人分享合作者所依据的共同债券,清算配偶之间的共有财产，或转让给配偶或长辈或后代，才能转让股权。否则，股份应根据其面值，按比例补偿相关人士。

第381条

当社员大会审议一项批准时，转让人不得参加投票，其投票不得计入法定人数和多数。

第382条

转让人应当在向设有董事会的合作社提交的批准申请中，说明拟受让人的姓名或者名称、地址和转让的股数，而转让人可以凭收据面交的信函，或者可以留有书面记录的任何方式，也可以用电传或者传真，向设有董事会的合作社提交该等申请。

第383条

如果获得批准，应发送通知；自提出请求之日起3个月内未收到答复，将视为获得批准。

第三节　未能缴足购股款与其影响

第384条

社员股份的股款必须在认购时全额支付。

但是，合作社章程可以授权在认购时支付四分之一，余额根据合作社的需要按照董事会规定的比例和期限支付。自认购结束之日起，该等期限不得超过3年。

普通社员大会有权停止收取成员股份的应付股款。在此情况下，在以任何方式发出正式通知并留下书面记录且未能在收到上述信件之日起3个月内付款后，未付款成员将被自动排除。

只有按时付款的社员才有权在社员大会上投票，并可以成为董事会成员。

第四节　股份偿还

第385条

禁止通过随机抽取的方式摊销股份。

第三卷　刑事条款

第 386 条

任何人在未依照有关此类团体的法律和规章规定取得适当授权的情况下,不适当地使用合作社、合作社联盟、合作社联邦或合作社邦联的表述,并附有任何限定词,以及所有暗示它是本条所述团体之一的名称,应受刑事制裁。

第 387 条

根据上文第 386 条的具体规定,不违反《商业公司和经济利益集团统一法》第 886~905 条的规定应适用于合作社及其联盟、联邦和邦联。

第四卷　其他条款、过渡性条款和最终条款

第 388 条

西非法郎为本统一法的基本货币。对于非西非法郎的成员国,西非法郎对应的当地货币的价值开始应该是本统一法被通过的当日适用的现行西非法郎与当地货币比价确定的价值。对应的价值如果折算时出现小数,应该调整为更高单位的整数。

应成员国财政部部长申请,如必要,在考虑到成员国经济和货币形势的变化,《非洲商法协调条约》部长委员会对本统一法中涉及的以西非法郎计量的金额进行修正。西非法郎对应的当地货币的价值应该是本统一法有关涉及的金额修正被通过的当日适用的现行西非法郎与当地货币比价确定的价值。

第 389 条

自本统一法在某成员国生效之日起,本统一法即适用于在其中某一成员组建的合作社、合作社联盟、合作社联合会、合作社总会及合作社网络。但不必重复本统一法生效前已经完成的组建公司的手续。

第 390 条

除非另有规定,本统一法生效前的合作社、合作社联盟、合作社联合会、合作社总会及合作社网络应受上述条款管辖。该等合作社、合作社联盟、合

作社联合会、合作社总会及合作社网络必须在本统一法生效后两年内使其公司章程与该法的规定保持一致。

第 391 条

使章程与本法融合一致旨在废除、修改、替换(如有必要)与本统一法强制性规定相抵触的法定条款,并按统一法的要求对其进行补充。

第 392 条

使合作社章程与本统一法融合一致可以通过对原章程进行修改或通过批准重新起草所有条款的章程来实现。即使法规或规章有相反规定,使合作社章程与本统一法融合一致的决议可以通过一般决议的有效条件由社员或合伙人大会作出,条件是仅对新法不匹配的条款的实际内容进行修订。

第 393 条

无论出于何种原因,如果社员会议未能达成有效的表决,则应在合作社法定代表人提出动议后,将提议的合作社章程协调提交管辖法院裁决批准。

第 394 条

不需要协调的,应当在社员大会上做好记录,社员大会的审议应当与修改公司章程的决定办理相同的公示手续。

第 395 条

自本统一法生效之日起 2 年内,如果合作社章程与本统一法的规定不一致,与本统一法的规定相抵触的法定条款将视为不可执行。

第 396 条

在此废除所有与本统一法规定相抵触的法律条款,但从本统一法生效之日起两年内,未能使其合作社章程与本统一法规定相一致的合作社、合作社联盟、合作社联合会、合作社总会及合作社网络可过渡适用。

第 397 条

本统一法应自通过之日起 60 日内在非洲商法协调组织官方公报上公布,亦应在成员国官方公报上或以任何适当方式公布。根据 1993 年 10 月 17 日在路易港签署,2008 年 10 月 17 日在魁北克修订的《非洲商法协调条约》第 9 条,本统一法应自其在非洲商法协调组织官方公报上公布之日起 90 日后生效。

债务清偿简易程序和执行措施统一法

非洲商法协调组织部长委员会，

考虑到《非洲商法协调条约》，特别是其中的第 2 条和第 5~12 条；

考虑到常务秘书的报告和各成员国的意见；

考虑到司法与仲裁共同法院 1998 年 3 月 23 日的意见；

经审议后，出席并参加表决的成员国一致通过如下统一法：

第一卷　债务清偿简易程序

第一编　支　付　令

第一章　条　　件

第 1 条

可以依据支付令中规定的程序，使得已到期的应付可靠债权得到清偿。

第 2 条

可在以下条件下引入支付令中规定的程序：

（1）债权性质为合同之债；

（2）承付款项产生于任何流通票据的签发或承兑，或产生于证明没有资金或资金不足的支票。

第二章　程　　序

第一节　申　　请

第3条

申请应向债务人或多个债务人中的一个债务人的住所地或实际居住地的适格主管法院提出。

当事人可以通过在合同中约定管辖来排除上述管辖规则。

无地域管辖权的异议只能由受理请求的法院提出,或由债务人在债权人提起诉讼时提出。

第4条

申请必须由申请人或经各成员国法律授权可进行诉讼代理的代理人向主管法院书记官处提出或送交。

申请应包括以下内容,否则不可受理:

(1)当事人的姓名、职业、住所或者法人的形式、名称、注册办事处;

(2)申报的具体数额与佐证各债权内容与性质的具体账目。

应随附证明文件原件或经核证的副本。

如果申请人在主管法院所在国无固定住所,则其须在申请中选择上述法院管辖区域内的任一住所作为接受送达的地址。

第二节　支付令裁定

第5条

如果根据所提交的文件,该请求呈现完全的或部分的合理性,主管法院院长应以裁定发出支付令的形式确定债务人所须支付的金额。

如果主管法院院长拒绝全部或部分请求,债权人不得对其裁定提出上诉,除非上诉按照普通法程序进行。

第6条

申请及支付令裁定,须由向申请人发出副本的书记员备存原本。为证明申请的合理性而呈交的文件原本须交还申请人,其核证副本须存放至书记处。

驳回申请的,应当将申请书和文件退还申请人。

第 7 条

应债权人要求,可以通过非法律程序向各债务人发出前款规定中的申请和支付令裁定的核证副本的复印件。

自作出之日起 3 个月内未送达的支付令裁定无效。

第 8 条

送达的支付令裁定应包含以下催告性内容,否则无效:

(1)或要求债务人向债权人支付裁定中规定的金额,以及特定金额的利息和诉讼费用;

(2)或在债务人意图提出抗辩的情况下,要求其对债权人提起的诉讼和相关争议提出异议。

送达通知应包含下列内容,否则无效:

(1)须明确可提出异议的时限、在该时限内可受理诉讼的法院和须遵循的程序;

(2)须告知债务人,可以随时从作出支付令裁定法院的书记处获取债权人提交的文件。若债务人未在规定时限内提出异议,则其不得再进行上诉,且须采取一切法律措施支付索赔金额。

第三节 异　　议

第 9 条

针对支付令裁定提出的普通上诉即为异议。异议应向作出支付令裁定的原主管法院提出。

异议应通过司法外文书提出。

第 10 条

异议必须在支付令裁定送达后 15 日内提出。上述时限可以适当延长。

但是,如果债务人本人并未收到关于支付令裁定的送达通知,则其可以在第一次发出送达通知后,或第一次强制执行债务人全部或部分财产的 15 日内提出异议。

第 11 条

异议方与被异议方适用同样的程序,为保障其权利的正常行使,必须:

(1)将其上诉通知所有当事方和作出支付令裁定的法院的书记处;

(2)依照传唤内容,在规定的日期到主管法院出庭,但不得超过提出异议后的 30 日。

第 12 条

受理异议的法院应当进行调解。如果调解成功,院长应起草调解纪要,并经双方当事人签字,调解纪要中应包含须得到执行的命令。

调解不成的,即使提出异议的债务人不在场,法院也应当立即对追偿申请作出具有对抗性裁决效力的裁决。

第 13 条

申请作出支付令裁定的人员应承担有关债权证据的费用。

第 14 条

受理异议的法院作出的裁定取代原有的支付令裁定。

第 15 条

对异议作出的裁定可根据各成员国法律规定的条件提出上诉。但是,上诉时限为自裁决作出之日起 30 日内。

第四节　支付令裁定的效力

第 16 条

债务人自支付令裁定送达之日起 15 日内未提出异议的,或者债务人撤回异议申请的,债权人可以申请在裁定中加入应得到执行的命令内容。

上述内容产生对抗性裁定的一切效力,不得上诉。

第 17 条

关于加入应得到执行的命令内容的申请,应当以简单的书面或者口头陈述的形式送交书记处。

债权人的请求自异议期间届满或者债务人撤销之日起 2 个月内未提出的,裁定无效。

债权人提交并暂时存放在书记处的文件的核证副本,应在提出异议或裁定加入可执行命令时,应债权人的请求退还债权人。

第 18 条

各法院的书记处均须备存一份登记册,法院院长负责对其进行编号与签署,登记册中应包含债权人和债务人的姓名、职业和住所、支付令或拒绝执行支付令的日期、债务的数额和起因、交付日期、提出异议的日期、当事方会议日期和异议裁定。

第二编　特定动产交付或归还的简易程序

第 19 条

以债权人身份申请交付或归还特定有形动产的,可以请求主管法院院长下令交付或归还。

第一章　申　　请

第 20 条

交付或归还的请求应通过向债务人住所地或实际居住地的主管法院书记处提交或寄送申请书的方式提出。当事方可以通过在合同中约定住所的方式,以规避适用上述管辖规则。

无管辖权异议仅能由受理申请的主管法院或提起异议诉讼的债务人提出。

第 21 条

为了避免案件不被受理,请求应包含:

(1)当事人的姓名、职业和住所,法人的名称、形式和注册办事处;

(2)要求归还的资产的具体名称。

请求应包含足以证明其合理性的相关文件的原本或经核证的副本。

第 22 条

如果具有案件管辖权的法院拒绝受理上述请求,债权人不得对拒绝受理的裁决提出上诉,除非债权人根据普通法的规则提起上诉。

第二章 命令交付或归还财产的裁定

第 23 条

如果请求合理,主管法院院长应就关于交付或归还争议性资产的请求作出裁定。

上述请求及支付令裁定原本须由书记员备存,书记员须将副本送交申请人。

请求佐证文件的原本应退还申请人,经核证的副本应提交书记处。

第 24 条

驳回请求的,应当将请求及佐证文件退还请求人。

第 25 条

命令交付或归还的裁定,连同已经提交的申请佐证文件的核证副本,应债权人申请,通过非法律程序送达被申请人。

为避免失效,送达应在 15 日内完成,其中应要求被申请人:

(1)或在规定的条件下,将资产权益交付到指定地点;

(2)或在资产持有人有相关抗辩理由的情况下,主张其以口头或书面声明、挂号信附带收讫通知请求或任何书面方式,向作出裁定的法院书记处提出异议;否则,裁定将强制执行。

若在裁定作出之日起 3 个月内未送达,命令交付或归还财产的支付令裁定无效。

第三章 命令交付或归还财产裁定的效力

第 26 条

对命令交付或归还财产裁定的异议应依据本法第 9~15 条的规定提出。

第 27 条

请求人在前款第 16 条规定的时限内没有提出异议的,可以请求主管法院院长在裁定书的基础上追加执行令。

请求条件由本统一法第 17 条和第 18 条规定。

第二卷　执 行 方 式

第一编　总　　则

第 28 条

如果债务人未自愿执行裁定,任何债权人可以根据本统一法规定的条件,不考虑其债权的性质,强制违约债务人对其清偿债务,或者采取临时措施保护其权利。

除抵押、优先债务外,应当先对动产采取强制执行措施,动产不足以清偿债务的,可以执行不动产。

第 29 条

国家应当协助判决及其他执行令的具体执行。

执行令须由执法机构具体执行。

国家对其失责或不作为承担责任。

第 30 条

强制执行和保全措施不适用于享有执行豁免权的个人。

但是,公法法人或国有企业,不论其组织形式和营业目的如何,其提出的可靠、确定、到期应偿付的债权,应在互惠条件下,对数额同样可靠、确定、到期应付的债权进行给付。

前款所称个人或者法人的债务,只有经该个人或者法人居住地国和所在国确认且具有执行力的,方可视为本条规定意义上的可靠债务。

第 31 条

强制执行仅适用于依据与动产扣押和主张相关的规定,债权关系可靠、确定、到期应偿付的债权人。

第 32 条

除不动产司法拍卖外,强制执行可以根据临时执行令履行,直至完成。

执行的风险应由债权人承担,但是,如果执行令后续作出修改,债权人须对强制执行所造成的所有损失进行赔偿,尽管其无过错。

第 33 条

执行令包括：

(1)规定执行方式和可执行性的法院判决原本；

(2)由执行令中涉及国家的法院作出的文书和判决，以及经相应法院判决宣布可执行的仲裁裁决，且在相关国家未提出中止执行的上诉；

(3)法官和当事人签署的调解笔录；

(4)规定执行方式的公证文书；

(5)经各成员国国内法赋予司法效力的判决。

第 34 条

当法院判决涉及第三方时，须同时出具无上诉和无异议证明，且证明中须附载法院书记员向被告当事人送达判决的日期。

第 35 条

除非本统一法另有规定，任何意图援引先前未经公证的文书采取措施，以确保债权的强制执行或保留的个人，须上交或提供上述文书的副本。

第 36 条

如果扣押的是有形财产，被扣押的债务人或者财产的第三方持有人应视为保管人，对其的制裁措施由刑法条文规定。

扣押令作出后，任何人即无权对上述财物进行处分。

资产已经被扣押的债务人应当在知悉扣押行为后 5 日内，向扣押同一资产的任意新债权人告知先前存在的扣押行为以及扣押人身份，否则将承担损害赔偿。此外，债务人仍须出示扣押令。

同样的义务适用于代表债务人持有资产的第三方。

债权人经通知后，应根据本统一法下述第 74~76 条的规定，向其他债权人及诉讼当事方传送所有文件和信息。

第 37 条

向债务人发出扣押令的通知应中断诉讼时效，即使是保全扣押。

第 38 条

第三方不得干扰强制执行或财产保全程序。其必须在法律要求时提供协助。如果第三方未充分履行义务，则可能须支付损害赔偿金。执行扣押行为的第三方在同等条件下,有可能须支付针对扣押行为的诉讼费用,除非第三方针对债务人提起了上诉。

第 39 条

债务人不得强迫债权人接受支付债务的一部分,即使是可分割的债务。

但是,根据债务人的情况,并考虑到债权人的需求,主管法院可以下令推迟或者最长 1 年内分期支付到期款项,但抚养费债务和票据债务除外。主管法院还可以决定优先从资产中拨付上述款项。

此外,主管法院可优先考虑债务人特定义务的履行情况,再行决定是否执行上述措施,以便利或保证债务的偿还。

第 40 条

法院裁定的具有担保或保全性质的款项、财产或票据的存放金或保证金,具有与担保债权人相同的优先权。

第 41 条

在符合法定条件时,执达员或执法人员可以进入用于或不用于居住的处所,并在必要时开启大门和家具。

第 42 条

如该处所的占用人未在场,或拒绝上述人员进入该处所,执达员或执法人员可在其门口设置一名警卫,以防止财产的侵吞和转移。为充分执行任务,可请求主管行政机关、警察部门或宪兵队增援协助。

在相同条件下,家具可以被开启。

第 43 条

如果债务人或任何居住在处所内的人员未在场,执达员或执法人员在进行扣押时须确保关闭进入处所的门或通道。

第 44 条

执达员或执法人员可在一名或两名主要证人的协助下行事,上述证人要求不是当事各方的父母、直系亲属或受其雇佣。在这种情况下,证人应在笔录中陈述其姓名、职业和住所。证人应当在笔录原本和副本上签名。

第 45 条

执达员或执法人员可对扣押的物品拍照,拍摄的照片由其保管,并供其后期的核验。只有在向主管法院提出异议时,才可出示上述影像照片。

第 46 条

在非必要时,任何执行措施不得在周日或者公共假日进行,经执行地主管法院院长特别授权的除外。

任何强制执行行为不得在 8 时之前或 18 时之后开始,除非有必要并经主管法院授权,并只能在非住宅处所进行。

除非主管法院认为有必要,否则债权人不得参与扣押行动。

第 47 条

强制执行费用应由债务人承担,除非在其承担执行费用时证明相关费用不具有必要性。

在无执行令的情况下收取的追偿费用应由债权人承担,除非这些费用指向的是根据各成员国国内法或本统一法的规定实施,或主管法院授权的行为。但应债权人的请求,主管法院可命令债务人全部或部分支付其恶意招致的费用。

第 48 条

如果执达员或执法人员在执行相关执行文书时遇到困难,可随时主动将案件移交主管法院。

如果案件进行审理,执达员或执法人员应将庭审的日期、时间和地点通知各当事方,相关费用由债务人承担。他还应当告知当事方,法院可以在他们缺席的情况下作出裁决。

第 49 条

可就紧急事项作出裁定的法院院长或受其委托的法官有权对与强制执行措施或保全扣押有关的任何诉讼或请求作出裁定。

可在其裁定宣读后的 15 日内提出上诉。

上诉时限以及行使上述上诉权利不具有中止效力,除非主管法院院长作出其他特别裁定。

第 50 条

属于债务人的所有资产,即使由第三方占有,也可以进行扣押,除非各成员国的国内法宣布上述资产可以免于扣押。

扣押也可以针对已到期或分阶段履行的附条件债权进行。扣押债权人应以合理的方式进行扣押。

第 51 条

免于扣押的资产和权益应由各成员国界定。

第 52 条

已存入账户的、免除扣押的债务,仍具有不可扣押性。

第 53 条

当一个账户,即使是共同账户,其资金主要来源为作为夫妻共有财产的收入和薪金,为强制执行措施或支付担保扣押的对象,抑或对配偶所负债务的担保,应尊重配偶意愿,立即将账户中与扣押前一个月内存入的收入和薪金或扣押前 12 个月内的月平均收入和薪金数额交由拥有共同财产的配偶处置。

第二编 保全扣押

第一章 总 则

第 54 条

债权在原则上成立的任何人,可向债务人住所地或实际居住地的主管法院提出申请,要求其授权对债务人的所有有形或无形动产实施保全措施,而无须事先催告,只要其能证明特殊情形下可能无法收回债务。

第 55 条

如果执行令有相关规定,债权人无须事先得到主管法院的授权。

如未在催告后、根据房屋租赁书面合同的规定应支付债务时,对实质存在的被接收的汇票、期票、支票或未付租金进行偿付,同样适用上述规定。

第 56 条

保全扣押适用于债务人的所有有形或无形动产。经保全扣押的资产即处于无权处置状态。

第 57 条

如果扣押的为货币形式的债权,扣押令所涉及的数额应为主管法院批准的数额,或者在不需要批准的情况下,则以扣押所涉及的数额为限。

扣押应自动构成对无法处置的款项的交存,并赋予扣押人质押的权利。

第 58 条

银行机构或者类似金融机构实施扣押的,适用第 161 条的规定。

第 59 条

授权扣押的裁定中应当明确经授权、须采取保全措施的具体金额,以及须采取保全措施财产的性质,否则裁定无效。

第 60 条

自批准扣押裁定作出之日起 3 个月内未实施扣押的,主管法院的授权失效。

第 61 条

如果在实施扣押行为时未获得扣押令,债权人必须在上述扣押行为进行后的 1 个月内提起诉讼或办理必要手续以获得扣押令,否则扣押行为无效。

如果扣押由第三方实施,证明其行为正当性的文件副本应在其扣押行为作出后 8 日内送达第三方。

第二章　争　　议

第 62 条

即使未得到事先授权,主管法院也可以在任何时候,应债务人、被听取意见或被传唤的债权人的请求,解除保全措施,只要财物扣押人未能证明上述第 54、55、59、60、61 条规定的条件得到满足。

第 63 条

解除申请须提交给批准该措施的主管法院。如果申请未预先获得批准,则应向债务人住所地或居住地的法院提出申请。

其他争议,包括与执行措施有关的争议,由扣押资产所在地的主管法院管辖。

第三章　对有形不动产的保全扣押

第一节　扣押程序

第64条

在提醒债务人有义务指明先前被扣押的资产及上交相关记录后，执达员或执法人员应起草包含以下内容的扣押记录，否则记录无效：

(1)标注扣押依据的主管法院的授权或执行凭证；上述文件应以原本或核证副本的形式附在记录中；

(2)财物被扣押人和扣押人的姓名和住所，若为法人，则应注明其法律组成形式、名称和注册地；

(3)如果债权人在作出扣押行为的地域管辖区域内无固定住所，则应选择任一可送达诉讼文书或接收清偿款项的法定住所；

(4)扣押资产的详细说明；

(5)如果债务人在场，其关于同一资产先前可能存在的扣押声明；

(6)以粗体字标注扣押资产无权处分，它们由债务人或经债务人指定的第三方保管，或在不满足上述条件的情况下，排除下述第97条规定的情况，作为紧急事件，由法院裁定其既不能被让与也不能转移，否则可能受到刑事制裁，同时裁定债务人有义务告知所有有可能对同一资产再次实行扣押行为的债权人此次扣押的情况；

(7)以粗体字标注，如果不符合扣押的有效条件，债务人有权向其住所地的主管法院请求解除扣押；

(8)指定审理其他争议的法院，尤其是与扣押行为有关的争议；

(9)在必要时，指明参与扣押程序的人员姓名和职务，上述人员须在记录原本和副本上签名；如果其拒绝签名，则应在记录中注明；

(10)附载挪用扣押资产行为的刑事处罚规定以及上述第62条和第63条的规定。

上述第45条的规定可以适用。

第65条

如果债务人在扣押时在场，执达员或执法人员应口头提醒债务人上述第64条第1款第6项和第7项的规定。

应立即向债务人交付一份与原件载有相同签名的记录副本；此交付即送达。

如果债务人在扣押时不在场，则应向其送达记录副本，并给予债务人8日的时限告知执达员或执法人员与先前进行过的扣押相关的信息，并将相关记录交由执达员或执行人员。

第66条

下述第99条和第103条的规定适用于由债务人执行保全扣押行为的情形。

第67条

如果保全扣押由第三方执行，则上述第三方应依照下述第107~110条和第112~114条的规定执行。

如果未依据上述第55条的规定，经法院事先授权而进行扣押，则应适用下述第105条的规定。

扣押记录应在8日内送达债务人。记录还应包括以下内容，否则记录无效：

(1)主管法院授权书或执行扣押所依据的文书副本；

(2)以粗体字标注，如果扣押未具有充分的有效性，债务人有权在符合条件的情况下向其住所地的主管法院请求解除扣押；

(3)附载上述第62条和第63条的规定。

第68条

与执行扣押有关的附带诉讼在必要时，可适用下述第139~146条的规定。

第二节　扣押与出售的转换

第69条

持有证明其债权存在的执行令的债权人，应向债务人出示一份转换声明，为避免其无效，声明应包含：

(1)财物被扣押人和扣押人的姓名和住所，若是法人，则应注明其法律组成形式、名称和注册地；

(2)对保全扣押记录的引用;

(3)执行令副本,除非该副本已在扣押记录中下达,则仅须简要提及;

(4)分别计算应付本金、费用和应计利息以及利率的细账;

(5)在8日内偿还这笔款项的催告,否则将执行出售被扣押的财产。

转换措施可在包含执行令内容的文书中进行通知。

如果扣押是由第三方执行的,则应向第三方发送文书的副本。

第70条

自转换文书作出之日起8日后期满时,执达员或执法人员应清查扣押的资产。应就缺失或损坏的资产编制记录。

在上述记录中,应告知债务人可在1个月内,根据下文第115~119条规定的条件,自行出售被扣押的资产。

第71条

如果资产不再位于扣押地,执达员或执法人员应命令债务人在8日内披露资产位置,如果资产已被扣押出售,则应提供实施出售行为的执达员、执法人员或其代表出售的债权人的姓名和地址。

在未收到答复的情况下,债权人应向主管法院起诉,该法院可下令以附带逾期罚款的方式提供上述信息,但不影响因挪用扣押物品而提起的刑事诉讼。

第72条

未在规定期限内自行出售的,应当按照扣押出售程序强制出售扣押的资产。

第三节 外区扣押

第73条

如果债务人没有固定住所,或者债务人的住所或营业地在外国,则可批准和裁决与扣押债务人财产有关的争端的法院应为债权人住所地的法院。

如果资产在扣押人手中,则扣押人是资产的保管人;否则须重新指定保管人。

适用程序应为保全扣押规定的程序。

第四节 多次扣押

第74条

执达员或执法人员对经一次或多次扣押的无权处分资产进行保全扣押时，应将扣押记录副本送达至每一先前进行过扣押的债权人。

如果根据保全令进行扣押的资产进入扣押出售程序，执达员或执法人员应将扣押记录送达给先前进行过扣押的债权人。

同样，保全扣押转为出售扣押的转换文书必须送达债权人，上述债权人在转换出售之前根据保全令扣押了相同的资产。

第75条

如果债务人提交了自行出售提案，接受该提案的扣押债权人应在扣押令或转换文书作出之前（视情况而定），通过挂号信或任何书面方式，将其内容告知根据保全令扣押相同资产的债权人。为避免无效，信函或使用的其他载体中应以加粗字体复制以下三段内容。

各债权人应在收到挂号信或其他书面载体后15日内，对自行出售提案表明立场，并将其债权的性质和金额告知扣押债权人。

在给予的时限内，债权人未作出答复，则视为其接受出售提案。

如果在相同时限内，债权人未告知其债权的性质和金额，则其将失去债务人自行出售资产所产生收益的分配权，但针对分配后的结余主张权利的除外。

第76条

为强制出售而安排转移资产的扣押债权人应通过挂号信或任何书面方式通知在扣押令或转换文书作出（视情况而定）之前对同一资产进行过保全扣押的债权人。为避免无效，该信函或使用的载体中应注明负责出售的法院官员的姓名和地址，并以加粗字体复制以下段落。

每一债权人应在收到挂号信或用于通知转移待出售资产的其他载体文件后的15日内，在转移之日将其债权的性质和金额通知负责出售的法院官员。在给予的期限内没有答复的，债权人将丧失参与分配强制出售所得的权利，但针对分配后的结余主张权利的除外。

第四章　债权的保全扣押

第一节　扣 押 程 序

第 77 条

债权人应遵照上述第 54 条和第 55 条的规定,通过向第三方送达执达员或执法人员所作出的文书的方式进行扣押。

为避免无效,上述文书应包含:

(1)债务人和扣押债权人的姓名和住所,若是法人实体,则应注明其名称、法律组成形式和注册地;

(2)如果债权人未居住在扣押行为发生的司法管辖区,则应选择在该司法管辖区内的、任何通知或要约均可送达的住所;

(3)指明扣押所依据的法院授权或命令;

(4)扣押所涉及的金额;

(5)禁止第三方在其对债务人的欠款范围内处置所要求的款项;

(6)附载上述第 36 条第 2 款和下述第 156 条的规定。

第 78 条

未达成共同协议的,任何利害关系人可通过申请,请求将扣押的款项寄存至债务人法定住所地或实际居住地法院指定的接管人处。

向接管人交付款项后,应停止计算第三方被扣押人所欠的利息。

第 79 条

在 8 日的期限内,为避免无效,应以执达员或执法人员作出的文书通知债务人扣押情况。

上述文书应包含以下内容,否则无效:

(1)主管法院授权书或执行扣押所依据文书的副本;

(2)扣押记录副本;

(3)关于债务人有权向法院提出申请的加粗字体声明,如果扣押的有效条件未满足,则有权向其住所地法院申请解除扣押;

(4)指定解决其他争议的法院,其中包括与执行扣押有关的争议;

(5)附载上述第 62 条和第 63 条的规定。

第 80 条

第三方被扣押人有义务向执达员或执法人员提供下述第 156 条规定的信息,并提供所有证明文件的副本。上述信息应在记录中提及。

第 81 条

第三方被扣押人在无合法理由的情况下,未提供所需信息的,如果被扣押物被转换为出售扣押物,则有义务支付扣押所需的费用,但其针对债务人提起上诉的除外。

第三方还可能因重大过失或不准确、违背事实的声明而被处以损害赔偿金。

在转换文书作出之前,如果未对第三方声明提出异议,则仅就扣押而言,这些声明视为准确无误。

第二节　扣押与分配的转换

第 82 条

债权人在持有证明其债权存在的执行令的基础上,应向第三方被扣押人送达转换文书,该文书包含以下内容,否则无效:

(1)财物被扣押人和扣押人的姓名和住址,若是法人实体,则应注明其法律组成形式、名称和注册地;

(2)附注保全扣押记录;

(3)执行令的副本,除非该副本已在扣押记录中下达,则仅须简要提及;

(4)分别计算应付本金、费用和应计利息以及利率的细账;

(5)要求支付上述款项,但以第三方已确认或宣布的债务金额为限。

文书应通知第三方,在这一限度范围内,该申请会导致被扣押的债权立即归属于债权人。

第 83 条

转换文书的副本应送达债务人。

从送达之日起,债务人可在 15 日的时限向其法定住所地法院或实际居住地法院对转换文书提出异议。

在无异议的情况下,第三方应在出示书记处开具的无异议证明后,向债权人或其代理人付款。

如果债务人以书面形式声明其不会对转换文书提出异议,则付款可在该时限到期之前进行。

第 84 条

应适用第 158 条和第 159 条、第 165~168 条、第 170 条第 2 款和第 3 款、第 171 条以及第 172 条的规定。

第五章　合伙人权益和证券的保全扣押

第一节　扣 押 程 序

第 85 条

当向下述第 236 条所述人员送达文书时,应执行对合伙人权益和证券的保全扣押。为避免无效,该文书应包含下述第 237 条的规定,同时符合其中第 3 项关于执行令可由主管法院授权执行保全扣押的命令所代替的规定。

第 86 条

在 8 日的时限内,应以文书的形式向债务人送达保全扣押通知,该文书包含以下内容,否则无效:

(1)法院授权书或扣押令的副本;

(2)扣押记录副本;

(3)关于债务人有权向法院提出申请的加粗字体声明,如果扣押的有效条件未满足,则有权向其住所地法院申请解除扣押;

(4)指定解决其他争议的法院,其中包括与执行扣押有关的争议;

(5)如果债权人未居住在扣押行为发生的司法管辖区,则应选择在该司法管辖区内的、任何通知或要约均可送达的住所;

(6)附载上述第 62 条和第 63 条的规定。

第 87 条

适用下述第 239 条的规定。

第二节　将扣押的物品转作出售

第 88 条

债权人在持有证明其债权存在的执行令的基础上,应向债务人送达转换文书,该文书应包含以下内容,否则无效:

(1)财物被扣押人和扣押人的姓名和住址,若是法人实体,则应注明其法律组成形式、名称和注册地;

(2)附注保全扣押记录;

(3)执行令的副本,除非该副本已在扣押记录中下达,则仅须简要提及;

(4)分别计算应付本金、费用和应计利息以及利率的细账;

(5)支付这笔款项的命令,否则将出售扣押的资产;

(6)以加粗字体指明债务人有 1 个月的时限根据第 115~119 条规定的条件对扣押品进行自行出售;

(7)附载下文第 115~119 条的规定。

第 89 条

转换文书的副本应送达第三方被扣押人。

第 90 条

出售应根据下述第 240~244 条的规定进行。

第三编　扣 押 出 售

第 91 条

任何持有确认其债权确定性和到期应付的执行令的债权人,在送达支付催告后,可着手扣押和出售属于债务人的有形资产,不论其是否由债务人持有,从而偿付债务。

任何符合相同条件的债权人均可通过提出异议的方式参与扣押程序。

第一章　预 先 催 告

第 92 条

应至少在扣押前 8 日向债务人送达支付催告,该催告包含以下内容,否

则无效:

(1)提起法律诉讼所依据的执行令,以及分别计算应付本金、费用和应计利息以及利率的细账;

(2)必须在8日内偿还债务的催告,否则,债务人可能被迫强制出售其有形资产。

第93条

该催告应包括在法律程序结束前适用的法定住所地,除非债务人未在上述住所地居住,而被通知须在执行的领土管辖范围内重新选择住所。任何通知或要约须均可送达所选住所。

第94条

催告应送达本人或其实际住所。不得将其送达所选住所。可在执行令的送达文书中指明。

第二章 扣押程序

第一节 共同规定

第95条

属于债务人的所有可扣押的有形动产,包括先前依据保全令扣押的财产,均可扣押出售。在后一种情况下,应适用上述第88~90条的规定。

第96条

如果没有资产应被扣押或明显没有市场价值,除非债权人要求继续执行,否则执达员或执法人员应起草无资产记录。

第97条

无权处分扣押的资产。有正当理由转移上述资产的,保管人应当事先通知债权人,但情节紧急的除外。

无论出于什么原因,保管人均须向债权人披露资产的存放地点。

第98条

自催告令发出之日起8日期满时,如果仍未生效,执达员或执法人员可在出示执行令后,根据上述第41~46条规定的条件进入用于或不用于居住的场所。

第二节 债务人的扣押程序

第99条

在任何扣押程序之前,如果债务人在场,执达员或执法人员应口头重申付款请求,并通知债务人披露之前被扣押的资产。

第100条

执达员或执法人员应编制资产清单。清单应包含以下内容,否则无效:

(1)财物被扣押人和扣押债权人的姓名和住址,若是法人实体,注明其法律组成形式、名称和注册地,扣押债权人可能选择的住所;

(2)执行扣押所依据的执行令;

(3)执达员送达通知的人员;

(4)扣押资产的详细说明;

(5)如果债务人在场,其关于同一财产的任何先前扣押的声明;

(6)以加粗字体注明扣押资产具有无权处分的属性,扣押资产由债务人保管,或者,如果未能做到这一点,则由法院迅速裁定其不能被处置且不能被转移,如果不是上文第97条规定的情况,为避免刑事制裁,债务人被要求通知任何可能对同一资产进行扣押的债权人;

(7)以加粗字体表示的声明,债务人有1个月的时限根据第115~119条规定的条件对扣押资产进行自行出售;

(8)指定审理与扣押出售有关异议的法院;

(9)如有必要,应注明参与扣押程序的人员的姓名和资质,上述人员必须在原件和复印件上签字;如果其拒绝签字,则应在记录中标注;

(10)附载惩罚挪用所扣押资产的刑事规定以及下述第115~119条的规定;

(11)附载下述第143~146条的规定。

第101条

如果债务人参与扣押程序,执达员或执法人员应口头提醒债务人注意前述第6项和第7项的规定。同时提醒债务人,有权根据下述第115~119

条规定的条件,自行出售扣押的资产。

上述声明应在记录中记载,同时应立即向债务人交付一份与原件载有相同签名的记录副本,此交付即送达。

第 102 条

如果债务人未参与扣押程序,应将扣押记录副本送达债务人,并给予其8日时限通知执达员或执法人员,告知其先前可能进行过的扣押行为,并提交相关记录。

第 103 条

债务人保留对因扣押而无权处分的资产的使用权,除非这些资产是消耗品。在这种情况下,债务人必须承认扣押时估计的价值。

然而,主管法院可在任何时候,甚至在扣押程序开始之前,在听取当事人或正式传唤的当事人的意见后,根据申请,命令将一件或多件资产归还其指定的保管人。

如果在被扣押的资产中存在陆地机动车辆,主管法院可在听取当事人或被正式传唤的当事人的意见后,命令将其扣留,直至将其转移,以便以任何不损坏车辆的方式出售。

第 104 条

可以扣押现金,但须以扣押方的索赔金额为限。应将现金存放至执达员、执法人员或由扣押债权人选定的书记处。

应在扣押记录中提及上述内容,记录应同时指明,为避免无效,债务人自记录送达后的 15 日内,可向记录中指定的扣押地所在法院提出异议。

发生纠纷时,如果法院没有命令向债权人付款或向债务人归还资产,法院可以命令将资产进行寄存。

逾期未提出异议的,应当立即向债权人支付。支付金额应从索赔额中扣除。

第三节　第三方的扣押程序

第 105 条

如果须扣押被第三方持有以及位于第三方住宅内的资产,应得到资产所在地法院的授权。

第 106 条

在出示按照上述第 92~94 条规定送达债务人的支付催告后，当行为作出后的 8 日时限届满时，以及执达员或执法人员可能出示上述规定的法院授权书后，则可扣押第三方以债务人名义持有的资产。

根据同一程序，债权人在合法持有属于债务人的资产时，也可以对上述资产实施扣押。

第 107 条

执达员或执法人员可要求第三方申报其代表债务人持有的资产，其中包括先前被扣押的资产。

如果第三方拒绝作出此类申报，或在申报不准确或违背事实的情况下，可要求第三方支付扣押行为引发的罚款，但针对债务人提起上诉的情形除外。第三方也可能被判处支付损害赔偿金。

第 108 条

如果第三方声明未持有属于债务人的任何资产或者拒绝答复的，应当以文书的形式呈现。上述文书应送交或送达第三方，并以加粗字体指明上述条款规定的处罚措施。

第 109 条

如果第三方声明其占有债务人的资产，则应包含以下内容，否则无效：

（1）实施扣押行为依据的命令；

（2）扣押日期，扣押债权人的姓名和住址，如果是法人实体，注明其法律组织形式、名称和注册地，可能选择的住所地；

（3）债务人的姓名和住址，如果是法人实体，则注明其法律组织形式、名称和注册地；

（4）第三方的姓名和住址；

（5）第三方的声明，以及以加粗字体指明，任何不准确或违背事实的声明都将被处以罚款，以支付扣押行为造成的损失，但不影响损害赔偿判决的执行；

（6）扣押资产的详细说明；

（7）以加粗字体注明扣押资产具有无权处分的属性，扣押资产由债务人保管，或者，如果未能做到这一点，则由法院迅速裁定其不能被处置且不能被转移，如果不是上文第 97 条规定的情况，为避免刑事制裁，债务人被要求通知任何可能对同一资产进行扣押的债权人；

（8）提示第三方可引用在文书中附载的、本法第 112 条的规定；

（9）指明第三方可通过附带收讫通知的挂号信或任何书面形式，主张其对扣押资产的权利，并投寄给执达员或执法人员；

（10）指定审理与扣押出售相关异议的法院；

（11）在必要时，指明参与扣押程序的人员的姓名和职务，上述人员应在记录原本和副本上签名；如果其拒绝签名，则应在记录中注明；

（12）附载挪用扣押资产行为的刑事处罚规定。

第 110 条

如果第三方参与扣押程序，执达员或执法人员应口头提醒其上述第 109 条第 5、7、8 项的内容。上述声明应在记录中提及。同时，应立即向第三方交付一份具有与原件相同签名的扣押记录副本；上述行为交付即送达。

当第三方未参与扣押程序时，则应向其送达扣押令副本，并给予其 8 日的期限，告知执达员或执法人员先前可能存在的、对同一财产的扣押行为，并同时交付相关扣押记录。

第 111 条

扣押记录副本最迟应在扣押作出后 8 日内送达债务人。

为避免无效，应指明债务人有 1 个月的时限根据附载的本统一法第 115～119 条规定的条件自行出售被扣押的资产。

第 112 条

第三方可以拒绝保管扣押的资产。第三方可随时要求免除其义务。执达员或执法人员应指定一名管理人并转移资产。

第 113 条

在不影响第三方对被扣押财产可能拥有的任何使用权的情况下，主管法院可以根据申请，在任何时候，甚至在扣押行动开始之前，在听取当事人或被正式传唤的当事人意见后，将一件或多件物品移交法院指定的接管人。

如果在被扣押的资产中存在陆地机动车辆，则可将交由第三方，直到以任何方式将其转移以供出售，听取当事人或被正式传唤的当事人的意见，不得以任何方式导致车辆损坏。

第 114 条

如果第三方对被扣押的资产行使留置权,则应通过挂号信或任何书面方式通知执达员或执法人员,除非他其扣押时已作出声明。

在 1 个月内,扣押债权人可以向住所地或第三方居住地的主管法院对该留置权提出异议。诉讼期间,该资产处于无权处分状态。

如果在 1 个月内没有提出异议,就扣押而言,第三方的要求应视为有充分的理由。

第三章　出售扣押的资产

第一节　自 行 出 售

第 115 条

已启动强制出售程序的债务人可根据下述规定的条件自愿出售扣押的资产,以将收益支付给债权人。

第 116 条

债务人自收到扣押记录通知之日起,可在 1 个月的时限内出售扣押的资产。

扣押的资产应由保管人负责,不得处置。在任何情况下,除特别紧急情况外,不得在下述第 118 条规定的价款交存之前转移上述资产。

第 117 条

债务人应将向其提出的建议以书面形式通知执达员或执法人员,并说明潜在购买人的姓名和住址,以及其提出愿意支付拟定价格的时限。

执达员或执法人员应通过附带收讫通知的挂号信或任何书面方式将上述声明传达给扣押债权人和异议债权人。

上述债权人可在 15 日内选择接受、拒绝出售或成为买家。

如无答复,则视为接受。

强制出售只能在上述第 116 条规定的 1 个月期限届满后进行,必要时可额外给予债权人 15 日的期限作出答复。

第118条

出售款项应交由执达员、执法人员或书记处寄存,具体由扣押债权人选择。

所有权的转让和资产的交付均以款项的寄存为前提。

在约定的期限内未寄存的,将进入强制出售程序。

第119条

除非拒绝授权出售是出于伤害债务人的意图,否则不能追究债权人的责任。

第二节　强制出售

第120条

出售应当由各成员国法律授权的法院官员在资产扣押地或在地理位置优越、便于以较低的成本进行竞争的大厅或公共场所进行公开拍卖。

如果债权人和债务人对出售地点存在分歧,对紧急事项有裁决权的法院应在最勤勉的当事方提交争议后5日内作出裁决。

第121条

出售应在海报上刊登广告,并注明出售的地点、日期和时间以及被扣押资产的性质。

海报应张贴在债务人法定住所或实际居住地的市政厅、附近的市场和所有其他适宜的地点。如果在其他地方进行出售,也应张贴在出售地点。

出售也可以通过印刷或广播媒体进行宣传。

宣传应当在上述第117条最后一款规定的时限内进行,并至少在规定的出售日期前15日进行。

第122条

执达员或执法人员应证明已完成公示手续。

第123条

执达员或执法人员应至少在出售日期前10日,通过附带收讫通知的挂号信或任何书面形式通知债务人出售的地点、日期和时间。应在上述第122条规定的证明中提及。

第 124 条

出售前,负责出售的官员应核实扣押资产的内容和性质,并起草记录。仅须在记录中记载缺失和易变质物品。

第 125 条

三次竞价投标后,出价最高的为中标人。该款项以现金的形式支付,否则,物品应视中标人为哄抬竞价,并重新进行出售。

第 126 条

当出售资产的价款足以支付扣押和提出异议行为衍生的本金、利息和费用时,出售即告结束。

第 127 条

应起草出售记录。记录中应包含出售资产的名称、中标金额以及中标人的姓名。

第 128 条

拍卖人或负责拍卖的任何其他法院官员均应对拍卖价款负责,其不得收取拍卖行为之外的任何款项,否则将同时受到刑事处罚。

第四章　扣押行为的附带诉讼

第 129 条

有关扣押和出售的争议应提交至扣押地法院。

第一节　债权人异议

第 130 条

符合本统一法第 91 条规定条件的任何债权人均可通过提出异议的方式参与已经对债务人资产实施扣押的程序,在必要时可进行补充扣押。

清查资产后,不得提出任何异议。

第 131 条

为避免无效,异议书应注明其依据的执行令、单独计算的本金、费用、应计利息以及利率。

如果首位扣押债权人并未就补充申报新债权或扩大先前扣押的税收范围提出异议,则应将异议书送达首位扣押债权人。

还应将异议书送达债务人。

首位扣押债权人应单独进行出售。

第 132 条

任何异议债权人均可扩展初次扣押涉及的资产范围。补充扣押记录应按照上述第 100~102 条规定的条件起草。

扣押记录应送达首位财物扣押人和债务人。

补充扣押的权利应由首位扣押债权人行使。

第 133 条

如果在扣押时,债务人向债权人提交递交上一次扣押的记录,债权人应按照上述第 131 条的规定提出异议。债权人可以根据上述第 100~102 条规定的条件当场进行补充扣押。

补充扣押记录应与异议书同时送达首位扣押债权人。上述所有文件均应送达债务人。

第 134 条

在扩展初次扣押范围的情况下,只有在自行出售的所有时限届满后,才可对所有扣押的资产进行强制出售。

但是,经债务人同意或经主管法院授权,或在提出异议时办理了公示手续,可立即强制出售自行出售期限已届满的资产。

第 135 条

如果首位扣押债权人未能在最后期限届满前办理强制出售手续,则在 8 日期限内催告无效后,任何异议债权人应依法被代位。

首位扣押债权人的义务应当被解除。但其有义务将相关文件交由代位债权人。

第 136 条

只有在主管法院作出裁决或扣押债权人和异议债权人同意的情况下,才能解除扣押出售。

第 137 条

首次扣押的无效并不必然导致异议失效，除非这是由于扣押程序不合法造成的。

首次扣押的无效不影响补充扣押的效力。

第 138 条

只有在上述第 124 条规定的扣押资产清查之前主张身份的扣押债权人或异议债权人，以及在扣押之前对同一资产进行过保全扣押的债权人才有权行使其参与分配出售所得收益的权利。

第二节　关于扣押资产的异议

第 139 条

与所有权或可扣押性有关的诉讼不影响扣押行为的实施，但暂停关于被扣押资产的诉讼程序。

第一小节　关于所有权的异议

第 140 条

债务人可以要求撤销对其不拥有的财产的扣押。

第 141 条

声称是被扣押资产所有权人的第三方可请求主管法院下令解除扣押。

为避免法院不予受理，诉讼请求中必须具体说明相关资产所有权所依据的要素。诉讼请求应送达扣押债权人、扣押人，并在必要时送达保管人。扣押债权人应通过附带收讫通知的挂号信或任何书面方式向异议债权人提出疑问。

应听取扣押债务人的意见或传唤扣押债务人。

第 142 条

被扣押资产出售后，不再受理与解除扣押相关的诉讼；只能就追还资产提起诉讼。

但是，被确认为已出售资产所有权人的第三方，在分配出售所得款项之前,可以全额扣除相关费用。

第二小节　关于可扣押性的异议

第 143 条

与扣押资产的可扣押性相关的异议应由债务人、执达员或执法人员在遇到执行困难时,提交主管法院审理。

如果债务人援引不可扣押性,则必须在扣押令送达后的 1 个月提起诉讼程序。

应听取债权人的意见或传唤债权人。

第三节　关于扣押有效性的异议

第 144 条

扣押资产出售前,除扣押资产的不可扣押性外,债务人仍可就形式或实质上的缺陷申请裁决扣押无效。

扣押债权人可向异议债权人提出疑问。

如果扣押在出售前被宣布无效,在该资产由第三方持有的情况下,债务人可要求归还被扣押资产,而且不影响他根据普通法提起民事赔偿责任诉讼。

如果扣押在出售后但在收益分配前被宣布无效,债务人可要求归还出售收益。

第 145 条

如果债务人在规定期限内没有要求撤销扣押,解除扣押的法院可以让债务人承担扣押产生的全部或部分费用。

第 146 条

除非法院另有裁决,否则无效裁决请求不会中止扣押程序。

第五章　扣押未收割农作物的特别规定

第 147 条

接近成熟的农作物和水果可在收获之前被扣押。只有有权获得上述作物果实的债权人才能进行扣押。在通常意义上的成熟期前的 6 周内，不得进行扣押，否则扣押行为无效。

第 148 条

为避免无效，扣押记录应按照上述第 100 条的规定起草，但该条第 4 款的规定除外，该款应替换为农作物所在地的地质信息，以及农作物的面积、位置和果实性质。

扣押记录应由市长或资产所在地行政部门负责人签署，并向其提供副本。

第 149 条

农作物应当交由债务人保管。但应扣押债权人的请求，主管法院在听取债务人意见或传唤债务人后，任命一名作物管理人。

第 150 条

出售应通过在市政厅、张贴官方法律文书的场所和离农作物最近的市场张贴公告的方式进行公布。

公告应注明出售日期、时间和地点、农作物所在土地、农作物的面积和果实性质。展示的张贴应以与扣押出售相同的方式进行记录，连带农作物目录及农作物种类。

公告的张贴应视为扣押出售的部分内容。

第 151 条

出售应当按照第 120 条及之后的规定，在农作物所在地或者最近的市场进行。

第 152 条

扣押变卖必须遵守所有规定的程序。

第四编　债权的扣押及分配

第153条

所有持有可证明其债权确定性、到期可追偿的执行令的债权人,为了获得债权的清偿,可以从第三方手中扣押债务人的现金资产,但须遵守关于酬金扣押的特别规定。

第154条

扣押令要求在执行款项及附属物的范围内,立即将应清偿的、第三方可处分的扣押债权分配给扣押债权人。

依据扣押令扣押的款项具有无权处分的性质。

扣押令使得第三方在其义务范围内对扣押行为承担个人责任。

第155条

同日内,向同位第三方送达的扣押令,视为同时签发。如果可处分的资金不足以清偿所有债权人和扣押人,则须按位阶进行分配。

其后送达的扣押或者其他措施,即使由优先债权人作出,不会对前述扣押令造成影响,也不影响集体诉讼。

如果扣押债权失效,随后的扣押及之后提取的资金在发生之日生效。

第156条

第三方被扣押人应向债权人声明其债务范围,可能影响债务履行的限制性规定以及债权的让与、转移或先前进行过的扣押。第三方须同时提交证明文件。

必须当场向执达员或执法人员作出上述声明和提交文件,并在扣押令中注明,如果扣押令未向任何人送达,则可在5日内作出声明和提交文件。任何不准确、不完整或者延误的声明,可能导致被扣押第三方在被判处支付损害赔偿金的同时,支付扣押相关费用。

第一章　扣　押　令

第157条

债权人在通过执达员或执法人员向第三方送达扣押令后,方可进行扣押。

为避免无效,扣押令应包含以下内容:

(1)债务人和债权人的姓名和住址,如为法人实体,注明其法律组成形式,名称及注册地。

(2)扣押行为依据的扣押令。

(3)分别计算在可以提出异议的1个月时限内,关于应付本金、费用和应计利息以及利率的细账。

(4)第三方被扣押人对扣押债权人应负的个人责任,以及在其所欠债务人款项范围内的、禁止第三方支配的限额。

(5)附载上述第38、156条和下述第169~172条的规定。

扣押令须注明其送达的时间。

第158条

如果扣押债权由居住在境外的人员持有,则债权扣押应送达本人或住所。

第159条

当现金或公共资金接管人、保管人或管理人以特定身份进行扣押时,如果未向指定或授权的人员签发扣押令,且如果扣押未按原文实行,或拒绝按原文实行,检察院应立即通知有关部门负责人,否则扣押无效。

第160条

为避免无效,应在8日内通过执达员或执法人员出具的通知书的形式告知债务人扣押相关信息。

为避免无效,通知书应包含以下内容:

(1)扣押令副本;

(2)以加粗字体注明,应在扣押令送达之日起1个月内提出异议,否则不予受理,并说明上述时限的截止日期以及指定审理异议的法院。

如果通知书交付给本人,执达员或执法人员应当口头通知债务人。口头声明应在通知书中提及。

通知书中应当提醒债务人,可以书面授权债权人,促使第三方被扣押人立即清偿全部或者部分欠款。

第161条

当银行或有关金融机构实施扣押时,上述机构有义务声明债务人账户的性质及扣押当日的账户余额。

在扣押后的15个工作日内,在账户中的交付的价款处于无权处分状态期间,上述余额可通过以下方式用于有利或不利于扣押人的地方,只要有证据证明行为发生在扣押前:

(1)信贷:

(a)先前托收的支票或商业票据,但尚未入账。[1]

(2)借款:

(a)扣押前已兑现或入账,但未支付的托收支票;

(b)扣押前从自动提款机取款并刷卡支付,且收款人在扣押前已收款。

尽管存在第2款的规定,当到期日期早于扣押日期时,到期见票未支付的贴现票据,可以在扣押后的1个月内冲账。

被扣押的余额仅受可能存在的借贷交易的影响,只有在交易的累计金额为负数,并且大于结算日不受扣押影响的交易总额的情况下,才可以进行交易。

无权处分的款项减少时,银行或金融机构应以附带收讫通知的挂号信或其他书面方式,最迟在冲账时限届满后的8日内,向扣押债权人提供自扣押之日(包括当日)起账户的所有交易清单。

第162条

如果债务人拥有多个账户,除非债务人规定以其他方式付款,否则应优先从可处分的定期资金中支付。

第163条

当扣押涉及联合账户,则应通知各个账户持有人。

如果执达员或执法人员并不知晓其他账户持有人的姓名和住址,则应请求账户管理机构立即告知,扣押和求偿金额。

第二章 第三方被扣押人的应付款项

第164条

第三方被扣押人应支付书记处出具足以证实在扣押通知发出的当月内

[1] 原文此处只有(a)。——译者注

未存在异议,以及法院作出驳回异议的裁定过程中产生的费用。

如果债务人通过书面方式声明其未存在异议,则也可以在异议期届满前支付。

第 165 条

第三方被扣押人凭收据向扣押债权人或拥有特殊权利的代理人付款。代理人应立即通知委托人付款情况。

在支付金额的范围内,债务人和第三方被扣押人的债务解除。

第 166 条

如果存在异议,各当事人均可以申请的方式,请求主管法院指定一名保管人,以便第三方被扣押人向其支付款项。

第 167 条

如果扣押涉及分期债权,第三方应依据上述第 165 条第 1 款的规定逐步清偿债务。

债权人应通过附带回执的挂号信或其他书面方式,告知第三方被扣押人其债务的清偿情况,即使是依据上述第 166 条的规定,已向保管人支付款项。

当第三方被扣押人不再对债务人负有义务,以其债务为限完成其应付债务时,扣押不再产生效力。第三方被扣押人应以附带回执的挂号信或其他书面形式通知债权人上述情形。

第 168 条

如果第三方被扣押人拒绝支付其承认的欠款或被裁定应清偿的欠款,主管法院可以通过向第三方被扣押人下达执行令的形式审理异议。

第三章 异 议

第 169 条

债务人法定住所或实际居住所在地法院有权审理异议。如果未知债务人的法定住所,则应由第三方扣押人法定住所或实际居住所在地法院审理异议。

第 170 条

为避免法院不予受理,应在通知债务人扣押情况后的 1 个月内,采用传票的方式,向主管法院提出异议。

应传唤第三方被扣押人参与抗辩。

如果被扣押债务人在规定时限内没有提出异议,则可以依据适用的规则,向审理案件的主管法院提出申请,要求返还不应给付的款项。

第 171 条

主管法院应下令对无异议债务执行扣押。其裁定须立即执行。

如果未有人对扣押债权的金额和第三方被扣押人的债务提出重大异议,主管法院可以临时命令支付一笔款项,款项金额在必要时通过担保的形式确定。

第 172 条

可在收到裁定通知后的 15 日内,就法院作出的异议裁定提起上诉。

在允许提起上诉和通知上诉的时限内,执行中止。除非主管法院作出与原裁定相反的特别裁定。

第五编　扣押和酬金的让与

第 173 条

任何持有足以证明其债权确定性、到期应偿付的执行令的债权人,均可以要求扣押雇主拖欠的债务人的酬金。

第 174 条

无论酬金的金额多少,拖欠对象为雇佣劳动者或工作人员,无论性质如何,无论在何地产生,针对酬金的扣押只能在债务人住所所在地的主管法院尝试调解后进行。

第 175 条

酬金不可以成为保全措施的对象。

第 176 条

每个法院的书记处均应保存一份编号登记簿,登记簿应由作出任何性质的命令、裁定和让与、扣押劳动酬金所在地法院的院长签字。

第 177 条

酬金只能在各成员国规定的范围内出让或扣押。

计算酬金中可扣押部分的基数由整体酬劳或毛工资组成,在扣除以下款项后确定:

(1)税款和法定代扣所得税;

(2)代表性的赔偿金;

(3)家庭的补助金、增加费用及补充费用;

(4)各成员国法律法规规定的免除扣押的赔偿金。

扣押或者自愿让与的金额总额,在任何情况下,即使是抚养费用债务,均不得超过各会员国制定的标准。

第 178 条

根据本编的规定,如果债务人收取的可扣押或可让与的款项来自多个付款人,可扣押的部分应计入总金额。扣除程序应按照主管法院决定的程序进行。

第一章　酬金的扣押

第一节　调 解 尝 试

第 179 条

债权人应通过向主管法院提出申请的形式,请求庭前调解。

申请中应包含:

(1)债务人的姓名及住址;

(2)雇主姓名和住址,如果是法人实体,注明其法律组织形式、名称和注册地;

(3)分别计算应付本金、费用和应计利息以及利率的细账;

(4)可能存在的优先权;

(5)关于支付被扣押款项的说明。

须同时附执行令副本。

第 180 条

应通过附带回执的挂号信或其他书面方式通知债权人尝试调解的地点、日期和时间。

第 181 条

书记员应至少在庭审 15 日前,通过附带收讫回执的挂号信或其他书面形式传唤债务人。

传唤应:

(1)提及债权人的姓名和住址,如果是法人实体,注明其名称、注册地,同时注明调解的地点、日期和时间;

(2)包括诉讼标的和求偿款项清单;

(3)向债务人指出,其必须在庭审时提出所有异议,后续提出的异议无法产生中止扣押程序的效力;

(4)同时指出代理出席庭审的条件。

未收到回执的,在债务人未出席庭审的情形下,如果主管法院认为无须重新传唤当事人,可以作出依照下述第 182 条的规定清查资产的裁定。不得就裁定提出异议,只能通过上诉的方式提出控告。

第 182 条

无论其后是否进行调解,或是否只有一方当事人出庭,主管法院院长均应在书记员的协助下,起草当事人出庭的记录。

在进行调解的情况下,应在记录中提及达成最终解决方案的情形。

在未进行调解的情况下,在院长清查债款本金、利息和费用金额(如果有)后,就债务人提出的异议作出裁定。

第二节　扣押程序

第 183 条

在未进行调解的庭审结束后的 8 日内,或者在上诉期届满后的 8 日内,如果已作出裁定,书记员应通过附带回执的挂号信或其他书面形式,向雇主发出扣押令。

第 184 条

扣押令应包含以下内容：

(1)债务人和债权人的姓名和住址，如果是法人实体，则注明其法律组织形式、名称和注册地；

(2)分别计算应付本金、费用和应计利息以及利率的细账；

(3)计算可扣押金额的计算方式和付款方式；

(4)命令债权人必须在 15 日内，向书记处声明其和被扣押债务人间的法律状态、执行过程中可能出现的让与和扣押，以及关于允许在扣押公共资金支付的酬劳或薪金后进行扣除的信息；

(5)附载下述第 186~189 条的规定。

第 185 条

雇主在没有合法理由的情况下，未作出上述第 184 条第 4 项规定的声明，或作出虚假声明，主管法院可宣布雇主为即将执行的扣除金额的债务人，并裁定由其支付扣除程序费用，但不影响支付损害赔偿金的裁定。

第 186 条

雇主有义务在其与被扣押人的法律关系发生变化的 8 日内，在现行扣押程序下，通知书记处和扣押人。这可能会影响正在进行的程序。

第三节　扣押的效力

第 187 条

扣押令通告使薪金中可被扣押的份额处于无权处分状态。

第 188 条

雇主每月应向书记处或各成员国指定的特别执行机构报告从薪金中扣除的金额，但不能超过可扣押金额。

在邮政部门发出书记处开具的单张收据或传票回执后，上述义务方可解除。

第三方被扣押人应在每次汇款时，附指明当事人姓名、支付金额、日期和其知悉的扣押令相关信息的清单。

第189条

如果雇主因疏忽未能支付上述款项,主管法院应作出认定其为个体债务人的不利裁定。书记员或债权人应通过附带收讫通知的挂号信或其他书面形式,在裁定作出之日后的3日内通知上述雇主。收讫通知应交付债务人,在必要时交付债权人。

被扣押的第三方自收到决定通知之日起15日内向书记员处提出异议。

在两周内未对上述决定提出异议,该决定成为最终决定。应一方请求,经书记员发出命令,并随命令一起执行。

第四节 多重扣押

第190条

所有持有执行令的债权人在未经尝试性的庭前调解的情况下,可以加入正在进行的薪金扣押程序,以便参与被扣押款项的分配。

应通过递交申请或向主管法院提交收据的方式申请参与扣押程序。

申请中应包含上述第179条规定的声明。

第191条

参与程序的债权人可以通过附带回执的挂号信或其他书面形式,通知已参与程序的债权人和债务人其参与情况。

第192条

可以在扣押程序过程中的任何时候,通过向主管法院书记处递交声明的形式,对上述参与行为提出异议。在这种情况下,异议与正在执行的程序并案审理。

债务人在扣押结束后,仍可以请求返还程序参与人收取的不正当的款项。

第193条

执行程序的债权人可以通过参与的方式,请求支付自扣押行为以来,积累的应得利息、费用以及清偿或清查程序费用。

第五节　被扣押资金的交付和分配

第 194 条

所有的资金调拨均须在上述第 176 条规定的登记簿中记载。

第 195 条

如果只有 1 个扣押债权人，书记员应向上述扣押债权人或特别代理人交付其从雇主处收取的扣除款项，并在上述第 176 条规定的登记簿上签名。

第 196 条

在多重扣押的情况下，债权人应依照法定优先理由参与分配。

第 197 条

如果存在多个扣押债权人，被扣押第三方必须向书记员在银行、邮政储蓄机构或国库中开设的账户汇款。

书记员出于分配的需要，在获得主管法院院长的授权后，可以取出和支配款项。

第 198 条

主管法院院长应在每一季度，即 2 月、5 月、8 月和 11 月的第 1 个星期分配库存款项。院长应起草一份注明先取金额、优先债权金额（如果存在的话）以及分配给其他债权人的金额的记录。

书记员应就分配情况通知各债权人，并向其支付应得款项。

向各债权人支付的款项金额应在上述第 176 条规定的登记簿中注明。

第 199 条

如果对参与程序行为存在异议，应暂时寄存属于参与程序的债权人的款项。如果异议被驳回，则款项将归还债权人。反之，上述款项将视具体情况，分配给其他债权人或归还债务人。

第 200 条

可以在通知发布后的 15 日内，就分配情况向书记处提出异议。

第 201 条

无论依据的是债权人间达成的协议，还是主管法院院长的确认债务已得到清偿，扣押均被解除。

应在8日内通知雇主上述解除情况。

第六节　杂项规定

第202条

如果更换法定住所或实际居所,债权人应通知书记处,除非由代理人代为通知。

第203条

在未更换雇主的情况下,债务人将法定住所或实际居所更换为执行扣押程序的法院管辖范围外的地址,扣押程序仍由上述法院执行。随后可能就债务人作出的文书应交由上述法院。书记处应通知债权人。

第204条

依据上述第186条的规定,在前雇主送交通知的同年提出申请的情形下,如果更换了雇主,在未进行庭前调解的情况下,应针对新雇主进行扣押。

另外,如果债务人将法定住所或实际居所更换为原扣押法院外的另一法院管辖区域内的地点,在前款规定的时限内向上述法院提出申请的,债权人无须进行庭前调解。

第二章　酬金的让与

第205条

无论金额多少,酬劳或薪金的转让须通过让与人亲自向其法定住所或实际居所地法院的书记处发布声明的方式予以确认。

为保证让与声明得以确认,声明应指出债务金额及产生原因,以及预扣酬金的金额。

第206条

在主管法院核实让与款项属于可扣押份额范围后,其中可能考虑到已被扣除的让与人薪金,书记员应在上述第176条规定的登记簿中提及上述声明,并通知雇主以下内容:

(1)让与人的月薪,

(2)可让与份额以及依据确定让与书扣除的薪金。

声明应交付或并通知被让与人。

第 207 条

雇主在出示让与声明副本后,可以直接向被让与人支付扣除款项。如遇拒绝,雇主可能被强制依照上述第 189 条的规定,按时支付让与价款。

第 208 条

如果后续须进行扣押,被让与人即为法律意义上对其应得款项进行扣押的扣押人,并与其他债权人共同参与分配。

第 209 条

在进行后续扣押的情形下,书记处应通知受让人扣押令的情况,通知其与扣押人共同参与扣押款项的分配,并要求其拟制载明剩余应得款项的清单。

书记处仍应通知雇主后续的款项应向书记处支付。

第 210 条

如果扣押在让与前终结,应恢复受让人让与令中注明的权利。

书记处应通知雇主,并告知其须重新向受让人支付被让与的款项。应同时通知受让人上述情况。

第 211 条

如果有确凿证据证明让与行为实质为法律意义上的欺诈行为,可提起撤销让与行为的诉讼的任何扣押人,可以从紧急情形下作出寄存裁定的法院书记员处受偿,直至作出终审判决。

第 212 条

在以下情形中,书记处可依职权,或活跃当事人的请求,删去上述第 176 条规定的登记簿中的标注。并且立即以附带回执的挂号信或其他书面方式通知被让与债务人上述情况:

(1)对让与行为的司法撤销令;

(2)依据上述第 205 条规定的方法,通过已确认的受让人的声明,对让与行为进行撤销;

(3)为执行让与行为,在上述最终时限届满时进行了支付。

第三章　家庭生活债权简易程序

第 213 条

对于最近已到期和即将到期的欠款,可以依据执行令,家庭生活债权人可以在已经以公共资金或特别资金向家庭生活债务人支付的、可扣押薪金、酬劳、报酬或补助金的份额范围内实行扣押。

家庭生活债权比其他优先权更先受偿。

第 214 条

应由执达员或执法人员,通过附带收讫通知的挂号信或其他书面形式通知第三方上述请求。并通过简要信函的形式通知债务人。

第三方必须在 8 日内确认收到上述请求,并表明其是否能够采取行动。其仍须通知债务人终止或暂停支付酬劳。

第 215 条

被扣押第三方可凭借收据,直接向扣押人支付家庭生活债权。

第 216 条

与此程序有关的异议不影响正常执行。

应通过向补助金债务人所在地法院的书记处提交书面或口头声明的方式提出异议。

第 217 条

如果新的裁定中更改了生活补助金的数额、取消了上述补助金或修改了履行义务的方式,在上述第 214 条规定的条件下,自新的裁定送达第三方之日起,直接支付请求会将相应作出修改。

第六编　有形动产的扣押查封与扣押追索

第 218 条

应交付或归还的有形动产只能依据执行令进行扣押,在必要时,也可以依据主管法院关于执行的命令进行扣押。

在查封前,同样的资产也可以以扣押追索的方式,处于无权处分状态。

第一章 扣押查封

第一节 针对有义务依据执行令交付的个人的查封

第 219 条

关于交付或归还的催告须送达有交付义务的个人。为避免无效，催告应包含以下内容：

(1)要求交付的执行令，债权人和交付物品的债务人的姓名及住址，如果涉及法人实体，注明其法律组织形式、名称和注册地；

(2)指出有义务交付的个人可以在 8 日的时限内，在特定条件下，自费将指定资产运送至指定地点；

(3)提醒如若未在上述时限内实现交付，上述资产将被查封，费用应由交付义务人支付；

(4)指出可以向文书收件人法定住所或实际住所地法院提出异议；

(5)如果债权人在扣押行为发生的司法管辖区内无住所，则应选择住所；任何通知或要约须均可送达上述住所。

第 220 条

如果交付义务人在场，无须预先催告，仅须出示执行令，且执达员或执法人员提出的问题未要求交付义务人自费运送资产，便可立即查封资产。

在这种情况下，应在上述第 219 条规定的文书中指出可以向被归还资产人法定住所或实际住所地法院提出异议。

第 221 条

应制定自愿交付令或资产查封令。

上述指令应包含对资产状态的详细说明。如有需要，可拍照，照片应附在令状上。

第 222 条

如果资产已被查封以交付其所有人，则应通过附带回执的挂号信或其他书面形式交付或通知依据执行令，有义务交付或返还资产的义务人。

第 223 条

在资产被查封并移交给有担保债权人的特定情况下,可依据交付或查封令对债权人保管的资产进行扣押,并可根据扣押出售的相关规定进行出售。

为避免无效,向债务人交付或送达的文书应包含:

(1)交付令或查封令的副本(视情况而定)。

(2)资产存放的地点。

(3)分别计算应付本金、费用和应计利息以及利率的细账。

(4)以加粗字体指出,债务人可以依据上述第 115~119 条的规定,在 1 个月的时限自行出售被扣押资产。从时限届满日起,如果未能自行出售,则可通过公开拍卖的方式进行强制出售。

(5)附载上述第 115~119 条的规定。

第二节 依据执行令对第三方持有的资产进行查封

第 224 条

当资产由第三方持有时,应向其直接送达关于送交资产的催告。催告应立即通过附带回执的挂号信或其他书面形式,通知交付或归还义务人。

上述催告应包含以下内容,否则无效:

(1)要求交付的执行令副本,如果是司法裁定,则应附载裁定的主要内容、交付债权人以及第三方资产持有人的姓名和住址;如果是法人,注明其组织形式、名称和注册地。

(2)关于要求在 8 日内归还指定资产或传递给执达员或执法人员的指令;如果未归还,在必要时,将处以损害赔偿金。

(3)指出可以向文书收件人法定住所或实际住所地法院提出异议。

(4)如果债权人在扣押行为发生的司法管辖区内无住所,则应选择住所;任何通知或要约须均可送达上述住所。

第 225 条

逾期未自愿交付的,请求人可以向第三方资产持有人法定住所或实际住所地法院下令要求其交付资产。法院也可以审理第三方提起的诉讼。

如果法院未在催告送达之日后的 1 个月内受理案件,上述第 224 条所指的催告和本可采取的保全措施即告失效。

第 226 条

在出示规定向请求人交付资产的司法裁定后,即可对上述资产进行查封。应依据上述第 221 条的规定制定交付令。应通过附回执的挂号信或其他书面形式向第三方交付或送达交付令。

移送后,应视情况,依照上述第 222 条和第 223 条的规定,通知交付义务人。

第二章 扣押追索

第 227 条

任何有权要求交付或归还有形动产的人,可以在交付前通过扣押追索的方式使资产保持无权处分状态。

除债权人可以凭借执行令或未具有强制执行力的司法裁定实行扣押的情形外,必须获得主管法院依申请签发的预先授权。

可以向交付或归还资产义务人法定住所或实际住所地法院提出申请。

授权性质的裁定应指定可以被扣押的资产以及交付或归还资产义务人的身份。可就上述授权向指定资产持有人提出抗辩。

第 228 条

扣押追索的有效性取决于上述第 60 条和第 61 条为保全措施规定的条件。

如果不满足上述条件,则可以随时命令解除扣押,即使申请人援引执行令或未生效的司法裁定。

应向负有交付或归还义务的债务人法定住所地或实际住所地法院提出解除扣押请求。

解除扣押裁定自公告之日起生效。

第 229 条

其他异议,特别是与执行扣押有关的异议,应提交至被扣押资产所在地法院审理。

第 230 条

在出示主管法院授权或任意允许实行扣押的文书后,可以在任何地点,扣押追索任意资产持有人的资产。

如果扣押是在第三方资产持有人的住所内进行,则应获得主管法院的特别授权。

第 231 条

在提醒资产持有人其有义务指出先前的扣押标的物,并在必要时有义务提交相关记录后,执达员或执法人员应制定扣押令。为避免无效,扣押令应包含以下内容:

(1)债权人和债务人的姓名和住址,如果是法人实体,则注明其法律组成形式、名称和注册地;

(2)在扣押令中附主管法院的授权,以及扣押依据的凭证;

(3)被扣押资产的详细描述;

(4)如果持有人在场,其应就先前可能扣押过的同一资产作出声明;

(5)以加粗字体提及,被扣押的资产由持有人保管,资产既不能被让与,也不能移动,除非出现上述第 103 条规定的情况,否则将会被处以刑事处罚,并且有义务告知可能扣押同一资产的债权人扣押追索的情况;

(6)以加粗字体提及,可以对扣押的有效性提出异议,并请求债务人法定住所地或实际住所地法院解除扣押;

(7)指定审理与扣押执行有关异议的法院;

(8)在必要时,注明参与扣押程序的人员的姓名和资质,上述人员必须在原本和副本上签名;如果拒绝签名,则在该文件中提及;

(9)如果债权人在扣押行为发生的司法管辖区内无住所,则应选择住所;任何通知或要约须均可送达上述住所;

(10)附载与盗用没收资产有关的刑事规定以及上述第 60 条、第 61 条、第 227 和第 228 条的规定。

执达员或者执法人员可以依照上述第 45 条规定的条件,对扣押资产进行拍照。

第 232 条

应向持有人交付扣押令,并通过口头方式提醒持有人上述第 231 条第 1 款第 5 项和第 6 项的规定。应在指令中提及上述内容。

如果扣押针对第三方资产持有人展开,则最迟应在 8 日内,也应向交付或返还义务人送达扣押令。

当持有人未参与扣押程序时,应向其送达扣押令副本,并给予其 8 日的时限,向执达员或执法人员告知先前可能存在的扣押行为,以及向上述人员提交相关扣押记录。

第 233 条

主管法院院长可以在任何时候依申请授权已听取其意见或正式传唤的当事人,将资产交付给指定保管人。

第 234 条

如果持有人援引其对被扣押资产的自身权利,则持有人应通过附带回执的挂号信或其他书面形式通知执达员或执法人员。除非其未在扣押时作出声明。在 1 个月的时限内,扣押人可向持有人法定住所地或实际住所地法院提出异议。

诉讼期间,该资产处于无权处分状态。

如果在 1 个月未提出异议,则无权处分状态终止。

第 235 条

如果执行扣押追索程序的人员持有规定交付或归还扣押资产的执行令,则应按照上述第 219~226 条的规定,实行扣押追索。

第七编　关于扣押合伙人权益和有价证券的特别规定

第一章　扣　　押

第 236 条

扣押应面向公司或发行法人,抑或负责保管或管理的代理人展开。

第 237 条

在支付催告后的 8 日内未实际支付的,债权人可凭借扣押令进行扣押。为避免无效,扣押令应包含以下内容:

(1)债务人和扣押人的姓名和住址,如果是法人实体,则注明其法律组成形式、名称和注册地;

(2)如果债权人在扣押行为发生的司法管辖区内无住所,则应选择住所；任何通知或要约须均可送达上述住所；

（3）扣押行为依据的执行令；

（4）分别计算应付本金、费用和应计利息以及利率的细账；

（5）指出债务人经扣押的全部经济权益和证券处于无权处分状态；

（6）在 8 日的时限内，告知可能存在的抵押和扣押，并将公司章程副本交付给扣押人。

第 238 条

在 8 日的时限内，为避免失效，应通过送达指令的形式通知债务人扣押情况。为避免无效，指令中应包含以下内容：

（1）扣押记录副本；

（2）以加粗字体指出，可以在指令送达后的 1 个月内提出异议，法院逾期将不再受理；

（3）指定债务人住所地的主管法院；

（4）以加粗字体指出，债务人有 1 个月的时间，依照第 115～119 条规定的条件，自行出售被扣押的证券；

（5）附载上述第 115～119 条的规定。

第 239 条

扣押令使得债务人的经济权益处于无权处分的状态。债务人可以通过寄存足够的款项以清偿债权人的方式，解除上述状态。上述款项应主要分配给扣押债权人。

第二章 出 售

第 240 条

在未依照上述第 115～119 条规定的条件进行自行出售的情况下，应债权人的请求，在出示书记处签发的、足以证实在扣押通知发出后的 1 个月内未出现异议的证明，或在必要时出示驳回债务人异议的司法裁定后，强制出售将以拍卖的形式进行。

第 241 条

以出售为目的制定的工作说明，除了提醒之前的程序外还包含：

(1)公司章程,

(2)评估待售权益内容和价值所需的任何文件。

如果仅在工作说明中指出,则批准或确立合伙人优先权的协议对中标人具有约束力。

第 242 条

应将工作说明的副本送达公司,以通知合伙人。

同日,应向其他异议债权人送达催告(如果存在),以便其了解拍卖估价员或其他负责出售的司法助理人员的工作说明。

任何利害关系人都可以向上述人员提出阅览工作说明。在第 1 款中规定的通知送达后的 2 个月内未提出请求的,不再受理。

第 243 条

在确定的出售日期前最多 1 个月,最少 15 日内,应通过报刊或海报(如有必要)的方式公布进行出售的日期、时间和地点。

应以通告的方式告知债务人、公司和其他异议债权人(如果存在)出售的日期。

第 244 条

任何关于批准、优先购买或替代的法律和协议程序都应按照规定执行。

第三章　多 次 扣 押

第 245 条

在多次扣押的情况下,出售收益应分配给在出售前进行过扣押的债权人。

但是,如果保全扣押发生在出售扣押前,则债权人参与价款的分配,但其应得价款在其获得执行令前应被暂时寄存。

第八编　不动产扣押

第 246 条

债权人只有在遵守下列条款规定的情形下,才可以出售属于债务人的不动产。

任何与之相冲突的协议均无效。

第一章 不动产扣押的条件

第 247 条

只能依照足以证明债权具有确定性且到期应偿付的执行令,才可以强制出售不动产。

也可以依照执行令,或针对未清偿的现金债权进行出售;但拍卖只能依照最终的执行令,在清算完成后进行。

第 248 条

组织出售的法院在不动产所在地理区域内,具有绝对的司法管辖权。

但是,依存于同一开垦区域且位于多个司法管辖区的强制出售的不动产由上述多个管辖区内的任意法院管辖。

第一节 与资产性质有关的条件

第 249 条

在可以由其中任意共有人的债权人进行的资产分割或清算之前,不得出售不动产的未分部分。

第 250 条

对共有不动产的强制出售应针对夫妻双方进行。

第 251 条

债权人只能在抵押给他的不动产不足以清偿的情况下出售未抵押给他的不动产,除非上述所有资产构成单一和共同的整体,且债务人要求这样做。

第 252 条

强制出售位于不同司法管辖区的不动产只能依次进行。

但是,在不违反上述第 251 条规定的情况下,可以同时进行:

(1)当不动产为单一和共同的整体中的一部分时;

(2)经主管法院院长授权,且当位于同一司法管辖区的不动产的价值低于扣押债权人和登记债权人的债权总金额时。授权可以涉及全部或部分资产。

第二节　事先登记

第253条

如果作为诉讼标的的不动产未登记,并且国家立法规定必须进行登记,则债权人有义务通过申请的方式,获得以主管法院院长作出裁定形式的授权后向土地管理部门申请登记。不得就上述裁定提起上诉。

为避免无效,下述第254条规定的催告只能在提交登记申请后才能送达,并且只能在土地权属证明签发后才能进行出售。

第二章　对不动产的司法控制

第一节　催　　告

第254条

为避免无效,进行任何强制出售不动产的程序前,都必须针对扣押发出催告。

为避免无效,上述催告必须送达债务人,并在必要时送达不动产的第三方持有人。催告应包含以下内容:

(1)执行令的影印本或副本,债务金额,债权人和债务人的姓名、住址;如果是法人实体,注明其法律组成形式、名称和注册地。

(2)起诉债权人授予执达员或执法人员特别权利的授权书的副本,除非该催告的原本和副本中包含起诉债权人签署的授权书凭证。

(3)提醒如果在20日内未付款,该催告可能将会被抄送至土地管理部门,并自其公布时起进行扣押。

(4)指明有权剥夺不动产所有权的法院。

(5)土地权属证明的编号和作为诉讼标的的不动产的具体情况;如该不动产尚未登记,注明登记申请的编号;如涉及应由债务人支付的不动产修缮费用,债务人并非上述不动产所在土地的所有权人,但行政部门已通过裁定将土地分配给上述债务人,则注明上述行政部门的具体指令,并附注分配裁定。

(6)指定协助债权人选择法定住所及送达催告异议书、实物要约或送达扣押通知的律师。

第 255 条

为避免无效,应在必要时向第三方持有人送达催告,以要求其支付全部债务的本金和利息,或放弃抵押不动产,或最终接受对其不动产所有权的剥夺。

声明对资产的放弃应在资产所在地的主管法院书记处进行,主管法院应就上述声明出具相关文书。

第 256 条

为了收集对起草催告有用的信息,执达员或执法人员可以进入作为扣押标的物的不动产内部,如有必要,可以请求警察部门进行协助。

当不动产由第三方持有,但起诉人并未获得执行令,执达员或执法人员必须请求主管法院的授权。

第 257 条

当需要同时扣押多项不动产时,可以针对所有不动产,仅起草一份催告。

第 258 条

如涉及应由债务人支付的不动产修缮费用,债务人并非上述不动产所在土地的所有权人,但行政部门已通过裁定将土地分配给上述债务人,则也应将上述第 254 条规定的催告通知上述行政部门,并由其在催告上签字。

第二节 催告的公布

第 259 条

执达员或执法人员应将催告原件交由土地所有权登记员背书,并将副本交由其进行公布。

当诉讼就应由债务人支付的、债务人并非上述不动产所在土地的所有权人，但行政部门已通过裁定将土地分配给上述债务人的不动产的修缮费用提起时，上述行政部门应依照前款规定的程序执行。

如果催告未在催告送达后的 3 个月内，提交给土地管理局或相关行政部门，并由其公布，债权人仅能通过重申的方式继续进行该案件的起诉。

第 260 条

如果登记员或有关行政部门无法即时在催告递交时进行登记，则应在提交的催告书原本上提及上述情况，并注明存放的日期和时间。

如果存在先前已经登记的催告，土地登记员或行政部门应在抄本空白处，按照递交的顺序，提及后续递交的所有催告，并注明新的起诉人的姓名、法定住址或实际住址，同时注明已指定的律师。

其还应在页边空白处和递交的催告下方注明其拒绝抄录的内容，并提及各项经完整抄录或经扣押地法院提出和提及的催告。

未经后续扣押的债权人同意，不得执行解除扣押。

第 261 条

在上述第 254 条第 2 款第 3 项规定的时限内付款的，在起诉债权人提交撤销申请后，登记员或行政部门将注销对催告的登记。

否则，债务人或任何利害关系人可以通过证明其已经付款来申请注销上述催告；为此目的，其应向主管法院提起诉讼，并就紧急事项作出裁定。

授权或拒绝注销登记的裁定必须在主管法院受理案件后的 8 日内作出。可以通过普通程序就裁定提出上诉。

第三节　催告的效力

第 262 条

如果未付款，自催告登记时起，即可进行扣押。

不动产及其收益在下述条款规定的条件下予以固定。债务人不得让与不动产，也不得以物权或附带义务的方式对其设押。

登记员或行政部门将拒绝进行任何新的登记。

然而，如果在确定的拍卖日期之前，购买人或债权人存入足够的款项以支付登记债权人和扣押人应受偿的本金、利息和费用，且已向其送达寄存凭证,则其对物权的转让或设立有效。上述寄存的款项应特别分配给登记债权人和扣押人。

在拍卖前未寄存款项的,在任何情况下均不给予其寄存时限。

第 263 条

在递交催告或支付催告款项后收取的自然或工业成果、房租和地租,应予以固定,并与不动产一同参与分配,先前进行过扣押的除外。上述资产应存放至储蓄信托银行,或交由主管法院院长指定的保管人保管。

如果不动产未被租赁或出租,则被扣押人应在出售前作为司法保管人占有不动产,除非应一名或多名债权人的申请,主管法院院长另有命令。

被扣押人不得对任何不动产木料进行切割或损坏不动产,否则将被裁定支付损害赔偿金。

出现异议时,可将建筑物的情况提交主管法院院长,由其作出裁决,不得上诉。

第 264 条

如果被扣押不动产的价值显著超过债务金额,被扣押债务人可以向主管法院申请延期对关于催告中指定的一项或多项不动产的案件的审理,上述申请不妨碍催告的公布进程。

在递交工作说明前,可以通过简要律师函件的形式向主管法院提出申请;在递交工作说明后,可以通过证言的形式按下述第 272 条规定提出申请。

为佐证其申请,债务人应该证明涉诉资产价值对应的金额足以清偿扣押债权人和所有登记债权人。

终审将对上述申请作出裁定。批准延期审理的司法裁定应指明中止的相关诉讼程序指向的具体不动产。

在最终拍卖后,债权人可以申请继续审理关于临时性例外资产的诉讼,只要其拍卖价款不足以对其进行清偿。

第 265 条

如果债务人可以证明其 2 年内的净收入和不动产收入足以支付债务的本金、费用和利息,并且其已向债权人提供授权书,则可以依照前款规定中止后续的诉讼程序。

如果对付款有任何异议或障碍,可以恢复诉讼程序。

第三章　出 售 准 备

第一节　工作说明的起草和提交

第 266 条

工作说明是由起诉债权人的律师起草并签署的文件,其中规定了被扣押资产出售的条件和程序。

最长应在公布催告后的 50 日内,向不动产所在地区域内的法院书记处提交上述工作说明,否则说明失效。

第 267 条

工作说明应包含以下内容,否则无效:

(1)文书前言;

(2)可强制执行债务人资产依据的执行令声明,及提及催告公布情况、已向起诉债权人送达的其他相关文书和后续针对催告作出的司法裁定的催告声明;

(3)指明法院或参与拍卖的起诉人和被扣押人商定的公证人;

(4)指明下述第 270 条规定的终审地点;

(5)起诉债权人的姓名、职业、国籍、出生日期和住址;

(6)控方律师的姓名、资质和住址;

(7)指明在催告或由执达员或执法人员起草的说明记录中涉及的被扣押资产;

(8)出售条件,特别是卖方和中标人的权利和义务,诉讼费用和其他特殊条件;

(9)发展计划(如有);

(10)起诉人设定的起拍价格,不得低于不动产市值的四分之一。不动产价值必须根据双方在协议抵押时作出的估价进行评估,或者,在没有上述估价的情况下,通过比较相同性质和状况的不动产交易进行评估。

在工作说明中,应附土地管理部门在催告作出当日出具的相关不动产的登记物权状态证明。

第 268 条

出售日期应在寄存凭证中确定,最早可以在寄存凭证作出的 45 日后进行出售。出售日期不得超过寄存后的 90 日。

第二节　提交工作说明的催告

第 269 条

扣押债权人应最迟在提交工作说明后的 8 日内,要求被扣押人和登记债务人向书记处提交工作说明,并在说明中附载其证言。

为避免无效,上述催告应送达被扣押人本人或送达其住所。同时还应送达登记债权人法定住所。

第 270 条

上述催告应指明以下内容,否则无效:

(1)上述庭审的日期和时间,在此期间将对相关证言和陈述作出判断。庭审应至少在最后一次催告作出的 30 日后进行。

(2)预定的拍卖日期和时间,拍卖应在庭审后的 30~60 日内进行。

(3)将在庭审前 5 日内接收证言和陈述。同一时限内,如果未提出或在工作说明中提及申请撤销先前出售行为或关于强制执行中哄抬竞价行为的裁定,则中标人提起诉讼的权利失效。

第 271 条

如果上述撤销申请或哄抬竞价相关诉讼是依照规定提出的,则应延期审理关于受终止诉讼或哄抬竞价影响的不动产的诉讼。

在所有情况下,都应向出售被扣押物的法院提出撤销申请。

上述撤销申请应遵照解除扣押申请的形式、时限和可上诉方式的规定。

第三节　可能庭审

第 272 条

应在诉讼当事人交换意见后,依照对抗式程序原则,对证言和陈述作出判断。

当对价款金额存在异议时,应由异议人提出其法律依据。异议人可以向主管法院院长申请付费指定鉴定人。

第 273 条

只有出于正当理由或主管法院依职权监督工作说明时,或在下述第 275 条规定的情形下,才可以延期可能庭审。

第 274 条

可能庭审作出的裁定应由书记员在工作说明中记载,可以依照最活跃当事人的申请,撤销或送达。

如果先前设定的日期未得到确认,主管法院将设定新的拍卖日期。

第 275 条

主管法院可以在必要时,在书面征求鉴定人意见后,在可能庭审中,依职权:

(1)下令解除扣押部分被扣押资产,只要上述资产的总价值与应追回的债务金额未成比例;

(2)如果未按照上述第 267 条第 1 款第 10 项的规定设定起拍价格,则应修改起拍价格。

在这种情况下,主管法院应将其修改工作说明内容的意愿告知当事人,并要求其在最多 5 日内进行陈述;如果诉讼不能在最初预定日期内审结,则主管法院应在必要时向其指明庭审的日期和时间。

第四节　出售公告

第 276 条

应最早在拍卖前 30 日,最晚在拍卖前 15 日时限内,通过法律通告公报和向被扣押人住所、主管法院或公证处门口,或资产所在市镇政府部门的公告栏张贴公告的形式,公布工作说明的摘录,诉方律师应在摘录中签名。

第 277 条

上述摘录应包含以下内容,否则无效:

(1)当事人及其代理律师的姓名、职业、法定住址或实际住址;

(2)指明被扣押的不动产,并在工作说明中记载;

（3）起拍价格；

（4）指出拍卖的日期、地点和时间、主管法院或经商定的公证处（人）。

第 278 条

可以将由印刷方签署的一册报刊作为已完成公告的证明，或将在布告上草拟的由执达员或执法人员作出的记录作为张贴公告的证明。

第 279 条

主管法院院长可以依申请，通过作出不可上诉的裁定的方式，结合被扣押资产的性质和价值，限制或扩大司法宣传的力度。

第四章　出　　售

第一节　拍卖日期和地点

第 280 条

在指定的拍卖日，应依诉方律师或任意登记债权人的请求，甚至是口头申请进行出售。应公开指明由主管法院院长核定的诉讼费用。

第 281 条

尽管如此，拍卖可以因合法的正当理由，以设定的出售日期至少前 5 日内，依申请作出的司法裁定这一方式延期。

如遇延期，应通过新的司法裁定，设定 60 日内的新的拍卖日期。起诉债权人必须重新进行公告。

除非主管法院否认前款规定的时限，否则不得对上述司法裁定提出上诉。否则，在这种情况下，根据下述第 301 条规定的条件，可以受理上诉。

第 282 条

对不动产的出售应在主管法院领导下或在约定的公证处，以公开拍卖的方式进行。

拍卖通过意图获得不动产的人陆续出价，不断抬价实现。出价最高的人即为中标人。

可由律师协助出价或竞拍人本人出价；如果多名竞拍人意图成为共同中标人，则同一名律师可以代理多名竞拍人。

第 283 条

在拍卖开始前,应准备蜡烛,保证每根蜡烛大致能燃烧 1 分钟。

拍卖一开始,蜡烛就会被点燃并宣布起拍价格。

如果在一支蜡烛的燃烧期内进行了竞价,则该竞价不会成为最终竞价,且仅在两支蜡烛熄灭前未出现新竞价的情形下,才可以确认先前竞价的效力。

如果一个竞拍人的竞价低于其他竞拍人,即使新的竞价被宣布无效,该竞拍人仍不再负有债务。

如果在连续点燃三支蜡烛后均未出现新的竞价,则竞拍人即以起拍价格中标。除非其根据上述第 267 条第 1 款第 10 项的规定,申请将拍卖延期至下一次庭审时,并以新的起拍价中标。拍卖的延期必须依法进行,并须重新进行公告。

在延期的情况下,如果在新拍卖中未出现新的竞价,则竞拍人以第一个起拍价格中标。

第 284 条

律师不可代表主管法院内部人员出高价竞拍,或在负责出售的公证处的协助下竞价,否则拍卖或竞价无效,并有可能被判定支付损害赔偿金。

律师也不可代表被扣押人、显然无支付能力的人员出高价竞拍,否则须承担上款规定的责任。诉方律师不能以个人身份成为中标人或高价竞拍人,否则拍卖或竞价无效,并有可能被判定支付损害赔偿金。

第 285 条

拍卖由司法判决或公证人的会议记录宣布,以利于最后投标的律师,或者利于无竞拍状况下竞拍人的竞价金额。

第 286 条

最后竞拍的律师有义务在拍卖后 3 日内声明其中标人身份,并进行承兑或主张权利,上述内容应附司法或公证声明的原本,否则视为其以个人身份中标。

任何中标人都可以在 24 小时内,以委托声明的方式告知其并非真正的买主,同时应提供买主的姓名。

第二节 提高出价

第 287 条

任何人都可以在拍卖后的 10 日内提高出价,只要其出价高于出售价款的十分之一。逾期出价意味着取消抵押品赎回权。

上述出价不可撤回。

第 288 条

应在下令出售资产的主管法院的书记处或在约定的公证处,由高价竞拍人本人或在其指定的律师的协助下提高出价。上述情况应即刻在工作说明中记载。

高价竞拍人或其律师有义务在 5 日内通知中标人、起诉人和被扣押当事人。

应在 5 日内在工作说明中提及上述通知。

如果高价竞拍人未通知或在上述时限内提及通知情况的,起诉人、被扣押人或任意登记或催告债权人可以在之后的 5 日内,作出通知和提及上述通知情况。费用由存在过错的高价竞拍人支付。

通知应通过非司法途径进行,无须提供提高出价声明的副本。

通知应指明可能庭审的日期,庭审将就关于高价竞拍有效性的异议作出裁定。

庭审应在通知作出的 20 日后进行。

通知仍应设定新的拍卖的日期,新的拍卖应在可能庭审后的 30 日内进行。

第 289 条

可以在可能庭审前至少 5 日内,通过提出和传达意见的方式,对高价竞拍的有效性提出异议。上述意见应在提及通知情况的内容下方提及。

如果未对高价竞标提出异议,或高价竞标被认定有效,则新的拍卖必须按照上述第 276~279 条的规定,至少在出售前 8 日张贴公告。

在设定的日期当日,将开放新的拍卖;相比于提出的高价,未出现更高的竞价,则高价竞拍人中标。

在第二次拍卖时,不得接受更高的出价。

第三节　拍　　卖

第290条

司法裁定或公证处作出的拍卖记录应即刻附入工作说明中。

在中标人支付诉讼费用和拍卖价款后，以及在拍卖结束后的20日内，完成工作说明中规定的事项后，应由书记员或公证处根据具体情况，向中标人交付文书副本。

但是，如果中标人是被扣押资产的唯一登记债权人或优先债权人，除相关费用外，中标人只须支付拍卖价款超出其债权的部分。

应即刻在司法裁定或公证处作出的拍卖记录中附载收据和证明。并同时在文书副本中附载。

如果在拍卖后20日内，中标人仍未提交上述证明文件，则中标人可以进行哄抬竞价，但不影响其他法律救济措施。

第291条

如果拍卖包括多个拍品，应以可强制执行的方式，向各个中标人交付司法裁定或公证处作出的扣押记录副本。

第292条

除拍卖价款外，一般性的诉讼费用可得到优先清偿。任何相悖的规定均无效。

特殊费用，除非被命令从拍卖款项中扣除，或有人针对被裁定支付费用的当事人提起上诉，则遵照上述规定进行清偿。

第293条

在不违反下述第313条规定的情形下，司法裁定或公证处作出的拍卖记录不得成为任何上诉的标的物。

第294条

当拍卖具有终局性时，应将司法裁定或公证人作出的扣押记录副本提交给土地管理部门进行登记。

中标者有义务在2个月内完成上述程序，否则将因哄抬竞价而对拍卖物进行转卖。

保管人应在公布的催告副本中空白区域提及上述公告情况，同时解除所有优先权利和出售中被消除的登记抵押,甚至是在交付登记表后进行登记的抵押。债权人只能对拍卖价款提出请求。

第 295 条

如果扣押不动产涉及债务人在不属于债务人但已由行政部分决定转让给他的土地上作出的扣押,且裁决已成为最终裁决,则应向该行政部门提交司法决定副本或裁决的公证书,以便在转让决定空白处进行记录。

行政部门应删除在初始转让空白处作出的所有内容,并将其转让给中选投标人。债权人只对价格有影响。

第 296 条

即使在土地管理部门公布拍卖情况,拍卖也只能向中标人转让属于被扣押人的物权,而非其他权利。

第 297 条

应遵守上述第 259、266、268、269、270、276、281、287 条,第 288 条第 7、8 款以及第 289 条关于时限的规定,否则无效。

上述条款以及上述第 254、267、277 条规定的程序只有在违法损害起诉人利益时,才可以被裁定无效。

如果未明确指出经扣押的、被裁定无效的具体不动产,并不必然导致涉及其他不动产的诉讼无效。

第五章　不动产扣押的附带诉讼

第 298 条

任何关于在催告送达后提起的扣押不动产诉讼的附带异议或请求,可以通过简要律师函件的形式提出。函件中必须包括诉讼理由和当事人意见。上述异议或请求针对任何未指定律师的当事人,以传唤申请的形式作出。

应对案件进行快速预审和裁定。

第 299 条

为避免无效,应在可能庭审前提出附带异议或请求。

但是,基于上述庭审后发生或揭示的事实或行为提出的请求,以及要求分配全部或部分被扣押资产的请求，以及针对可能庭审后的全部或部分程序或中断扣押行为作出的无效裁定，仍然可以在可能庭审后补交。但为避免无效，应在扣押前8日内补交。

第300条

不得对不动产扣押事项作出的司法裁定提出异议。

只有当依据债权原则或针对其中一方当事人无能力、所有权、应除扣押或不得转让的被扣押资产提出的实质性申辩作出裁定时，才能就上诉裁定提起上诉。

不得对上诉法院作出的裁定提出异议。

上诉应依据普通法规定的条件进行。

第301条

上诉应通知到所有的涉诉当事人实际住所或法定住所。

在上诉时限内，仍应通知主管法院的书记员，并由其在工作说明中签署或提及。

为避免无效，上诉书应包含上诉人在无效处罚下的抗辩声明。

上诉法院应在收到上诉书后2周内作出裁定。

第一节　多重扣押造成的附带诉讼

第302条

如果两个或多个扣押人已经公布了关于属于同一债务人的不同不动产的催告，并且由同一法院对上述不动产进行扣押，则可以依最活跃当事人的申请对上述诉讼进行合并，并由首位扣押人进行诉讼。

如果在同一日内公布上述催告，则应由最早收到催告的债权人继续进行诉讼，如果催告在同一日送达，则应由最早形成债权的债权人继续进行诉讼。

第303条

如果向土地管理部门出示的二次催告中包含额外的不动产，则应公布首次催告中未涉及的不动产。如果诉讼状态相同，第二起诉人应通知首位有义务代表两位扣押人提起诉讼的扣押人。

如果诉讼状态不同,则首位扣押人应延缓提起首次诉讼,并在诉讼状态相同时提起二次诉讼。应由进行首次扣押的法院审理上述诉讼。

第 304 条

如果首位扣押人未就第二次扣押提起诉讼,第二扣押人可以通过向土地资产保管人寄送书面文书的形式,申请代位。

第 305 条

如果存在串通、欺诈、过失或其他造成迟延的、可归因于扣押人的原因,也可以申请代位,但不影响其支付损害赔偿金。

当起诉人未完成程序或在规定时限内未起草程序文书的,则认定为其存在过失。

债权人只能在要求继续进行诉讼、通过律师函件作出的、针对催告已被土地管理局提及的债务人的未生效催告发出 8 日后,才能申请代位。

不得对被扣押人提出疑问。

第 306 条

被驳回关于代位权异议的当事人应独自支付诉讼费用。

被宣布具有代位权的起诉人有义务将诉讼资料送交被代位人,由其自担风险地继续进行诉讼。代位人须收到回执。通过资料的交付,被代位起诉人的所有义务被解除。被代位起诉人只有在拍卖后,才可就诉讼费用依据拍卖价款或直接得到中标人的清偿。

第 307 条

代位申请人有权可以修改起诉人设定的起拍价格。但是,只有在上述第 276 条规定的时限内发布新公告和拍卖通知,并注明新的起拍价格的情况下,才可以在公布或开始公布后修改起拍价格。

第二节　申请解除扣押

第 308 条

声称是被扣押不动产所有人,且既未负有个人债务,实际上也不对不动产负有债务的第三方,为了防止不动产被扣押,可以在上述第 299 条第 2 款规定的时限内,在拍卖前提出解除扣押申请。

但是，只有在不动产所在成员国的土地法认可索赔诉讼或其他类似诉讼的情况下，解除扣押申请才会被受理。

第 309 条

解除扣押全部或部分被扣押资产的申请应同时针对扣押人和被扣押当事人提出。

第 310 条

当解除扣押申请涉及整体资产时，应延期审理申请。如果只是申请解除扣押部分被扣押资产，则可对剩余部分进行拍卖。主管法院也可以依利害关系当事人的申请，下令延期上述所有行为。

在解除扣押部分资产的情况下，起诉人有权修改工作说明中的起拍价格。

第三节　撤 销 申 请

第 311 条

除上述第 299 条第 2 款规定的无效原因外，无论在形式上还是在实质上，应说明认定可能进行的庭审程序无效的原因。为避免无效，必须最迟在庭审日期前 5 日，通过附载在工作说明书中的声明这一形式作出；如果声明被采纳，则诉讼程序可以从最后的有效行为作出时继续，并且执行后续行为的时限自宣布无效的法院裁定送达之日起计算。

如果声明被拒绝，则程序将继续执行。

第 312 条

不能以债权人启动诉讼的金额大于应付给他的金额为借口取消诉讼。

第 313 条

不能通过向作出裁决的司法管辖区的主管法院提出撤销主要诉讼的方式要求司法裁决或裁决的公证报告无效。只能在裁决后的 15 日内拍卖。

除中标者外，任何利害关系方只能针对可能的听证会伴随或之后的原因提出请求。

根据取消的原因，取消具有使程序从可能的听证会开始或之后无效的效果。

第四节　哄 抬 竞 价

第314条

由于中标人未能履行其义务并促使对不动产的新拍卖,哄抬竞价往往会致使拍卖无效。

哄抬竞价在以下情形中被认定:

(1)中标人在拍卖后的20日内未支付价款、费用,且并未满足工作说明书中规定的条件;

(2)中标人在上述第294条规定的时限内,未向资产登记处公布司法裁定或经公证的拍卖记录。

第315条

哄抬竞价可以由被扣押的债权人、追价债权人以及已登记和无担保的债权人发起。它是针对中标人及可能的所有权继承人而产生的。它不受任何截止日期的限制。但是,根据下述第320条的规定,当实施该行为的理由消失时,则不得再发起或追价。

第316条

如果未签发拍卖令,则哄抬竞价者的追价方可请求书记员或公证人出具证实中标人没有论证先前工作说明书中执行条款和条件的正当性的证明。

如果中标人对颁发上述证明有异议,则应最勤勉的当事人的请求,由主管法院院长作出裁定,不得就裁定提起上诉。

第317条

上条规定的证明应送达中标者。在证明送达后的5日内,可对新的拍卖进行宣传。

公告和广告须标明哄抬竞价者的姓名、法定住所或实际住所、拍卖金额、追价方设定的起拍价格以及先前工作说明书上标注的新的拍卖日期。新广告和出售之间至少间隔15日,最多为30日。

第318条

至少应在拍卖前的15日内,向中标人、被扣押人、扣押人、债权人送达拍卖的日期、时间和地点。同时,应通过律师令的形式通知律师出席。在没有律师的情况下,由执达员或执法人员送达。

第 319 条

如果拍卖令已经签发,哄抬竞价者应向实际中标者送达司法裁决或经公证的拍卖记录副本,同时附催告通知。

在送达后的 5 日内,哄抬竞价者可以公开宣传上述第 317 条规定的新的出售。

第 320 条

直到转售之日,如果哄抬竞价者证明其已满足拍卖条件并在主管法院院长处寄存了足额价款,以支付哄抬竞价产生的费用,则无须进行新的拍卖。

第 321 条

为避免无效,应遵守上述第 316~319 条中有关程序和时限的规定。

无效理由必须在上述第 317 条规定的拍卖前 5 日提出。

第 322 条

如果没有出价,主管法院院长可以通过裁决的形式,在上述第 267 条第 1 款第 10 项规定的限度内降低起拍价格。

如果在降低起拍价格后仍无人出价,则应宣布追价方以起拍价格中标。

哄抬竞价者不得在新的拍卖中提高出价。

第 323 条

哄抬竞价者应支付其竞价直至第二次拍卖时产生的利息。如果第二次拍卖的价格低于其竞价,则哄抬竞价者仍应支付两次拍卖差额产生的利息。

如果第二次拍卖的价格高于第一次竞价,则哄抬竞价者仍无法从中获益。其无法就诉讼费用、书记处费用以及其支付的登记费用得到补偿。

第九编　价 款 分 配

第 324 条

如果只有一个债权人,则最迟应在支付价款后的 15 日内,在其债权范围内，向上述债权人支付包含本金、利息和相关费用在内的出售价款。

在同一时限内，应将差额返还债务人。

上述时限届满后，应付款项按法定利率计息。

第 325 条

如果清偿动产涉及多个债权人，或者清偿不动产涉及多个已登记的债权人或优先债权人，上述债权人可以通过协商出售价款。

在这种情况下，上述债权人可以通过私人或公证的形式向保存价款的法院书记处或司法官员提交协议。

债权人必须在收到协议后 15 日内作出答复。

在同一时限内，应将差额返还债务人。

上述时限届满后，应付款项按法定利率计息。

第 326 条

如果在中标人支付出售价款后 1 个月内，债权人未能达成一致意见，其中最为活跃的债权人可以向出售所在地法院院长或其指定的法官代表提出申请，请求其就出售价款的分配作出裁决。

第 327 条

扣押令须注明庭审的日期并催告债权人提交相关文件，其中包括债权的具体内容以及其设想的清偿次序，并提交所有证明文件。

扣押令须附载下述第 330 条的规定。

第 328 条

应向被扣押人送达扣押令。

第 329 条

庭审将在最后一次送达后的 40 日内举行。

第 330 条

在催告发出后 20 日内，债权人应向主管法院的书记处提交相关文件。

上述期限届满后，未提出申请的债权人权利失效。

第 331 条

陈述最迟可在庭审前 5 日内提呈，并告知其他当事人。

第 332 条

主管法院可以根据当事人提交的文件、陈述和说明分配出售款项。主管法院可以出于重大且合理原因,批准延迟分配,并重新确定庭审日期。不得就法院批准或拒绝延期的裁决提起上诉。

第 333 条

在最终的司法裁决送达后的 15 日内,可提出上诉。只有当争议金额超过法院作出的终审裁决金额时,上诉才可受理。

第 334 条

如果拍卖或竞拍发生在诉讼过程中,甚至发生在最终清偿后,主管法院将根据拍卖结果变更清偿顺序。

第十编　最后条款

第 335 条

本统一法规定的时限为明确的时限。

第 336 条

本统一法废除了成员国国内相关的规定。

第 337 条

本统一法生效后,保全措施、强制执行措施和追回程序得以生效。

第 338 条

本统一法将在非洲商法协调组织和成员国的官方公报上公布。它将根据《非洲商法协调条约》第 9 条的规定生效。

1998 年 4 月 10 日订于贝宁共和国利伯维尔

债务清偿集体程序（破产）统一法

非洲商法协调组织部长委员会，

考虑到1993年10月17日在路易港签署，2008年10月17日在魁北克修订的《非洲商法协调条约》，特别是其中的第2条、第5～10条和第12条；

考虑到常设秘书处的报告和各成员国的意见；

考虑到司法与仲裁共同法院2015年6月17日第001号意见；

经审议后，出席并参加表决的成员国一致通过如下统一法：

序编——总则

第1条

本统一法的目的是：

（1）组织破产前调解程序、预防性和解程序、重整和资产清算补救程序，以保护债务人公司的经济活动和就业，迅速恢复有生存能力的公司并在可能使债务人资产价值最大化的条件下清算无生存能力的公司，以增加债权人应收回的应收账款，并建立有担保或无担保债权的特定付款顺序；

（2）确立适用于破产管理人的规则；

（3）确定与债务人违约有关的财产和专业处罚以及刑事定罪，它们适用于任何债务人企业的管理人员和参与程序管理的人员。

第1-1条

本统一法适用于自营职业者，或从事民事、商业、手工业或农业活动的个人、私人法人实体以及作为私人法人形式的任何国家公共实体。

调解、预防性和解、重整和资产清算程序应适用于受私法管辖的法人，这些法人从事受特别制度管辖的活动，而管辖该活动的具体规则没有另行规定。根据本统一法及其相关文本所指的特别规定的活动,除其他外,是指《银行法》所指的信贷机构开展的活动,金融市场中的微型金融机构和股东的活动,以及《非洲商法协调条约》成员国的保险和再保险公司的活动。

第 1-2 条

在不影响上文第 1 条所述程序的适用的情况下,任何公司在停止支付前,均可根据有关成员国的法律规定,申请启动调解程序。

此外,根据以下第 1-3 条所定义的小企业,可以申请预防性和解、司法重整或资产清算的简易程序。

第 1-3 条

就本统一法而言,以下表述应理解为:

(1)"停止支付"是指债务人无法用其现有资产清偿其到期债务的情况,不包括债务人从债权人那里获得的信贷准备金或债权人延长支付期限使债务人能够清偿其当前债务的情况;

(2)"争议"是指任何商业或民事性质的困难、冲突、纠纷、诉讼、索赔或要求,即双方之间就其合同关系产生的合同纠纷;

(3)"公司"是指根据本统一法上述第 1-1 条规定的任何自然人或法人;

(4)"营业所"是指债务人以非暂时性方式进行生产、加工、销售或提供具有人力和物力资源的货物或服务的经济活动的任何开发或经营场所;

(5)"外国"是指任何非《非洲商法协调条约》成员国的国家;

(6)"成员国"是指任何《非洲商法协调条约》的成员国;

(7)"法律公告期刊"是指一方面是官方公报、主管当局为此目的授权的报纸,以及国家商事和动产信用登记簿,另一方面是国家日报,能够表明其实际订阅量、存托机构或销售商,并且该日报还须满足已发行 6 个月以上以及能够证明其全国发行的额外条件;

(8)"外国管辖机构"是指有权监督、监管或了解在外国进行的集体程序(破产)的司法机构或其他当局;

(9)"破产管理人"是指预防性和解案件专家和重整或资产清算破产管理人;

(10)"小企业"是指受私法管辖的任何独资企业、公司或其他法律实体,其雇员人数少于或等于二十人,在根据本统一法向主管法院提起诉讼之前

的12个月内,其税后营业额不超过5000万西非法郎;

(11)"外国集体程序(破产)"是指受破产法或外国集体程序(破产)有关的法律调整的司法集体程序(破产)、行政或其他集体程序(破产),包括临时程序。在该法律框架内,债务人的资产和事务受到外国法院的监督或监管,以便债务人进行重整或资产清算;

(12)"外国非主要集体程序(破产)"是指债务人在外国设立的非主要商业中心启动的外国集体程序(破产),但外国主要集体程序(破产)除外;

(13)"外国主要集体程序(破产)"是指债务人在其外国的主要商业中心,包括其公司注册地、经营中心、主要营业所或(如适用)常住地,启动的外国集体程序(破产);

(14)"主要集体程序(破产)"是指根据本统一法在债务人主要机构或其注册办事处所在的成员国领土内启动的集体程序(破产);

(15)"辅助集体程序(破产)"是指在成员国境内启动主要集体程序(破产)之后,根据本统一法在债务人没有主要营业地或法人没有注册办事处的成员国境内启动的集体程序(破产);

(16)"属地集体程序(破产)"是指根据本统一法在债务人没有主要营业地或法人没有注册办事处的成员国境内启动的集体程序(破产),直至主要集体程序(破产)在成员国境内启动为止;

(17)"外国代表"是指在外国集体程序(破产)中临时任命或授权管理债务人的重整或资产或企业清算的个人或机构,或作为外国集体程序(破产)的代表;

(18)"超级特权工资"是指任何种类的报酬,无论其名称如何,在每一成员国法律和条例规定的不可扣押部分的限度内,在决定启动集体司法重整或资产清算程序之前,应支付给工人和学徒12个月的报酬。

第2条

调解是一种预防性、双方同意且保密的程序,旨在避免债务人公司停止支付,以便全部或部分进行其财务或运营重整以保障其安全。这种重整依赖于中立、公正和独立的称作调解人的第三方支持,通过私人谈判,债务人与其债权人或至少其主要债权人之间谈判达成和解协议。

预防性和解是一种预防性集体程序(破产),旨在避免债务人公司停止支付并通过预防性和解解除其债务。

司法重整是一种集体程序(破产),旨在当债务人公司已停止支付但该状况并非不可逆转,可通过和解安排,以清偿其债务。

资产清算是一种集体程序(破产),旨在当债务人公司已停止支付且该状况不可逆转,则通过资产清算,以清偿其债务。

第 3 条

调解、预防性和解、司法重整和资产清算属于集体程序(破产)的调整范围。

司法管辖机关也有权审理所有因集体程序(破产)产生的纠纷、集体程序(破产)对其产生法律影响的纠纷以及涉及个人破产和其他制裁的纠纷,但完全由行政、刑事和社会法院管辖的纠纷除外。

各成员国均应负责酌情指定有管辖权的法院审理本统一法所调整的案件。

第 3-1 条

对本统一法所涵盖的所有程序具有管辖权的成员国法院对以下案件具有管辖权:

(1)如果债务人是自然人,其主要营业地在本国境内;或者

(2)如果债务人是法人,其注册办事处在该国境内。

如果主要营业地或注册办事处在国外,程序应在债务人的主要营业地位于其本国境内的法院进行。

法人注册办事处或主要营业地的法院也有权下令启动预防性解决程序、司法重整或清算对法人负债负有连带责任的人的财产。

第 3-2 条

任何有关法院管辖权的争议必须在其提交后的 15 日内决定,如上诉,则在 30 日内由上诉法院决定。

法院如果宣布自己有管辖权,还必须对同一决定中的案件作出裁决,且只能通过上诉的方式对管辖权和裁决提出疑问。

第一编　破产管理人

第一章　总　　则

第 4 条

各成员国均应在必要时通过适用本编规定的规则。它应根据适当安

排,通过任命一名国家官员,对在其领土上行事的破产管理人进行管理和监督(如有必要),并对其组织、组成和运作作出规定。

第二章　破产管理人的职能

第4-1条

未在国家破产管理人名单上登记的任何人不得被任命为预防性和解专家或预防性和解、重整或资产清算程序的破产管理人。

第4-2条

任何自然人要登记在成员国国家破产管理人名单上,必须符合以下条件:

(1)具有完全民事和公民权利;

(2)从未受到除警告以外的纪律处分,或从未因普通法规定的犯罪被判处监禁,或从未因侵犯资产罪或经济或金融重罪被判处至少3个月的无期徒刑,这与破产管理人的职能不符;

(3)具有注册会计师资格或获得国家法律授权;

(4)在申请登记的成员国拥有纳税住所,并及时履行纳税义务;

(5)提供成员国当局或主管司法机关认为足够的道德担保证明。

各成员国可在上述清单中增加附加条件。

第4-3条

国家破产管理人名单应在各成员国官方公报和非洲商法协调组织官方公报上公布,并应立即通知有关成员国法院。

接纳或拒绝接纳的决定必须说明合理的理由,并且可以上诉至该国有管辖权法院。

第三章　破产管理人行使职权的条件

第4-4条

被任命的破产管理人应在任何集体程序(破产)中提供独立、中立和公正的所有保证。除非本统一法另有明确规定,否则他们不得从委托给他们的任务中获得个人、道德或经济利益。

除本统一法规定的职责外,破产管理人不得担任集体程序(破产)中无论债务人还是债权人的任何一方的代表或顾问。

特别是,下列自然人不得担任集体程序(破产)中的预防性和解专家或破产管理人:

(1)债务人或债权人(含四代以内)的亲属或姻亲,以及处于集体程序(破产)中的法人实体的高级管理人员;

(2)债务人或其债权人之一的注册会计师、律师、特许会计师或审计师;

(3)以前与债务人或其债权人之一发生过或目前正发生纠纷的自然人;

(4)在任命之前的3年内,以任何方式直接或间接从债务人或其债权人之一获得过报酬的自然人;

(5)处于从属地位或与债务人或其债权人之一有经济关系的自然人。

当有人在集体程序(破产)中谋求可能的破产管理人任命时,他应立即向主管法院院长披露与本条和下文第4~5条规定的独立性、中立性和公正性不相容而可能对其产生合法怀疑的任何情况。

在这方面,任何破产管理人在集体程序(破产)中就职之前,应签署独立、中立和公正宣言,并承担全部责任。

在就职之前,破产管理人在指定的法院院长面前宣誓。宣誓内容如下:

"我宣誓,我将以荣誉、良心、诚实和正直的态度履行我的使命,尊重法官和公共当局,始终遵守适用的法律,并将竭尽全力实现我的使命目标。"

第4-5条

预防性和解专家或破产管理人履职时不得从事任何损害其独立性、中立性和公正性的其他活动。

第四章　破产管理人的管理和纪律

第4-6条

各成员国均应确保监督破产管理人履行职责。这种监督应推断出调查和核实的一般权力,包括允许破产管理人持有审计账目和任何文件,不得对破产管理人强制要求职业保密。

破产管理人可选择任何人协助其工作。

第 4-7 条

任何违反法律和职业规则的行为,或任何违反破产管理人在履行职责时的正直、荣誉或谨慎的行为,都会受到纪律处分。

纪律处分将在事实调查 3 年后失效。

第 4-8 条

在所有集体程序(破产)中,债务人和债权人可向有关成员国的行政机关、主管法院或检察官转交可能导致对破产管理人采取纪律行动的任何文件或资料。

第 4-9 条

除了可能对破产管理人宣布的临时禁令外,还可以采取以下纪律措施:

(1)警告;

(2)谴责并记入档案;

(3)暂停执业,时间不得超过 3 年;

(4)从国家破产管理人名单中注销,最终禁止执业。

这些制裁将通知有关破产管理人及其代表机构、国家注册会计师协会,并在适用的情况下通知其注册的其他任何专业组织,以及相关成员国的检察官。

第 4-10 条

替换破产管理人的任命条件应与已被停职或解职的破产管理人的聘用条件相同。

第 4-11 条

直接或间接允许破产管理人在其停职期间或被免职后行使职能的所有行为或和解协议均无效并应予以撤销。

第五章　破产管理人的责任和担保

第 4-12 条

破产管理人对债务人、债权人和第三方承担民事责任,但不影响其刑事责任。

破产管理人在行使职权时请求第三方干预的,对第三方的过错和过失承担连带责任。

第 4-13 条

对破产管理人提起的民事责任诉讼应由受理集体程序(破产)地的成员国管辖。本诉讼应在诉讼期间提起,或在诉讼程序结束或和解执行结束后 3 年内提起。

第 4-14 条

任何在国家破产管理人名单上登记的人都必须与在有关成员国正式设立的保险公司签订保险合同,以保证其在根据本统一法履行职责时造成的损害进行赔偿。

他应随时出示有效保险范围的证明。

第 4-15 条

每位破产管理人将其负责的集体程序(破产)账户与其个人账户分开。

他必须随时向监督员出示他的个人账户和该单独的账户。

第六章 破产管理人的报酬

第 4-16 条

破产管理人因在集体程序(破产)所提供服务所得报酬应从债务人的财产中支付。

破产管理人的报酬不包括其他费用和相同职责的其他费用。

第 4-17 条

预防性和解专家的报酬由主管法院在批准或否决预防性安排的决定中确定,或酌情在没有安排的情况下终止预防性解决的决定中,根据各成员国条例所确定的比例表来确定。

这些范围应特别考虑到:

(1)花费的时间和可能遇到的困难;

(2)预防性和解涉及的相关债权人数量。

每个成员国可以在该清单中额外添加标准。

对于简易预防性程序,成员国可以向预防性和解专家一次性支付报酬。

第 4-18 条

主管法院的决定可为预防性和解专家增加一项赔偿规定,该规定不得超过其估计赔偿金额的 40%。在任何情况下,至少相当于 60%的部分赔偿金只能在其提交下文第 19 条规定的报告时支付。

第 4-19 条

无论是作为司法重整安排的破产管理人还是作为资产清算安排的破产管理人,其报酬由主管法院在其终止集体程序(破产)的决定中确定,或根据各成员国规定的比例确定。

这些比例应特别考虑到:

(1)债务人在集体程序(破产)启动前的财政年度实现的营业额;

(2)同一时期债务人雇用的工人人数;

(3)收债率;

(4)花费的时间和可能遇到的困难;

(5)尽职调查的效率。

每个成员国都可以在该清单中添加额外的标准。

在资产清算的情况下,除非按照本条最后一款规定的标准费率确定报酬,否则破产管理人的报酬总额不得超过债务人资产变现产生的总额的 20%。在计算 20%的上限时,应包含破产管理人向其委托的特许会计师、财务专家或任何其他相关专家支付的报酬,除非主管法院在指定其中一方时另有规定。

对于简易司法重整和简易资产清算,成员国可以一次性支付破产管理人的报酬。

第 4-20 条

主管法院可以在任命破产管理人的决定中或者在随后的决定中对破产管理人给予不超过估计数额 40%的报酬。在任何情况下,该报酬至少 60%的部分只能在司法重整安排的批准(如适用)或资产清算程序结束时支付。

第 4-21 条

主管法院根据第 4-17~4-20 条作出的决定,债务人、破产管理人或检察官在决定作出之日起 15 日内可向该成员国主管法院提出上诉。

第七章　特别账户的开设及其程序

第 4-22 条

各主管当局或主管法院应选择银行由破产管理人开立特别账户,以存放资产重整和清算程序所得收益。除非在集体程序(破产)过于复杂的情况下获得接管人的授权,否则每次单独的集体程序(破产)只能开立一个特别账户。

第 4-23 条

在接管人的监督下,每个债务人的账户产生的金融产品视情况用于挽救公司或支付给债权人。

第二编　预 防 程 序

第 5 条

本编规定了预防性程序,即调解和预防性和解程序,以保护陷入困境的公司,并根据本统一法的规定在其破产前对其债务进行审计。

第一章　调　　解

第一节　调解的启动

第 5-1 条

调解适用于上述第 1-1 条所指的、遇到已证实或可预见的困难但尚未破产的人员。

调解的首要目的是与债务人的主要债权人和共同缔约人达成友好和解协议,以解除债务人的困难。

任何知晓调解情况的人都应当保密。

第 5-2 条

债务人或其一名或多名债权人应向主管法院院长提出申请或联合提出申请。本申请书应概述困难以及应对方法。

申请附以下文件,且提出申请日期不超过 30 日:

(1)公司注册证书,在登记册中或专业协会或命令中对某项活动的登记或声明,或证明债务人实际开展活动的任何其他文件;

(2)在适用的情况下,包括资产负债表、损益表、物资和工作财务表、附件报表,以及在任何情况下,过去 3 年的营业额和损益表的简要财务报表;

(3)现金状况以及债权和债务的确切金额及其到期日;

(4)说明截至申请日期申报和登记的工人人数的文件;

(5)债务人出具的证书,其中他声明自己没有资不抵债,并进一步说明他没有受到未决资产预防性清算、重整或清算程序的约束;

(6)如果债务人提出调解人,则应提交一份文件,说明拟议调解人的全名、头衔和住所,并提供其职业资格证书;

(7)在适用的情况下,提供一份文件,说明参与债务人申请的债权人的姓名和住所,以及他们的债权数额和任何担保权益。

这些文件由申请人写明日期、签名并证明真实无误。如果无法提供上述任一文件,或者只能提供不完整的文件,则请求书应当说明理由。

第 5-3 条

调解程序应由主管法院院长以非公开方式启动,期限不超过 3 个月,但经调解人书面通知后,可应债务人的请求,通过特别说明理由的决定,最多延长 1 个月。在这些期限届满时,调解应自动终止,在 3 个月期限届满前不得启动新的调解程序。

启动调解或拒绝调解请求的决定不会公布。

第 5-4 条

在启动程序的决定中,主管法院院长应指定一名调解人。

调解人应具有完全民事权利,具有专业能力,并必须对参与调解的当事人保持独立和公正。在调解程序启动之前的 24 个月内,调解人不得以任何身份直接或间接从相关债务人、债务人的任何债权人或对债务人有监督权或受债务人监督的人那里获得任何报酬或补偿。债务人父母和四代以内的亲属不得被任命为调解人。这也适用于任何在职或离任不到 5 年的法官。

调解人在接到任命通知后,应证明据其知晓并符合上述条件。在调解过程中的任何时候,如果调解员认为自己不再符合这些条件,其应立即通知主管法院院长,后者可在必要时终止调解。主管法院院长,如有必要,可终止其职务并任命一名替代者。

调解人的报酬方式应由法院院长在调解开始之日征得债务人同意后确定。债务人和调解人签署并附在启动令之后的一份文件应具体说明确定报酬所依据的标准、计算的最高数额和准备金数额。如果调解人在执行任务期间认为最初确定的数额不足,调解人应及时通知法院院长,法院院长应在债务人同意的情况下确定新的报酬。如果不能达成报酬协议,调解人的任务应终止。调解人的报酬由债务人承担,并受税收令的约束。

第二节 调解的进行和结果

第 5-5 条

调解人的任务是促进债务人与其主要债权人之间达成和解协议,并在适当情况下,促成其共同的契约人设法解决企业的困难。

为此目的,调解人可向债务人索取任何有关资料。

第 5-6 条

调解人应定期向主管法院院长报告其任务的进展情况,并提出任何适当的意见。如果他知道债务人已停止支付,应立即通知主管法院院长。

债务人如果发生停止支付的情况,应立即通知主管法院院长。

主管法院院长在任何时候收到根据前两款规定的方式或以任何其他方式得知停止支付后,在听取债务人和调解人的意见后,应立即终止调解和调解人的任务。

第 5-7 条

如果债务人在努力寻求上文第 5-3 条所界定的和解期间,收到债权人的正式通知或起诉,法院院长可应债务人的请求并在调解人提出意见后,推迟支付到期款项,并命令暂停债权人的诉讼。这些措施应在调解结束时自动终止,无论如何应在上文第 5-3 条第 1 款规定的期限届满时终止。法院院长关于采取这些措施的命令应交存书记官处,不得公布。应及时通知有关债权人,并提醒其有保密义务。

第 5-8 条

如果无法达成调解协议,调解人应立即向主管法院院长提交书面报告。在听取债务人的意见后,院长应终止其任务和调解。

在没有破产的情况下,债务人在任何时候可要求终止调解,在这种情况下,主管法院院长应及时终止调解。

第 5-9 条

在没有破产的情况下,如果决定终止调解,应及时通知债务人、调解人、债权人和参与调解的客户。该决定不必公布。

第 5-10 条

应最早提出请求的一方,签署的调解协议可以是:

(1)以会议记录公证的形式提交;

(2)或经法院或主管机关非公开批准或执行;在不影响第 5-11 条的适用的情况下,认可或执行应是自动的,只有在协议违反公共政策的情况下才可被拒绝;书记官长须签署强制执行令;可向和解协议各方提供具有约束力的副本;批准或执行的决定不应公开,也不应包含保密的协议内容。

批准或执行调解协议的决定不得上诉。该决定结束调解程序。在适当情况下,调解应在签署调解协议后终止,在任何情况下,应在上文第 5-3 条第 1 款规定的期限届满时终止。

第 5-11 条

在法院或主管当局批准或执行的调解协议缔结后启动资产清算程序,为确保债务人企业的持续经营而在和解协议中向债务人提供新的现金捐助的人,应按照下文第 166 条和第 167 条规定的等级支付。

为确保债务人业务的持续经营和可持续性而提供新货物或服务的人,应享有该货物或服务价格的同样特权。

本规定不适用于与债务人增加注册资本有关的出资。

在任何情况下,债务人的债权人都不能对调解开始前产生的债权享有这种特权。

在不影响第 5-10 条适用的情况下,被要求就批准或执行作出裁决的法院或主管当局应核实上述条件已得到满足,以及给予这种特权不会损害非协议一方的债权人的利益。批准或执行本协议的决定不得复制本协议的内容,但应提及该特权和担保金额。它必须由法院书记官通知检察官、债权人以及签署协议的缔约方。应按照下文第36条和第37条规定的条件予以公布。调解人应根据下文第38条核实公布情况。

作为对上文第5-10条的减损,任何利害关系方可在主管法院公布后15日内,对根据本条作出的认证或执行决定提出异议。如有必要,可在作出决定后15日内对其决定提出上诉。

第5-12条

在调解协议执行期间,调解协议应暂停或禁止任何法律行动,并应暂停或禁止对债务人的动产和不动产的任何个人诉讼,以获得作为调解协议主体的债权的支付。本协议应在同一期限内保留分配给本协议债权方的期限,并可没收或取消本协议所述债权的相关权利。

提供个人担保或转让财产作为抵押品的个人以及共同债务人可以适用本协议的规定。

第5-13条

处理调解的法院或主管当局对任何不履行和解协议的行为拥有唯一的管辖权,并有权取消协议。应由签订协议的一方提出。

一旦取消协议,债权人应收回其全部债权,减去所收到的任何款项。

第5-14条

一旦启动预防性和解、司法重整或资产清算程序,应自动终止调解,并在适当情况下终止调解协议。

在这种情况下,债权人应收回其全部债权,减去所收到的任何款项。

第二章　预防性和解

第一节　预防性和解的启动

第6条

预防性和解对那些尚未破产但出现严重财务或经济困难的债务人适用。

债务人本人或债务人与一名或多名债权人可以联合向主管法院提出申

请,该申请书应凭收据提交法院书记处。

在申请书中,债务人应说明其财务或经济困难,以及重整企业和清偿债务的前景。

债务人不得在下列情况下提出启动预防性和解的申请:

(1)预防性和解或司法和解正在执行;

(2)在前一个预防性和解协议获得批准后3年内;

(3)在未能达成预防性和解结束后18个月内。

第6-1条

债务人的申请书应附以下文件,这些文件应在30日内完成:

(1)公司执照,注册证书或登记册或专业指令中的活动声明,或证明债务人活动正常性的任何其他文件;

(2)经济状况说明,包括资产负债表、损益表、物资和工作财务表、附件报表,以及在任何情况下,过去3年的营业额和损益金额报表,或者,如果申请是由符合上文第1-3条所述小企业定义的债务人提出的,则提供可能确定债务人财务和经济状况的任何其他文件;

(3)现金流量表和债权债务的确切数额,并写明债权人的姓名、职务和地址以及到期日,如果债务人根据上文第1-3条提出的申请符合小企业的定义,则能够证明债务人有能力用其可用资产偿还到期债务的任何其他文件;

(4)如果申请是由符合上述第1-3条规定的小企业的债务人提出的,则应提供一份表明申请日期的雇员人数和工资数额的文件,否则应提供任何其他文件,以便能够确定和计算债务人的雇员以及估计工资数额;

(5)债务人出具的证明,证明他没有处于破产状态;

(6)公司及其管理人员提供或收到的个人和财产担保的详细资产负债表;

(7)债务人的证明,说明其未从正在执行的调解和解协议中受益,且在任何情况下均不受预防性和解、司法重整或资产清算程序的约束,并且他符合上述第6条最后一段的条件;

(8)债务人的资产清单,并标明须由其所有者收回的动产和受所有权保留条款影响的动产,如果申请是由符合上述第1-3条规定的小企业的债务人提出的,则须提供临时清单;

(9)注明员工代表姓名和地址的文件;

(10)如属法人团体,则须列明对该法人团体的债务共同及个人法律责任的成员名单,并须列明该成员的姓名和住址,以及该公司高级管理人员的姓名和地址;

(11)如果债务人根据下文第8条第1款提议任命一人为预防性和解专家,则应提供一份文件,写明该人姓名、资质和住所,以及该人证明其符合上述第4-1条和第4-2条规定的条件的证书;

(12)在合适的情况下,一份表明打算根据下文第11-1条的条件提供新的现金或提供新的货物或服务的人的全名、能力和住所的文件,并说明捐款数额或货物或服务的价值;

(13)预防性和解协议草案;

(14)在适用的情况下,提供一份文件,说明参与债务人申请的债权人的姓名和住所,以及他们的债权数额和任何担保权益。

所有这些文件必须由申请人注明日期、签署并证明是真实的。

必须提供第1~5项和第7、8、10项和第13项所规定的文件,否则申请将不会受理。

如果不能或只能不完整地提供第6、9和11项所述的任何文件,则请求书应当说明理由。

第7条

预防性和解草案应规定公司重组的措施,包括:

(1)公司持续经营的方式,如申请延长期限和减少债务,部分转让资产,并具体说明将要转让的资产;构成商业资产的分支机构的转让或租赁管理;部分或整个公司的转让或租赁管理,且这些条款互不限制和排他性。

(2)负责执行预防性和解的人员的姓名、职务和地址,以及他们所作的重组公司所需的所有承诺。

(3)维持和资助公司的条款,在决定开始预防性结算之前合同索赔的结算,以及(如适用)为确保执行而提供的担保;这些承诺和担保,可能特别包括新合伙人或前合伙人增加股本的认购、债转股、银行或金融机构或任何其他人拨款,包括根据下文第11-1条规定的条件作出的任何新的现金或服务捐助,以及捐助的金额或货物或服务的价值;继续执行申请前签订的合同,提供担保条款。

(4)就业水平和前景以及根据《劳动法》规定的条件进行的经济原因的裁员。

(5)更换高级管理人员。

第 8 条

如果主管法院院长认为预防性和解协议草案是合理的,主管法院院长应启动程序,并任命一名符合上文第 4-2 条规定的条件和标准的预防性和解专家。他应起草一份关于报告债务人公司的财务和经济状况以及重组的前景报告,同时考虑到债权人已经同意或可能给予的时限和减免以及预防性和解草案所载的任何其他措施。

指定专家应遵守本统一法第一编的规定和要求。

主管法院院长应立即将任命书送达给专家,送达方式为附回执的直接送达或双挂号登记的邮寄送达或有任何书面凭证已收到的其他送达。

主管法院院长可在其任命决定中,根据上文第 4-18 条,就其报酬作出规定。

第 8-1 条

预防性和解专家在收到任命通知后,应立即证明其符合上述第 4-4 条和第 4-5 条规定的条件。在预防性和解过程中的任何时候,如果他认为自己不再符合这些条件,他应立即通知主管法院院长,主管法院院长应终止其任务,并任命一名替代者。

债务人或任何债权人可随时向有管辖权的法院院长申请更换不符合上文第 4-4 条和第 4-5 条所列条件的专家,或在履行其职责时不勤勉行事的专家。在这种情况下,主管法院院长在收到申请后,应举行非公开的听证会上听取申请人和专家的解释。他的决定应在公开法庭上作出,并立即临时执行。不服判决的可以在 15 日内提起上诉。主管法院书记官长处应酌情将该决定通知上文第 4 条规定的国家当局,国家当局可根据本统一法进行纪律惩戒。

专家辞职后,应立即向其继任者报告,并在债务人和主管法院院长在场的情况下向继任者转交其所掌握的任何文件。

第 9 条

启动预防性和解的决定应暂停或禁止所有个人诉讼,以获得对在该决定之前产生的合同方要求的付款,最长期限为 3 个月,并在不影响下文第 14 条第 3 款的情况下,可根据第 13 条第 2 款规定的条件延长 1 个月。

中止个人诉讼既涉及强制执行措施,也涉及预防措施,包括任何司法程序外措施。

它适用于所有无担保债权,以及由一般优先权、特殊动产优先权、质押或抵押担保的债权,但工资和赡养费债权除外。

本条不适用于承认有争议的权利或主张的诉讼,也不适用于针对汇票签字人(中止个人诉讼的受益人除外)的法律诉讼。

作为共同债务人的个人或同意个人担保的个人,或转让财产作为抵押担保的个人,可以援引本条的规定。

在现行程序期间,分配给被没收、限制或取消其权利的债权人的最后期限应暂缓执行。

当预防性和解根据下文第 9-1 条的条件结束时,在任何情况下,在本条第 1 款所述期限届满时,在不影响下文第 14 条适用的情况下,个人诉讼的中止应自动停止。

第 9-1 条

预防性和解专家应定期向主管法院院长报告其任务的进展情况,并提出任何适当的意见。如果他知道债务人已停止支付,应立即通知主管法院院长。

如果发生停止支付的情况,债务人应立即通知主管法院院长。任何利害关系人如知悉债务人停止支付,可通知主管法院院长。

主管法院院长在任何时候,如果根据前 3 款规定的条件或通过任何其他方式收到停止支付通知后,在听取或正式传唤债务人和他认为有必要听取的任何人的意见后,应立即终止预防性和解程序。

预防性和解专家如果相信不可能通过预防性和解协议,应通知主管法院院长。

主管法院院长在听取了预防性和解专家、债务人,以及他认为必要听取的某些债权人的意见后,应决定是否继续或终止预防性集体程序(破产)。

第 10 条

除非债权人减少债务,否则法定利息、约定利息、违约利息和附加费应继续计算,但不得到期。

第 11 条

除非经主管法院院长合理授权,否则启动预防性和解的决定应禁止债务人:

(1)开业决定前的全部或部分支付;

(2)从事与公司正常运营无关的业务或提供担保。

还应禁止债务人支付在开业决定之前产生的债权时,向共同债务人和已授予个人担保或转让财产作为抵押品的个人支付债权。

第 11-1 条

在主管法院根据下文第 15 条规定的条件批准与债权人预防性和解协议后,如果债务人启动资产清算程序,为确保债务人企业的持续经营而向债务人提供新的现金捐助的人,应按照下文第 166 条和第 167 条规定的等级,优先支付。

在相同条件下提供新货物或服务以确保债务人业务的持续经营和可持续性的人,应享有该货物或服务价格的优先权。

本规定不适用于与债务人增加注册资本有关的出资。

债务人的债权人在任何情况下都不能对在预防性和解开始之前产生的债权享有优先权。

第 12 条

预防性和解专家应评估债务人的情况。为此,尽管有法律或法规相反的规定,他可以从审计师、会计师、员工代表、公共行政部门、社会保障和福利机构、银行或金融机构以及负责集中银行风险和支付事件的服务机构处获取记录,这些记录可能提供债务人财务和经济状况的准确信息。

专家应将违反上述第 11 条的行为报告给主管法院。

专家听取债务人和债权人的意见,并向他们提供斡旋,以便利他们之间的谈判,以便就债务人在最初提出的预防性和解协议草案达成和解协议。

在下文第 13 条规定的报告中,专家应就每个债权人说明:

(1)是否与债权人进行了实际联系以及联系的日期;

(2)债权人是否同意减少债务或延长支付时间,以及如果同意,则同意多少或多长时间;

(3)债权人是否拒绝延长时间和减少债务,以及原因。

第 13 条

专家应编写一份报告,其中载有债务人与其债权人之间的协议和预防性和解协议草案。

该报告必须在决定启动预防性和解后 3 个月内起草,在特殊情况下,可根据主管法院院长应专家或债务人的请求作出的特别合理的决定,将该期限延长 1 个月,且只能延长一次。

专家必须遵守前款规定的期限,否则将对债务人或债权人承担责任。

在上述期限内,专家应提供一份报告副本给债务人,提交两份报告给主管法院书记官长处,书记官长处将其中一份转交给检察院。

第 14 条

专家报告一经提交,主管法院院长应毫不迟延地传唤债务人出席非公开听证会。他还应召集专家和他认为适当的任何债权人参加听证会。债务人可自行向主管法院提出申请。

债务人和债权人应至少在听证会前 3 日通过附回执的直接送达或双挂号登记的邮寄送达或有任何书面凭证已收到的其他送达方式召开会议。

被请求法院必须立即或最迟在收到请求后 30 日内作出裁决。其间,预防性和解继续有效,特别是在法院作出裁决之前中止个别债权人的诉讼。如果未根据第 1 款的规定将其提交法院,或在提交法院后 30 日内未作出决定,则预防性和解应自动终止,债权人应恢复行使其所有权利,债务人应恢复对其资产的全面管理。

第 15 条

主管法院应在非公开听证会上作出裁决。

(1)如果未能支付,在不影响下文第 29 条和第 33 条规定的情况下,法院应依职权就司法重整或资产清算作出裁决。

(2)如果债务人的情况有正当理由,法院应通过记录债权人同意的延期和减债以及向债务人提供司法重整的拟议措施来确认安排。不同债权人给予的延期和债务减免可能有所不同。

在下列情况下,主管法院应批准预防性和解协议:

(a)符合预防性和解协议有效条件;

(b)似乎没有任何基于集体利益或公共政策的理由可以阻止和解协议;

(c)所有债权人同意的延期不得超过 3 年,工资债权人同意的延期不得超过 1 年。

如果个人享有上文第 11-1 条规定的特权,则批准预防性和解协议的法院应核实该安排符合该条规定的条件,并且给予这种优先权不损害债权人的利益。法院应在其裁决中提及上述优先权和担保金额。

如果债权人拒绝给予债务人延期和减债,主管法院院长应在债权人和债务人之间进行斡旋。他应听取他们拒绝的理由,并应促使双方进行谈判,以期达成和解协议。

如果尽管主管法院院长进行了斡旋,双方未能达成和解协议,并且预防性和解协议只是要求一次性延长不超过 2 年的还款期限,主管法院可对拒绝任何时间延长和任何债务减免的债权人强制执行,除非此类延长危及这些债权人的公司。

工资和赡养费的债权人不得给予任何减免,未经他们同意,也不得强迫其延长期限。

(3)如果主管法院认为债务人的情况不属于任何集体程序(破产)的范围,或拒绝债务人提出的预防性和解,则预防性和解应立即终止。这项决定使双方恢复原状。

第 16 条

主管法院批准预防性和解协议的决定应终止专家的任务和预防性和解程序,但须遵守下文第 17 条规定的手续。但是,主管法院可主动或应债务人或债权人的请求,指定一名破产管理人和/或一名或多名监督员,负责监督经批准的预防性和解的执行情况,其条件与经批准的司法重整相同。主管法院可指定预防性和解专家为破产管理人。

它还应任命一名破产法官。破产法官应监督破产管理人或负责监督经批准的预防性和解协议执行情况的监督员的活动,一旦得到任命,破产法官应每 3 个月向主管法院提交报告或根据法院的要求随时提交报告。

第 17 条

书记官应将根据上文第 9-1 条的条件终止和根据下文第 15 条执行的启动预防性和解的决定通知检察官和有关债权人。

这三项决定应按照下文第 36 条和第 37 条规定的条件予以公布。

专家应根据下文第 38 条的规定,对预防性解决方案的公布情况进行核实。

第二节　预防性和解的效力

第 18 条

在不影响上文第 15 条规定的情况下,无论其债权是无担保的,还是在其授予债务人的延长期限和减少债务的条件下由担保权益担保的,对预防性和解协议的确认使其对在决定启动预防性和解之前的所有债权人具有约束力。确认债务和解还应使同意个人担保或分配或转让财产作为抵押担保的共同债务人或个人在支付债务人在作出决定前产生的债权时承担义务。

享有一般特权、特殊财产留置权、质押、保证或抵押权的债权人不得丧失其担保。然而,他们只有在他们同意或已经强制执行的和解协议被撤销或取消的情况下才能实现这些权利。

除自然人外,同意个人担保或分配或转让财产作为抵押担保的共同债务人或个人可使用和解协议中的延期和债务减免。

该规定对所有债权人继续有效,他们可以根据和解协议行使权利或采取行动,包括采取任何司法外措施。

和解协议还应在同一时期内暂停为作为和解一方的债权人设定最后期限。否则,上述协议规定的索赔将被没收或取消。

一旦批准预防性和解的决定生效,债务人应恢复其资产的管理和处分自由。

第 19 条

根据上文第 8 条任命的专家应在就批准预防性和解作出决定或根据上述第 9-1 条终止预防性和解协议作出决定后 1 个月内,以书面形式向主管法院院长报告其任务。

主管法院院长应查阅记录。

如果债务人不撤回其向专家提供的文件和票据,专家应自债务人提交报告之日起保存 2 年。

第 20 条

根据上文第 16 条指定的破产管理人或监督员应监督预防性和解的执行。他们应立即向破产法官报告任何违规行为。

他们应每 3 个月以书面形式向破产法官报告交易的进行情况,并应相应地通知债务人。如有必要,债务人应在 15 日内提出意见和异议。

破产管理人或监督员的任命终止后,须在该项终止后 30 日内,向法院书记处提交报告。

破产管理人作为监督员的报酬应由任命破产管理人的法院根据上文第 4-19 条规定的比例确定。

第 21 条

应债务人的请求,并根据负责监督预防性和解执行情况的破产管理人的报告(如果指定了一名破产管理人),主管法院可决定任何可能限制或促进此类实施的变更、缩短或促进该安排执行的修正案。

第 139~143 条的规定,适用于预防性和解协议的解除和撤销。

第三节　补 救 办 法

第 22 条

主管法院关于预防性和解的决定应通过规定予以执行。

下文第 218 条关于计算时限的规定应适用。

第 23 条

债务人可以在判决之日起 15 日内向上诉法院提出上诉,决定拒绝根据上文第 9-1 条提出预防性和解申请或关闭预防性和解,或拒绝确认预防性和解。

如果债权人和检察官认为企业破产,可在下文第 37 条规定的预防性和解决定第一次公布后 15 日内向上诉法院提出上诉。

检察官和债权人可在对预防性和解作出决定后的 15 日内,以及根据下文第 37 条对其首次公布之日起的 15 日内,向上诉法院提出上诉。

上诉法院应在提出上诉后 30 日内作出裁决。

如果上诉法院认为债务人已停止支付,应暂时确定支付日期,并下令进行司法重整或财产清算,并将案件移交主管法院,以便特别就破产法官的任命作出裁决。

上诉法院书记官长处应在上诉法院作出决定后3日内,将其摘录送交一审法院书记官长处,由该法院书记官长处按照上文第17条的规定公布。

第23-1条

上文第11条所述主管法院院长的决定,只能在作出裁决后8日内向该法院提出异议。

这些决定自作出之日起提交书记官长处。以附回执的直接送达或双挂号登记的邮寄送达或有任何书面凭证已收到的其他送达方式通知债务人。

主管法院必须在提出异议之日起8日内作出裁决。异议应通过向书记官长处陈述的方式提出。书记官长处应通过附回执的直接送达、双挂号登记的邮寄送达或有任何书面凭证已收到的其他送达方式通知对方当事人,通知其参加听证会,以便在法庭进行听证。

除撤销原判外,不得对法院就异议作出的裁决提出上诉。

第四节　简易预防性和解

第24条

简易预防性和解程序应遵守适用于预防性和解的规则,须符合本条的规定。

第24-1条

符合上文第1-3条所述小企业定义的任何债务人均可申请适用本条简易预防性和解程序。

第24-2条

希望从简易预防性和解中受益的债务人必须按照上文第6条规定的条件提出申请,特别是考虑到给予小企业的例外。

尽管有上述规定,即使没有提供预防性和解协议草案,也可以启动程序。

除根据上文第6条提出的请求外,符合适用简易预防性和解的债务人应提交一份荣誉声明,证明这一点。

第 24-3 条

不得对主管法院适用简易预防性和解作出的决定提起上诉。

第 24-4 条

第 9 条第 1 款和第 13 条第 2 款规定的 3 个月和 1 个月的期限分别减为 2 个月和 15 日。

第 24-5 条

如果债务人在申请启动时没有提交第 13 条规定的预防性和解协议草案，债务人应在预防性和解专家的协助下起草该草案。

该草案应具体说明为重整债务人企业所设想的措施和条件，包括清偿债务的安排，尤其延长时间和减债要求，执行与债权人和解所需的人员，以及在适用情况下，为确保其执行而提供的担保。

无论如何，草案应规定确定债务人财务和经济可行性的要素。

第三编　司法重整和资产清算

第一章　启动司法重整和资产清算

第 25 条

司法重整或资产清算的程序应适用于任何停止支付的债务人。

停止支付是指债务人无法用其现有资产清偿其到期债务的情况，不包括债务人从债权人那里获得的信贷准备金或债权人延长支付期限使债务人能够清偿其当前债务的情况。

债务人停止支付时，必须作出声明，以便启动司法重整或清算程序，而不论其债务的性质如何。

债务人必须在停止支付后 30 日内作出停止支付的声明，并提交主管法院的书记处获得收据。

在不影响下文第 33 条规定的情况下，债务人应在其声明中说明其是否申请启动司法重整或资产清算程序。

第 26 条

在根据上文第 25 条作出说明时，应附下列文件，其日期不得超过 30 日：

(1)公司注册证书、在书记处对活动的注册或声明、专业指令,或证明债务人活动正常性的任何其他文件;

(2)公司经济状况的简要说明,包括资产负债表、损益表、资金来源使用表及其所附状态说明,以及在任何情况下,如果符合上文第1-3条规定的小企业定义的债务人提交了申请,则过去3年的营业额和利润或损失或能够确定债务人财务和经济状况的任何其他文件;

(3)现金流量表和债权债务的确切数额,写明债权人的姓名、职务、住所和到期日;

(4)公司及其管理人员提供或收到的个人和财产担保的详细资产负债表;

(5)债务人资产清单,说明其所有人主张的动产和受保留所有权条款影响的动产,或者,如果请愿书是由符合上文第1-3条规定的小企业定义的债务人提出的,则列明临时清单;

(6)雇员名单,说明截至申请之日未支付的工资和雇主没支付的其他费用,或者如果申请是由符合上文第1-3条所述小企业定义的债务人提出的,则确定和计算债务人的雇员及其估算的工资和费用的数额的任何其他文件;

(7)注明员工代表姓名和地址的文件;

(8)债务人的证明,说明其不是正在执行的和解协议的当事方,且在任何情况下其未接受尚未结束的预防性和解、司法重整或资产清算程序;在适当的情况下,如果债务人已从调解协议或预防性和解协议中受益,则应向受益于上文第5-11条和第11-1条特权的债权人支付的债权数额以及他们的姓名和住所;

(9)如属法人团体,则须列明对该法人团体的债务负有共同及个人法律责任的成员名单,并须列明该等成员的姓名及住所,以及该法人团体的高级管理人员的姓名及地址;

(10)在适用的情况下,提供一份说明打算根据下文第33条第1款的规定提供新的现金捐助或新的财产或服务的人的姓名、资格和住所,并说明资金数额或财产或服务的价值的文件;

(11)在适用的情况下,在不影响适用下文第27条的情况下,与债权人达成和解协议草案。

所有这些文件必须由声明人注明日期、签署并证明是真实的。

如果不能或只能不完整地提供其中一份文件，则声明必须说明无法提供的原因。

第 27 条

债务人必须在根据上文第 25 条作出声明的同时，或最迟在作出启动司法重整的决定后 60 日内，提交一份司法重整和解协议草案。

该草案应根据经营机会和条件、市场状况和现有融资手段，论证债务人企业重整的前景，并应规定重整的拟采取的措施和条件，包括：

（1）实现债务人企业财务和经济生存能力的必要条件。

（2）公司持续经营的方式，如申请延长期限和减少债务；根据特定的资产协议处置部分资产；构成商业资产的分支机构的转让或租赁管理；部分或整个公司的转让或租赁管理，且这些条款彼此不具有限制性和排他性。

（3）为了实现司法重整所有承诺而负责执行和解协议的人员的姓名、职务和地址。

（4）公司维持和融资的措施、决定开始重整前合同索赔的解决方法，以及（如适用）为确保执行而提供的担保；这些承诺和担保可能包括，除其他外，新合伙人或前合伙人对增加股本的认购、债转股、银行或金融机构或任何其他人的拨款，包括根据下文第 33-1 条规定的条件作出的任何新的现金或劳务出资，以及出资的金额或货物或服务的价值；通过担保继续执行决定前签订的合同。

（5）就业水平和前景，以及因经济原因的裁员，应当依据下文第 110 条和第 111 条规定进行。

（6）更换管理人员。

如果情况不同，司法重整草案可以规定对债权人的不同待遇。

第 28 条

司法重整或资产清算程序可应债权人的请求启动，而不论其债权的性质如何，只要债权是确定的、金额固定和到期的。

为此目的，债权人的申请必须具体说明其债权的性质和数额，并提供其债务证明。

第 29 条

主管法院应根据检察官代表、受私法管辖的法律实体的审计员、这些法律实体的成员或工作人员的代表提供的信息,对此事依职权作出裁决,这些信息可能会促使此类行动。

检察院也可将案件提交主管法院。在这种情况下,检察院应提供支持其申请的材料。

主管法院院长应通过书记官长处、法警的送达或以任何能够确定收件人实际收到的方式向债务人发出通知,要求其在主管法院举行非公开听证会。通知应附送本条规定的全部副本,否则无效。

如果债务人出席,主管法院院长应将可能导致移交的事实通知债务人,并征求其意见。如果债务人承认已停止支付,或院长确信债务人已停止支付,院长应规定债务人在不得超过 30 日的期限内,出示上文第 26 条所述文件。同样的期限应无限期地给予法人团体的成员,并对其债务承担连带责任。超过这一期限,主管法院应在公开法庭上作出裁决。

如果债务人不出庭,主管法院应在第一次公开听证会上作出对债务人不利的裁决。

第 30 条

如债务人去世时已停止支付,主管法院须在该债务人去世之日起计 1 年内,根据继承人的声明,或根据债权人的申请,或根据检察官的要求,启动司法重整或资产清算程序。

主管法院可在同一期限内主动提起诉讼,正式传唤债务人的继承人举行听证听取意见,在这种情况下,或在检察院提起申请的情况下,应适用上文第 29 条规定的程序。

如果继承人向主管法院提出申请,继承人必须按照上文第 25、26、27 条规定的条件签署停止支付的声明。

如果债权人向主管法院提出申请,则应适用上文第 28 条的规定。

第 31 条

可在债务人从商事和动产信用登记簿上除名后 1 年内,或债务人停止经营后 1 年内申请启动重整或资产清算程序。停止支付必须发生在上述业务被撤销或停止业务之前,或全部或部分由之前开展的业务导致。

也可在商事和动产信用登记簿撤销登记后1年内针对受私法管辖的法律实体的合伙人提出启动重整或资产清算程序的申请,如果该合伙人对该实体的负债负有无限和连带责任。停止支付必须发生在上述业务被撤销或停止业务之前,或全部或部分由之前开展的业务导致。

在这两种情况下,主管法院应根据债权人的申请、检察官的请求或根据上文第28条和第29条规定的条件主动提起诉讼。

第32条

在第一次公开审理时,主管法院应在根据有关成员国的法律对债务人、代表或工作人员代表、检察官以及在可能情况下提出请求的债权人进行听证或正式传唤之后,作出有利于启动重整或资产清算程序的裁决。

主管法院可听取其认为适当的任何其他人的意见。

在作出决定前,法院可指定一名法官或法院认为有资格的任何其他人,在法院确定的不超过1个月的期限内,向法院提交一份关于债务人经济和社会状况的报告。

当债务人从事受监管的自由职业时,主管法院应在正式传唤并听取债务人的职业协会代表或其主管监管人员的意见后作出裁决。

主管法院不得将案件移交普通法院审理。

第33条

主管法院在认定停止支付时,应决定启动司法重整或资产清算程序。

下列情况先应宣布启动司法重整:

(1)如果主管法院认为债务人提出了上文第27条所指的实质性和解协议,或这种和解协议很有可能达成;

(2)或者,如果可以进行整体转让。

否则,法院应宣布开始资产清算。在作出清算财产的决定时,主管法院应规定资产清算程序的期限不得超过18个月。如果在该期限届满后不能结束,主管法院可征求破产管理人的意见,如果有特别的理由,可将期限延长6个月,但只能延长一次。最后期限届满后,主管法院应依职权或应任何利害关系人的请求,终止资产清算。

对法人实体进行重整或资产清算的决定,对于对该法人实体的债权负有无限期连带责任的所有成员均应继续有效,并应根据其情况宣布对每一成员进行资产重整或清算。

在司法重整程序的任何时候,如果不再符合上文第 2 款的条件,主管法院可将其转换为资产清算,适用下文第 36~38 条。

在任何情况下,自决定启动重整程序之日起的 6 个月期限届满时,可由主管法院依职权或应债务人或破产管理人的请求延长 3 个月,但只能延长一次。此后,法院应将依职权或任何利害关系人的请求,将司法重整转化为资产清算。

主管法院的决定可以上诉。撤销或推翻一审裁决的上诉法院可依职权决定对财产进行司法重整或清算,并将案件移送给初审法院继续原来的程序,包括任命破产法官。

第 33-1 条

在将司法重整程序转换为资产清算的情况下,在司法重整和解协议中为债务人的持续经营而向债务人提供新现金的人,应按照下文第 166 条和第 167 条规定的等级优先支付。

为确保债务人业务的持续经营和可持续性而提供新货物或服务的人,应享有与该货物或服务价格同等价值的优先权。

本规定不适用于与债务人增加注册资本有关的出资。

债务人的债权人在任何情况下都不得就司法重整开始前产生的债权享有这种特权。

第 34 条

主管法院应确定破产的临时日期,否则,记录该决定之日就是破产开始之日。

停止支付的日期不得早于宣布启动决定的 18 个月。除欺诈案件外,不得推迟到批准预防性和解协议的最终决定之前的日期。

在上一款规定的期限内,通过对启动决定的后续决定修改破产日期的主管法院,应在裁决中说明特别的理由。

在下文第 122 条规定的和解会议召开后,或在宣布资产清算的决定后 1 年期满后,任何将停止支付的日期确定在开启程序的决定或随后的决定所确定的日期之外的请求,均不被受理。

第 35 条

在决定启动重整或资产清算程序时,主管法院应在审理案件的法院中任命一名破产法官,但院长除外,除非后者是一名独任法官。如认为必要,还可任命一名副破产法官。

主管法院还应指定一名或多名破产管理人,人数不得超过三人。为债务人的预防性和解而指定的专家不得被指定为破产管理人。

法院书记官长处应立即将决定副本送交检察院。

第 36 条

主管法院书记官长处应毫不迟延地将启动集体程序(破产)的决定通知商事和动产信用登记处。

债务人是私法上的非商业法人的,应当在时间顺序登记簿上注明;此外,应在按字母顺序排列的文件中,以债务人的名义起草一份表格,说明对债务人的决定;应注明公司高级管理人员的姓名和地址以及公司所在地。

如果债务人是从事受监管的自由职业或活动的自然人或法人,则书记官长处应尽快将决定通知其专业协会或主管当局的法定代表人。

第 37 条

启动司法重整或资产清算程序的决定应在主管法院书记官长处的努力下,在主管法院所在地发行的法律公告报纸上公布。在不影响本出版物的情况下,也可以在任何其他媒体上做额外的宣传。

此外,如果被授权接收注册办事处法律公告的报纸没有出版,则应在债务人每个二级机构所在地的法律公告报纸上进行公布。

公告中应包括以下内容:债务人的名称、其住所或注册办事处、其在商事和动产信用登记簿的注册号或活动申报号、启动决定的日期和集体程序(破产)的类型。它还应说明债权人必须向其提出债权的破产管理人的姓名和地址、提出债权的时限,以及第 78 条规定的完整副本。

第二次公告必须以同样的方式根据主管法院书记官长处要求进行,不得早于第一次公告之日起 15 日,也不得迟于 30 日。

第 38 条

破产管理人应核实上述第 36 条和第 37 条规定的说明和宣传是否已完成。

如果情况并非如此,他应负责尽快完成这些手续。

此外,如果债务人是不动产的所有人,债务人有义务根据土地公示的组织规定,公布启动司法重整或资产清算的决定。

第二章　司法重整和资产清算机构

第一节　破产法官

第 39 条

破产法官应在主管法院的授权下,确保司法重整或资产清算程序的正常和迅速进行,保护相关方利益,并实现所追求的目标。

破产法官的职能应排除行使与他被任命为破产法官的集体程序(破产)有关的任何其他管辖权。

破产法官应收集他认为适当的所有资料。也就是说,他可以听取债务人或法人实体的高级管理人员、其下属、债权人或任何其他人,包括在停止支付状态下死亡的债务人的配偶或已知继承人的审理。

尽管有任何相反的法律或法规规定,破产法官可要求审计员、会计师、员工代表、公共行政部门和机构、社会保障和社会保障机构、银行和金融机构以及负责集中银行风险和支付事件的部门提供信息。他应收集有关公司经济、金融和社会状况的准确信息。

破产法官还监督破产管理人的活动,并应每 3 个月向主管法院提交报告或根据法院的要求随时提交报告。

破产法官应向主管法院报告因集体程序(破产)而产生的任何争议或争端。

主管法院可随时更换破产法官和破产管理人。

第 40 条

破产法官应在提交之日起 8 日内对其管辖范围内的申请、异议和索赔作出裁决。未在该期限内作出决定的,视为已驳回。

破产法官的决定应立即提交书记官长处,书记官长处应毫不迟延地将其通知主管法院院长和任何相关人员,通知方式可以是附回执的直接送达、双挂号登记的邮寄送达或有任何书面凭证已收到的其他送达。

这些决定可在提交或通知之日起 8 日内,或在本条第 1 款规定的时限内,通过向主管法院书记官长处简单声明而提出异议。在同一期限内,主管法院可依职权修改或撤销破产法官的决定。

主管法院应在第一次有效的听证会上作出裁决。

第二节 破产管理人

第 41 条

破产管理人在收到任命通知后,应立即证明其符合上述第 4-4 条和第 4-5 条规定的条件。在司法重整或资产清算程序进行期间的任何时候,如果他认为自己不再符合这些条件,他应立即通知主管法院院长,主管法院院长应终止其任务,并任命一名替代者。

债务人或任何债权人认为破产管理人不符合上文第 4-4 条和第 4-5 条所述的条件,或在履行其职责时没有尽职尽责,可随时向有管辖权的法院院长申请更换破产管理人。

第 42 条

破产法官应受理债务人或债权人提出的撤销和更换破产管理人的申请。破产法官必须在 8 日内作出裁决。他的命令是临时执行的,可以在宣布之日起 8 日内对该命令提出异议。

如在受理后 8 日内仍未作出决定,则视为已拒绝该项申请。那么,申请人可根据上文第 40 条规定,以提出异议的方式向主管法院提出申请。

有管辖权的法院在收到异议后,应举行非公开听证会,听取申请人和破产管理人的解释。法院的决定应在公开法庭上作出,并附法律的临时执行令。可在判决后 15 日内提出上诉。

主管法院书记官长处应酌情将这一决定通知有关成员国的国家当局,后者可根据本统一法就纪律事项采取行动。

第 43 条

破产管理人在进行司法重整或资产清算程序时的职责,须在破产法官的监督下执行。

破产管理人应当依照本法第 4-12~4-15 条的规定,对因其过错造成的损失承担赔偿责任。

如果任命了多个破产管理人,他们将共同行动。但破产法官可根据情况,授予其中一人或多人单独行事的权力;在这种情况下,只有获得授权的破产管理人才对其不当行为负责。

如果对破产管理人的任何交易提出申诉,则应通知破产法官,并根据上文第 40 条规定的条件进行。

破产管理人有义务至少每两个月,或根据破产法官的要求,随时向破产法官提交一份关于其任务和财产重整或清算程序进展情况的书面报告。它还应在其报告中说明根据上文第 4-22 条规定的条件存入集体程序(破产)账户的款项数额。

破产管理人的报酬应遵守上述第 4-19 条和第 4-20 条的规定。

第 44 条

破产管理人停止履行职责时,应在主管法院书记处召集破产法官、债务人和监督员在场的情况下,立即向其继任者报告交接。

第 45 条

在不损害债权人权利的情况下,破产管理人应将从任何来源收取的收益立即存入根据上文第 43 条开立的账户。破产管理人应以个人身份,按法定利率加上 8 个百分点对未支付给账户的款项计算利息承担赔偿责任,并受到纪律处分。

如果欠债务人的款项已由第三方存入另一个账户,则应将其转入破产管理人代表集体程序(破产)开立的账户,他应负责撤回任何反对意见。

对存入重整或资产清算程序特别账户的收益,不得提出异议。以这种方式支付的资金只能根据破产法官的决定提取。

但是,破产管理人必须遵守上述第 4-15 条规定的会计要求。

第 46 条

破产管理人应负责收集来自债务人或属于债务人以及债权人或任何申请人的账簿、文件和资产,并自账目收到之日起保存 5 年。

第三节　检　察　院

第 47 条

破产法官应将重整或资产清算程序的进展情况随时通知检察官。检察官可在任何时候要求提交与该程序有关的所有契据、簿册或文件。

未能提供信息或文件只能由检察官援引。

检察院应根据请求或依职权向破产法官提供与程序管理有关的任何资料,包括与债务人有关的刑事诉讼中产生的任何资料,尽管调查是保密的。

第四节　监　督　员

第 48 条

在整个司法重整或资产清算程序中,破产法官可从无薪金的债权人中任命一至五名监督员。在宣布启动程序的决定后 1 个月内,应代表至少三分之一的相同债权(即使未经核实)的债权人的请求,强制指定监督员。在该期限届满时,任何债权人可以申请被指定为监督员,但监督员总数不得超过五名。在有多个申请的情况下,破产法官应确保至少从有担保债权人中选出一个监督员,另一个从无担保债权人中选出。

在向主管法院提出申请之前的 6 个月内,当有薪金雇员人数超过 10 人,破产管理人应召集工会,如果没有,则邀请雇员代表,在作出启动决定后 20 日内任命一名雇员为监督员。在同一期限内,如果没有工会和雇员代表,破产管理人应邀请雇员从中选出一名监督员。如此指定或选出的人,须由破产法官委任为职工代表监督员。对于不符合上述门槛的企业,破产法官应指定一名雇员为代表雇员的监督员。

债务人的父母或其四代以内的亲属,或公司的高级管理人员,或直接或间接拥有该公司全部或部分股本或投票权的任何人,均不得被任命为该公司的监督员或代表。

破产法官任命的监督员可应主管法院或检察院的请求,予以罢免。罢免后,应按照本条第 1~3 款的规定任命替代者。

当债务人从事受监管的自由专业时,专业协会或监管机构应自动成为监督员,但不影响任命五名债权人的监督员和一名员工代表监督员。

第 49 条

监督员协助破产管理人履行职责,协助破产法官监督司法重整和资产清算程序的进行,维护债权人的利益。

他们始终有权核实债务人提交的账簿和经营状况,询问程序进展情况、破产管理人的活动以及收益和支付情况。

在核实债权的过程中,以及在强制执行债务人的资产时,必须就企业的持续经营征求监督员的意见。

在不损害根据下文第 72 条享有的特权的情况下,监督员可将任何争议提交破产法官,破产法官应根据上文第 40 条的规定作出裁决。

监督员的职责应由监督员免费和亲自履行。

监督员只对他们的严重失误负责。

第五节　总　　则

第 50 条

如果债务人缺乏足够的资金立即支付与重整和资产清算程序的决定有关的费用,例如在报纸上张贴和公布法律通知、印章、保管和移除印章或行使不可抗辩权、债务清偿等决定,以及对公司高级管理人员的集体程序(破产)和个人破产延期等,国库应根据破产法官的决定提供预付款。尽管下文第 166 条和第 167 条有规定,但应在首次清收款项时优先偿还。

本规定适用于对司法重整或资产清算决定的上诉程序。

第 51 条

禁止破产管理人和所有参与程序管理的当事方直接、间接、友好或通过法院出售令,自己购买处于预防性和解、司法重整或资产清算程序中的债务人的全部或部分动产或不动产。

第三章　启动的决定对债务人的效力

第一节　债务人的协助或除权

第 52 条

命令重整的决定自作出之日起,至确认司法重整或将重整转化为资产清算为止,将自动要求债务人强制协助与资产管理和处置有关的所有工作。所有违反本规定的行为均不得对第三方强制执行。

但是,债务人可以按照行业惯例,单独有效地履行公司监管行为和公司日常管理职责,并向破产管理人报告。

如果债务人或公司高级管理人员拒绝履行任何保护财产所需的行为,破产管理人应立即采取行动。特别是当他必须采取保护措施或收回资产和到期债务时,同样适用。

破产管理人如果获得破产法官的授权,应毫不迟延地出售将要保存或即将腐烂或即将贬值的贵重物品。破产管理人作为原告或被告参与任何动产或不动产诉讼时,也必须获得破产法官的授权。

如果破产管理人拒绝执行债务人或公司代表协助管理或处置行为,则他们应与监督员一起,通过破产法官根据上文第 40 条和第 42 条第 2 款和第 3 款规定的条件作出的决定,迫使其合作。

第 53 条

宣布对公司资产进行清算的决定应自动导致其解散。

自其生效之日起至程序结束时,债务人无权对其现有资产和此后债务人以任何身份获得的资产进行管理和处置,否则这些行为将不可执行,除非是临时措施。

在资产清算整个期间,对于债务人与其财产有关的行为、权利和行动应由破产管理人单独执行或代表债务人行使。

如破产管理人拒绝就债务人的财产作出任何作为或行使任何权利或采取任何行动,则债务人或公司的高级管理人员或获委任的监督员(如有的话)可通过破产法官根据第 40 条及第 42 条第 2 款和第 3 款作出的决定,强制该人作为或行使任何权利或采取任何行动。

第 54 条

破产管理人就任后,有义务采取一切必要行动,维护债务人对其债务人的权利。

除外,他有义务就破产财产申请登记债务人本人未要求公开的动产和不动产担保权。破产管理人应在其申请书中附一份证明其任命的证书。

第 55 条

债务人应当自决定启动司法重整或者资产清算之日起 3 日内,将账簿移交给破产管理人,直到程序终结。

任何第三方账簿持有人有义务应破产管理人的要求将其交付给破产管理人。

如果债务人或第三方持有人没有移交则须证明其有正当合法的理由。

如果债务人没有向破产管理人提供资产负债表,破产管理人应使用其获得的账簿、会计记录和信息编制一份状况表。

第 56 条

在作出资产清算的决定时,主管法院或随后的破产法官可命令在整个程序中,将发给债务人的信件交给破产管理人。如果债务人提出要求,债务人可以参加投递邮件。凡属个人性质的信件,须立即交回或退回给债务人。

在同样的条件下,破产管理人可以访问债务人的非个人电子邮件。

如果债务人从事应当保密的业务,不适用本条规定。

第 57 条

从决定对法人团体启动司法重整或资产清算程序之日起,法律上或事实上的高级管理人员,无论是否有报酬,在被宣布无效的情况下,只有在获得破产法官的授权并在其规定的条件下,才可转让作为诉讼标的的法人团体的股份、资本证券或可获得资本的证券。

主管法院应裁决参与公司管理的任何人的所有权权益不可转让,不论其权益是否确认。

确认社会权利的证券应移交给破产管理人。如果没有自愿移交,破产管理人应正式通知管理人员将其移交。不移交则构成下文第 233 条第 1 款第 6 项规定的犯罪。

破产管理人应在适当的情况下,将公司高级管理人员的不可转让的社会权利在法人登记册与商事和动产信用登记簿上进行登记。

破产管理人应编制一份社会权利声明,并向高级职员签发一份其不可转让权利的登记证明,使他们能够参加公司会议。

第 58 条

破产管理人应负责保管高级管理人员根据上文第 57 条规定的条件向其

提供的证券。

只有在司法重整和解协议获得批准或资产清算结束后,才可将其归还,除非法院在任何时候指示将其移交给他人。

第 59 条

在决定启动司法重整或资产清算时,或在随后的决定中,主管法院可规定在债务人的现金箱、保险柜、文件夹、账簿、文件、家具、票据、商店和柜台上加盖印章,如果是由无限责任成员组成的实体,则对每个成员的财产加盖印章。还可以规定在公司的高级管理人员的财产上加盖印章。

书记官长应毫不迟延地送达破产法官的通知。

即使在作出这一决定之前,但只有在债务人失踪或其全部或部分资产被挪用的情况下,主管法院院长才可从法院成员中主动或应一名或多名债权人的请求,指定一名法官加盖印章。

破产法官或指定法官应毫不迟延地将加盖印章的通知送交给下令加盖印章的法院院长。

第 60 条

如有主管法院已命令加盖印章,则破产法官可根据破产管理人的建议,免除破产管理人加盖印章或授权破产管理人加盖印章:

(1)债务人及其家属对其所处状态不可或缺的动产和财物;

(2)濒临消亡或者即将发生减值的;

(3)允许继续经营的债务人及其公司所需的物品。

这些物品应立即进行清点,由破产管理人进行估价,并有破产法官在场,破产法官应在记录上签字。

第 61 条

簿册及记录须从封条中摘录,在检查之后由破产法官交付破产管理人,并简短记载他发现的情况。

短期投资票据或有可能被接受的票据或必须采取保护措施的票据,应由破产法官从封条中取出,登记并交给破产管理人收回。

第 62 条

破产管理人应在加盖印章之日起 3 日内,要求解除印章,以便进行清点。

第 63 条

司法重整和资产清算程序一开始,破产管理人应在债务人在场的情况下,或通过附回执的直接送达或双挂号的邮寄送达或有任何书面凭证的送达方式,向其发送存货清单,对债务人的财产及其担保权益进行盘存。

如果债务人从事受管制的自由职业,则应在专业协会或其主管当局的代表在场的情况下编制清单。在任何情况下,如果债务人受制于职业秘密,清单不得侵犯职业秘密。如果涉及职业秘密,则该清单不得泄露其秘密。

债务人应向破产管理人提交其债权人名单,说明其债权金额、姓名和地址,以及有效合同清单。他应说明他所参与的正在进行的法律程序。

在清点过程中,应把在加盖印章或摘录时遗忘的个人财产放在一起。

在司法重整中,有转让计划的资产,应当在转让前进行评估。资产清算时,所有资产应与盘存同时进行评估。

破产管理人可在获破产法官授权下,由他认为有助于编制财产清册及作出财产估价的人协助。

在破产管理人知道的情况下,受海关监管的货物应特别注明。

债务人死亡后,对其提起司法重整或资产清算程序,但尚未清点财产的,应在已知或正式传唤的继承人在场的情况下,盘存财产和编制清单,并通附回执的直接送达或双挂号的邮寄送达或其他任何具有书面凭证的送达方式送达给他们。

检察院可以参加清点。

财产清单一式两份,一份应立即存放在主管法院的书记处,另一份应交由破产管理人保管。

在资产清算的情况下,一旦清点完毕,债务人的货物、现金、证券、汇票和债务证券、账簿和文件、家具和物品应移交给破产管理人,破产管理人应在清点的基础上负责保管这些财产。

缺乏清点不应妨碍索赔或归还行动。

第 64 条

债务人可以为自己和家人从资产中获得破产法官确定的救济。破产法官在听取破产管理人的意见后作出决定。

第 65 条

在司法重整的情况下,破产管理人必须立即要求债务人在其负责的与税务、海关和社会保障有关的所有报表签字确认。他应监督这些报表的编制。

在资产清算的情况下,破产管理人应立即要求债务人向其提供企业账户以外的所有信息,这些信息对于确定所有到期税款、费用和社会保障缴款是必要的。破产管理人应向税务、海关和社会保障管理部门传送债务人提供的信息要素及其可用信息。

在上述每种情况下,如果债务人在 20 日内未履行破产管理人的请求,破产管理人应记录该违约行为并通知破产法官;10 日内;破产法官应通知税务、海关和社会保障管理部门,同时向其提供所收集的关于债务人业务往来和工资支付的信息。

第 66 条

在不影响下文第 119-1 条规定的经济和社会资产负债表的情况下,破产管理人应在就职后 30 日内向破产法官提交一份关于债务人表面状况的总结报告。破产法官应立即对报告提出意见,并将其转交检察官。

如果在规定期限内未提交报告,破产法官应通知检察官,并解释延误的原因。

如果司法重整或资产清算程序是针对受管制职业人员启动的,则报告也应提交给债务人所属的职业协会或主管当局。

第二节 不得针对债权人团体实施的行为

第 67 条

嫌疑期应自停止支付之日起计算,至决定启动司法重整或资产清算之日止。

第 68 条

不得在嫌疑期间发生时,针对债权人团体实施下列行为:

(1)无偿转让动产或不动产的所有行为;

(2)债务人的义务大大超过另一方义务的任何交换合同;

(3)以任何方式偿还未到期债务,可议付的交易支付除外;

(4)除现金、贸易可转让品、转让、征税、支付卡或信用卡或与之相关的法律、司法或传统债务抵销或任何其他普通支付方式或债务人活动部门的商业交易所普遍接受的其他方式外,支付到期债务;

(5)作为先前订立的债务的抵押品抵押的任何实际常规担保,除非该担保取代性质和延伸至少相当的先前担保权益,或根据先前的和解协议授予该担保权益;

(6)法院命令的临时抵押或临时质押登记。

第 69 条

下列行为若给债权人团体带来损害,则可宣布其对债权人团体无效:

(1)在嫌疑期前 6 个月内发生的无偿转让动产或不动产;

(2)如果与债务人打交道的人在交易时知道债务人濒临破产而频繁进行交易;

(3)如果受益人在付款时知道债务人濒临破产,仍自愿支付到期债务。

尽管有本条第 1 款第 3 项的规定,向汇票、本票或支票的勤勉持有人支付的款项对破产财产具有约束力,但在下列情况下可能对以下人员提起诉讼的情况除外:

(1)出票人或要求开证的人在出票时,或在付款人开具汇票或向付款人支付汇票时,已知道付款人已无力支付;

(2)本票的受益人,在其背书或在承兑人向其支付时知道承兑人已停止支付;

(3)支票的出票人,而该支票的出票人在发出支票时知道该汇票的支付已停止;

(4)支票的受益人,在签发支票时知道支付人已停止支付;

(5)在发出支票时或在支票支付时知道已停止支付的支票受益人。

第 70 条

在不影响下文第 72 条第 2 款适用的情况下,宣布无效的诉讼只能由破产管理人进行。它属于启动资产重整或清算程序的法院的管辖范围。

根据不予受理的处罚规定,该诉讼可在司法重整批准后或在资产清算程序结束后提起。

第 71 条

无效性将使债权人团体受益。

(1)该债权人团体是为其担保权已被宣布无效的债权人而设立的。

(2)被宣布为无效的赠与行为在未实施的情况下不得生效。相反,赠与行为的受益人应无偿返还。

在无偿后续转让的情况下,转买人即使是善意的,也应被强制执行,并应返还财产或支付其净值,除非财产因不可抗力而消失。

如果发生多次后续转让,转买人只有在购买时知道债务人濒临破产的情况下,才有义务返还资产或支付其净值。

无论如何,如果转买人不能或不应归还财产,则赠与行为的主要受益人应被迫支付资产净值。

(3)宣布无效的付款必须由债权人报告,债权人应将其列入债务人的债权。

(4)被宣布无效的不对等交换合同未履行的,不再履行。

如果已执行,债权人只能将其计入债务人对其提供的服务的公允价值的债权。

(5)对于已执行的处置,买方应报告资产并宣布其在债务人负债中享有债权。

如果存在无偿的后续转让,则转买人必须在不向债权人会议提出上诉的情况下返还财产;如果随后的转让得到支付,则转买人必须归还资产,并在取得财产时,如果他知道行为人的行为的无效性质,则必须宣布他对债务人债务的债权。

在执行转让的情况下,买方必须归还财产并提出对债务人债务的债权;如果已经无偿进行了转让,则转买人有义务归还财产,而无须追索财产;如果随后的转让得到支付,转买人在获得财产时知道其行为人的行为不可执行的情况下,有义务归还财产并对债务人的债务提出索赔。

如果债务人已收到另一合同方不能以实物返还的部分或全部利益,债权人必须就所提供服务的价值提出索赔。

第四章 启动令对债权人的效力

第一节 财产的构成和中止效力

第 72 条

启动重整或资产清算程序的决定应使债权人进入由破产管理人代表的机构,破产管理人应单独以其名义并为集体利益行事,并可对债权人承担责任。

但如果破产管理人不履行义务,债权人监督员在向破产管理人发出正式通知后 21 日内其仍不改正的,则监督员可为集体利益行事。监督员应承担行动的费用,但如果后者为债权人团体带来收益,其费用应从获得的款项中报销。针对高级管理人员的民事责任诉讼可由至少 2 名债权人监督员提起。

债权人团体应由其债权在决定开始重整之前形成的所有债权人组成,即使债权到期日是在此类决定之后确定的,但根据上文第 68 条和第 69 条,此类债权不可强制执行。

第 73 条

启动司法重整和资产清算的决定应终止任何担保权或不动产的登记程序。

第 74 条

启动重整或资产清算程序的决定应意味着要求法院书记官长立即对债务人的不动产以及他随后在获得资产时将获得的所有财产进行抵押登记。

本抵押按照土地公示的规定办理登记。自其在债务人的每一不动产上登记之日起生效。

破产管理人应确保遵守这一程序,并在必要时亲自履行。

第 75 条

资产清算程序的决定应中止或禁止作为该机构一部分的所有债权人的个别诉讼,这些债权人可能:

(1)命令债务人支付款项;

(2)因未能支付一笔款项而终止合同。

启动令还应中止或禁止这些债权人对动产和不动产的任何强制执行程序,以及在启动令作出前未产生效力的任何分配程序。

因此,在诉讼中止期间,对债权人处以没收、限制或终止其权利处罚的最后期限应该中止。

当前的诉讼应中断,直至追诉债权人提出索赔。在这种情况下,这些债权由正式召集的破产管理人自动接管,但仅限于确认债权和确定债权数额。

在司法重整或资产清算程序中,除上述诉讼和执行程序外,不得再对债务人提起法律诉讼和执行程序,债务人应在重整过程中得到破产管理人的协助,或在资产清算过程中由破产管理人代表债务人。

第 75-1 条

自判决作出之日起以及在执行司法重整期间,重整决定的开始应中止对作为共同债务人的自然人或已授予人身担保或转让或让与资产作为抵押担保的自然人提起的任何诉讼。

但是,享有这种担保的债权人可以采取临时措施。

第 76 条

启动程序的决定使得未到期的债务只有在资产清算的情况下才可以支付,而且只针对债务人。

第 76-1 条

以外币表示的债务,应当按照作出启动司法重整或者资产清算程序的决定之日的汇率,折合为作出该决定的地点的货币。

第 77 条

不论是否有担保,启动司法重整或资产清算的决定,应仅就破产财产而言,确定所有债权的法定和约定利息、逾期付款滞纳金,而不论是否以担保权作保。但是,对于期限为 1 年或 1 年以上的贷款合同或延期支付 1 年或 1 年以上的合同所产生的利息,在司法重整程序期间继续计算利息。

这一规则也有利于合作的自然人或已给予人身担保或已将财产作为抵押品或转让财产的自然人。

第二节　债权的产生和审查

第 78 条

自作出启动司法重整或资产清算的决定之日起至上文第 1-3 条所界定的有关成员国第二次在法律公告栏上刊登后 60 日内,构成破产财产的所有债权人,除赡养费债权人外,必须因丧失抵押品赎回权而向清算人提出债权。

居住在启动程序的国家领土以外的债权人有 90 日的时间提出债权。

同样的义务也适用于在启动程序的决定之前根据所有权或在没有所有权的情况下为使其权利得到承认而提起确权程序的债权人。

债权的申请中断了债务的消灭时效。

第 79 条

对于享有已公布的担保权的债权人或通过公布的合同与债务人有联系的债权人,提出债权的期限只有在破产管理人通过附回执的直接送达、双挂号的邮寄送达或以任何可留下书面记录的送达方式通知债权人必须提出债权的情况下才开始计算。

已知的债权人,包括资产负债表上的债权人或上文第 63 条规定的名单上的债权人,如果他们在有关成员国的法律公告中首次列入启动决定后 15 日内没有提出索赔,破产管理人必须立即通过附回执的直接送达、双挂号的邮寄送达或以任何可留下书面记录的送达方式通知他们。

同样的债务通知书应尽快发给监督员代表(如果已任命)。

第 80 条

债权人应当向破产管理人提交一份声明,说明在作出启动决定之日到期的债权金额、到期应付金额和到期日。该声明可以通过附回执的直接送达、双挂号的邮寄送达或以任何可留下书面记录的送达方式。

该声明规定了债权可能附带的担保权的性质。此外,债权人必须提供所有证据,证明债权的存在和数额,如果债权不是由证券引起的,则必须对债权进行估价,如果债权没有流动性,则必须说明在债权发生争议时管辖的法院。

本声明附可复印的证明文件。这种提出的文件可以由债权人或其选择的任何雇员或代理人进行。

破产管理人应当将收到的债权向债权人开具收据。

第 81 条

向国库、海关总署和社会保障和福利机构索赔时,应始终根据尚未确定的应收账款和个人救济或补偿进行申报。

如果债权是自动征税或补偿的结果,即使债务人根据下文第 85 条规定的条件对债权提出争议,也应暂时接受债权。

第 82 条

在破产重整的情况下,在债务重整会议之后,或者在资产清算的情况下,在交易结束之后,破产管理人应根据债权人的请求,归还委托给他的文件。

关于汇票,如果债权人打算对债务人以外的签字人提出上诉,则可在核查结束时进行申报。

第 83 条

如果债权人未在上文第 78 条和第 79 条规定的期限内提交其债权,且未解除其止赎权,则不得将其包括在分配和股息分红中。在重整或资产清算程序期间,包括在执行司法和解期间,债权人会议和债务人不得强制执行其债权。

只有在未根据下文第 86 条规定的条件确定和提交债权状况的情况下,且只有在债权人不对违约负责的情况下,破产管理人作出合理决定,才能解除违约债权人的止赎权。

止赎权的解除仅应通过向破产法官提出申请的方式提出申请。

如果破产法官解除了违约债权人的赎回权,则书记官长应在债权声明中对此作出说明。止赎程序的费用应由他们全部承担。

被解除止赎权的违约债权人可与其他债权人排名相同,但仅限于在解除止赎权的决定之前分享后续股息。

第 84 条

根据下文第 146-1 条和第 173 条的规定,不论债务人的资产和负债有多大,债权的核实都是强制性的。

核实应在有关成员国的法律公告报纸上第二次刊登启动程序的决定后

4个月内进行。

破产管理人应在债务人和监督员(如已任命)在场的情况下进行核实,如果债务人或监督员不在场,则须通过附回执的直接送达、双挂号的邮寄方式和其他任何有书面凭证的送达方式传唤其到场核实。

第85条

如果对债权或担保的全部或部分提出疑问或争议,破产管理人应一方面通知破产法官,另一方面通知相关债权人,通知方式为附回执的直接送达、双挂号的邮寄方式和其他任何有书面凭证的送达方式。该通知应说明质疑或争议的目的和原因,以及提出接受的索赔金额,并应包含本条的完整内容。

债权人自收到通知之日起30日内,应当向破产法官作出书面或者口头解释。在该期限届满后,债权人不得再对破产管理人的提议提出异议。对于居住在启动集体程序(破产)的国家领土以外的债权人,这一期限延长到60日。

但是,只有在适用于财政、海关和社会索赔的法律规定的条件下,才可以对这些索赔提出异议。

第86条

在上述第78条规定的截止日期到期后,如果没有异议或争议,或者在上述第85条第2款规定的期限内,如果存在异议或争议,破产管理人应编制一份索赔声明,其中包含其最终或临时接受或拒绝索赔的建议,注明其是否为无担保或有担保,及其担保性质。

对担保有争议的债权人应仅临时承认其为无担保债权人。

索赔声明经破产法官核实和签字后应存放在法院书记处,破产法官应在每项索赔上说明以下内容:确认的金额和最终或临时性质;是无担保还是有担保;是否正在进行诉讼或争议是否不属于其权限范围。

破产法官只有在向债权人、债务人和破产管理人通过采取附回执的直接送达、双挂号的邮寄方式和其他任何有书面凭证的送达方式正式传唤后,才可拒绝确认全部或部分债权或宣布自己无管辖权。

第87条

法院书记官长应通过在一份或多份有权公布有关成员国法律通知的报

纸上公布债权声明,立即将债权声明的具体情况通知债权人。

此外,书记官长还向债权人提供债权状况摘要。

书记官长还应向债权人发出通知,通知其全部或部分债权被驳回,通知方式可以附回执的直接送达、双挂号的邮寄方式和其他任何有书面凭证的送达方式。通知必须在下文第 88 条规定的提出异议的期限届满前至少 15 日送达他们。内容必须包括下文第 88 条的完整副本。

第 88 条

资产负债表中提及的且其担保已正式公布的或其债权已被提交受理的每位债权人,自其在有权发布法律通知的报纸上公布之日或收到上文第 87 条规定的通知之日起 15 日内,可以提出异议。如果对破产法官登记的债权有异议,应直接或通过任何有书面证明的送达方式向法院书记处提出。如果该异议是由其债权或担保已被讨论或仍在争议中的债权人提出,且该债权人未在上文第 85 条第 2 款规定的截止日期前向破产法官提供任何解释,则其异议不可受理。

债务人或任何利害关系人在同等条件下享有同样的权利。

破产法官的决定对没有提出异议的人是不可撤销的。

第 89 条

有争议的或暂时被接受的债权应在第一次听证会上由书记官长提交给集体程序(破产)的主管法院。如果该事项属于该法院的管辖范围,则应根据破产法官的报告作出裁决。

法院书记官应在开庭前至少 8 日,通过附回执的直接送达、双挂号的邮寄方式和其他任何有书面凭证的送达方式通知转让双方。

如果主管法院在司法重整和解协议获得批准或资产清算结束之前无法就债权的实质内容作出裁决,债权人应被临时接纳。

在主管法院作出决定后 3 日内,书记官长应附回执的直接送达、双挂号的邮寄方式和其他任何有书面凭证的送达方式通知有关各方。此外,它还应提到主管法官关于债权状况的决定。

有管辖权的法院对质疑债权的决定,可在作出决定后 15 日内,应债权人或债务人的请求提出上诉。

第 90 条

如果对集体程序(破产)有管辖权的法院发现债权人的债权属于另一法院的管辖范围,则该法院应宣布其无管辖权,并暂时承认债权。

书记官长应按照上文第 89 条最后一款规定的条件将这一决定通知有关各方。

如果债权人未能在收到上文第 89 条最后一款规定的登记官通知之日起 1 个月内将该事项提交主管法院,则应取消其止赎权,且破产法官的决定应不可撤销。

尽管有任何相反的规定,属于劳动法院管辖范围的个人争端不适用各成员国法律规定的调解。

第三节 担保人和共同债务人

第 91 条

在针对债务人或共同债务人的集体程序(破产)启动前,停止付款的负有连带责任的 2 个或 2 个以上共同债务人如果已确认其对债权人的债务,则债权人可向所有债权人团体提出索赔,最高金额为其应收账款的全部金额,并参与分配,直至其索赔的全部付款得到偿还。

第 92 条

如果债权人是处于司法重整或资产清算状态的债务人和其他共同债务人连带债务的持有者,在决定启动集体程序(破产)之前已经收到了他的债权的预支付,他应仅在扣除这一预支付后被列入一般债权人的行列,并应在对他的剩余款项中保留他对共同债务人或担保人的权利。

支付部分款项的共同债务人或担保人,就其所支付并由债务人负责的所有款项而言,可包括在债权人团体中。

第 93 条

尽管有和解协议,债权人仍应保留其对共同债务人的全部债权,但受益于中止的债权人除外。

第 94 条

如果债权人已收到一个或多个处于司法重整或资产清算状态的共同债

务人的财产中的股息,则这些共同债务人之间没有追索权,除非这些程序产生的股息总额超过本金和附属债权总额;在这种情况下,超额部分应按照承诺的顺序分配给有其他共同债务人作为担保人的那些共同债务人,如果没有指示,则应按债权或权益比例分配给他们。

第四节　员工超级优先权

第 95 条

劳动合同、学徒合同产生的债权,在司法重整或者资产清算的情况下,由工资超级优先权担保。

第 96 条

破产管理人应在决定启动程序后的 10 日内,仅根据破产法官的决定,在扣除已收到的预付款后,向工人支付超级优先权索赔。

尽管有下文第 166 条和第 167 条的规定,在没有必要资金的情况下,这些债权应在任何其他应收款之前从第一笔现金中清偿。

破产管理人或任何其他人或机构,如果有关成员国有此种机构,在司法重整或资产清算的情况下承担全部或部分工资,作为支付雇用合同或学徒合同所产生的索赔而预支的人,应代位行使工人的权利,并应在必要的资金到位后立即偿还,不得有任何其他索赔妨碍其偿还。

第五节　不动产出租人的终止权和留置权

第 97 条

尽管有任何法律规定或合同条款,用于债务人商业活动的不动产,包括附属于这些不动产供债务人或其家人居住的房舍,不得仅因启动司法重整或资产清算而导致其租约的分割、终止或撤销。

下文第 108 条第 2 款和第 109 条不适用于用于债务人业务的建筑物的租赁,包括附属于该不动产的供债务人或其家庭居住的房舍。

在资产清算的情况下破产管理人,或在司法重整的情况下破产管理人协助的债务人,可继续租赁或根据与出租人签订的合同的任何条款和条件转让租赁,并享有与租赁有关的所有权利和义务。

如果在资产清算的情况下破产管理人,或在重整的情况下由破产管理人协助的债务人,决定不继续租赁合同,则应通过简单地通知司法执达员或以任何有书面证明的通知方式来终止租赁合同。终止应在本法通知的期限届满时生效,该期限不得少于30日。

如果出租人打算以启动决定之前的理由申请终止合同,如果他还没有这样做,他必须在有关缔约国的法律公告第二次列入报纸后30日内提出申请。

出租人如因启动决定后产生的原因而提出终止租约的申请,应在出租人知道终止租约的原因后15日内提出。如果主管法院认为所提供的担保不足以保证出租人的特权,则应宣布终止租约的决定。

第98条

出租人对在决定启动集体程序(破产)之前到期的最后12个月的租金以及对在决定启动集体程序(破产)之后到期或将到期的12个月的租金享有优先权。

如果租约终止,出租人还享有可判给他的损害赔偿和占用补偿的优先权;他可在宣布终止后立即要求付款。此外,他是破产财产的债权人,有权获得在启动程序的决定之后判给的所有到期租金和损害赔偿或补偿。

如果租约没有终止,出租人不能要求支付到期的租金。只有在程序启动后应付的租金到期时,他才成为破产财产的债权人,只要在启动决定之前他享有的担保继续存在,并保持同样的价值,或者自启动决定作出后,债务人提供的担保被认为是足够的。

此外,如果租赁房屋内的家具即将贬值或价格太高而无法维护,则破产法官可授权破产管理人出售这些家具。同样的规定也适用于出售家具时不应置疑基金的存在或出租人是否有足够的抵押担保。

在没有此种授权的情况下,如果租约未终止,而租赁房地内的家具已被出售或移走,则出租人的留置权担保相同的债权,并以与租约终止时相同的方式行使;此外,出租人有权要求终止租约。

如果不动产出租人的留置权与营业资产出卖人对某些动产的留置权发生冲突,则以出卖人的留置权为准。

第六节　配偶的权利

第 99 条

在司法重整或资产清算中,申报的债务人配偶的个人财产的内容应由债务人根据其婚姻财产制度的规则确定。

债权人会议可以要求将如此购买的财产添加到债务人的资产中,方法是以各种方式出示所有证据,证明债务人配偶获得的财产是用后者提供的资产购买的。

根据本规则追回的财产,配偶只能从其所设押的债务和担保中主张。

第 100 条

债务人的配偶在结婚时、结婚当年或下一年从事独立的专业、民事、商业、手工艺或农业活动,不得就配偶一方在婚姻合同中或在婚姻存续期间在集体程序(破产)中给予另一方的利益采取任何行动。债权人不得利用配偶一方给予另一方利益。

第 100-1 条

在重整或资产清算过程中,在债务人的配偶作出任何授权出售共同财产的决定之前,通过凭附回执的直接送达、双挂号的邮寄方式和其他任何有书面凭证的送达方式正式传唤其参加听证。

第七节　动产卖方的权利和索赔

第 101 条

尽管有本统一法的规定,只有在有关成员国的法律公告中第二次列入启动司法重整程序或资产清算程序的决定后 90 日内,才可以对动产提出索赔。

第 101-1 条

对本节所述财产的索赔要求应在上文第 101 条规定的期限内,通过附回执的直接送达、双挂号的邮寄方式和其他任何有书面凭证的送达方式向破产管理人提出。

破产管理人可以同意索赔请求。

如破产管理人在接到申请后30日内没有作出回应,或如申请被拒绝,则可在第一个期限届满或该项拒绝届满后30日内,应索赔人的请求,将此事提交破产法官,破产法官根据索赔人、债务人和破产管理人对索赔人权利和合同的陈述,作出裁定。

然后,破产法官应在此事提交后8日内以命令的形式作出决定,并应毫不迟延地将其命令送交书记官处,书记官长应将该命令通知破产管理人并通知各方当事人。应破产法官的要求,应毫不迟延地将决定通知检察官。

第101-2条

可在收到通知或来文后8日内,对破产法官根据上文第101-1条作出的命令根据上文第40条规定的条件,向主管法院提出上诉。

检察院也可在收到命令通知后8日内,通过合理的请求,将案件提交主管法院。

如果破产法官在上文第101-1条第4款所述期限届满时仍未作出裁决,可应一方当事人或检察官的请求,在同样条件下将案件提交主管法院。

上诉或申请的审议应在法院第一次有效听证时进行,并应通知利害关系人和破产管理人。

第101-3条

如果财产的合同已经公示,则财产所有人不必寻求对其所有权的承认。

他可通过附回执的信件或挂号信或其他任何有书面凭证的送达方式请求破产管理人归还其财产,破产管理人有权批准该请求。

如在收到请求后30日内未能达成和解协议,或在有争议的情况下,财产所有人可要求破产法官对其权利作出裁决。即使在没有事先要求归还财产的情况下,破产管理人也可以为此目的向破产法官提出申请。

第102条

如果债务人的投资组合中仍然存在可转让票据或其他未付款证券,这些票据或证券是由其所有人交付的,专门用于特定的付款,则其所有人可要求偿还这些票据或其他未付款证券。

第103条

如果货物和动产本质上是交付给债务人的,无论是代表所有者出售,还是通过存款、贷款、委托或租赁或任何其他需要归还的合同的方式,包括受租赁合同约束的任何财产,都可以被要求归还。

如果货物和动产被转让,如果在决定启动之日债务人和转买人之间既没有以价值支付也没有得到补偿,则可以向转买人主张应付价款或部分价款。

根据《担保统一法》规定的条件和效力,也可以对保留所有权的货物和动产提出索赔。

但是,对于委托债务人出售或保留所有权出售的货物和动产,如果在返还货物和动产之前,破产管理人在破产法官授权后立即全额支付价款,则不得提出索赔。

第 104 条

未交付或装运给债务人或代表债务人行事的第三方的货物和动产可由卖方保留。

即使规定的价格是以信用证支付的,并且在签发或装运前进行了所有权转让,这种例外也是可以接受的。

第 105 条

装运给债务人的货物和动产,只要还没有送到他的仓库或代表他负责出售货物的经纪人或负责接收货物的代理人的仓库,就可以提出返还请求。

但如果货物和动产在抵达前以发票或常规运输单据的形式无欺诈地转售,则返还请求不可受理。

第 106 条

如果货物和动产全部或部分以实物形式存在,且其销售在决定启动程序之前已成功进行,则可通过法院裁决或根据例外情况或随后授予的条件提出返还请求。

即使撤销销售是在启动程序的决定之后宣布或记录的,如果撤销诉讼是由未付款的卖方在启动程序的决定之前提起的,返还请求也必须得到承认。

但是,如果在归还货物和动产之前,除已支付的费用和损害赔偿外,破产管理人在破产法官授权后立即全额支付价款,则卖方不得提出返还请求。

第八节　合同履行和解雇

第 107 条

尽管有任何法律规定或合同条款或不可分割条款,仅启动重整或资产清算程序不应导致现行合同的废除或终止。

第 107~109 条不适用于雇佣合同。

第 108 条

破产管理人有权要求履行现行合同。

另一方合同当事人可以通过附回执的直接送达、双挂号的邮寄方式和其他任何有书面凭证的送达方式,要求对方继续执行现有合同。该通知应在破产管理人收到通知后 30 日内发出。

如果破产管理人要求继续履行未履行的合同,破产管理人必须向对方提供承诺的利益,对方必须履行其义务,即使债务人未能履行在决定启动集体程序(破产)之前所作的承诺。除此之外,尽管有任何相反的规定,本合同应按照集体程序(破产)开始之日生效的条款和条件履行。

第 109 条

破产法官应根据合同另一方的请求,宣布合同自动终止:

(1)如果破产管理人未在规定期限内对第 108 条规定的通知作出答复,但在该期限届满前,向对方明确提供所承诺的利益,应构成继续履行合同的决定;

(2)如果破产管理人在要求继续履行合同后,未向对方提供承诺的服务,或在履行合同或分期支付的情况下,未支付到期款项的。

在下列情况下,破产法官可应破产管理人的请求终止合同:

(1)在不过度损害对方利益的前提下,如果破产管理人未经任何正式通知,或在要求履行任何现有合同后决定不继续履行合同的,破产管理人认为该合同对债务人的持续经营或保护没有用或不再有用的。

(2)如果在要求债务人履行应支付一笔款项的现行合同后,破产管理人认为他将无法提供所承诺的服务,或者如果是连续履行的合同或分期履行的合同,破产管理人认为没有足够的资金来履行下一期的支付。

终止可能会引起损害赔偿,其数额应在司法重整或资产清算程序的负债中注明。另一方应在资产变现之日起 30 日内提出索赔。在决定启动集体程序(破产)之前,这些损害赔偿可以抵销因不履行合同而产生的索赔。

第 110 条

凡因经济理由紧急且必须裁员时,破产法官可授权破产管理人按照本条及以下条文所规定的程序进行解雇。尽管有任何相反规定,但不影响与终止雇佣合同有关的通知权和赔偿权。

在提交给破产法官之前,破产管理人应根据适用的劳动法制定解雇令。

首先,建议解雇最不适合继续从事工作的工人,在同样适合从事工作的情况下,解雇债务人企业中资历最小的工人,其资历根据适用的劳工法的规定计算。

为了征求员工的意见和建议,破产管理人应以书面形式将其拟采取的措施通知员工代表和员工代表的监督员。破产管理人向他们提供准备解雇的工人名单,并说明其选择的标准。员工代表和员工代表的监督员应在收到提议后 8 日内以书面形式作出答复。

破产管理人应当将其与员工代表、员工代表监督员的协商函及其书面答复,或者将他们未在前款规定的 8 日内作出答复的说明,通知劳动监察机关。

第 111 条

破产管理人所发出的解雇令、员工代表和员工代表监督员的意见(如已发出)以及致劳动监察机关的函件,均须送交破产法官。

破产法官应根据其对债务人公司重整的重要性,批准拟议的裁员或部分裁员。并且,破产法官应将决定送达被授权裁员的工人,并在任命时通知员工代表监督员。

就授权或拒绝解雇的决定,可在向裁定解雇的同一法院作出决定后 15 日内提出异议,法院必须在 15 日内作出决定。

第九节 继续经营

第 112 条

在司法重整中,公司的活动应在破产管理人的协助下继续进行。

破产管理人还应在根据上文第 43 条第 5 款提交的报告中,向破产法官报告经营结果。破产管理人应将该报告的副本送交检察官。

主管法院在破产管理人、债权人监督员或检察官提出申请后以及接到破产法官报告后,可随时适用上文第 33 条第 5 款。如有必要,法院可应听取提出请求并向法院书记处提交合理陈述的债权人和监督员的意见。如主管法院认为有必要,则应在不迟于 8 日内,由书记官长通过附回执的直接送达、双挂号的邮寄方式和其他任何有书面凭证的送达方式,召集这些债权人和监督员举行听证会并记录其陈述。

有管辖权的法院必须在破产管理人、债权人和监督员听证会后 8 日内作出裁决。

第 113 条

资产清算应终止债务人的活动。

在特殊情况下,如果公共利益或债权人的利益需要,主管法院可在作出清算财产的决定时,授权暂时继续经营,最长不超过 60 日。经破产管理人申请并经公诉机关通知,可将该期限延长一次,期限相同。

如果临时继续经营,则适用上文第 112 条第 2 款,但破产管理人必须每月向破产法官和检察官提交报告。

第 114 条

在司法重整中,债务人或法人实体的高级管理人员应参与继续经营,除非主管法院另有决定。主管法院应破产管理人的请求,作出特别合理的决定,并在检察官介入后作出裁决。如果他们必须参与继续经营,破产法官应规定他们获得报酬的条件。

在资产清算中,只有在主管法院授权的情况下,并在其规定的条件下,才可雇用债务人或法人实体的高级人员协助管理。

第 115 条

在司法重整中,如果公司的经营活动停止或破产,即使是暂时的,可能会危及其恢复或对国家、地区或地方经济的商品和服务的生产和分配造成严重干扰的,主管法院可根据检察院、破产管理人或已指定的监督员的要求,批准签订租赁业务合同。

即使在不动产租赁协议中有相反的条款,也可以签订租赁业务协议。

如果主管法院认为业务承租人提供的担保不足,或业务承租人没有充分独立于债务人,则主管法院应拒绝其授权。

债务人为订立租赁业务合同而使用经营资产的期限条件不适用。

租赁业务期限不得超过2年;最多可续期一次,期限相同。

关于授权租赁业务的决定应按照上述第36条和第37条规定进行同样的通知和公示。

第116条

破产管理人应确保业务承租人的承诺得到履行。破产管理人可从破产法官处获得与其任务有关的所有文件和资料,且必须至少每3个月向破产法官报告业务承租人履行义务的情况,说明收到并存入司法重整程序账户的金额、租赁物的缺陷和解决执行困难的措施。

在任何时候,如果承租人减少其提供的担保,或损害租赁物的价值或未能履行其承诺,主管法院可自行或应破产管理人或检察官或监督员的申请,并根据破产法官的报告,决定终止租赁业务。

第117条

在决定启动程序后,因业务活动的继续以及债务人或破产管理人的任何正常活动而自然产生的所有债务,均为债权人的应收款。但业务承租人因租赁合同的运作而产生的债权除外,这些费用完全由其自行承担,企业所有人不承担连带责任。

第十节　第三方责任

第118条

第三方,不论是否为债权人,因其不法行为而导致债务人破产延期、资产减少或债务恶化的,可由破产管理人出于债权人的集体利益而提起诉讼,命令其赔偿债权人所遭受的损失。

为弥补所遭受的损失,主管法院应选择最适当的解决办法,即支付损害赔偿金或撤销有担保债权人的担保权。

第五章　司法重整和资产清算的解决方案

第一节　司法重整解决方案

第一小节　司法重整协议的形成

第 119 条

债务人应根据上文第 26 条第 11 款和第 27 条的规定提出司法重整和解协议草案。

债务人提交司法重整和解协议草案后,书记官长应立即将其通知破产管理人,破产管理人应征求监督员的意见。书记官长应将该草案公布在有关成员国的法律公报上以通知债权人,同时根据上文第 87 条规定的条件提交债权说明。

此外,书记官长应立即通知有特别担保权的债权人。他们应在不迟于上文第 88 条规定的最后期限届满时作出答复,说明他们是否接受拟议的和解协议,或是否打算批准与拟议的和解不同的延期和减债,并提交自己的建议。

拟议和解的副本必须以双挂号登记的邮寄送达或有任何书面凭证已收到的其他送达通知这些债权人。上述第 88 条规定的期限自收到通知之日起计算。

破产管理人应在提交和核实债权的截止日期基础上,协调债务人和债权人对拟定债务和解的立场,并编制下文第 119-1 条所述的经济和社会资产负债表。在这种情况下,破产管理人应在召开和解会议前向破产法官提交一份报告,概述每个债权人是否与他进行了实际联系以及在什么日期进行了联系;他是否同意和解提议的组成,是否赞成通过;他是否对此持反对意见及其原因。

第 119-1 条

破产管理人应在债务人的协助下,编制一份经济和社会资产负债表,说明债务人公司困难的来源、程度和性质。为此,破产法官应向破产管理人提供任何有关的资料和文件,并听取任何向他提供有关资料的人的意见。

当债务人从事受监管的自由职业时,破产管理人应在适当情况下听取债务人的职业协会代表或其主管监管人员的意见。

第 119-2 条

如果拟议的司法重整和解协议涉及股本变更,破产管理人应向债务人法人实体的董事会、简易股份公司的总裁或高级管理人员(视情况而定)提出申请,召开临时股东大会或股东大会。如果在破产管理人提出请求后 15 日内未发送召开通知,则应由其召集会议。

股东、合伙人或新认购人所作出的承诺在履行时,应服从主管法院确认的司法重整和解协议。

为拟议的司法重整和解协议中规定的股本增加出资的股东或合伙人有资格获得赔偿,赔偿金额不超过已批准的债权金额,并且是在他们在拟议的和解协议中同意的减少限额内。

与此相反的批准条款视为未订立。

第 119-3 条

司法重整和解协议草案可包括债转股提议,或者可能允许债务人公司获得股本的提议。在任何情况下都不得对债权人强制实行这种转换。破产管理人应从每一个债权得到承认并接受这种转换的债权人那里获得以书面形式记录的个人协议。

第 120 条

享有特别担保权的债权人和享有一般担保权的债权人,即使其担保权受到质疑,应对上文第 119 条规定的通知作出答复,向法院书记处发出附回执的直接送达、双挂号登记的邮寄送达或有任何书面凭证已收到的其他送达。

书记官长须将收到的经核证的债权人声明副本转交给破产法官和破产管理人。

第 121 条

债权以特别担保权或一般特权担保的债权人,不论其是否签署了上文第 120 条规定的声明,也不论该声明的内容如何,均应保留其担保权益的利益。除非本统一法另有规定或他们明确放弃其担保。

享有一般优先权的债权人应在与无担保债权人相同的条件下参加表决,但不得丧失其优先权。

第 122 条

在上述第 88 条规定的期限届满后的 15 日内,破产法官应将此事提交给主管法院院长。院长应通过在有关成员国法律公报上公布的通知,以及通过附回执的直接送达、双挂号登记的邮寄送达或有任何书面凭证已收到的其他送达方式传唤其债权被临时或最终确认为无担保债权的债权人。

个人召集通知,应附以下内容,包括下文第 125 条的完整副本:

(1)破产管理人起草并存放在法院书记处的声明,说明债务人的资产和负债,以及对其个人和不动产、优先债务或有担保和无担保债务的估价;

(2)和解协议的最终文本,包括上文第 27 条特别规定的担保和重整;

(3)已任命的监督员的意见;

(4)表明每个有担保债务的债权人是否已根据上文第 119 条和第 120 条作出声明,以及是否已作出确切的同意延长和减少的声明。

第 123 条

和解会议应在主管法院确定的地点、日期和时间举行。破产法官和检察官出席并进行听证。

有资格的债权人应亲自出席会议,或由具有特别授权书的授权代理人代表出席。

只有对任何担保权有争议的债权人才能参加无担保程序。

该会议由法院书记官长凭附回执的直接送达、双挂号登记的邮寄送达或有任何书面凭证已收到的其他送达方式邀请,债务人或法人团体的高级管理人员应亲自出席该会议。他们只有在主管法院承认的合法理由下,才能派代表出席。

第 124 条

破产管理人应在会议上提交一份报告,说明司法重整和解协议的草案、经济和社会评估、已履行的手续、开展的业务以及在业务持续期间取得的结果。

上个月最后一日编制的情况说明应附在报告之后。该声明应说明可用或可变现资产、无担保债务以及由特殊担保或一般特权担保的资产。

破产管理人的报告签字后提交给主管法院。主管法院应在听取破产法官对司法重整的性质及和解的可受理性的意见后予以接受。

检察官应口头或书面提出意见。

第 125 条

主管法院应在破产管理人报告提交后进行裁决。

允许邮寄投票和代理投票。

有特别担保债务但尚未作出第 120 条规定的声明的债权人,可以参加表决,但不得放弃其担保权,也不得给予与债务人提议的不同的期限延长和减少。

未作出上文第 120 条规定声明的无担保和有担保债权人,在经正式传唤后未在和解会议上投票的,应视为已接受和解。

最终司法重整和解协议草案应由最终或临时承认的债权人的多数表决,且多数债权人至少占债权总数的一半。

如果仅满足这两个条件中的一个,则审议应自会议之日起一周内继续进行,无须任何其他手续。在这种情况下,已在第一次会议记录上签字的出席或正式代表的债权人不需要参加第二次会议;他们所作出的决议及其遵守仍然有效。

第 126 条

主管法院应编制和解会议期间的审议和决定记录;债权人或其代表在会议记录所附选票上的签字,等同于该会议记录的签字。

主管法院认为符合上文第 125 条和下文第 127 条规定条件的决定,应视为对司法重整和解协议的认可。

否则,在不影响上文第 33 条和第 119 条适用的情况下,该决定应宣布和解协议被拒绝,并将司法重整转化为资产清算。

第 127 条

只有在下列情况下,主管法院才应批准司法重整和解协议:

(1)和解协议有效的条件得到满足;

(2)没有任何基于集体利益或公共政策的理由可以阻止和解协议;

(3)在法人实体重整的情况下,不再由拟议和解中提议更换的高级管理人员、破产管理人或已宣布个人破产的高级管理人员管理;

(4)该和解协议为债务人公司的重整、债务清偿和全面履约担保提供了重要机会;

(5)如果个人享有本统一法规定的特权,并且明确提及担保金额,则应满足上述第 33-1 条规定的条件。

除另有规定外,司法重整和解协议的确认不得确认下文第 244 条和第 245 条所界定和禁止的特殊利益。根据上文第 120 条和第 125 条规定的条件,给予债权人、特殊担保债务持有人或一般特权持有人的延期和减少不应视为特殊利益。

除下文第 140 条另有规定外,特殊利益规定的无效不应导致和解协议无效。

第 127-1 条

当债务人的公司存续需要时,主管法院可依职权或应破产管理人的请求,根据上文第 127 条第 1 款第 3 项的规定,以更换一名或多名管理人员为条件,通过司法重整和解协议。

为此目的,主管法院可应破产管理人的请求,裁定一名或多名高级管理人员持有的股份、资本证券或获得资本的证券不可转让,不论这些高级管理人员是否有报酬,并且决定其所附表决权将由破产管理人或主管法院指定的特别代理人在其规定的期限内行使。主管法院还可以命令转让这些股份、资本证券或获得资本的证券,转让价格由专家决定。

对于本条的适用,应听取或适当传唤企业委员会的高级管理人员和代表,或在没有高级管理人员和代表的情况下,应听取或适当传唤员工代表、债权人监督员和员工代表监督员。

本条规定不适用于从事受管制的自由职业的债务人。

第 128 条

有管辖权的法院可任命或留任监督员,以监督司法重整和解协议的执行。如果没有监督员,则可任命或留任破产管理人。监督员的职责是无偿的,除非由破产管理人履行。

为破产管理人监督司法重整和解协议的执行而支付的报酬应遵守上文第 4-19 条和第 4-20 条的规定。

第 129 条

批准司法重整和解协议的决定应按照上文第 36 条和第 37 条的规定进行传达和公布。在有关成员国的法律公报中插入的摘录应说明和解协议监督员或指定为和解协议监督员的破产管理人的姓名和地址。该和解协议仅可由破产管理人、多数员工授权的代表、债权人监督员或检察官在公布之日起 15 日内提出上诉。

拒绝司法重整和解协议的决定应按照上文第 36 条和第 37 条的规定进行传达和公布。债务人或检察官可在宣布该决定之日起 15 日内对该决定提出上诉。

上诉法院的裁决应按本条规定传达和公示。

第 130 条

当由对公司债务负有无限连带责任的成员组成的法律实体获准重整时,债权人只能接受有利于一名或多名成员的和解。

如果公司的资产清算判决通过,公司资产仍由工会管理。被纳入和解协议的人的个人财产应排除在外,和解协议可规定仅对公司资产以外的资产支付清偿款的承诺。获得特殊债务组合的股东,只要支付了承诺的清偿款,就应解除与公司债务相关的所有义务。

第二小节　涉及全部或部分资产处置的和解协议

第 131 条

如果司法重整和解协议包括全部或部分转让资产,则上文第 122 条第 1 款规定的召开重整会议的期限应延长至 1 个月。

全部或部分资产的转让可涉及全部或部分有形或无形财产、动产或不动产。

公司或机构的转让是指可以自主经营的资产的转让,以维持经济活动、相关工作和清偿债务。

如果司法重整和解协议提议全部或部分转让资产或公司或机构,破产管理人应为此类转让编制一份关于拟转让的动产和不动产的描述性说明,以及这些资产附带的工作清单,附于其上的担保债务以及每项资产在转让价格中的所占份额。本声明应附于上文第 122 条规定的个人通知之后。

一旦破产管理人和债务人的最终决定经破产法官专员批准后,破产管理人应以任何方式,尤其是通过法律通知,公布这些转让要约。

第 132 条

债务人应在破产管理人的协助下收到收购要约,并将其传达给和解会议。该会议应根据上文第 125 条规定的多数条件下决定接受最有利的收购要约。

主管法院只能在下列情况下批准全部或部分资产的转让:

(1)收益应足以支付对所转让资产负有特别担保债务的债权人,除非他们拒绝该条件并接受下文第 168 条的规定;

(2)如果是以现金支付的,或者如果买方获得付款延期,则所述延期不得超过 2 年,并应由银行机构的联合担保提供担保。

债务人应在破产管理人的协助下完成所有转让手续。

如果在和解会议之前没有提出收购要约,或者和解会议认为收购要约令人满意的,债务人可以撤回其转让要约。如果坚持该要约,则应根据下文第 160 条及以下规定的条件进行。

第 133 条

全部或部分资产转让的价款应当计入债务人的资产。

如果所转让的资产包括受特别担保权约束的资产,则只有在全额支付价款且有担保债权人对该担保权不感兴趣的情况下,转让才会导致该担保权的消灭。

除非与货物有关,否则买方在全额支付价款之前不得转让所购资产。这些物品的不可转让性必须根据《不动产项目土地公告规定》在商事和动产信用登记簿上公布,其条件与善意卖方对资产的优先受偿权所规定的条件相同,并根据不动产的土地登记规定,在土地登记册上公布。

对所转让财产的价款享有特别担保权的债权人的优先权,应当按照下文第 166 条和第 167 条规定的顺序行使。

如果未全额支付价款,债务人可向破产法官申请撤销转让或执行上文第 132 条第 2 款第 2 项规定的担保。

第三小节　和解协议的效力和执行

第 134 条

除非禁止行政当局批准延长期限和减少债务的法定条文另有规定,否则司法重整和解协议的批准对所有在程序开始决定之前产生债权的债权人都是强制性的,无论其性质如何。

但是,有实际特别担保债务的债权人,仅对其同意的延期和减期负有义务;如果和解协议包括不超过 2 年的延期,债权人可以在延期时间少于 2 年的情况下对其提出异议。

在不影响上文第 96 条规定的情况下,工人不得受到超过 2 年的任何减免或时限的限制。

有担保权的债权人不丧失其担保,但只有在其同意或强加给他们的重整和解协议被撤销或取消的情况下,才可以强制执行这些担保权,而不损害其为维护其权利而针对第三方采取行动的权利。

授予主债务人或其共同债务人的司法重整和解协议不得使同意担保、授予或转让资产作为抵押品的其他共同债务人或个人受益。

第 135 条

除非司法重整和解协议另有规定,否则应为每位债权人保留根据上文第 74 条登记的抵押权。在这种情况下,破产管理人应要求根据确认决定,根据《土地登记条例》,对同一财产进行新的登记,并说明担保金额。

第 136 条

一旦批准决定生效,债务人应恢复对其资产的自由管理和处分,但根据上文第 131~133 条转让的资产除外。

第 137 条

破产管理人应向破产法官报告其协助任务。为此,他应编制一份书面报告,说明其任务的完成情况,并将其提交给破产法官。

破产法官对报告发表意见。除上文第 132 条最后一款规定的资产转让继续进行外,破产法官和破产管理人的职能应在当时终止。

如果有争议,主管法院应在提交后 30 日内作出裁决。

第 138 条

如果根据上文第 128 条任命了一名或多名负责执行司法重整和解协议的监督员,他们应立即向主管法院院长报告任何延误或其他未能履行和解协议的行为。主管法院院长可指示破产管理人进行调查,破产管理人负责向其报告。

如果他们的任务包括向债权人支付清偿款,执行和解协议的监督者应以他们的名义和作为执行和解协议的监督者的身份,在根据上述第 4-22 条指定的银行为和解协议开立特别存款账户,如果他们被指定用于几个集体程序(破产),则为每个和解协议开立一个特别存款账户。

在每半年结束时,监督员应将其根据其监督的安排持有的贷方余额通知主管法院院长。

监督员因其职务需要,应当持有民事责任保险;他们应向主管法院院长出示包含该保险的证明。

第 138-1 条

在执行司法重整和解协议期间,债务人、破产法官可根据代表总债权金额一半以上的破产管理人或债权人的报告,请求主管法院院长修改和解协议,以便更好地执行。

法院院长应在作出决定前听取提交报告的破产管理人、债务人和债权人的意见。只能在作出判决后 15 日内向有关成员国的主管法院提出上诉。

修改司法重整和解协议的决定需要得到确认。应按照上文第 36 条和第 37 条的规定进行公布。

第四小节　预防性和解或司法重整的解除和撤销

第 139 条

可通过以下方式宣布撤销和解:

(1)债务人未遵守其和解承诺或延期和减债;但是,主管法院应根据检察官和监督员的意见,确定这些违规行为是否严重到足以最终危及和解的执行;相反,可延长付款期限,但不得超过债权人已批准的延期 6 个月。

(2)如果债务人因任何原因被禁止从事独立的专业、民事、商业、手工艺或农业活动,除非所述禁止的期限和性质与公司根据租赁业务合同开展的业务活动相符,为了公司在符合共同利益的条件下可能进行的转让。

(3)对于被授予和解协议的法人,被宣布破产的高级管理人员在事实上或法律上恢复对该法律实体的管理;如果禁令影响到正在执行和解协议的高级管理人员管理公司,则该和解协议应予以撤销,除非高级管理人员停止履行被禁止的职责;但是,批准一个合理的期限,该期限不得超过 3 个月,以更换这些高级管理人员。

债权人或监督员、债务和解一方可就此向主管法院提出申请;上述法院也可在听证或正式传唤债务人后自行审查该事项。

和解决议不得免除担保人的干预,以确保协议的全部或部分履行。

第 140 条

如果因隐瞒资产或夸大负债而产生的欺诈行为是在预防性和解或司法重整和解协议获得批准后发现的,则应撤销该和解协议。

这一撤销将使已提供担保、分配或转让财产作为担保的人自动解除债务,除非他们在作出承诺时知道欺诈行为。

只有检察官或监督员有权提起撤销诉讼。只有在发现欺诈行为后 1 年内才能行使。

主管法院应根据债权人和工人的集体利益,对是否宣布和解协议无效作出裁决。

债务人、检察官或监督员可在撤销和解协议的决定作出后 15 日内对其提出上诉。

第 141 条

在中止或撤销预防性和解的情况下,如果主管法院发现债务人已停止支付,则应下令进行司法重整或资产清算。

如果司法重整和解协议被撤销,主管法院应将司法重整转换为资产清算,并任命一名破产管理人。在和解前后,只能组成一个债权人机构。

在破产法官的协助下,破产管理人须立即根据以前的库存进行检查,并在根据上文第 59 条加盖印章的情况下,检查资产、股份和文件;必要时,应编制清单并拟定补充评估。

破产管理人应立即安排破产法官在法律公告上公布判决摘要,并通知新债权人(如有的话)按照上文第 78 条及以下规定的条件出示债务凭证以供核实。

新的债务证券应立即进行核实。

先前核准的债权应转入新的债权声明,减去债权人本来可以收到的清偿款金额。

第 142 条

如果债务人在撤销或取消和解前未支付任何清偿款,则和解解除将被撤销,和解前的债权人将恢复其全部权利。

如果债务人已经支付了部分清偿款,则在和解之前的债权人只能向新债权人主张与他们尚未收到的承诺清偿款部分相对应的部分原始债权。

对第一个债权人团体持有债权请求的人保留其优先于构成该团体的其他债权人的权利。

第 143 条

只有当债权具有欺诈性且符合相关诉讼的规定时,债务人在确认债务与解除或撤销债务之间的行为才能被宣布为无效。

第五小节　第二次集体程序(破产)的发生

第 144 条

第 141 条、第 142 条和第 143 条的规定,适用于在和解协议取消或撤销后作出的第二次司法重整或资产清算。

第 144-1 条

在不影响上文第 139 条第 2 款和第 141 条的情况下,如果自然人因丧失资格而无法继续经营业务,主管法院应将司法重整转化为资产清算。

根据上文第 141 条将司法重整转为资产清算的决定,应遵守上文第 36~38 条规定的公布规则。

第六小节　司法重整简易程序

第 145 条

司法重整简易程序应遵守适用于司法重整的规则,但须符合本节的规定。

第 145-1 条

符合上文第 1-3 条所述小企业定义的债务人,可申请适用本节规定的司法重整简易程序。

第 145-2 条

希望从司法重整简易程序中受益的债务人必须提交上述第 25 条和第 26 条规定的申报,特别是考虑到给予小企业的减损。

同时,他应提交一份荣誉担保声明,证明他符合司法重整简易程序的条件。

第 145-3 条

债务人应在作出上文第 25~26 条所述声明的同时,或最迟在声明作出后 45 日内,在破产管理人的协助下,提交一份司法重整和解协议草案。

第 145-4 条

拟议的司法重整和解协议可仅限于支付期限、债务减免和公司负责人为执行该和解协议而必须签署的任何担保以确保执行。

在司法重整简易程序中,无须进行经济和社会评估。

第 145-5 条

主管法院自作出启动决定之日起适用司法重整简易程序。但是,如果债务人确定满足了启动程序的条件,债务人可在作出启动决定后 30 日内提交。主管法院应在听取破产管理人的意见后作出决定。

第 145-6 条

不得对主管法院适用司法重整简易程序的决定提起上诉。

第 145-7 条

在任何时候,在批准司法重整和解协议的决定之前,主管法院可应债务人、破产管理人、检察官或依职权作出特别合理的决定,决定不再适用简易程序。主管法院在听取债务人、破产管理人和监督员的意见后作出决定。

第 145-8 条

在主管法院就和解草案的确认作出裁决前至少 15 日,受托人应将和解草案通过凭附回执的直接送达、双挂号的邮寄方式和其他任何有书面凭证的送达方式通知债权人。

如果和解协议草案规定减少债务,则需要各有关债权人的同意。如果规定付款期限延长超过 2 年,则同样适用。

如果在收到破产管理人的信函后 15 日内未作出答复,则视为拒绝。

第 145-9 条

根据债权人的答复,破产管理人应在债务人的协助下最后确定最终和解协议草案,应包括:

(1)债权人接受的债务减免;

(2)债权人同意的支付期限;

(3)对于拒绝延长任何付款期限的债权人,付款期限延长不得超过 2 年。

主管法院可根据上文第 126 条和第 127 条的规定,在不要求债权人表决的情况下,就最终和解的确认作出裁决。

第二节　资产清算方案

第 146 条

宣告资产清算后,债权人应当成立团体。

除非已根据上述第 124 条规定,破产管理人应在就职后 1 个月内,向破产法官提交一份基于可用信息编制的报表,其中包含对可用或可变现资产、无担保债务和由真正特殊担保或特权担保的债务的评估,如果是法人实体,则应提供有关其高级管理人员可能承担的任何财务责任的所有信息。

如果在司法重整程序转换后宣布资产清算,破产管理人应在完成必要的债权核实和确定债权人顺序的同时进行清算。他应继续在决定启动资产清算程序之前开始的活动。

第 146-1 条

如果发现资产变现的收益将被上文第 5 条、第 11-1 条或第 33-1 条所述的优先债权、法律费用和超优先债权完全吸收,则不应对无担保债权进行审计,除非是法人,根据第 183 条和以下条款,应向法律上或事实上的社会经理人支付全部或部分债务。

第一小节　资产变现

第 147 条

破产管理人应自行继续出售债务人的货物和动产,收取债务并清偿债务人的债务。

债务人的长期债权可根据下文第 148 条关于清算和交易规定的条件进行转让,以避免拖延清算。

销售和债权收款所得的款项,在扣除破产法官确定的费用和开支后,应立即存入根据上文第 45 条规定的条件专门开立的特别账户。破产管理人应向破产法官证明上述支付的合理性。

第 148 条

破产管理人可在破产法官的授权下,协商解决与房地产有关的所有争议,包括与不动产权利和诉讼有关的争议。

如果和解或交易的标的物价值不确定或超出主管法院管辖权,则该和解或交易还必须经主管法院的决定予以确认。

在任何情况下,书记官长须在破产法官作出决定前 3 日,通过附回执的直接送达或双挂号登记的邮寄送达或有任何书面凭证已收到的其他送达方式传唤债务人,并说明计划和解或交易的范围、法律和经济的条件及原因。

第 149 条

破产管理人经破产法官授权,可在偿还债务时,为破产财产的利益而撤回对债务人财产的任何质押或和解协议的保留权。

如果在资产清算判决后 3 个月内,破产管理人未撤回质押或担保物,或未开始出售质押或担保物,受质人或有担保债权人可行使或恢复其个人诉讼权利,并应就此向破产管理人报告。

国库、海关、社会保障和福利机构有权收回其优先债权,条件与受质人或者得到抵押的债权人相同。

第一段　不动产出售的一般规定

第 150 条

不动产的出售按照规定的不动产扣押的形式进行,但根据《担保统一法》的规定,该扣押属于与本案无关的执行条款的情况除外。破产法官在征求了监督员的意见(如已任命)和征求了债务人与管理人的意见或正式传唤过他们二人后,确定开拍价和出售的基本条件,并决定公告方式。

在相同条件下,如果资产的一致性、情况或收到的报价允许友好转让,破产法官可授权以友好拍卖的方式按他确定的价格出售,或按他确定的价格和条件双方相互协商出售。

如果在资产清算决定作出之日起3个月内,破产管理人尚未启动不动产出售程序,有抵押权的债权人可以行使或恢复其提起个人诉讼的权利,并应就此向破产管理人报告。

国库、海关总署、社会保障和福利机构在相同的条件下行使其优先受偿的债权时享有与抵押权人相同的权利。

依照前款规定进行的拍卖将导致抵押权的消灭。

破产管理人分配变价出售所得的价款并确定在债权人之间分配价款的顺序,但出现争议时须提交主管法院审理。

第151条

应破产管理人或已起诉债权人的申请,授权出售该不动产的破产法官根据上述第150条,在裁定中决定:

(1)每项待售财产的起拍价和出售的条件。当变价出售的财产是某一债权人的诉讼标的物时,起拍价的决定应征得该已起诉的债权人的同意,并正式征求破产管理人的意见。

(2)土地所有权的数量和出售的不动产的状态。如果该不动产尚未登记,则为其确切名称以及授权该起诉人依法请求登记该不动产的裁定或其他文书的副本。

(3)包括财产的价值、性质及状态的公告方式。

(4)指定公证人(视情况而定)。

破产法官可规定,如果拍卖没有达到起拍价,则可以以他确定的较低价格进行拍卖。如果有必要证明财产的价值和一致性,他可以要求对全部或部分财产进行评估。

第152条

破产法官的裁定取代了实际扣押令。

通知应由书记官长、土地登记官、债务人通过由执达员送达或任何有凭证能够证明接收人实际收到的送达的方式发出,并应在裁定中指明在指定住所注册的破产管理人和债权人的姓名。

该裁定由土地所有权登记官根据实际扣押令规定的条件予以公布。

即使先前已发布过相关命令,土地登记官仍须履行公布该项决定的程序,先前的命令自该裁定公布之日起停止生效。

土地登记官应视情况向破产管理人、已起诉债权人或公证人签发与土地所有权相关的物权声明。

第 153 条

起诉人或指定的公证员应制定一份拍卖细则,载明授权拍卖的决定,拍卖的财产,起拍价、拍卖条件和支付方式。

第二段　出售扣押不动产的特别规定

第 154 条

除本统一法另有规定外,被扣押不动产的出售须遵守这方面的相关规定。

除上文第 151 条所述事项外,授权出售扣押的不动产的裁定还应包括:

(1)说明对所有权强制剥夺之诉有管辖权的主管法院。

(2)律师的指定。该律师的居住地是已起诉的债权人依法选定的住所,并且对该命令的异议文书、财产要约和所有与该出售相关的送达的通知可以发送到该律师的事务所。

破产法官可授权破产管理人或债权人同时出售若干或全部不动产,即使这些不动产位于不同的司法管辖区。

由破产法官决定不动产的出售是在不动产所在地的法院进行还是在债务人住所地或公司所在地的法院进行。

第 154-1 条

如果在司法重整或资产清算程序开始之前启动的不动产扣押程序或与本案无关的执行因前者的效力而中止时,破产管理人可代位行使被扣押债权人因其行为而享有的权利。

这些行为视为债权人代表出售该不动产的破产管理人完成的。此后,不动产的扣押或与本案无关的执行可以继续进行,即便此时仍处在其因启动集体程序(破产)的裁定导致该扣押或执行被暂停的阶段。

第三段　以友好拍卖方式出售不动产的特别规定

第155条

除本统一法另有规定外,以友好拍卖方式出售不动产应遵守有关规定。

允许通过友好拍卖方式出售的裁定,应当指定负责拍卖的公证人。

公证人应以附回执的直接送达或双挂号登记的邮寄送达或有任何书面凭证的送达方式通知在判决公布后签发的物权说明书上登记的债权人,还应当在确定拍卖日期前至少2个月,对其告知提交到该公证人办公地点的拍卖细则,并在该日期前至少1个月在该办公地点记录上述债权人的陈述和意见。公证人应以相同信函或书面形式敦促债权人参与拍卖。

公证人应至少提前1个月召集破产管理人和债务人参与拍卖。

第156条

拍卖可以在没有律师协助的情况下进行。

如果出价没有达到起拍金额,公证人应确定最高出价,并可根据该出价的金额临时拍卖该财产。应公证人或任何利害关系人的申请,确定价格的破产法官可宣布最终裁决和已完成该变价出售,或命令以上文第150条规定的任何形式进行新的变价出售。如果重新变价出售的形式仍是拍卖的,由特别法官确定重新变价出售的期限(不少于15日)、起拍价和公告方式。

第157条

在拍卖后的10日内,任何人可以通过向进行拍卖的公证人所在司法管辖区的法院书记处声明的方式,将出价提高十分之一。书记官长立即将该声明提交给破产法官。

竞出高价的人通过执达员送达或任何可以在10日内确认受送达的中标人本人或其住所有效收悉的方式发出该声明,并就该声明通知公证人。

特别法官通过宣布竞出高价生效的决定,仍将新的拍卖交给根据先前制定的拍卖细则进行拍卖的同一公证人。

当因竞出高价而导致第二次拍卖进行时,不能对同一财产再次竞出高价。

第158条

如果发生了哄抬竞价的情况,程序将在进行拍卖的公证人居住所在地的主管法院继续进行。中标人未履行拍卖条款、未满足拍卖条件的证明应由破产管理人出具。

拍卖记录应存放在主管法院书记处。

第四段　不动产协议出售的特别规定

第 159 条

对一个或多个不动产的协议出售的授权将限定每个不动产的价格及出售的基本条件。

该授权的通知在书记官长的协助下,通过执达员送达或任何可以确认受送达的债务人和其姓名在该裁定中被指明的已登记的债权人的选定住所有效收悉的方式进行。

如果所得价款不足以清偿已登记的债权人的全部债务,则该债权人可以在该裁定通知之日起 30 日内,以附回执的直接送达或双挂号登记的邮寄送达或任何留有书面凭证的方式,将加价十分之一的要求送达破产管理人。

该期限届满后,破产管理人即进行该销售。在没有加价的情况下,与破产管理人选定的买家进行,或者在加价的情况下,与出价最高者进行。

第五段　资产整体转让

第 160 条

所有或部分动产或不动产,可能包括一些运营部门,可被整体转让。

为此,破产管理人发出收购要约,并规定接收要约的期限。任何利害关系人均可向破产管理人提交收购要约,但清算中的法人团体的高级管理人员、高级管理人员和作为自然人的债务人的四代内(包括第四代)亲属或姻亲除外。

收购要约应以书面形式提出,并应特别说明:

(1)价格及其支付方式;如果要求延期支付,延期不得超过 12 个月,并应由银行机构连带担保。

(2)完成转让的日期。

要约应提交主管法院书记处,任何利害关系人均可在此查阅该要约。

该要约还应传达给破产管理人、破产法官和检察官。

第 161 条

破产管理人应就收购要约征求债务人和监督员们(如任命)的意见。

要约可能包含或不包含保留全部或部分工作岗位的承诺。在选择最有吸引力的要约时,应考虑到这一点。

破产管理人应分析收到的要约,并将其连同债务人和监督员们的意见一并提交破产法官。

第 162 条

破产法官下令进行该转让,并将转让价格的份额分配到每一项出售的财产上,以便价格的分摊和优先权的行使。

破产管理人应采取必要的行动来完成转让。

第六段　资产出售的效力

第 163 条

资产整体转让的效力为上文第 133 条规定的效力。

破产管理人负责办理担保登记注销手续。

第二小节　债务的清偿

第 164 条

破产法官视情况下令在债权人之间分配价款,破产法官还应确定分配额并确保通知所有债权人。

一旦下令进行分配,破产管理人应按顺序向每名被承认的债权人寄送一张根据上述第 45 条的条件设立的账户开立的支票,以支付其分配额。

第 165 条

在扣除资产清算成本和应当给予债务人或其家属的援助金后,全部资产应在所有债权得到承认的债权人之间分配。

对于已承认但尚未对其作出最终裁决的债权相对应的部分资产,应予以保留,特别是在对法人的案件尚未作出判决时其高级管理人员的报酬部分。

资产清算的成本和费用,包括破产管理人的费用,应按每项资产相对于总资产的价值的比例从资产中扣除。

第 166 条

不动产出售所得的价款应按以下顺序分配:

(1)享有上述第 5-11 条、第 11-1 条和第 33-1 条规定的优先权的债权人。

(2)为实现被售资产的变价及其所得价款的分配而产生的诉讼费用债权人。

(3)按不动产价值占总资产比例给予超级优先工资债权人。

(4)取得协议抵押或强制抵押的债权人,以及在法定期限内登记的独立债权人,其中每个人都按照其在土地所有权登记中的顺序分配。

(5)上文第 117 条所规定的破产财产的债权人。

(6)根据《担保统一法》规定的顺序享有一般特权的债权人,即享有公开的一般特权的债权人,其中每人根据其在商业和信用登记册中的位次分配。以及享有不公开的一般特权的债权人,他们根据该统一法第 180 条规定的顺序分配。

(7)有可执行权的无担保债权人。

(8)无可执行权的无担保债权人。

如果资金不足以完全清偿本条第 1、2、3、5、6、7、8 项所列任一类别的债权人的债权,且上述债权人的地位平等,则这些债权人应按债权或权益比例分配其债权总和所占的部分。

第 167 条

在不损害可能的留置权或专属支付权的行使的情况下,动产出售所得价款应按以下顺序分配:

(1)享有上述第 5-11 条、第 11-1 条和第 33-1 条规定的优先权的债权人;

(2)为实现被售资产的变价及其所得价款的分配而产生的诉讼费用债权人;

(3)为保护时间上优先取得债权的债权人的利益而维护债务人的财产过程中所产生的费用的债权人;

(4)按动产价值占总资产比例享有超级优先工资的债权人;

(5)取得公开的一般优先权、动产质押或权利质押的债权人,其中每人根据其权利取得对抗第三方的效力之日的先后顺序分配;

(6)具有特殊的动产优先权的债权人,每人根据承担其优先权的动产分配;

(7)上文第117条所规定的破产财产的债权人;

(8)根据《担保统一法》规定的顺序享有一般优先权的债权人;

(9)有可执行权的无担保债权人;

(10)无可执行权的无担保债权人。

如果资金不足以完全清偿本条第1、2、3、4、7、8和9项所列任一类别的债权人的债权,且上述债权人的地位平等,这些债权人应按债权或权益比例分配其债权总和所占的部分。

第168条

如果特别担保的财产变价出售所得的价款不足以支付该债权的本金和利息,则持有该担保的债权人就其尚未被偿还的剩余部分债权将视为无担保债权人。

第169条

在不违反上文第43条第5款规定的情况下,破产管理人每季度应编制一份破产资产清算状况报告。该报告应提交至主管法院的书记处,除非破产法官另有规定,否则还应将报告副本通知债务人、所有债权人和监督员们(如已任命)。

随着清算过程的进行,破产管理人应逐步将其完成情况通知债务人和债权人监督员。

第三小节　债权人团体的解散

第170条

在资产清算完成后,以及在上述第33第3款规定的期限届满时,即使资产尚未完全变现,破产管理人在债务人在场的情况下,或在法院书记官长以附回执的直接送达或双挂号登记的邮寄送达或有任何书面凭证已收到的其

定而终止之前,或在债权人会议根据上文第 170 条规定的条件作出决定之前,应债务人、债权监督员或破产管理人的请求,或甚至依职权,在没有到期债务或破产管理人有足够资金或到期本金、利息和费用的情况下终止集体程序(破产)。

如果一名或多名债权人失踪、缺席或拒绝,应将到期款项存入根据上文第 45 条规定的条件专门开立的账户;存款单应与收据一样有效。

自决定启动集体程序(破产)之日起,有权这样做的债权人不得按法定利率收取超过 3 年的利息。

这种终止应根据破产法官关于本条第 1 款和第 2 款所述条件编制的报告中作出。

决定应按照上文第 36~38 条规定的条件予以通知、公布和核实。

第 178-1 条

破产管理人在清偿全部到期债务后,应按照上文第 177 条规定的条件进行报告。

第五节　资产清算简易程序

第 179 条

资产清算简易程序应遵守本统一法的资产清算规则,并符合本节的规定。

第 179-1 条

符合上文第 1-3 条所述小企业定义的任何债务人,只要不是不动产的所有人,可申请适用本节规定的资产清算简易程序。

第 179-2 条

希望从资产清算简易程序中受益的债务人必须按照上文第 26 条规定的条件提交上文第 25 条规定的声明,其中应特别考虑到给予小企业的减损。

符合资产清算简易程序申请条件的债务人,应连同上文第 25~26 条规定的声明,出示证明其符合资产清算简易程序申请条件的声明。

第 179-3 条

资产清算开始后,破产管理人可以在指定之日起 30 日内向有管辖权的法院提出报告。

主管法院在听取债务人的意见或正式通知债务人后,可根据报告自行启动资产清算简易程序。

第 179-4 条

主管法院在考虑宣布资产清算简易程序时,必须在其决定中声明:

(1)上述第 1-3 条规定的债务人的“小企业”性质;

(2)缺乏不动产资产。

但是,主管法院有权不适用资产清算简易程序,即使适用的条件得到满足。

第 179-5 条

不得对主管法院适用资产清算简易程序的决定提起上诉。

第 179-6 条

尽管有上文第 147 条的规定,主管法院在适用资产清算简易程序的决定中,应确定债务人的哪些资产可作为协商交易的标的。破产管理人应当自本决定公告之日起 80 日内作出决定。在此期间结束时,剩余财产将被拍卖。

资产清算简易程序决定中不能协商出售的货物,应当及时拍卖。

第 179-7 条

作为对上文第 146 条规定的减损,仅应核实可能有助于分配的索赔和薪金索赔。

第 179-8 条

一旦债权得到核实和批准,资产变现,破产管理人应起草一份分配草案,提交主管法院书记官长处。该草案应根据上文第 37 条前两款规定的条件,由法院书记官长进行公示。

任何利害关系人可以自前款规定的公告之日起 10 日内了解该分配方案,并可以向除破产管理人以外的破产法官提出异议。

破产法官应通过一项决定对争议作出裁决,该决定须以通知为准,通知应以任何有收据的方式传达给有关债权人,以证明收件人已实际收到该通知。该决定不得上诉。

破产管理人应根据草案进行分配,如果草案受到质疑,则应根据所作决定进行分配。

第 179-9 条

主管法院应在启动或决定简化清算资产后 120 日内,在听取债务人的意见或正式上诉后,宣布资产清算结束。

主管法院可通过特别合理的决定,将资产清算简易程序的期限延长不超过 60 日。

第 179-10 条

在资产清算简易程序过程中的任何时候,主管法院可通过特别合理的决定,决定不再适用本节规定。

第六章　法人高级管理人员的特别规定

第 180 条

本章的规定适用于法人破产时,管理法人的法律上或事实上的高级管理人员、有薪或无薪高级管理人员和自然人代表。

第 181 条

对公司债务负有无限连带责任的成员,如果不是高级管理人员,应按照上文第三编的规定进行司法重整或资产清算。

第 182 条

本章规定的法人高级管理人员适用债务人的查封和救济规定。

第一节　债 务 清 偿

第 183 条

如果法人的司法重整或资产清算表明资产不足,管理不善导致资产不足,主管法院可根据上文第 72 条第 2 款的规定,应破产管理人,检察官或两名监督员的请求,或甚至依职权作出决定,法人债务应由全部或部分高级管理人员全部或部分偿还,并承担连带责任或不承担连带责任。

本规定也适用于被免职的高级管理人员继续作为事实上的高级职员参与公司管理的情况,即使是公开免职,或者,导致资产不足的情况是在被免职的领导人仍然在职的情况下造成的。

破产管理人或监督员的传票或检察官的请求,应在听证会前至少8日送达每个被指控的高级管理人员。如果主管法院依职权受理,院长应根据法院书记官长的要求,在同一期间内通过法警令状或以任何有收据,证明收件人已经实际收到的方式传唤当事人。

主管法院应在非公开听证会上听取破产法官的报告和高级管理人员的意见后立即作出裁决。

第184条

主管法院是宣布对法人财产进行司法重整或清算的法院。

第185条

主管法院可命令承担法人全部或部分债务的高级管理人员转让其股份、资本证券或可获得资本的证券,或在必要时经专家鉴定后,通过破产管理人强制转让。出售所得应分配用于支付法人实体高级管理人员产生的部分债务。

第186条

清偿债务的期限为3年,自编制最终债权声明之日起计算。如果公司的和解协议被撤销或终止,则在和解期间中止的时效应重新开始计算。但是,破产管理人在任何情况下都有不少于1年的期限提起诉讼。

第187条

如果一个法人团体的高级管理人员已经在进行司法重整或资产清算,其应承担的债务数额由宣布该法人实体重整或资产清算的主管法院确定。

在这种情况下,法人实体集体程序(破产)的破产管理人应向法院申请重整或清算高级管理人员的资产。

第188条

根据上文第183条作出的决定应遵守上文第36条和第37条的规定。

该决定的公布是在破产管理人的要求和责任下进行的。

对于负有债务责任的成员或商业法人实体的高级管理人员,如果他们是交易员,还应通过在商业及个人信贷登记册上备案的方式进行公布,并使用高级管理人员的个人号码。

破产管理人还应在作出决定后30日内,在有关成员国的报纸上刊登法律公告。

第二节　将司法重整和资产清算程序扩大到法人实体的高级管理人员

第189条

在法人实体司法重整或资产清算的情况下,任何高级管理人员在没有破产的情况下如果从事下列行为:

(1)通过中间人或在隐瞒其交易的法人实体的掩护下从事独立的专业、民用、商业、手工业或农业活动,

(2)将法人实体的债权人资产当作自己的资产使用,

(3)为了个人利益,滥用经营亏损,而导致法人停止支付;

则主管法院可以宣布对法人实体的全部或部分债务负有责任且不履行债务的高级管理人员进行重整或资产清算。

第190条

主管法院是宣布对法人财产进行司法重整或清算的法院。

第191条

在针对法人的集体程序(破产)中被承认的债权人,在高级管理人员的重整或资产清算中应自动被承认。该等债务除高级管理人员的个人债务外,还应包括法人实体的个人债务。

第192条

高级管理人员宣布破产的日期不得晚于宣布该法人实体重整或资产清算的决定中所述的日期。

第193条

第188条的规定适用于决定将集体程序(破产)扩大到法人的高级管理人员。

第四编　个人破产和复权(réhabilitation)

第194条

本编的规定应适用于:

(1)从事独立的专业、民用、商业、手工业或农业活动的自然人;

(2)受司法重整或者资产清算程序管辖的法人实体的高级管理人员;

(3)本条第2款所述法人实体的常驻自然人代表。

本条所称法人实体的高级管理人员,是指法律上或事实上的高层管理人员,不论是否有报酬。

第195条

检察官应监督本编各项规定的执行情况,并确保其得到执行。

第一章 个人破产

第一节 个人破产案件

第196条

在资产重整或清算的情况下,主管法院可对下列人员宣布个人破产:

(1)隐匿公司账户,挪用或隐匿公司不存在的部分资产或虚假确认的债务;

(2)通过中间人或在隐瞒其交易的法人实体的掩护下从事独立的专业、民用、商业、手工业或农业活动;

(3)将法人实体的债权人资产当作自己的资产使用;

(4)通过欺诈行为,为自己或公司获得一份后来被取消的和解协议;

(5)违反下文第197条定义的贸易规则和惯例的恶意行为、不可原谅的不当行为或严重罪行。

因欺诈性破产或个人破产而被定罪的法人实体的高级管理人员也应在个人破产中被宣布。

第197条

下列行为视为恶意行为、不可原谅的不当行为或严重违反贸易规则和惯例:

(1)违反统一法或各成员国法律规定的禁令,从事独立的专业、民事、商业、手工艺或农业活动,或履行经理、董事、总裁、首席执行官或清算人的职责;

(2)考虑到债务人公司的重要性,未设立符合行业公认会计规则和惯例的会计制度;

(3)以较低价格进行转售的购买,目的是推迟破产或出于同样的目的使用破坏性做法获取资金;

(4)在没有对价的情况下,代表他人认购在订立时视为对债务人或其业务过于重要的债务;

(5)不正当地继续亏损经营,只能导致债务人破产。

第 198 条

有管辖权的法院可对下列高级管理人员宣布个人破产:

(1)除上文第 197 条所述的明显不称职的行为外,犯有严重不当行为;

(2)未在 30 日内宣布该法人实体破产的;

(3)没有支付他们应承担的公司债务份额。

第 199 条

法人高级管理人员的个人破产剥夺了他们在提起集体程序(破产)的法人会议上的投票权。

这项权利应由法官依职权或应破产管理人或法人团体任何成员的请求指定的代理人行使。

第二节　程　　序

第 200 条

如果破产管理人知道可以证明个人破产的事实,他应立即通知检察官和破产法官,并在 10 日内向他们提交报告。

破产法官应将本报告送交主管法院院长。如果破产管理人没有此类报告,破产法官可自行向主管法院院长报告。

主管法院院长在收到破产管理人或破产法官的报告后,应至少提前 8 日,通过法院执达员的送达或以任何有收据以确定收件人实际收到的方式,应破产法官的要求,债务人或法人团体的高级人员须在有管辖权的法院进行听证,而该法院须在破产管理人在场的情况下举行非公开听证。或由破产法官通过附回执的直接送达或双挂号登记的邮寄送达或有任何书面凭证已收到的其他送达方式传唤他们。报告副本应附于会议通知后,否则无效。

第 201 条

债务人或相关法人团体的高级管理人员必须亲自出席,在有正当理由的情况下,他们可以由具有特别权力并有权在相关法院代表当事人的代表。

如果债务人或法人实体的高级管理人员不出席或没有代表出席,主管法院应按照上文第 200 条规定的相同形式和期限再次传唤他们出席。

如屡次违约,主管法院应作出对其不利裁决。

第 202 条

除犯罪记录外,宣布个人破产的决定也在商事和动产信用登记簿登记。

对于非商业法人的高级管理人员,应在登记册中提及这些决定,同时进行司法重整登记或资产清算。

此外,这些决定应由书记官长根据上文第 37 条规定的条件摘录并在作出决定的法院管辖范围内的法律公报上公布。

第三节　个人破产的效力

第 203 条

宣布个人破产的决定应自动生效:

(1)禁止任何商业行为,即领导、管理或控制具有经济活动的个人企业或任何法律实体;

(2)禁止担任选任公职或担任该公职的候选人;

(3)禁止履行任何行政、法律或专业代表职责。

如果主管法院宣布个人破产,则应确定破产期限,该期限不得少于 6 个月,也不得超过 10 年。

个人破产导致的没收、丧失行为能力和禁令应在指定期限届满时自动停止。

第二章　复　　权

第一节　复权案件

第 204 条

如果根据上文第 178 条规定的条件终止债务,终止债务的决定应导致债务人偿还债务。

为了完全复权,对宣布停止支付的法人团体的债务负有连带责任的成员必须证明他已按照上文第 178 条规定的条件清偿了该法人团体的所有债务,即使他同意了一项特别协议。

第 205 条

如果下列人员的诚信得到认可,可以恢复其权利:

(1)任何从债权人处获得和解协议并已全额支付承诺清偿款的人;

(2)任何证明债权人已同意完全免除其债务或一致同意其恢复权利的人。

下列法人高级管理人员也可以恢复权利:

(1)在上文第 204 条第 1 款所述情况下,已下令司法重整或资产清算并亲自到场的人;

(2)被责令进行司法重整或者资产清算的法人,符合前款第 204 条第 1 款规定的,方可发出个人破产令。

第 206 条

被宣告为个人破产的人,如果在其生前符合上文第 204 条或第 205 条规定的条件,可在其死亡后解除其破产。

第 207 条

因犯罪而被禁止其从事独立的专业、民事、商业、手工艺或农业活动的人,不得恢复其权利。

第二节　程　　序

第 208 条

任何复权的请求应连同收据和证明文件一起提交给宣布个人破产的主管法院院长。

主管法院院长应将请求和所有证明文件转交申请人居住地区的检察官。

主管法院院长和检察官应收集所有可能和有用的信息,以确认有关事实的准确性。

破产管理人应收到相同的文件,并应按照检察官的命令执行相同的任务,并有义务在向其提交该事项之日起 30 日内提交报告。

第 209 条

申请通知通过凭附回执的直接送达、双挂号的邮寄方式和其他任何有书面凭证的送达方式,甚至通过随后的司法裁决,由主管司法管辖区的登记官向每一位承认或公认的债权人发出书面记录。

第 210 条

未按照第 178 条和第 204 条规定的条件全额偿付的任何债权人,在自通知之日起的 1 个月内,可仅通过向法院书记处声明的方式,提出对恢复的反对,并附证明文件。

对方债权人也可以通过向主管法院院长提出申请并通知债务人的方式干预恢复程序。

第 211 条

在上述第 208 条和第 210 条规定的期限届满后,上述调查和报告的结果以及债权人提出的反对意见,应送交受理申请的检察官代表,检察官代表应将其连同书面申请一并送交主管法院。

第 212 条

主管法院应在必要时传唤申请人和反对者,并在非公开听证会上以抗辩的方式听取他们的意见。

第 213 条

如果复权申请被拒绝,则只能在决定被拒绝后 1 年内重新提出。

如获批准,该决定须记入商业及个人信贷登记册。

债务人可酌情将复权的决定通知其专业协会的法律代表,并安排在成员国的法律公报上刊登。

第 214 条

复权程序免征印花税、登记费和任何其他税费。

第三节　复权的效力

第 215 条

被复权的债务人应恢复其因宣布个人破产而被剥夺的所有权利。

第五编　司法重整和资产清算的救济

第 216 条

不得对以下事项提出异议或上诉：

(1)关于聘任或者更换破产法官、聘任或者解聘破产管理人、聘任或者解聘监督员的决定；

(2)主管法院对破产管理人在其权力范围内作出决定提出的申诉作出裁决的,但就索赔和上文第 162 条和第 164 条规定的作出裁决的决定除外；

(3)主管法院根据上文第 111 条最后一款作出的决定；

(4)授权继续经营的决定,但上文第 113 条第 2 款规定的情况除外。

第 217 条

在重整或资产清算事项上作出的决定应具有临时可执行性,尽管存在任何异议或上诉,但确认司法重整和解的决定以及关于个人破产的决定除外。

作为例外情况,在有上诉的情况下,上诉法院院长可应检察官或债务人的请求,并仅在明显违反适用法律的情况下,暂停临时执行下令清算资产的决定。

第 218 条

在预防性和解、司法重整、资产清算和个人破产规定的期限内,不得计算影响其行为、事件或决定的日期和最后一日。

如果期限的截止日是周六、周日或公共假日,则应延长至下一个工作日。在截止日期停止向公众提供服务时,向市政厅或检察官办公室送达通知也应如此。

第 219 条

在收到关于司法重整或资产清算的决定后,如有反对意见,应在收到该决定后 15 日内向书记官长处提出。

需要在有权发布法律公告的报纸上办理发布手续的决定,截止日期仅从最后一次办理手续之日起计算。

针对反对意见的裁决应在 30 日内作出。

第 220 条

如果对法院关于个人破产的裁决有异议,应在该裁决公布后 15 日内,向法院书记处提交反对意见。

债务人或法人的高级管理人员应按照上文第 200 条和第 201 条规定的形式、期限和条件出庭。

针对反对意见的裁决应在 30 日内作出。

第 221 条

除本统一法另有规定外,对司法重整、资产清算或个人破产提起上诉的,应当在判决作出之日起 15 日内提出。

上诉法院应在向书记官长处作出声明后 30 日内,根据书面证据审理上诉。但是,利害关系人可以申请上诉听证;这项请求必须在上诉声明中提出,不得超过规定的时限。

上诉决定应立即执行。

第 222 条

就个人破产而言,破产法官须在 3 日内将所作的决定通知检察官。

检察官可在收到通知后 15 日内对所作决定提出上诉。

检察官的上诉应作为一项声明在作出决定的法院书记处提出。书记官长收到通知后,应将该决定通知债务人和破产管理人。

第 223 条

在个人破产或其他制裁的情况下,债务人或高级管理人员应向上诉法院院长提出请求。

破产管理人应通过向持票人[1]发出附回执的直接送达或双挂号登记的邮寄送达或借书记官长发出的有任何书面凭证已收到的其他送达进行上诉。

〔1〕 持票人:票据权利的享有者,即受款人(票据通常由受款人自己持有),是票据关系的基本当事人;有权向付款人行使付款请求权,在遭拒绝时,可向前手或发票人行使追索权。——译者注

第 224 条

如果一个法律实体的全部或部分债务由该法律实体的一名或多名高级管理人员承担,则应按照上文第 221 条的规定提出上诉。

第 225 条

在任何情况下,上诉法院书记官长应向主管法院书记官长转交一份判决书副本,以便将其记入判决书的空白处,并在必要时采取上文第 202 条规定的公布措施。

第六编　破产和其他犯罪行为

第一章　破产和类似罪行

第 226 条

被判犯有破产罪和类似破产罪的人,应受到各成员国根据《非洲商法协调条约》第 5 条对这些罪行规定的处罚。

第一节　简单破产和欺诈性破产

第 227 条

本节适用于:

(1)第 1-1 条所指的自然人;

(2)商业公司中具有商人身份的合伙人。

第 228 条

每一个处于破产状态的自然人,如果符合下列标准之一,即构成简单破产:

(1)在没有收到价值回报的情况下,作出根据其在签订合同时被认为过于重要的承诺;

(2)意图拖延破产情况而以较低价格购买以转售的,或出于同样意图而使用毁灭性手段获取资金的;

(3)无正当理由,未在 30 日内向主管法院书记官处申报停止支付情况的;

(4)会计核算不完整、不规范,或者没有按照会计准则和公认的行业惯例就债务人的规模进行会计核算的;

(5)如果在5年内三次宣布停止支付,则这些程序因资产不足而终止。

第229条

上文第227条所述的任何自然人,在停止支付的情况下,如有以下情况,即构成欺诈性破产:

(1)隐瞒账目;

(2)挪用或者处分其全部或者部分资产的;

(3)欺诈性地宣称自己对其会计记录、公共行为或私人契约下的承诺或其资产负债表中未欠的款项负责;

(4)违反统一法或成员国任何法律或规章禁止的,从事独立的专业、民事、商业、手工艺或农业活动;

(5)停止支付后,已向债权人支付损害债权人利益的款项;

(6)已根据债权人在破产财产程序中的表决给予债权人特别利益,或已与债权人订立特别和解协议,使债权人从作出启动令之日起从债务人的资产中获得利益。

上述第227条所指的任何自然人,在预防性和解、司法重整或资产清算的集体程序(破产)中如有以下情况,也犯有欺诈性破产:

(1)恶意提交或导致提交损益表或资产负债表或应收账款和债务表或特权和担保人的资产和负债表,不准确或不完整的;

(2)未经主管法院院长授权,实施上述第11条禁止的行为之一。

第二节　与破产有关的罪行

第230条

本节规定应适用于:

(1)上述第1-1条所指法人的高级管理人自然人;

(2)管理法人、上述第1条所指法人的常驻自然人代表。

本条所指的高级管理人员是指在法律上或事实上的所有高级管理人员,以及一般而言,在其法定代表人的掩护下或代替其法定代表人直接或通过代理人管理或清算公司的任何人。

第 231 条

上文第 230 条所指的管理人员,如果以其身份恶意从事下列行为,即构成犯罪:

(1)通过纯粹的偶然操作或虚构操作使用属于法人的资金;

(2)故意拖延公司终止支付的认定,以低于价格购买转售,或者以破坏性手段筹集资金;

(3)意图拖延该法人的停止支付情况,进行购买以期以较低的价格转售,或出于同样的意图,使用毁灭性手段获取资金;

(4)导致该法人代表他人在未收到任何回报的情况下作出承诺,这些承诺在作出时被认为对于该法人过于重大;

(5)依照本法第 228 条第 4 款的规定,不定期或不完整地保存或允许保存法人的账目;

(6)未在 30 日内向主管法院书记处申报法人停止支付的情况。

第 232 条

如果法定代表人或事实上的代表人未能在 30 日内在主管法院的书记处提出正当理由,宣布其停止支付的状态,则其成员对其债务负有无限期连带责任的法人应被判简单破产,或者,如果声明中没有连带成员名单,须注明他们的姓名和住所。

第 233 条

上述第 230 条所规定的高级管理人员有下列行为之一的,应被认定犯有欺诈性破产罪:

(1)隐瞒法人团体的账目簿册。

(2)挪用或隐藏其资产的任何部分。

(3)承认该法人实体未在其账簿中的债务或其通过公共行为或私人契约下的承诺或资产负债表中欠下的款项;承认对其未欠款的法人负责,无论是在记录中,还是在私人签名下的公共行为或承诺,或在资产负债表中。

(4)违反统一法或成员国任何法律或条例规定的禁止从事管理职业。

(5)代表法人团体就其在集体程序(破产)中的表决权与债权人之间的特殊利益作出规定,或与债权人订立特别协议,根据该协议,债权人将从停止支付之日起受益于法人团体的资产,除非本统一法另有规定。

(6)侵吞或隐藏、企图侵吞或隐藏其财产的任何部分,或欺诈性地承认其欠款,将其全部或部分财产从法人团体或其合伙人、成员或债权人的程序中移除。

第230条所指的高级管理人员,如果在集体预防性和解程序中有以下行为的,应被认定犯有欺诈性破产罪:

(1)恶意提交或允许提交不准确和不完整的损益表、资产负债表、债权债务表或优先债权和担保债权;

(2)未经主管法院院长许可,有前款第11条所禁止之行为之一者。

第三节 破产和类似罪行的指控

第234条

刑事管辖权可由检察院或破产管理人提起。

根据上文第72条第1款的规定,也可由两名监督员提起。

第235条

破产管理人有义务向检察院提供所需的文件和资料。

在诉讼过程中,破产管理人的证明文件和所有权凭证必须保存在法院书记处以供查询。

此类查询应在破产管理人的要求下进行,破产管理人可制作文件副本,或要求法院书记官长向其发送原件。

未经法院裁定而提交的文件、证券和文书,应在作出决定后移交破产管理人,破产管理人应当予以签收。

第236条

即使没有根据本统一法规定的条件确定停止支付,也可以宣告简单或欺诈性破产或对与简单或欺诈性破产相关的罪行作出判决。

第237条

检察官提起诉讼的费用,不得由债权人团体负担。

如果定罪,国库只有在司法重整的情况下,在执行和解协议后,或在资产清算的情况下,在债权人团体解散后,才可以对债务人提起追讨费用的诉讼。

第 238 条

破产管理人代表债权人提起诉讼的费用,在解除债务的情况下,由债权人团体承担,在定罪的情况下,应由国库承担,除非国库根据第 237 条第 2 款规定的条件对债务人提起诉讼。

第 239 条

债权人监督员提起诉讼的费用,在解除债务的情况下应由其承担,在定罪的情况下,应由国库承担,除非国库根据第 237 条第 2 款规定的条件对债务人提起诉讼。

第二章　其他犯罪行为

第 240 条

下列行为将受到欺诈性破产的处罚:

(1)在不影响刑法关于共犯的规定的情况下,为债务人的利益,没收或者隐匿债务人的全部或者部分动产或者不动产的;

(2)某人在集体法律程序中以自己的名义、他人名义或化名欺诈性伪造文件的;

(3)以他人名义或者冒充他人从事自营职业、民事、商业、手工业、农业活动,恶意侵占、隐匿,或者企图侵占、隐匿部分财产的。

第 241 条

债务人的配偶、后代、继承人或担保人或其四代以内的亲属和姻亲,在债务人不知情的情况下,转让或接收依赖于债务人已停止支付的资产的票据,应受到各成员国法律为惩治上述罪行而规定的处罚。

第 242 条

虽然在上文第 240 条和第 241 条规定的情况下可以免除责任,但扣押的法院应就损害赔偿和将被没收的财产、权利或诉讼恢复债务人的财产作出裁决。

第 243 条

集体程序(破产)的任何破产管理人如有下列行为,应受到各成员国现行刑法规定的处罚:

(1)以债务人的企业为掩护进行个人活动,掩盖其行为;

(2)将债务人的债权或者财产作为自己的财产使用;

(3)处分债务人的财产;

(4)直接或间接出于自身利益,不正当和恶意地对债务人的业务进行亏损经营;

(5)违反本法第51条规定,直接或者间接以自己的名义取得债务人财产的。

第244条

集体诉讼的任何债权人,除非本统一法另有规定外,否则因下列行为应受到各成员国现行刑法规定的处罚:

(1)与债务人或任何人就其在破产财产程序中的投票权签订特殊利益协议;

(2)订立一项特别和解协议,从该协议中,债务人的资产将从作出启动集体诉讼的决定之日起享有对他有利的利益。

第245条

此外,有关国家的刑事法院应宣布前条规定的协议无效。

如果这些和解协议的撤销是通过民事诉讼进行的,则应将诉讼提交有权启动集体程序(破产)的法院。

债权人有义务将其根据被撤销的和解协议收到的任何款项或清偿款退还给有权获得这些款项或清偿款的人。

特殊利益的撤销不应导致根据本统一法正式缔结的调解协议,预防性和解协议或司法重整协议的无效,但须符合上述第140条的规定。

第246条

在不影响各成员国适用的刑法规定的情况下,根据本编规定作出的任何定罪决定,应由被定罪人自费在有关成员国的法律公报上公布。

第七编　国际集体程序(破产)

第一章　成员国集体程序(破产)的承认和效力

第247条

在可执行的情况下,根据本统一法,在某一成员国领土内作出的启动和结束集体程序(破产)的决定,或者解决上述诉讼引起的争端的决定,以及集体程序(破产)具有法律效力的决定,在其他成员国领土内具有既判力。

本条第 1 款的规定也应适用于成员国主管法院根据本编第二章承认的任何决定。

尽管本条有任何规定,执行措施仍应按要求执行。

第 248 条

破产管理人有义务按照上文第 36 条和第 37 条规定的形式,在任何成员国公布集体程序(破产)相关决定的基本内容,如有必要并公布任命破产管理人的决定,如果这种公布可能有助于法律安全或债权人的利益。

启动集体程序(破产)的主管法院可自行决定同样的公布。

破产管理人还可在必要时,在成员国保存的土地登记册、商事和动产信用登记簿或任何其他公共登记册上公布有关集体程序(破产)的决定。

不履行本条规定的义务的,可以追究破产管理人的民事责任。

第 249 条

主管法院指定的破产管理人可在另一成员国领土内行使本公约赋予他的一切权力,只要在该国未开始其他集体程序(破产)。

破产管理人的任命应通过提交一份经证明与任命破产管理人的决定原件相符的副本或主管法院签发的任何其他证书来确定。可能需要将本文件翻译成破产管理人希望在其领土内履职的成员国的官方语言。

第 250 条

在一成员国主管法院启动破产司法重整或资产清算程序后,债权人以任何手段全部或部分清偿其对债务人位于另一成员国领土内的财产的债权,在不损害保留所有权条款及申索股份的原则下,将其所取得的财产归还破产管理人。

任何人在一成员国领土内为在另一成员国启动集体程序(破产)的债务人实施有利于该债务人的行为,而该行为本应由该集体程序(破产)的破产管理人实施,如果他实施该行为是在上述第 248 条规定的公布措施之前,则应予以免责,除非有证据表明他知道该集体程序(破产)。

第 251 条

承认一成员国主管法院根据本统一法启动的集体程序(破产)的效力,

不应妨碍另一成员国主管法院启动另一集体程序(破产),包括辅助集体程序(破产),只要申请书符合本统一法所规定的所有条件。

上文第1-3条所规定的主要集体程序(破产)的效力应适用于债务人在成员国领土内的所有资产。

上文第1-3条所指的辅助集体程序(破产)的效力应限于债务人在启动该程序的成员国领土内的财产。

上文第1-3条所规定的区域性集体程序(破产)的效力也应限于债务人在启动该程序的成员国领土内的财产。

第252条

主要集体程序(破产)和辅助集体程序(破产)的破产管理人有义务相互提供信息。他们应立即交流可能对其他程序有用的所有信息,特别是提交和核实债权的情况以及旨在结束其所负责的集体程序(破产)的措施。

辅助集体程序(破产)的破产管理人应当及时允许主要集体程序(破产)的破产管理人就辅助集体程序(破产)的结果或者辅助集体程序(破产)资产的使用提出建议。

不履行这些义务将导致破产管理人承担民事责任。

第252-1条

在若干个成员国对同一债务人启动集体程序(破产)的情况下,主管法院应尽可能直接或通过破产管理人进行合作。

第253条

任何债权人都可以在主要集体程序(破产)和任何辅助或区域性集体程序(破产)中提出债权。

主要集体程序(破产)和辅助集体程序(破产)中的破产管理人也有权在另一个集体程序(破产)中提出其指定的程序中已经提出的债权,但债权人有权反对或撤回其提出的债权。

本条规定应适用,但须符合下文第255条的规定。

第254条

只有在主要集体程序(破产)的破产管理人同意后,才能通过预防性和解协议、司法重整和解协议或资产清算终止辅助集体程序(破产)。此类同意应在收到辅助集体程序(破产)的破产管理人发出的通知请求之日起30

日内发出,通知的方式为附回执的直接送达或双挂号登记的邮寄送达或有任何书面凭证已收到的其他送达。

破产管理人在30日内对主要集体程序(破产)保持沉默的,应视为同意。

主要集体程序(破产)的破产管理人只有在确定拟议的解决办法危及其被任命参与的程序中的债权人的经济利益时,才可以拒绝给予同意。

在有争议的情况下,有权终止辅助集体程序(破产)的法院应就预防性和解协议或司法重整或资产清算和解协议作出裁决。

第255条

在一项集体程序(破产)中,债权人因其债权获得清偿款的,只有在同级别的债权人在另一项集体程序(破产)中获得同等清偿款的情况下,才可参加其他集体程序(破产)中的公开分配。

如果一项集体程序(破产)的资产清算允许支付该程序中承认的所有债权,则该程序中指定的破产管理人应立即将剩余资产转让给另一项集体程序(破产)的破产管理人。在多个剩余的集体程序(破产)中,剩余资产应按照每一个此类程序中允许的负债金额的比例分配。

第二章　承认在非洲商法协调组织地区以外提起的集体程序(破产)及其效力

第一节　目的、范围和总则

第256条

本章旨在为处理上文第1-3条所指的外国集体程序(破产)提供有效手段,以促进以下目标:

(1)确保成员国法院和其他主管当局与上文第1-3条所界定的参与外国集体程序(破产)的外国法院和其他主管当局之间的合作;

(2)确保贸易和投资的法律确定性;

(3)公平有效地管理集体程序(破产),以保护所有债权人和包括债务人在内的其他利害关系方的利益;

(4)保护债务人的一切财产,使其价值最大化;

(5)促进困难企业的复苏,以保护投资和就业。

第 256-1 条

本章规定适用于:

(1)外国法院或上文第 1-3 条所界定的外国代表在成员国就外国集体程序(破产)寻求协助;

(2)在外国就根据本统一法提起的集体程序(破产)寻求协助;

(3)外国集体程序(破产)与依本统一法对同一债务人提起的集体程序(破产)同时进行;

(4)外国债权人或其他利害关系方根据本统一法申请启动或参与集体程序(破产)。

本统一法第七编第二章的规定不适用于涉及从事上文第 1-1 条第 2 款所述活动的债务人的集体程序(破产)。

第 256-2 条

如果本章规定与一成员国根据该国与一个或多个其他外国缔结的国际条约或任何其他形式的国际协定所承担的义务发生冲突,根据《非洲商法协调组织条约》应以本章规定为准。

第 256-3 条

本章所述关于承认外国集体程序(破产)及其效力以及与外国法院合作的规定,应属于上文第 3 条、第 3-1 条和第 3-2 条所指的主管法院的管辖范围。

第 256-4 条

在适用的外国法律允许的范围内,任何破产管理人有权在外国根据本统一法启动的集体程序(破产)行事。

第 256-5 条

在该措施明显违背有关成员国的公共政策时,本章的任何规定均不得妨碍主管法院拒绝采取受本章管辖的行动。

第 256-6 条

本章的任何规定均不限制有主管法院或破产管理人在外国集体程序(破产)中向外国代表提供额外协助的权力。

第 256-7 条

在解释本章的规定时,应考虑到本章的国际渊源以及促进统一适用和尊重成员国诚信的必要性。

第二节　外国代表和外国债权人诉诸成员国主管法院

第 256-8 条

外国代表有权直接向成员国法院提出申请。

第 256-9 条

外国代表根据本章向成员国之一的法院提出申请这一事实,不应使该代表或债务人在非洲商法协调组织地区以外的资产或事务因申请中所述以外的任何目的而受成员国法院的管辖。

第 256-10 条

如果启动集体程序(破产)的条件得到满足,外国代表有权根据本统一法申请启动集体程序(破产)。

第 256-11 条

外国集体程序(破产)一经承认,外国代表有权参加根据本统一法启动的涉及债务人的任何集体程序(破产)。

第 256-12 条

在不违反本条第 2 款规定的情况下,居住在外国的债权人在根据本统一法启动和参与集体程序(破产)方面,应享有与居住在任何成员国的债权人相同的权利。

本条第 1 款不影响根据本统一法提起的集体程序(破产)中第 166 条和第 167 条所述债权的优先权,也不排除外国税收和公司债权。

第 256-13 条

在根据本统一法启动的集体程序(破产)中,必须向居住在一成员国的债权人发出的任何通知,也必须向居住在外国的已知债权人发出。根据本统一法启动集体程序(破产)的主管法院可命令采取适当措施通知地址不详的债权人。

尽管本统一法有任何规定,前款所指的通知应单独发给居住在外国的债权人,除非根据本统一法启动集体程序(破产)的法院根据情况认为,另一种形式的通知更为合适,不需要调查委托书或其他类似的手续。

如果必须向居住在外国的债权人发出集体程序(破产)通知,通知必须:

(1)指明第 78 条规定的提出债权的期限,并指明提出债权的地点;

(2)声称有担保的债权人应证明该有担保债权;

(3)载有根据本统一法和主管法院的决定向债权人发出通知所需的任何其他信息。

第三节　承认外国集体程序(破产)和现有措施

第 256-14 条

外国代表可向上文第 3、3-1、3-2 条所指的主管法院申请承认其被任命为代表的外国集体程序(破产)。

申请承认必须附下列文件:

(1)启动外国集体程序(破产)和指定外国代表的决定的核证副本;

(2)外国法院关于启动外国集体程序(破产)和指定外国代表的证明;

(3)在没有本条第 1、2 款所述文件的情况下,为启动外国集体程序(破产)和指定外国代表提供的任何其他证据,这些证据可由上文第 3、3-1、3-2 条所指的主管法院接受。

承认申请还应附一份声明,说明外国代表所知的与债务人有关的所有外国集体程序(破产)。

为支持承认本条的请求而提供的所有文件均应以有关成员国的一种或多种官方语言起草或翻译。

第 256-15 条

尽管本章有任何规定,受理承认外国集体程序(破产)申请的主管法院可考虑本条规定的推定。

特别是,如果第 256-14 条所指的决定或证书的核证副本表明,外国程序是上文第 1-3 条所界定的外国集体程序(破产),而且该程序的代表是外国代表,根据第 1-3 条的定义,主管法院可假定情况就是这样。

主管法院也有权假定为支持承认外国集体程序(破产)的申请而提交的

文件是真实的,不论这些文件是否经过认证。

除非另有证明,否则,就法人而言,债务人的注册办事处或个人的惯常居住地应推定为债务人主要利益的中心。

第 256-16 条

除下文第 256-5 条另有规定外,在下列情况下,应承认外国集体程序(破产):

(1)它是第 1 条第 3 款所界定的外国集体程序(破产);

(2)申请承认的代表是第 1-3 条所界定的外国代表;

(3)申请符合第 256-14 条第 2 款的要求;

(4)申请已提交第 256-3 条所指的主管法院;

承认外国集体程序(破产):

(1)如果在债务人主要利益中心所在的外国进行,则作为外国主要集体程序(破产);

(2)如果债务人在外国有上文第 1-3 条所界定的营业地,则作为外国非主要集体程序(破产)。

申请承认外国集体程序(破产)的决定应在短时间内作出。

如果承认外国集体程序(破产)的理由似乎完全或部分不存在或已经不存在,第 256-13~256-17 条的规定不应阻止修改或停止承认外国集体程序(破产)。

第 256-17 条

自申请承认外国集体程序(破产)之日起,外国代表应立即通知主管法院:

(1)承认的外国集体程序(破产)的地位或外国代表的任命地位发生重大变化;

(2)已提请债务人注意的与债务人有关的任何其他外国集体程序(破产)。

第 256-18 条

从向主管法院提出承认外国集体程序(破产)的申请之日起至作出承认决定之日止,如果迫切需要采取措施保护债务人的资产或债权人的利益,主管法院可应外国代表的请求采取下列临时措施:

(1)禁止或中止针对债务人资产的强制执行措施,包括任何法外强制执行措施;

(2)将债务人位于主管法院领土内的全部或部分资产的管理或变现委托给外国代表或其指定的破产管理人,以便在这些资产因其性质或其他情况而易腐,容易贬值或受到威胁时保护和保全其价值;

(3)批准下文第256-20条第1款第3项、第4项和第7项所述的所有措施。

除非根据下文第256-20条第1款第6项予以延长,否则根据本条给予的措施应在对承认外国集体程序(破产)的申请作出决定后立即停止。

如果这些措施可能妨碍外国主要集体程序(破产)的管理,主管法院可拒绝给予本条所述措施。

第256-19条

自决定承认外国主要集体程序(破产)之日起:

(1)禁止启动针对债务人资产、权利或义务的个人司法和法外诉讼、程序或强制执行程序,并暂停继续此类诉讼、程序和强制执行程序;

(2)禁止或者中止对债务人资产采取司法或者法外强制执行措施;

(3)转让债务人资产、在该资产上设定担保权或以其他方式处分该资产的权利应中止。

本条第1款所述禁止和中止措施的范围、修改或终止,应以本统一法规定的任何其他规定为准。

本条第1款第1项的规定不影响启动个人司法和非司法行动、程序或执行措施的权利,只要这是维护债务人的债权所必需的。

本条第1款不影响根据本统一法申请启动集体程序(破产)的权利或在这种程序中提出债权的权利。

第256-20条

如果有必要保护债务人的资产或债权人的利益,主管法院可自决定承认外国主要或非主要集体程序(破产)之日起,应外国代表的请求,准予采取任何适当措施,包括:

(1)在上述第256-19条第1款第1项规定的禁止或中止范围内,禁止或中止与债务人的资产、权利或义务有关的诉讼、程序、强制执行和个人司法和法外程序；

(2)禁止或中止对债务人资产的司法和法外执行措施，如果这种禁止或中止不是根据上文第256-19条第1款第2项作出的；

(3)中止转让债务人资产、在该资产上设定担保权或以其他方式处分该财产的权利，如果该权利尚未根据上文第256-19条第1款第3项中止；

(4)讯问证人，收集证据或者提供与债务人的资产、业务、权利或者义务有关的资料；

(5)委托外国代表或该管辖区指定的任何其他人管理或强制执行债务人在主管辖区内的全部或部分资产；

(6)延长根据上文第256-18条第1款给予的措施；

(7)批准破产管理人根据本统一法案可能采取的任何其他行动。

自决定承认外国集体程序(破产)之日起，主管法院可以根据外国代表的请求，委托分配债务人在法院领土内的全部或部分资产，且对外国代表或其指定的破产管理人有管辖权。

在根据本条向外国非主要程序的外国代表给予救济时，主管法院应确保所给予的救济与根据本统一法应在外国非主要程序中管理的资产有关，或救济与该程序所要求的信息有关。

第256-21条

根据上文第256-18条或第256-20条给予或拒绝任何救济，或更改或终止根据本条第3款给予的救济，主管法院必须确保债权人和包括债务人在内的其他利害关系人的利益得到充分保护。

主管法院可对根据上文第256-18条或第256-20条给予的任何措施附加其认为适当的条件。

主管法院应外国代表或因根据第256-18条或第256-20条给予的任何措施而受害的任何自然人或法人的请求，或依职权行事，可修改或终止该措施。

第256-22条

自决定承认外国集体程序(破产)之日起，外国代表有权根据第67条及以下规定提起所有确认无效诉讼。

如果外国集体程序(破产)是外国非主要集体程序(破产)，主管法院必须确保该诉讼涉及根据本统一法应在该程序中管理的资产。

第 256-23 条

自决定承认外国集体程序(破产)之日起,如果本统一法规定的条件得到满足,外国代表可介入债务人为当事方的任何集体程序(破产)。

第四节　与外国法院和外国代表的合作

第 256-24 条

主管法院应尽可能直接或通过破产管理人与外国法院或外国代表合作。

主管法院有权直接与外国法院或外国代表联系,或直接要求他们提供资料或协助。

第 256-25 条

破产管理人在履行职责时,在主管法院的监督下,应尽可能与外国法院或外国代表合作。

破产管理人也有权直接与外国法院或外国代表联系。

第 256-26 条

上文第 256-24 条和第 256-25 条所述的合作可通过任何适当手段进行,特别是:

(1)按照主管法院的指示任命个人或机构;

(2)以主管法院认为适当的任何方式提供信息;

(3)协调管理和监督债务人的资产和事务;

(4)任何法院批准或执行关于协调集体程序(破产)的和解协议;

(5)协调涉及同一债务人的平行集体程序(破产)。

第五节　平行集体程序(破产)

第 256-27 条

在承认外国主要集体程序(破产)后,只有在债务人在该成员国处分资产的情况下,才可在承认该外国集体程序(破产)的成员国根据本统一法启动集体程序（破产）。

根据本统一法启动的集体程序（破产）的效力应限于债务人位于该国的财产。必要时，为实施上文第256-24～256-26条所述的合作与协调措施，根据本统一法，债务人的其他资产也应在本程序中进行管理。

第256-28条

如果外国集体程序（破产）和根据本统一法申请启动的集体程序（破产）同时针对同一债务人进行，主管法院应确保上文第256-24～256-26条所述的合作与协调，根据以下条件：

（1）当集体程序（破产）已经在一成员国启动，同时申请承认外国集体程序（破产）的：

（a）根据上文第256-18条或第256-20条采取的任何措施应符合成员国根据本统一法启动的集体程序（破产）；

（b）如果外国集体程序（破产）被主管法院承认为外国主要集体程序（破产），则上述第256-19条不适用。

（2）如果集体程序（破产）是在承认外国集体程序（破产）之后或在提出承认该程序的请求之后在成员国启动的：

（a）根据上文第256-18条或第256-20条采取的任何措施，应由主管法院审查。如果这些措施不符合根据本统一法启动的集体程序（破产），则主管法院应予以修正或撤销；

（b）如果外国集体程序（破产）是外国主要集体程序（破产），上文第256-19条第1款所指的禁止和中止措施，如不符合主管法院提起的集体程序（破产），应根据第256-19条第2款予以修正或撤销。

（3）主管法院在授予、延长或修改给予外国非主要集体程序（破产）外国代表的措施时，必须确保该措施涉及根据本统一法应在外国非主要集体程序（破产）中管理的资产，或该措施涉及该程序所需的信息。

第256-29条

如果对同一债务人启动了若干个外国集体程序（破产），主管法院应确保上文第256-24～256-26条所述的合作与协调，根据以下条件：

（1）根据上文第256-18～256-20条，在承认外国主要集体程序（破产）后，对外国非主要集体程序（破产）的外国代表给予的任何措施，必须符合外

国主要集体程序(破产);

(2)在承认外国非主要集体程序(破产)或在提出承认此类集体程序(破产)的申请后,承认外国主要集体程序(破产)的,根据上文第256-18条或第256-20条采取的任何措施,如不符合外国主要集体程序(破产),应由主管法院审查,并予以修正或撤销;

(3)如果在承认一项外国非主要集体程序(破产)后,另一项外国非主要集体程序(破产)也得到承认,主管法院应授予、修改或实际停止为便利协调平行集体程序(破产)而批准的措施。

第256-30条

除非另有证明,为根据本统一法启动破产司法重整或资产清算程序,对主要外国集体程序(破产)的承认应证明债务人破产。

第256-31条

在不损害附担保债权持有人的权利的情况下,债权人已经根据外国破产法或启动的集体程序(破产)中获得其债权部分清偿的,在根据本统一法启动的涉及同一债务人的集体程序(破产)中,只要给予同一级别的其他债权人的支付按比例低于外国司法管辖已经支付给该债权人的款项,则不得就同一债权获得付款。

第八编　过渡条款和最终条款

第257条

本统一法废除1998年4月10日通过的《债务清偿集体程序(破产)统一法》,仅适用于该法生效后启动的集体程序(破产)。

第258条

本统一法应自通过之日起60日内在非洲商法协调组织和成员国官方公报上公布。根据《非洲商法协调条约》第9条,自本法在非洲商法协调组织官方公报上公布之日起90日生效。

仲裁统一法

非洲商法协调组织部长委员会，

考虑到 1993 年 10 月 17 日在路易港签署，2008 年 10 月 17 日在魁北克修订的《非洲商法协调条约》，特别是其中的第 8 条、第 21~26 条和第 39 条；

考虑到司法与仲裁共同法院 2017 年 10 月 5 日和 6 日第 4 号意见；

经审议后，出席并参加表决的成员国一致通过如下统一法：

第一章　适用范围

第 1 条

本法适用于任何仲裁庭所在地位于非洲商法协调组织成员国内的仲裁。

第 2 条

任何自然人或法人均可就其可自由处置的任何权利提起仲裁。

不论合同的法律性质如何，国家、其他地方公共机构、公共实体和任何其他受公法管辖的法人也可以是仲裁的当事方，而不能援引本国法律来反对争议的可仲裁性、提交仲裁的能力或仲裁协议的有效性。

第 3 条

可以根据仲裁协议提起仲裁，也可以根据与投资相关的协议，尤其是投资法规或双边、多边投资协定提起仲裁。

第 3-1 条

仲裁协议可以是(主合同内的)仲裁条款或提交仲裁的协议。

仲裁条款是双方当事人同意将由合同关系导致的或基于合同关系产生的争议提交仲裁的协议。

提交仲裁的协议是双方当事人同意将现有纠纷提交仲裁的协议。

仲裁协议必须以书面形式或能证明其存在的任何其他形式订立,特别是通过参照规定有此类协议的某一文件。

第4条

仲裁协议应当独立于主合同。

主合同无效,不影响仲裁协议的效力。仲裁协议应当根据当事人的共同意思进行解释,不参照国内法。

在任何情况下,当事双方可经合意诉诸仲裁,即使某一国家司法机关的诉讼程序已在审理之中。

第二章　仲裁庭的组成

第5条

仲裁员的职责只能由自然人履行。

仲裁庭应当由一名独立仲裁员或三名仲裁员组成。当事人没有约定的,仲裁庭应当由一名独任仲裁员组成。

第6条

仲裁员的聘任、撤销或者更换应当按照当事人的约定进行。

虽有本法第5条第2款的规定,但双方当事人同意指定两名仲裁员时,仲裁庭应由双方当事人共同选定的第三名首席仲裁员共同组成。

对首席仲裁员的选任,当事人不能达成一致意见的,由选定的仲裁员决定。如果后者仍无法达成一致意见,则由成员国的主管司法机构指定仲裁员。如果某一仲裁员被当事人要求回避、丧失行为能力、死亡、辞职或被撤销而需要作出新的指定时,则应遵循同样的程序。

当事人之间对于仲裁员的聘任程序无约定,或约定不明时:

(1)在采用三名仲裁员组成仲裁庭的情况下,双方当事人应各自指定一名仲裁员,并由被指定的两名仲裁员指定第三名仲裁员;如果一方当事人在收到另一方当事人的仲裁请求后30日内未能指定一名仲裁员,或如果两名仲裁员未能在指定后30日内就第三名仲裁员达成一致,则应一方当事人的请求,由成员国的主管司法机构指定。

(2)在采用独任仲裁员仲裁的情况下,如果双方当事人不能就仲裁员的选择达成一致意见,则应一方当事人的请求,由成员国的主管司法机构指定该仲裁员。

主管司法机构指定仲裁员的决定应在当事人向该机构申请后15日内作出,除非该司法机构所在成员国的法律规定了更短的期限。本决定不得被提起上诉。

第7条

接受委托的仲裁员应以任何形式的书面方式将其接受委托的情况告知双方当事人。

仲裁员应当履行职责直至仲裁结束,除非能证明有履职受到阻碍或应当辞职的正当理由。

仲裁员应充分行使其民事权利,并应保持对双方当事人的独立和公正。

仲裁员候选人应将可能对其独立性和公正性产生合理怀疑的任何情况告知双方当事人,只有在双方当事人一致书面同意的情况下,才能接受其任命。

仲裁员自被指定之日起,在程序进行期间,应向双方当事人披露任何此类情况。

第8条

如果对仲裁员的回避发生分歧,而且双方当事人没有就回避程序达成一致意见,成员国的主管司法机关应在听取双方当事人和仲裁员的意见或在他们被适当通知后不迟于30日作出决定。如果主管司法机关未能在上述期限内作出决定,则应撤销其管辖权,最勤勉的一方当事人可向司法与仲裁共同法院提出回避申请。

如果主管司法机关作出驳回该申请的决定,当事人只可以向司法与仲裁共同法院上诉。

试图援引回避理由的当事人应当在发现引起回避申请的事实后30日内提出该理由。

对仲裁员的回避申请只有基于其被任命后所知悉的理由才能被接受。

除非当事人之间另有协议,否则在某一仲裁员被撤职或因其他原因辞职时,将根据委任该仲裁员时所适用的规则委任一名替换的仲裁员。如果某一仲裁员经双方当事人一致同意被撤职或在任何其他情况下被撤职，也应遵循同样的程序。

第三章 仲裁程序

第8-1条

如果当事人之间约定了仲裁程序前置的和解程序，仲裁庭应当根据一方当事人要求检查条件是否满足，并根据具体情况裁定该程序是否已经完结。

如果该和解程序尚未启动，仲裁庭应当将仲裁程序暂停一段其认为适当的时间，以便当事人发起和解程序。

如果这一和解程序已经有效启动，仲裁庭应在适当的情况下指出双方的和解已经失败。

第9条

双方当事人应受到平等对待，并应给予每一方充分陈述其案情的机会。

第10条

当事人约定向仲裁机构申请仲裁的，视为当事人约定适用该机构的仲裁规则，但当事人明确约定不适用该机构仲裁规则的除外。

仲裁程序应自一方当事人启动仲裁庭组成程序之日起开始。

第11条

仲裁庭有权单独就其自己的管辖权以及与仲裁协议的存在或有效性有关的任何问题作出裁决。

对仲裁管辖权的任何异议均应在就案情实质进行抗辩之前提出，除非其所依据的事实是在之后被披露的。

仲裁庭可在处理案情实质的裁决中或在受撤销诉讼制约的部分裁决中就自己的管辖权作出决定。

第12条

仲裁协议未规定期限的，仲裁庭的委托期限不得超过自最后一名仲裁员接受指定之日起6个月。

仲裁的法定或约定期限可经当事各方同意，或应当事一方或仲裁庭的请求,或经成员国的主管司法机构延长。

第 13 条

根据仲裁协议由仲裁庭审理的争端提交国家法院审理时,如当事一方提出请求,国家法院必须宣布它对该争端没有管辖权。

如果仲裁庭尚未受理案件,或仲裁请求尚未被提出,成员国法院也应宣布自己无管辖权,除非仲裁协议明显无效或对案件明显不适用。在这种情况下,主管司法机构应在最多 15 日内就其管辖权作出最终决定。对该裁决的上诉只能根据《司法与仲裁共同法院程序规则》向司法与仲裁共同法院提起。

在任何情况下,成员国的主管司法机构不得自行宣布自己没有管辖权。

但是,仲裁协议的存在并不排除成员国法院应当事一方的请求,在发生公认和理由充分的紧急情况时,下令采取临时措施或保全措施,只要这些措施并不意味着对案件的实质问题进行审查,而只有仲裁庭才有权审理实质问题。

第 14 条

双方当事人可以直接或援引仲裁规则决定仲裁进行的程序,也可以通过合意选择程序法来决定仲裁程序。

当事人没有约定的,仲裁庭可以按照其认为适当的方式进行仲裁。

当事人对于自己提出的主张负有举证义务。

双方当事人在进行诉讼程序时应迅速和忠实地采取行动,并应避免任何拖延行动。

在没有提出正当理由的情况下:

(1)申请人未提出仲裁请求的,仲裁庭应当终止仲裁程序;

(2)被申请人未提交答辩的,仲裁庭应当继续仲裁程序,但不认为这一行为本身是对申请人的主张的认可;

(3)一方当事人未能出庭或递交文件的,仲裁庭可以继续审理,并根据所收到的证据作出仲裁决定。

仲裁庭可以要求当事人对事实作出解释,并以法律上可接受的任何方式向仲裁庭提交其认为解决争议所必需的证据。

除非双方当事人已经讨论过,否则仲裁庭不得在其裁决中保留双方当事人提出的论据、解释或文件。[1]

未经事先邀请各方当事人提出意见，仲裁庭不得以自己提出的证据为裁决依据。

如果取证需要司法机关的协助，仲裁庭可以自行或应请求向该成员国的主管司法机构寻求协助。

一方当事人明知其应当迅速对不合规的情形提出异议却未提出，而继续进行仲裁的，视为放弃其提出异议的权利。

除非当事人另有约定，仲裁庭有权裁定任何与核实文件真实性有关的附带请求。

必要时，仲裁庭可以根据当事人的请求或者在征询当事人的意见后，指定一名或者数名专家就其确定的特定问题进行报告和开庭审理。

仲裁庭还可以应任何一方的请求，下令采取临时措施或保全措施，但保全扣押和仍属国家司法机关管辖的司法担保除外。

第 15 条

仲裁庭应适用当事人双方预先选择的适用于实质争端的法律，并就争端作出实质裁决。当事人未有此类选择时，仲裁庭应根据具体情况在考虑国际贸易惯例后，适用其认为最适当的规则。

在双方当事人授权的前提下，仲裁庭也可以作为友好和解人作出决定。

第 16 条

仲裁程序应在仲裁庭作出终局裁决后结束。

仲裁程序也可以在仲裁庭发出结案令后终止。

有下列情形之一的，仲裁庭可以发出结案令：

（1）申请人撤回其请求。除非被申请人提出异议，而且仲裁庭承认最终解决争端有其正当利益。

（2）当事人一致同意终止程序。

（3）仲裁庭认定已不必要或不可能继续进行仲裁程序。

（4）初始或延长的仲裁期限已届满。

（5）当事人承认对方的权利要求、退出程序或和解。

---

〔1〕 这些证据只有在双方当事人都能够参与讨论的情况下，才能够被用于仲裁，以保障双方当事人对证据的知晓和辩论的权利。不能是一方提出证据，不经过质证就直接被使用。——译者注

第 17 条

仲裁庭应确定最终审议案件的日期。

在此日期之后,不得提出其他请求或提出其他意见。

除非经仲裁庭明确提出书面要求,否则不得发表评论,也不得提交任何文件。

第 18 条

仲裁庭的评议应当保密。

第四章 仲裁裁决

第 19 条

裁决书应当按照当事人约定的程序和形式作出。

当事人没有约定的情况下,仲裁庭由三名仲裁员组成时,裁决应以多数票作出。

当事人在仲裁程序中和解的,可以请求仲裁庭根据和解的内容作出裁决。该裁决具有与任何其他裁决相同的地位和效力,使争端得以结束。

第 20 条

除裁决书主文外,仲裁裁决还应当包括:

(1)作出裁决的仲裁员的姓名;

(2)日期;

(3)仲裁庭所在地;

(4)当事人的姓名、商号以及总部或注册办事处;

(5)视情况而定,律师或任何代理或协助当事人的任何人的姓名;

(6)各方当事人对诉求的陈述、申辩和辩论以及仲裁程序的记录。

裁决书必须写明裁决所根据的理由。

如果仲裁庭已获当事人对其作为友好和解人进行裁决的授权,则应提及这一点。

第 21 条

裁决书应由全部仲裁员署名。

但如果少数仲裁员拒绝在裁决书上署名,则应提及该拒绝,并且裁决的效力与所有仲裁员在裁决书上署名相同。

第 22 条

仲裁裁决解除了仲裁庭对争端的管辖权。

但仲裁庭有权对裁决进行解释,或纠正影响裁决的重大错误和遗漏。

如果遗漏了申请人在仲裁程序中提出而仲裁庭未作决定的请求,仲裁庭可以作出补充裁决。

在上述一个或其他情况中,必须在收到裁决书之日起 30 日内提出请求。仲裁庭必须在 45 日内作出补充裁决。

如果仲裁庭不能再次召开,则应由成员国的主管司法机构作出决定。

第 23 条

仲裁裁决一经作出,即具有对其所解决的争议所产生的既判力。

第 24 条

仲裁庭可以依申请准予采取临时执行措施;也可以驳回该请求,但应当说明原因。

第五章　对仲裁裁决的救济

第 25 条

仲裁裁决是终局的,当事人不得以事实或法律理由提出上诉。

当事人可以向成员国的有管辖权的司法机构提出撤销仲裁裁决的申请。

但当事各方可以同意放弃对仲裁裁决的撤销申请,只要该裁决不违反国际公共政策。

成员国主管司法机构作出关于撤销仲裁裁决的决定后,当事人只能就法律问题向司法与仲裁共同法院提出上诉。

如果仲裁裁决损害第三方当事人的权利,则该第三方当事人可在没有仲裁的情况下在对案件本应有管辖权的成员国法院对仲裁裁决提起异议。

如果发现可能对争端的解决具有决定性影响的事实,而且在作出裁决之前,仲裁庭和请求修改裁决的一方当事人均不知道该事实,则该当事人可以向仲裁庭提出再审请求。当仲裁庭无法重组时,再审请求将提交给在没有仲裁的情况下本应有管辖权的成员国的司法机构。

第26条

只有在下列情形出现时,才可以撤销仲裁裁决:

(1)仲裁庭在没有仲裁协议的情况下作出裁决,或依据无效的或过期的仲裁协议作出裁决;

(2)未按程序组成仲裁庭或指定独任仲裁员;

(3)仲裁庭未按当事人的仲裁请求作出裁决;

(4)没有遵守适正当程序原则;

(5)仲裁裁决违反国际公共政策;

(6)仲裁裁决未说明所依据的理由。

第27条

仲裁裁决作出后,当事人就可以提出撤销申请。自当事人收到仲裁裁决之日起一个月内未提出该申请的,将不再受理。

主管司法机构应在受理案件后3个月内作出决定。如该司法机构未能在此期限内作出决定,则它不得对案件进行管辖,相关诉讼可在此后15日内向司法与仲裁共同法院提起诉讼。

司法与仲裁共同法院必须在受理后最长6个月的期限内作出决定。

在这种情况下,《司法与仲裁共同法院程序规则》规定的最后期限应减半。

第28条

除非仲裁庭已作出仲裁裁决的临时执行令,否则当事人申请撤销裁决后,仲裁裁决应暂停执行,直至成员国的主管司法机构或司法与仲裁共同法院视情况作出判决之时为止。

成员国主管司法机构也应有权对有关临时执行令的争端作出判决。

第29条

在仲裁裁决被撤销的情况下,除非原裁决是仲裁庭在没有仲裁协议或仲裁协议无效或已过期这一情况下作出的,否则最勤勉的一方当事人如有此意愿,可根据本《仲裁统一法》启动新的仲裁程序。

第六章　仲裁裁决的承认与执行

第 30 条

仲裁裁决仅应根据成员国主管司法机构发布的仲裁裁决执行令予以执行。

第 31 条

对仲裁裁决的承认和执行应以依赖该裁决的一方当事人证明仲裁裁决的存在为前提。

当事人应出示裁决书正本,并附仲裁协议或能证明其真实性的文件的副本,以证明仲裁裁决的存在。

如果这些文件不是用裁决执行地的官方语言书写的,当事人应提交一份经在该国所设专家名册上注册的翻译人员认证的译文。

如果裁决明显违反有关国际公共政策的规则,则应拒绝承认和执行。

受理承认或执行仲裁裁决请求的成员国司法机关应在收到请求之日起 15 日内作出决定。在此期限结束时,如果该司法机关没有作出决定,则应推定该国对仲裁裁决已授予执行令。

如上所述,如果执行令被授予,或主管司法机关未在 15 日内作出决定,最勤勉的一方可请求该成员国的首席书记官或主管当局在裁决书正本上盖上正式执行令印章。此举与执行令申请的程序并不冲突。

第 32 条

对于成员国主管司法机构拒绝授予执行令的决定,只能就法律问题向司法与仲裁共同法院提出上诉。

不得对授予仲裁裁决执行令的决定提起上诉。

然而,在规定期限内在成员国主管司法机构提起的撤销仲裁裁决的诉讼应自动取消针对授予执行令的决定提起的上诉。

第 33 条

撤销仲裁裁决诉讼的驳回,将自动使仲裁裁决和授予执行令的决定生效。

第 34 条

根据不同于本法规定的规则作出的仲裁裁决,应根据可能适用的国际公约规定的条件在各成员国予以承认。在没有国际公约的情况下,应根据与本统一法规定的相同的条件,在各成员国予以承认。

第七章　附　　则

第 35 条

本《仲裁统一法》应为各成员国的仲裁法。

它只适用于在其生效后开始的仲裁程序。

第 36 条

本统一法废除了 1999 年 3 月 11 日颁布的《仲裁统一法》,应在获得批准后 60 日内在非洲商法协调组织官方公报上公布。它还将在各成员国官方公报上公布。

本法应在非洲商法协调组织官方公报公布 90 日后生效。

2017 年 11 月 23 日订于几内亚首都科纳克里

调解统一法

非洲商法协调组织部长委员会，

考虑到1993年10月17日在路易港签署，2008年10月17日在魁北克修订的《非洲商法协调条约》，特别是其中的第2条、第8条、第21~26条和第39条；

考虑到2017年3月30日关于非洲商法协调化方案的第09/2017/CM/OHADA号决定；

考虑到司法与仲裁共同法院2015年10月5日和6日第5号意见；

经审议后，出席并参加表决的成员国一致通过如下统一法：

第一章　定义及适用范围

第1条：定义

就本统一法而言：

（1）"调解"一词，不论其名称如何，均系指当事各方请求第三方协助其就因法律或合同关系而产生的，或与此种关系有关的涉及自然人或法人，包括公共机构或国家的争端、对抗关系或分歧达成友好解决的任何程序；

（2）"调解员"一词系指被请求进行调解的任何第三方，而不论该第三方在有关条约成员国的名称或职业。

当事人可以应国家法院（司法调解）、仲裁庭或有管辖权的公共实体的请求或邀请进行调解（常规调解）。

调解可以是临时调解，也可以是机构调解。

第2条：适用范围

本统一法适用于调解。但是，本法不适用于法官或仲裁员在司法或仲裁程序中试图直接促成与当事各方达成和解的案件。

第二章 调解程序

第3条:机构调解

当事人向调解机构寻求调解服务,应当默认其接受该调解机构的调解规则。

第4条:调解程序的开始

调解程序自最勤勉的一方当事人履行书面或者口头调解协议之日起开始。

如果在没有协议的情况下,发起调解邀请的一方在对方收到邀请书之日起15日内,或在其中规定的任何其他期限届满时,没有收到对其书面邀请的接受,则视为对方拒绝调解。

国家法院或仲裁庭经与当事各方达成一致,可中止程序并将案件提交调解。在这两种情况下,国家法院或仲裁庭应确定诉讼中止的期限。

除当事人另有约定外,调解程序的开始应当中断诉讼时效。调解过程中未达成调解协议的,诉讼时效期间自调解过程结束之日起重新计算,但不得少于6个月。

第5条:调解员人数和指定

调解员由双方当事人共同选定。

对于调解员的指定,当事人可以要求任何自然人或法人提供协助,特别是被称为"指定机构"的提供调解服务的中心或机构。

为此目的,一方可请求指定机构推荐具有所需素质和技能的人员担任调解员。

当事人也可以约定由指定机构直接指定调解员。

在推荐或任命调解员时,指定机构应考虑到确保指定独立、公正的调解员。在适用的情况下,应考虑任命一个与当事各方国籍均不同的人,特别是当事各方国籍不同时。

当一个人被指定为调解员时,其必须报告任何可能对其公正性或独立性产生合理怀疑的情况。调解员在被任命时以及在整个调解过程中,必须毫不拖延地向各方披露任何可能对其公正性或独立性产生合理怀疑的新情况。

第 6 条:调解员的任命

调解员在接受任命时,应以书面形式确认其独立性和公正性,以及是否可以开展调解程序。

如果调解员在其任命后向双方当事人透露可能对其公正性或独立性产生合理怀疑的新情况,调解员应告知他们有权提出回避申请。

如果当事一方因此拒绝进行调解,调解员的职务终止。

第 7 条:调解的进行

当事各方可自由商定进行调解的方式,包括参照的调解规则。

在没有达成任何此类协议的情况下,调解员应根据案件的具体情况、当事各方的意愿以及迅速解决争议的必要性,酌情进行调解。

无论如何,调解员应尽职尽责地履行其职责,并确保在进行调解时公平对待双方当事人,因此,应考虑到案件的具体情况。

调解员不得将争端的解决方案强加给各方。然而,在调解的任何阶段,调解员可根据各方的要求和其认为最适合争端情况的方法,提出解决争端的建议。

经征询当事人意见后,调解员可以邀请当事人指定专家提出技术意见。

第 8 条:调解的指导原则

调解员和在成员国设立的任何提供调解服务的机构应遵循以下原则:尊重当事人的意愿、调解员的道德操守、独立性和公正性、调解程序的保密性和效率。调解员应确保设想的解决方案在尊重公共政策规则的同时,真正反映各方的意愿。

第 9 条:调解员与当事人之间的交流

调解员可以单独或者共同会见当事人,也可以与当事人进行沟通。如果调解员希望单独与一方当事人和/或其律师会面或单独讨论,调解员应事先或在与一方当事人和/或其律师单方面会面或讨论后尽快通知其他当事人和/或其律师。

如果调解员从一方当事人处收到有关争议的信息,他/她可以向其他调解员披露该信息。但是,一方当事人向调解员提供的信息明确要求必须保密的情况下,不得向其他调解员透露该信息。

第10条:保密

与调解程序有关的所有信息应予保密,除非当事人另有约定,法律规定或为履行或执行调解达成的协议而必须披露这些信息。

第11条:其他程序中的证据的可采性

调解程序的当事方、调解员或第三方,包括与调解程序管理有关的当事方,均不得在任何仲裁或法律程序或任何类似程序中援引或提交下列任何证据,也不得就此证据作证:

(1)一方当事人发出的调解邀请或一方当事人愿意参加调解程序的事实,除非一方当事人必须证明有协议存在或已根据本统一法第4条发出启动调解程序的邀请;

(2)一方当事人在调解过程中就解决争端的可能性表达的意见或提出的建议;

(3)一方当事人在调解过程中所作的声明或者认可的事实;

(4)调解员或一方当事人提出的建议;

(5)一方当事人提及其愿意接受调解员或另一方当事人提出的和解提议;

(6)专为调解进程起草的文件。

不论相关信息或证据的形式或材料如何,本条第1款应适用。

仲裁庭、国家法院或任何其他主管公共当局不得下令披露本条第1款所提及的信息。

如果此类信息违反本条第1款规定而被作为证据提出,这些证据应不予采信。但是,在法律要求的范围内,或者在履行或执行调解达成的协议所必需的范围内,这些信息可以作为证据予以披露或允许。

不论仲裁程序或法律程序或任何类似程序是否与调解程序的目的有关,本条第1款、第2款和第3款的规定均应适用。

保密义务不应延伸到调解程序之前就已经存在或与调解程序无关的证据。

第12条:调解程序的终止

下列情况下,调解程序终止:

(1)由双方当事人签署并应其请求由调解员签署一份由调解产生的书面协议;

(2)调解员在与各方协商后发表书面声明,指出在声明发表之日,不再有理由进行新的调解尝试,或者尽管调解员进行了提醒,但其中一方不再参加调解会议;

(3)当事各方向调解员作出书面声明,宣布在声明作出之日调解程序终止;

(4)一方当事人向另一方或多方当事人发出书面声明,并在已指定调解员时向调解员发出书面声明,宣布在声明作出之日调解程序终止;

(5)调解期限届满,除非当事各方经与调解员协议决定延长此期限。

当事人提出终止调解的,应当提供终止调解的证据;当事人可以以任何方式提出终止调解的证据。

当法官或仲裁员命令的调解程序在双方当事人没有任何协议的情况下结束时,仲裁程序或法院程序应恢复正常。

当调解程序因当事各方的友好和解而结束时,法官或仲裁员应承认该协议,该协议可根据本统一法第16条予以执行。

第13条:调解费用

当事人应直接或参照调解规则确定调解的费用,包括调解员的费用。

在进行司法调解的情况下,指定调解员的有关国家法院应与当事各方商定费用,并应下令向法院首席书记官或成员国主管机构支付预付费用。一方当事人不支付自己应当承担的费用时,另一方当事人可以垫付该费用,以便调解开始。当事人未在法官指定的期间内支付垫付款项的,其调解决定无效,应当恢复诉讼程序。

国家法院指定调解机构的,应当告知当事人遵守调解机构的收费标准。

调解费用,除另有约定外,由当事人平均分担。

第14条:利益冲突

除非各方另有约定,否则调解员不得在作为或曾经作为调解程序目的的争端中,或在同一法律关系产生的或与之相关的任何其他争端中担任仲裁员或专家。

调解员不得在作为或曾经作为调解程序目的的争端中,或在同一法律关系产生的或与之相关的任何其他争端中担任律师。

第 15 条:诉诸仲裁或司法程序

如果当事各方同意诉诸调解,并明确承诺在一定时间内或在某一具体事件发生之前不启动任何与现有或未来争端有关的仲裁或司法程序,只要基本条件得到满足,仲裁庭或国家法院应使此项承诺生效。

前款规定不适用于当事人为维护自己的权利而认为有必要提起临时诉讼或者保全诉讼的情形。提起这类诉讼既不能视为放弃调解协议,也不能视为终止调解进程。

第 16 条:执行调解达成的协议

调解结束后,当事人以书面协议解决争议的,该协议为强制性协议,对双方具有约束力。调解达成的协议具有强制执行效力。

经双方当事人共同请求,可以将调解协议提交公证机关登记,并对提交材料和签名予以正式认可。公证员应当事人的要求,提供执行协议的文本或者副本。

经双方当事人共同请求或者协商不成的,经最勤勉的一方当事人请求,调解协议也可以经有管辖权的法院准许或者执行。法官应发布执行令,且不得变更调解协议的内容。

有管辖权的法院应当自一方提出执行申请之日起 15 个工作日内,审查调解协议的真实性并作出准予执行的决定。

但是,调解协议违背公共政策的,可以拒绝批准或者执行。

如果在本条第 4 款提到的 15 日的期限内没有任何决定,调解协议将自动获得批准或执行。最勤勉的一方当事人可直接向首席书记员或主管当局寻求执行,他们应正式执行调解协议。认为调解协议违反公共政策的对方当事人,可以在正式执行协议的通知发出后 15 日内,向司法和仲裁共同法院提出上诉,反对批准或执行行为,司法和仲裁共同法院应在最长 6 个月内作出裁决。在这种情况下,《司法和仲裁共同法院程序规则》规定的最后期限应减半。上诉应暂停调解协议的执行。

对核准或者执行法官的裁定,不得提起上诉。就拒绝批准或执行的法官的裁决,当事方只能向司法与仲裁共同法院提出上诉,后者应在最长 6 个月的期限内作出裁决。在这种情况下,《司法与仲裁共同法院程序规则》规定的期限减半。

本条第4~7款的规定应适用于在没有进行仲裁程序的情况下通过调解达成的协议。在仲裁程序进行中达成调解协议的,当事人或者最勤勉的一方当事人在另一方当事人明确表示同意的情况下,可以请求仲裁庭按照调解协议的内容进行裁决。除非仲裁庭认为有必要听取当事人的意见,仲裁庭应不经辩论作出决定。

第三章　过渡条款和最后条款

第17条:适用

本统一法应作为成员国的调解法适用。

且只对本法生效后进行的调解程序适用。

第18条:出版和生效

本统一法应自通过后60日内在非洲商法协调组织官方公报上公布。还应在成员国的官方公报中公布。

本法应在非洲商法协调组织官方公报公布90日后生效。

2017年11月23日订于几内亚首都科纳克里

规则和条例

司法与仲裁共同法院程序规则

（1996年4月18日）

非洲商法协调组织部长委员会，

考虑到《非洲商法协调条约》第8条和第19条；

经审议后，出席并参加表决的成员国一致通过如下《司法与仲裁共同法院程序规则》：

第一编 法院组织

第一章 法院成员

第1条

1. 法院法官的任期自当选次年1月1日开始。但在第一次选举中当选的法官的任期应从该次选举后60日开始。根据《非洲商法协调条约》第35条当选接替另一法官的法官的任期应从《非洲商法协调条约》第34条规定的庄严宣誓开始。

2. 根据《非洲商法协调条约》第31条，法官任期7年，可连任一次。第一次选举法官的任期还应包括自该次选举之日起至选举当年12月31日止的期间。

第2条

1. 法院法官在履行职责时，不论年龄，当选日期或服务年限，一律平等。

2. 在不违反本条第4款和第5款规定的情况下，法院法官应按其根据本规则第1条就职之日的顺序排列。

3. 在同一日期就职的法院法官应按年龄排列。

4. 在紧接前一任期之后连选连任的法院法官应保留其职级。

5. 院长、第一副院长和第二副院长在任期内其职级应优先于本法院其他法官。

第 3 条

1. 本法院每一法官就职时,应在本法院公开法庭上发表下列声明:

“我郑重声明,我将忠实、光荣、公正地履行我的法官职责,并将严格遵守诉讼程序的保密性。”

2. 在第一次任命法院所有法官时,应在正式成立法院的公开会议上,在非洲商法协调组织部长委员会主席面前发表这一声明。

3. 再次当选的法院法官只有在新的任期与上一个任期衔接的情况下,才应重新作出这一声明。

第 4 条

1. 法院法官的辞呈应以书面形式送交法院院长,院长应通知非洲商法协调组织常务秘书。后者应宣布该职位出缺,部长委员会应根据条约第 35 条进行替换。

2. 如果辞职的法院法官是院长,他/她应将其决定通知法院。第一副院长应通知常务秘书。其职位填补应适用本条第 1 款规定的程序。

第 5 条

1. 如果法院法官因临时缺席以外的任何原因停止履行职责,或不再能够履行其职责,并因此导致适用条约第 35 条规定时,院长应书面通知有关法官,说明提起该程序的理由和与该程序有关的所有证据。该法官应有机会在本法院的非公开会议上陈述其意见。随后在该法官不在场的情况下举行的另一非公开会议上对该事项进行讨论。本法院每一位法官都应发表意见,如有要求,应进行表决。

2. 如果与第 1 款有关的法院法官是院长,第一副院长应通知院长,然后应适用第 1 款规定的程序。

第二章 法院院长

第6条

1. 法院应选举院长,任期3年6个月,但不得超过有关人员担任本法院法官的任期。

2. 如院长在正常任期届满前停止担任法院法官或辞职,应由另一人接替,完成其未满任期。

3. 院长不得连选连任。但如果院长的第一个任期少于3年6个月,其可以在第一个任期结束时连选连任一次。

4. 法院第一次选举产生的院长应立即就职。院长的任期自选举后的1月1日起届满3年6个月。

5. 院长的第一次选举应在法院成员首次选举之后尽快进行。它应在最年长法官的指导下进行。随后的选举将在卸任院长的指导下进行。如该法官已不再担任本法院法官或不能担任本法院法官,则应按照本规则第8条的规定,在行使院长职责的法院法官的指导下进行选举。

6. 表决应在行使院长职责的法院法官指明当选所需的票数后,以无记名投票方式进行。只有出席的法院法官才能参加表决。

7. 在选举时获得法院法官绝对多数票的法院法官应被宣布当选。从第三轮投票开始,只需相对多数票。

8. 第一和第二副院长的选举应在新当选院长的指导下进行。本条第1款、第2款、第3款、第4款、第6款和第7款应适用于该选举。第3款的规定不妨碍本法院选举一名副院长为院长。

第7条

院长应指导法院的工作并监督法院的服务。院长主持会议。院长应代表法院并执行法院赋予其的任何其他任务。

第8条

院长职位出缺或院长不能行使职务时,应由第一副院长担任,如无此种职务,则由第二副院长担任,如无此种职务,则由一名根据上文第2条规定的顺序确定的法官担任。

第三章　分　　庭

第9条

1. 法院应全庭审理案件。但它可以组成由三名或五名法官组成的分庭。

2. 分庭由法院院长或其中一名副院长主持。它们应由本法院以无记名投票方式并以出席并参加表决的法官的绝对多数票选出的法官组成。从第三轮投票开始,只需相对多数票。

第四章　书记官处

第10条

1. 法院院长应根据《非洲商法协调条约》第39条第1款规定的条件,在与法院协商后任命法院首席书记官。首席书记官的任期为7年,可连任一次。

2. 如出现空缺或即将出现空缺,院长应在空缺开始时通知成员国政府,如空缺是由首席书记官任期届满造成的,则应在首席书记官任期届满前至少6个月通知成员国政府。院长应确定候选人名单的截止日期,以便及时收到提名和有关候选人的资料。

3. 提名应附关于候选人的所有相关资料,包括年龄、国籍、过去的职位和目前的职业。

4. 院长应将候选人名单送交法院法官,并请法院就这些候选人提出意见。

第11条

首席书记官长在就职前,须向法院作出下列声明:

“我郑重声明,我将忠实、勤勉和认真地履行赋予我作为司法与仲裁法院首席书记官的职责,并将严格遵守与我的职责有关的保密规定。”

第12条

1. 首席书记官长应在院长的授权下履行其职责。

2. 首席书记官长应履行法院秘书之职并协助本法院履行其职能。首席书记官长负责书记官处的组织和活动。

3. 首席书记官长是法院就已提交或将提交本法院案件或向本法院寄送来文、通知或送达的中介人。

4. 首席书记官长负责保管印章。首席书记官长还负责法院的档案和出版物。

5. 首席书记官长负责所有行政工作,特别是会计和财务管理。

6. 首席书记官长应亲自出席本法院的会议,并负责起草会议记录。

7. 法院院长在听取法院的意见后,可随时将其他职责委托给首席书记官长。

第 13 条

1. 书记官处应由首席书记官长负责,备存一份登记册,由庭长编号和草签,所有书状和为支持书状而提交的文件应按其提交的顺序记入登记册。

2. 书记官长应在登记册正本上注明记入登记册的登记事项,并应当事各方的要求,在其为此目的提交的账目上注明记入登记册的登记事项。

3. 登记册的记载和前款有关事项,构成法律文件。

4. 登记册的保存方式应根据本规则第 15 条规定确定。

5. 任何有利害关系的人可在书记官处查阅登记册,并可按照法院根据首席书记官长的建议而制定的书记官处收费标准,索取登记册的副本或摘录。

6. 应在非洲商法协调组织官方公报刊登公告,说明提起诉讼程序的申请的登记日期、双方的姓名和居住地点以及争议事项。

7. 诉讼的任何一方均可按书记官处的收费标准,索取书状的副本以及法院命令和判决书的副本。

第 14 条

法院可决定指派一名或多名副书记官长协助首席书记官长,并在本规则第 15 条规定的范围内代替首席书记官长。这些职位将由院长根据首席书记官长的提议填补。

第 15 条

书记官处的指示应由首席书记官长拟订,并由院长在征求法院意见后核准。

第16条

1. 首席书记官长除非不能履行其职责或不能履行其义务,否则不得解除其职责。

2. 在根据本条作出决定之前,院长应书面通知首席书记官长拟采取的行动,说明理由和所有有关证据。然后,首席书记官长应有机会在本法院的非公开会议上陈述其意见。

3. 该决定应由院长根据本法院的意见作出。

第17条

如首席书记官长在任期届满前停止任职,则其继任者的任期应为7年。

第18条

1. 书记官处服务的组织计划应由庭长根据首席书记官长的提议拟订。

2. 书记官处工作人员在与法院独立性不相抵触的任何事项上,均应遵守非洲商法协调组织工作人员细则。

第五章 法院的运作

第19条

法院所在地应设在阿比让。但法院如认为适当,可在事先征得某一成员国同意的情况下,在该成员国境内的其他地点举行会议,该成员国在任何情况下都不得承担财政责任。

第20条

本法院开庭的日期和时间应由院长命令确定。

第21条

法院的法定组成人数为五人。

第22条

1. 法院开庭不公开。其程序应保密。

2. 只有法官才能参加审议。除非得到法院的许可,否则任何人不得参与审议。

3. 法院对司法事项的审议不予记录。

4. 法院应根据出席审议的多数法官的意见作出裁决。投票应按照与上述第 2 条规定相反的顺序进行。如果票数相等,院长投决定票。

第二编 诉讼程序

第一章 一般规定

第 23 条

1. 律师的服务在法院是强制性的。凡有资格在某一成员国内的法院担任律师的人,均可在本法院担任律师。任何利用这一身份的人都应向本法院证明这一点。律师还必须出示他所代理的当事方的特别授权书。

2. 律师如在本法院的行为不符合本法院的尊严,或将其因职务而享有的权利用于赋予其权利的目的以外的目的,可在对其聆讯后,随时利用法院命令将其排除在法律程序之外。该命令可立即执行。

3. 如果律师被排除在诉讼程序之外,诉讼程序应暂停,直至院长为有关当事方指定另一名律师而规定的期限届满为止。

第 24 条

本规则规定的法院文件的送达,应当通过附回执挂号信送达,或者直接送达。副本须由首席书记官长制作并核实。

第 25 条

1. 如果《非洲商法协调条约》或本规则规定的行为或手续必须在某一期限届满之前完成,则该期限应以导致该期限开始的行为、事件、决定或送达的日期为准。

2. 期限以月或年表示的,该期限应于最后 1 个月或最后 1 年的日期届满,该日期与导致该期限开始的行为、事件、决定或送达的日期相同。如果没有相同的日期,期限将于当月的最后一日届满。

3. 期限包括法定假日、星期六和星期日。

4. 任何期限应于最后一日 24 小时届满。通常在该行为或手续所在国的星期六、星期日或法定假日届满的期限,应延长至下一个工作日。这些假日的清单将由法院拟订,并将在非洲商法协调组织的官方公报上公布。

5. 法院在考虑距离后,可通过决定确定程序的期限,并在非洲商法协调组织的官方公报刊登。

第 26 条

在案件提交至本法院后,院长应指定一名法官兼报告员,负责监督案件的调查并向本法院提出报告。

第二章　书 面 程 序

第 27 条

1. 任何书状的正本必须由当事人的律师签署。书状连同其中所述的所有附件,应向法院提交七份副本,并按当事方的数目提交副本。这些副本应由提交副本的一方核证为真实副本。

2. 所有书状均应注明日期。就程序时限而言,只考虑向书记官处提交的日期。

3. 每一程序文件应附一份卷宗,其中载有所援引的证物和文件,并附这些证物和文件的清单。

4. 如由于证物或文件的数量,只是将证物或文件的摘录附于卷宗内,则该证物或文件的整份或整份副本须送交法院书记官处存档。

第 28 条

1. 如果诉讼当事方之一根据《非洲商法协调条约》第 14 条第 3 款或第 4 款向法院提出撤销原判的申请,上诉应在上诉人的律师根据上面第 23 条规定的条件在对判决通知提出异议后的 2 个月内向书记官处提出。上诉状应包括:

(1) 申请人的姓名和住所;

(2) 国内法院诉讼程序的其他当事方及其律师的姓名和住所;

(3) 申请人提交的意见书及其支持该意见书的理由。

上诉应提及《非洲商法协调条约》规定的统一法或程序规则,其适用是将该事项提交法院的理由。

2. 作为上诉事项的国内法院的判决必须附于上诉状之后。必须注明判决送达申请人的日期。

3. 为诉讼程序的目的，上诉应包括选择法院所在地的送达地址。它应注明获授权并同意接受任何送达的人的姓名。

4. 申请人为私法人的，应当在申请书中附：

(1)其章程或最近的商事和动产信用登记摘要，或其合法存在的任何其他证明；

(2)提供证据，证明给予律师的授权是由为此目的合格的代表适当起草的。

5. 如上诉不符合本条规定的条件，首席书记官长应为申请人设定合理的期限，使其补充或提交上述文件。如果法院未能在规定的期限内收到补充或提交的文件，法院应裁定是否受理该上诉。

第 29 条

法院应将上诉通知国内法院诉讼的所有当事方。在前一条第 5 款规定的情况下，送达应在补充或提交文件后或在法院受理上诉后立即进行，同时考虑到该条规定的形式要求。

第 30 条

1. 国内法院诉讼程序的任何当事方均可在收到上诉通知后 3 个月内提交答辩书。

2. 答辩书应包括：

(1)提交答辩书的一方当事人的姓名和住所；

(2)收到上诉通知的日期；

(3)提交的意见及理由。

3. 上面第 28 条第 3~5 款和第 29 条应适用。

第 31 条

1. 法院院长可依职权，要求通过案件陈述、反驳或其他声明对上诉和答辩进行补充，或在其认为必要且明确授权的情况下，也可在提交案件陈述或反驳通知生效之日起 15 日内提出申请。

2. 如果院长授权提交案件陈述或反驳或任何其他陈述，他应确定其提交的期限。

第 32 条

1. 对法院管辖权或上诉的可受理性的任何异议，必须在提出异议的一方提交第一份书状的时限内提出。本法院可以单独就异议作出裁决,也可以将其与实体判决合并。

2. 如法院明显无权审理该上诉,或该上诉明显不可受理或明显无根据,法院可随时以合理的命令驳回该上诉。

第 33 条

本法院可在任何时候,以案件相关为由,命令将两个或两个以上的案件合并审理,以便进行书面或口头程序,或作出终止该程序的判决。法院也可再分别对它们进行审理。

第三章　口 头 程 序

第 34 条

1. 法院的诉讼程序基本上是书面的。但本法院可应任何一方的请求,在某些案件中安排口头程序。

2. 在这种情况下,首席书记官长应将所作的决定和庭长确定的聆讯日期通知当事方。

第 35 条

除非本法院另有决定,聆讯应公开进行。关于秘密审议的决定包括禁止公布审议记录。

第 36 条

院长应主持诉讼程序,并监督聆讯。院长应确定当事人发言的先后次序。

第 37 条

院长可在聆讯期间向当事人提出问题。经院长授权,每一位法官都有同样的权力。

第 38 条

1. 首席书记官长须拟备每次聆讯的记录。聆讯记录应由院长和首席书记官长签署。它是一种法律文件。

2. 当事人可在书记官处查阅任何聆讯记录,并自费索取副本。

第四章　法 院 判 决

第 39 条

法院判决应包含:

(1)说明这是由法院作出的;

(2)送达日期;

(3)参加庭审的法官姓名和书记官长姓名;

(4)当事人的说明;

(5)当事人律师的姓名;

(6)当事人的陈述;

(7)事实摘要;

(8)理由;

(9)执行部分,包括关于费用的决定。

第 40 条

1. 判决应在正式召集各方当事人的情况下在法庭上公开宣布。

2. 判决书应由院长和首席书记官长签署。它被密封并提交法院。核证无误的副本应送达每一方当事人。他们可以按法院规定的收费获得判决的副本。

第 41 条

判决自作出之日起具有约束力。

第五章　费　　用

第 43 条[1]

1. 费用应在结束诉讼的判决书中确定。

2. 下列费用应视为可追偿的费用:

(1)登记费用;

(2)当事人为诉讼目的而发生的必要费用,特别是差旅费和生活费以及

---

〔1〕 原文无第 42 条。——译者注

按本法院规定的费率计算的律师的报酬；

（3）一方当事人为执行而必须支付的费用，按照执行地国的现行费率计算。

3. 败诉方应被命令支付诉讼费用，除非法院因特殊原因另有决定。

当事人双方败诉的，法院应当裁定分担费用。

未决定费用的，双方应自行承担费用。

第六章　撤　　诉

第44条

1. 如果在法院作出判决之前，当事人通知法院他们放弃任何要求，院长应命令将案件从登记册中删除。院长应就费用作出裁决。如就费用达成协议，院长应根据协议作出裁定。

2. 如果申请人以书面通知本法院其拟放弃诉讼程序，院长应命令将案件从登记册中删除。

如果另一方当事人同意，撤诉的一方当事人应支付相关费用。但应撤诉一方当事人的请求，费用也可由另一方当事人承担，如果该方当事人的态度导致有理由这么做。如未能就费用达成协议，则每一方当事人须自行承担各自费用。

第七章　干 预 程 序

第45条

1. 本条约成员国可干预提交本法院的争议。为维护其权利而有利益支持一方当事人主张的任何人也应享有同样的权利。

2. 干预申请应在本规则第13条第6款规定的公布之日起3个月内提出。

干预申请应包含：

（1）案件的说明；

（2）指明争议的主要当事方；

（3）干预人的姓名和住所；

（4）干预人选择法院所在地的送达地址；

（5）干预人要求干预所依据的理由；

(6)如属成员国以外的干预请求,说明干预的利益。

3. 干预申请书应送达当事各方。院长应使当事各方有机会在就干预请求作出决定之前提出书面或口头意见。

4. 如果干预申请被接受,干预人应收到送达当事各方的所有程序文件的副本。但院长可应一方当事人的请求,不将保密材料送达干预人。

5. 干预人应当在其干预期间接受争议。

6. 院长应规定干预人可提出干预书状的期限。他还应确定当事各方可对干预作出答复的期限。

第八章　执　　行

第46条

1. 法院判决的执行应受执行地国现行的民事诉讼规则调整。执行判决的命令应附于判决之后,除由每一成员国政府为此目的指定并通知本法院的国家当局核查判决的真实性外,不作任何其他核查。

在应相关当事人的请求完成这些手续后,该当事人可根据国内法直接向主管当局提出申请,继续执行。

2. 只有根据本法院的决定,才能中止执行。

3. 申请暂缓执行本法院的判决,应按照本规则第23条和第27条规定的条件提出。申请书应立即送达其他当事人,院长应规定提交书面或口头意见的期限。

4. 院长应以命令的方式就申请作出决定,命令应说明理由,不得上诉。该命令应立即送达当事各方。

5. 应一方当事人的请求,该命令可随时修改或撤销。

6. 拒绝申请并不妨碍提出申请的一方当事人根据新的事实提出另一项申请。

第九章　特别救济措施

第47条

1. 任何自然人或法人均可作为第三方对法院的判决提出异议申请,如果该人没有被适当召集且该判决有损于其权利。

2. 本规则第 23 条和第 27 条的规定适用于第三方异议的申请。它还应：

（1）指明所提出异议的判决；

（2）该判决如何影响提出异议的第三方的权利；

（3）说明第三方不能参加主要诉讼的理由。申请书应针对主要诉讼的所有当事方提出。

3. 被质疑的判决只要纠正了对第三方所犯的错误，就应予以修改。对第三方提出疑问时的判决记录，应当附于被质疑的判决记录上。因第三方的质疑而作出的判决，应当在被质疑判决正本的空白处注明。

第 48 条

1. 如果对判决执行部分的含义或范围有争议，则应由法院进行解释。

2. 任何一方当事人均可在判决作出后 3 年内请求解释判决的执行部分。

3. 解释申请应当按照本规则第 23 条、第 27 条的规定提出。此外，它还应提到：

（1）有关判决；

（2）寻求解释的判决文本部分。

4. 本法院应在给予当事各方提出意见的机会后作出判决。解释性判决书的正本应附于被解释的判决书的正本之后。被解释的判决书正本的空白处应注明该解释性裁定。

第 49 条

1. 只有在发现具有决定性的事实，而该事实在判决作出前为本法院及申请复审的一方所不知道的情况下，才可向本法院申请复审判决。

2. 复审程序应由法院作出裁定开始，该裁定明确确定新事实的存在，承认新事实的性质使复审成为可能，并因此宣布申请可予受理。

3. 本法院可要求在执行判决之前启动复审程序。

4. 复审申请必须在申请人知悉复审申请所依据的事实之日起 3 个月内提出。

5. 自判决之日起 10 年期满后，不得提出复审申请。

第 50 条

1. 本规则第 23 条、第 27 条的规定适用于复审申请。它还应载有证明上文第 49 条规定的条件得到满足所必需的资料。

2. 复审申请应针对被请求复审的判决的所有当事人提出。

3. 这些当事人有权就请求的可受理性提出书面意见。这些意见应送交提出请求的当事人。

4. 在就请求的可受理性作出裁定之前,本法院可再次给予当事各方就请求的可受理性提出意见的机会。

5. 如果申请被宣布可予受理,法院应确定其认为必要的任何后续程序的期限,以便就申请的是非曲直作出裁决。

6. 复审后的判决书的正本应附于被复审判决书的正本之后。被复审判决书正本应在其空白处注明复审后的判决书。

第十章　国内法院的移送

第 51 条

如果根据《非洲商法协调条约》第 14 条和第 15 条,审理上诉的成员国国内最高审级法院请求本法院就涉及某统一法的适用的相关事项作出处理,而将案件移送本法院时,则该法院应立即失去对该事项的管辖权。它应将整个案卷材料以及移送决定副本转交本法院。收到案卷材料后,本法院应立即将移送情况告知各当事人。

除非移送程序作出调整,本规则第 23~50 条的规定应适用于移送程序。

第十一章　根据《非洲商法协调条约》第 18 条提起的上诉

第 52 条

1. 如果根据《非洲商法协调条约》第 18 条,针对成员国国内法院作出的不承认司法与仲裁共同法院管辖权的最终判决提起上诉,以撤销该判决,则首席书记官长应立即通知国内法院诉讼程序的所有各方当事人。

2. 任何一方当事人均可在上诉通知书送达后 3 个月内提交书面陈述。

3. 以这种方式收到的陈述应送交上诉申请人和其他当事方。他们可在院长规定的期限内提出新的书状。院长还应决定是否举行听讯。

4. 如果本法院裁定国内法院错误地行使管辖权,则该法院的裁决应视为无效。在本法院作出裁定后2个月内,任何一方当事人均可根据本条约第14条和本规则第23~50条规定的条件,向本法院提出上诉,要求对初审法官的决定进行司法复审。

第三编 咨询程序

第53条

本法院在行使《非洲商法协调条约》第14条第2款赋予的咨询职能时,应适用下面的规定。它还应在其认为适当的范围内适用本规则的其他规定。

第54条

成员国或部长委员会提出的咨询意见请求应以书面请求提出。该请求书以确切的措辞说明要求法院发表意见的问题。应附可能有助于澄清这一问题的任何文件。

第55条

1. 首席书记官长应立即将一成员国提出的任何咨询意见请求通知其他成员国。

2. 在发出此种通知时,首席书记官长应通知其他成员国,本法院准备在院长规定的期限内收取它们的书面意见。

3. 以这种方式提交的书面意见应送交申请方和其他提交书面意见的当事方。他们有权按照院长为每一情况规定的形式、措施和限期讨论所收到的意见。院长应特别决定是否举行聆讯。

第56条

《非洲商法协调条约》第14条所提及的成员国国内法院要求发表咨询意见的任何决定,应由该法院主动通知本法院。该决定应具体说明国内法院认为在作出判决时必须征求本法院意见的问题。应附可能有助于澄清这一问题的任何文件。

第57条

1. 首席书记官长应立即将《非洲商法协调条约》第14条所提及的国内法院提出的任何咨询意见请求通知案件的其他当事方。首席书记官长还应通知其他成员国。

2. 在发出此种通知时,首席书记官长应通知其联络方,本法院准备在院长规定的期限内收取他们的书面意见。

3. 以这种方式提交的书面意见应送交其他书面意见的提交方。他们有权按照院长为每一情况规定的形式、措施和限期讨论所收到的意见。院长应特别决定是否举行聆讯。

第 58 条

咨询意见应包括:

(1)说明该意见是由本法院提出的;

(2)通知日期;

(3)参加讨论的法官姓名和书记官长姓名;

(4)事实摘要;

(5)理由;

(6)对向本法院提出的问题的答复。

第四编　最 后 条 款

本规则自签署之日起生效。它将在非洲商法协调组织的官方公报上发布。

司法与仲裁共同法院程序规则修订条例

非洲商法协调组织部长委员会，

考虑到《非洲商法协调条约》第 8 条和第 19 条；

经审议后，出席并参加表决的成员国一致通过如下修正和补充 1996 年 4 月 18 日《司法与仲裁共同法院程序规则》的条例：

第 1 条

1996 年 4 月 18 日司法与仲裁共同法院程序规则第 1、2、3、6、9、10、12、21、22、23、23 之二、24、26、27、27 之二、28、28 之二、28 之三、32、40、42、44、44 之二、44 之三、45 之二、45 之三、48 和 51 条以及第四章之二、第六章和第七章之二修正和补充如下：

第 1 条(新)

1. 司法与仲裁共同法院由九名法官组成。但部长委员会可根据常务秘书应法院院长或成员国为此目的提交的详细报告，并考虑到本组织的业务需要和财政能力，确定九名以上的奇数法官。

2. 法院法官的任期自当选次年 1 月 1 日开始。根据《非洲商法协调条约》第 35 条当选接替另一法官的法官的任期应从《非洲商法协调条约》第 34 条规定的庄严宣誓开始。

3. 根据《非洲商法协调条约》第 31 条，法官任期 7 年，不得连任。

4. 根据《非洲商法协调条约》第 36 条第 2 款，法院法官应保留其任期，直至其继任者就职之日为止。

第 2 条(新)

1. 法院法官在履行职责时，不论年龄、当选日期或服务年限，一律平等。

2. 在不违反本条第 3 款和第 4 款规定的情况下，法院法官应按其按照本规则第1条就职之日的顺序排列。

3. 在同一日期就职的法院法官应按年龄排列。

4. 院长、第一副院长和第二副院长在任期内其职级应优先于本法院其他法官。

第3条(新)

上任时,本法院每名法官应在本法院公开法庭上作出下列声明:“我郑重声明,我将忠实、光荣、公正地履行我的法官职责,并将严格遵守诉讼程序的保密性。”

第6条(新)

1. 本法院应选举院长,任期3年6个月,但不得超过有关人员担任本法院法官的任期。

2. 如院长在正常任期届满前停止担任本法院法官或辞职,应由另一人接替,完成其未满任期。

3. 院长不得连选连任。但如果他的第一个任期少于3年6个月,他可以在第一个任期结束时连选连任一次。在任何情况下,院长的任期不得延长至法官的7年以上。

4. 院长的选举应在卸任院长的指导下进行。如该法官已不再担任本法院法官或不能担任本法院法官,则应按照本规则第8条的规定,在行使院长职责的法院法官的指导下进行选举。

5. 表决应在行使院长职责的法院法官指明当选所需的票数后,以无记名投票方式进行。只有出席的法院法官才能参加表决。

6. 获得本法院全体会议成员绝对多数票的法院法官应宣布当选。从第三轮投票开始,只需相对多数票。

7. 第一和第二副院长的选举应在新当选的院长的指导下进行。本条第1款、第2款、第3款、第4款和第6款适用于本次选举。第3款的规定不妨碍本法院选举一名副院长为院长。

第9条(新)

1. 本法院应以全体会议开庭。但它可以由三名或五名法官组成分庭。

2. 分庭由法院院长或其中一名副院长主持。

3. 分庭应由本法院院长命令组成。

第10条(新)

1. 法院院长应根据条约第39条第1款规定的条件,在与法院协商后任命法院首席书记官。首席书记官长任期4年,可连任一次。

2. 如果出现空缺或即将出现空缺,院长应在空缺开始时通知成员国政府。如果空缺是由于首席书记官长的合同期满造成的,则应在合同期满前至少6个月通知成员国政府。院长应确定候选人名单的截止日期,以便及时收到提名和有关候选人的资料。

3. 提名应附关于候选人的所有相关资料,包括年龄、国籍、过去的职位和目前的职业。

4. 院长应将候选人名单送交法院法官,并请法院就这些候选人提出意见。

第12条(新)

1. 首席书记官长应在院长的授权下履行其职责。

2. 首席书记官长应履行法院秘书之职并协助本法院履行其职能。首席书记官长负责书记官处的组织和活动。

3. 首席书记官长是法院就已提交或将提交本法院的案件或向本法院寄送的来文、通知或送达的中介人。

4. 首席书记官长负责保管印章和档案。

5. 首席书记官长负责所有的行政和司法工作。

6. 首席书记官长应亲自出席本法院的会议,并负责起草会议记录。

7. 法院院长在听取法院的意见后,可随时将其他职责委托给首席书记官长。

第21条(新)

分庭由三名法官组成。在本法院合议庭开庭时,这一数字应增至七名法官。

第22条(新)

1. 本法院应在分庭审议。审议程序保密。

2. 只有法官才能参加审议。

3. 本法院对司法事项的审议不得有记录。

4. 本法院的判决应由出席的法官过半数作出。表决顺序应与第2条规定的顺序相反。如票数相同,院长应投决定票。

第 23 条(新)

1. 律师的服务在法院是强制性的。凡有资格在某一成员国内的法院担任律师的人,均可在本法院担任律师。任何利用这一身份的人都应向本法院证明这一点。律师还必须出示他所代理的当事方的特别授权书。

2. 律师如在本法院的行为不符合本法院的尊严,或将其因职务而享有的权利用于赋予其权利的目的以外的目的,可在对其聆讯后,随时利用法院命令将其排除在法律程序之外。该命令可立即执行。

如果律师被排除在诉讼程序之外,诉讼程序应暂停,直至院长为有关当事方指定另一名律师而规定的期限届满为止。

3. 根据上述各款作出的命令,可由法院院长应被排除在诉讼程序之外的律师的请求撤销。

第 23 条之二(新)

根据上述特别授权出庭的律师,就案件或当事方所作的口头或书面陈述享有豁免权。

第 24 条(新)

本条规定的送达,应以挂号信、快递、电子邮件、传真或任何其他技术通信手段送达拟送达文件的副本,或以凭收据交付该副本的方式送达。副本须由首席书记官长制作并核实。

第 26 条(新)

在案件提交至本法院时,院长应指定一名法官兼报告员,负责监督案件的调查并向本法院提出报告。

法官在履行职责时应得到协审法学家的协助,其人数由庭长根据案件数量和本组织的财政资源确定。

第 27 条(新)

1. 任何书状的正本必须由当事人的律师签署。书状连同其中所提及的所有附件,应连同一份副本送交本法院,并应连同所涉当事方的副本一并送交本法院。这些副本应由提交副本的一方核证为真实副本。

2. 所有书状均应注明日期。就程序时限而言,只考虑向书记官处提交申请的日期。

3. 每一程序文件应附一份卷宗,其中载有所援引的证物和文件,并附这些证物和文件的清单。

4. 如由于证物或文件的数量,只是将证物或文件的摘录附于卷宗内,则该证物或文件的整份或整份副本须送交法院书记官处存档。

第四章之二　语言安排

第27条之二(新)

1. 根据修订后的条约第42条,本法院的工作语言应为非洲商法协调组织的工作语言。

2. 诉讼语言应由申请人选择,但须符合下列规定:

(1)如果被告是某一成员国,案件的语言应为该国的官方语言;

(2)如果有一种以上的正式语言,申请人可自由选择适当的语言。

3. 当事各方的书状和口头辩论,包括所附文件以及本法院的会议记录和判决,应特别使用案件的语言。如果所有文件和提交的任何材料、附件是以另一种语言制作的,则应附使用案件语言制作的译文。

4. 但在提交大量文件和材料的情况下,可以提交摘录译文。本法院可在任何时候主动或应任何一方的请求,要求提供更完整或全面的译文。

第27条之三(新)

1. 应法官或当事方的请求,首席书记官长应作出一切必要安排,按照上文第27条之二第1款的规定,将所说或所写的任何内容翻译成工作语言。

2. 法院的出版物应以非洲商法协调组织的工作语言出版。

第27条之四(新)

以非洲商法协调组织的一种工作语言写成的文本应为作准文本。

第28条(新)

1. 如果诉讼当事方之一根据条约第14条第3款或第4款向法院提出撤销原判的申请,上诉应在上诉人的律师根据上面第23条规定的条件在对判决通知提出异议后的2个月内向书记官处提出。上诉状应包括:

(1)申请人的姓名和住所;

(2)国内法院诉讼程序的其他当事方及其律师的姓名和住所;

(3)申请人提交的意见书及其支持该意见书的理由。

上诉应提及《非洲商法协调条约》规定的统一法或程序规则,其适用是将该事项提交法院的理由。

2. 作为上诉事项的国内法院的判决必须附于上诉状之后。必须注明判决送达申请人的日期。

3. 为诉讼程序的目的,在法院所在地选择送达地址不是强制性的。送达地址应注明获授权并同意接受任何送达的人的姓名。

4. 申请书可以表明,专业住所在条约成员国的律师同意通过电子邮件、传真或任何其他技术通信手段向其送达文件。

5. 申请人为私法人的,应当在申请书中附:

(1)其章程或最近的商事和动产信用登记摘要,或其合法存在的任何其他证明;

(2)证据,证明给予律师的权限是由为此目的合格的代表适当起草的。

6. 如上诉不符合本条规定的条件,法官兼报告员应为申请人设定合理的期限,使其补充或提交上述文件。如果法院未能在规定的期限内收到补充或提交的文件,法院应裁定是否受理该上诉。

第28条之二(新)

撤销原判上诉的依据是:

(1)违法;

(2)无管辖权或越权;

(3)违反法律规定的形式而被认为无效;

(4)理由有缺陷、不充分或矛盾;

(5)未能或拒绝对索赔作出答复;

(6)歪曲案件事实或程序文件;

(7)缺乏法律依据;

(8)失去法律依据;

(9)对未要求的东西作出裁决,或对超出要求的东西作出裁决。

第28条之三(新)

撤销原判的理由或部分撤销原判的理由必须至少适用前条所述的一种启动情况,否则上诉不可受理。

第32条(新)

1. 对本法院管辖权或上诉的可受理性提出的任何异议,应在提出异议的一方提出第一份书状的时限内提出。本法院可以单独就异议作出裁决,也可以将其与实体判决合并。

2. 如本法院明显无权审理该上诉,或该上诉明显不可受理或明显无根据,本法院可随时通过附理由的决定,宣布本法院无权审理该上诉,宣布该上诉不可受理或驳回该上诉。

第40条(新)

1. 判决应在公开法庭上作出,并适当通知当事各方。

2. 判决书应由院长和首席书记官长签署。保存在书记官处。核证无误的副本应按本法院规定的收费标准发给提出要求的当事方。

第42条(新)

法院案例集应由院长设立的一个委员会出版。该委员会还负责法院的其他出版物。

第六章(新)　撤诉(desistements)、注销(radiations)和失效(peremptions)

第44条(新)

1. 申请人可撤回诉讼。

2. 如答辩人同意,或答辩人未提出反诉或拒绝申诉,则程序的撤回即为程序的终止。

3. 诉讼的撤回并不终止诉讼,除非原告明确声明放弃诉讼。

4. 撤诉应由本法院院长或分庭庭长发出命令,或根据报告员提交的意见由法院裁决确定。

第44条之二(新)

在法律规定的情况下,注销案件是对当事人不勤勉行为的惩罚。它要求将案件从待审案件清单中删除。

注销决定是一种司法行政措施。

只有在证明当事人已尽到勤勉义务,且案件时效没有消失的情况下,案件才会恢复。

第44条之三(新)

如果自最后一份书状起2年内,任何一方都没有勤勉行事,则诉讼程序即告失效。

程序失效并不终结诉讼,它只意味着程序的终结,而不反对已失效的程序的行为或利用它们。

第44条之四(新)

关于注销和失效的决定可由本法院以职权作出,也可应一方当事人的申请作出。

在撤诉和失效的情况下,费用应由申请人承担。

第七章之二　更正和解释

第45条之二(新)

1. 如果对判决执行部分的含义或范围有争议,应由本法院进行解释。

2. 任何一方当事人均可在判决作出后3年内请求解释判决的执行部分。

3. 解释请求应依照本规则第23条和第27条的规定提出。它还应提及:

(1)有关判决;

(2)要求解释的执行部分。

4. 本法院应在给予当事各方提出意见的机会后作出判决。解释性判决书的正本应附于被解释的判决书的正本之后。被解释的判决书正本应在其空白处注明该解释性判决书。

第45条之三(新)

影响本法院判决的重大错误和遗漏,始终可由本法院根据卷宗所揭示的情况予以纠正,如无此种情况,则根据合理的理由予以纠正。

第48条　被废除

第51条(新)

如果根据《非洲商法协调条约》第14条和第15条,审理上诉的成员国国内最高审级法院请求本法院就涉及某统一法的适用的相关事项作出处理,而将案件移送本法院时,则该法院应依职权撤销对该事项的管辖权。它应将整个案卷材料以及移送决定副本转交本法院。收到案卷材料后,本法院应立即将移送情况告知各当事人。除非移送程序作出调整,本规则第23~50条的规定应适用于移送程序。

第2条

1996年4月18日程序规则第48条现予废除。

第3条

本条例自公布之日起生效,废除1996年4月18日司法与仲裁共同法院程序规则中与之相抵触的所有规定,并将在非洲商法协调组织官方公报上公布。

本条例还应在成员国官方公报或通过任何其他适当方式公布。

2014 年 1 月 30 日订于瓦加杜古

司法与仲裁共同法院仲裁规则

非洲商法协调组织部长委员会，

考虑到1993年10月17日在路易斯港签署，2008年10月17日在魁北克修订的《非洲商法协调条约》，特别是其中的第2、8、21、26、39条；

考虑到司法与仲裁共同法院2017年10月5日和6日第04/2017/AU号意见；

经审议后，出席并参加表决的成员国一致通过如下规则：

第一章　司法与仲裁共同法院在仲裁事项上的权力

第1条　法院权力的行使

1.1　司法与仲裁共同法院(以下简称法院)应根据下面界定的条件，行使管理《非洲商法协调条约》(以下简称条约)第21条范围中的仲裁的权力。

法院为确保仲裁程序的实施和成功完成而作出的决定以及有关审查仲裁裁决的决定具有管理性质。

为了管理仲裁程序，法院由秘书长予以协助。

具有与直接参与仲裁程序的成员国相同国籍的法院成员应就有利害关系的案件退出法院分庭。法院院长应根据情况，通过裁定更换相关法院成员。

在仲裁期间，法院应通过秘书长作为中介与仲裁庭和当事人进行沟通。秘书长负责通知仲裁庭的决定以及法院作出的决定。

法院院长可以根据法院内部规则规定的条件向专家征求意见。

法院作出的行政决定不具有既判力，不得对其提出上诉。这些决定的理由可告知所有当事方，如果仲裁程序的当事一方在作出决定前提出此类请求。

1.2　法院可在其通常的司法程序中,按照所适用的程序规则,就仲裁裁决的既判力和执行令行使条约第25条授予它的司法权力。

1.3　上面第1.1款规定的法院有关管理仲裁程序的权力应根据本规则第二章的规定行使。

上面第1.2款规定的法院的司法权应根据本规则第三章的规定和《司法与仲裁共同法院仲裁规则》的规定行使。

第二章　司法与仲裁共同法院的仲裁程序

第2条　司法与仲裁共同法院的任务

2.1　在合同任何一方当事人根据仲裁协议向法院提交合同纠纷时,如果一方当事人的住所或惯常居所在其中一个成员国,全部或部分在一个或多个成员国的领土内,或者合同已经履行或将要履行,则本法院的任务是管理仲裁程序。

法院还可对基于投资相关法律文件特别是基于投资法或双边或多边投资条约提起的仲裁程序进行管理。

2.2　法院自己不解决争议。法院任命或确认仲裁员。法院应获得有关仲裁程序进展的通知,并应对仲裁裁决草案进行审查。

2.3　本法院在仲裁事项上的运作,应以大会通过的《议事规则》为准。该规则经部长委员会根据条约第4条规定的条件核准后方可执行。

第3条　仲裁员的任命

3.1　争议应由独任仲裁员或三名仲裁员组成的仲裁庭解决。

双方同意争议由独任仲裁员解决的,独任仲裁员根据双方当事人的同意予以任命,但该任命须经法院确认。如果当事人在仲裁请求通知后30日内未能就独任仲裁员的任命达成一致意见,则独任仲裁员应由法院任命。

如果争议由三名仲裁员解决,则每一方当事人应在其仲裁请求或对仲裁请求的答辩中各自任命一位独立的仲裁员,此类任命须经法院确认。如果一方当事人未能任命仲裁员,则该仲裁员应由法院任命。作为仲裁庭主席的第三位仲裁员应由法院任命,除非双方当事人已经约定第三名仲裁员应由他们各自任命的两名仲裁员在既定的期限内任命。在此情况下,法院应对第三名仲裁员的任命进行确认。如果两名仲裁员未能在当事人约定的或法院确定的期限内任命第三名仲裁员,则第三名仲裁员应由法院任命。

如果当事人未能就仲裁员的人数达成一致意见,法院应任命独任仲裁员,除非法院认为所涉争议需要由三名仲裁员进行审理。在后一情况下,当事人应在15日内各自任命一名仲裁员。

两个或两个以上的申请人或被申请人必须向法院提交关于任命仲裁员的联合建议,但这些建议在规定的时限内未能达成一致意见的,法院可以对仲裁庭的每一成员作出任命。

3.2 仲裁员可从法院起草的、每年予以更新的仲裁员名单中进行选择。法院成员不能列入该名单中。

3.3 在任命仲裁员时,法院可要求第1.1条第6段提到的专家提供意见,并应特别考虑到当事人的国籍、他们的居所地、他们律师的居所地、仲裁员的居所地、仲裁地、当事人的语言、争议问题的性质、仲裁员的可获得性以及争议实体问题可能适用的法律。

如果需要任命一名或多名仲裁员,法院应根据下列程序尽速行事,除非当事人另有约定:

(1)秘书长应向每一方当事人提供一份法院制作的、至少包含三个仲裁员名字的相同名单;

(2)在秘书长确定的期限内,每一方当事人应向秘书长返回该名单,他们应在该名单上注明他们根据优先次序确定的仲裁员的名字,并且在适当情况下,他们也可将他们反对的仲裁员名字删去;

(3)在秘书长确定的期限届满后,法院应根据双方当事人同意的仲裁员的名字以及它们的优先次序任命仲裁员。

如果因任何原因,无法根据该程序作出任命,法院可行使其自由裁量权,任命一名或多名仲裁员。

第4条　仲裁员的独立性、对仲裁员的异议以及仲裁员的替换

4.1 经法院任命或确认的仲裁员应保持公正,并独立于当事人。

他应勤勉尽职履行职责,直至仲裁程序结束。

预期仲裁员在法院任命或确认前,应以书面形式向秘书长披露可能使人对其公正性或独立性产生合理怀疑的任何情况。

秘书长在收到此种信息后,应以书面形式通知各方当事人,并应确定一段期限,以便当事人提出意见。

仲裁员应立即将本法院对其任命或确认与通知最终裁决之间可能出现的任何类似性质的情况书面通知秘书长和当事人。

4.2 如果因指称缺乏独立性或任何其他理由对仲裁员提出异议,则应向秘书长提交一份声明,说明异议所依据的事实和情况。

为使异议得到接受,当事人应在其收到法院任命或确认该仲裁员的通知之日起30日内提出异议,或在该当事人获悉异议所据以成立的事实或情况后的30日内提出异议,如果该日期晚于该当事人收到法院有关任命或确认仲裁员的通知的日期。

法院应对是否受理异议请求作出裁定,同时在秘书长已经给予相关仲裁员、当事人以及仲裁庭的其他成员合理时间提出书面意见后,如果法院认为必要,也可对异议请求的实体问题作出裁定。

4.3 如果仲裁员死亡,或法院接受对其提出的异议,或法院接受其辞职,则该仲裁员应予替换。

如果法院没有接受一名仲裁员的辞职,且该名仲裁员拒绝继续履职,若其是独任仲裁员或仲裁庭主席,则其须被替换。

在任何其他情况下,法院在考虑到仲裁程序的进展以及其他两位没有辞职的仲裁员的意见后,决定仲裁员的替换是否合适。如果法院认为没有必要替换仲裁员,仲裁程序应继续进行,并应作出仲裁裁决,即使其辞职未被接受的仲裁员拒绝参与仲裁程序。

法院应在特别考虑到本规则第28条第2款的规定后作出自己的决定。

4.4 如果法院认为仲裁员在法律上或事实上无法履行其职责,或未能按照本条约第四章或本规则或在规定的时限内履行其职责,则应替换该仲裁员。

当法院根据其注意到的信息,考虑适用前款规定时,在秘书长将该信息书面告知有关仲裁员、当事人和仲裁庭其他成员(如果有),并在合理期限内给予他们提交书面意见的机会后,法院应对仲裁员的替换作出决定。

如果一名仲裁员因未能按照条约第四章或本规则或在规定的时限内履行其职责而对其进行替换时,法院应根据任命该仲裁员的当事人的建议任命新的仲裁员,但法院不受该当事人建议的约束。

如果法院获悉在三名仲裁员组成的仲裁庭中,仲裁庭主席以外的其中一名仲裁员没有参与仲裁,即使他还没有辞职,则法院可根据本规则第4.3

款第3段和第4段的规定,不对该名仲裁员予以替换,如果其他两名仲裁员同意在该名仲裁员不参与的情况下继续仲裁程序。

4.5 仲裁庭重新组成后,且已要求当事人提交其意见后,仲裁庭应决定此前的程序应在多大范围内重新进行。

4.6 在上面第4.1~4.4款所列的替换仲裁员的所有情况中,秘书长应使各方当事人和其他仲裁员能够就仲裁员替换提出书面意见,并将这些意见传达给其他各方当事人和仲裁庭成员。

不得对法院根据本规则第3条第3.3款的规定作出的关于仲裁员的任命、确认、异议或替换的决定提出上诉。

第5条 仲裁请求

任何希望根据条约第21条寻求仲裁的当事人,应向秘书长提出请求。本规则规定了此类仲裁的实施程序。

仲裁请求应包含下列信息:

(1)当事人的姓名、身份、企业名称、邮政和电子邮件地址,并注明为继续诉讼而选择的住所;

(2)对当事各方具有约束力的仲裁协议,不论是基于合同还是任何其他文件,或根据情况,指明请求所依据的投资法律文件;

(3)对争议的简要陈述、申请人的主张和支持该争议的论据以及对其索赔数额的说明;

(4)有关仲裁员数量和仲裁员选择的任何有用的建议或信息;

(5)当事人之间就仲裁地、仲裁语言、仲裁协议所适用的法律、仲裁程序或仲裁实体问题达成的协议。或无此类协议时,申请人应表明其对此类问题的看法。

仲裁请求应包含根据本规则附件二费用表支付的提起仲裁程序的费用。

秘书长在收到仲裁请求之日应立即通知被申请人,并在其通知中附仲裁请求副本及其支持文件以及本规则的副本,同时向申请人发送确认收到仲裁请求的收据。秘书长可要求提供证据证明以申请人名义行事的任何代理人的权限。

秘书长根据本条规定收到仲裁请求的日期应是仲裁程序开始之日。

如果仲裁请求没有附本条第3款所指明的费用款项,或未向秘书长提交足够数量的仲裁请求书及其相关文件的副本,秘书长可给予申请人一定期限以满足这些要求,并且必要时可延长这一期限。当这一期限届满时,不可再提交仲裁请求,但这并不妨碍当事人稍后重新提起新的仲裁请求。

第6条 对仲裁请求的答辩

被申请人应在收到秘书长发出的仲裁请求通知后30日内,向后者提交其答辩状。

对于本规则第3条第3.1款第2段所述情况,双方应在该条规定的30日的期限内达成协议。

答辩状应包含下列信息:

(1)是否确认申请人所述的姓名、企业名称和地址,并为进一步的程序选择住所;

(2)是否确认存在根据本规则提交仲裁的当事人之间的合同或任何其他文书所产生的仲裁协议;

(3)对争议的简要说明以及被申请人对向其提出的索赔的立场,并说明其抗辩所依据的理由和文件;

(4)被申请人对上面第5条第(4)项和第(5)项项下仲裁请求所涉及的所有问题的答复。

第7条 对反请求的答辩

如果被申请人在其答辩中提出反请求,申请人可在收到其答辩后30日内以补充说明方式对该反请求作出答辩。

第8条 预交仲裁费用

秘书长在收到上文第5、6、7条所指的仲裁请求书、答复以及补充说明(如果有)之后,或在收到这些请求书的期限届满后,应将此事提交本法院,由法院确定仲裁费用和仲裁执行程序的条款,在适用的情况下,确定仲裁地。

一旦仲裁庭组成,且根据本规则第11条第11.2款作出的支付预付款的决定得到满足,相关文件应送交仲裁员。

第8-1条 强制介入

8-1.1 希望让受仲裁协议约束但不参与仲裁程序的人介入的一方当事人,应向秘书长提出针对该人的仲裁请求。

在仲裁庭组成前,法院可以确定提交介入请求的期限。

如果在申请介入时,仲裁庭已经组成,或其一名成员已被任命,或根据情况已被确认,应宣布介入不可受理,除非当事各方和介入当事人另有约定,而且仲裁庭考虑到仲裁程序的进展情况后接受介入。

秘书长收到介入请求的日期,就所有目的而言,均应视为对介入方提起仲裁程序的日期。

8-1.2　介入请求应包含下列信息:

(1)现有程序的参考文件;

(2)包括介入方在内的每一方当事人的姓名、身份、邮政地址和电子邮件地址;

(3)本规则第5条第2款第2、3、4项所要求的信息。

8-1.3　介入请求除非附有本规则第12.1条所要求的份数和附件二所列费用表中规定的提起程序的费用款项,否则秘书长不应予以转交。

8-1.4　介入当事人应根据本规则第6条的规定提交答辩,并可作必要的修改,或如果仲裁庭已经组成,则应根据仲裁庭的指示提交答辩。他可根据上面第7条的规定对任何其他当事方提出索赔。

第8-2条　自愿介入

在仲裁庭组成之前,不得接受任何自愿介入。

仲裁庭组成后,对仲裁程序的任何自愿介入均须经当事各方和仲裁庭事先批准。

第8-3条　多方当事人

8-3.1　法院管理的仲裁,可以在两个以上的当事方之间进行,如果两个以上的当事方同意按照本规则进行仲裁。在多方当事人仲裁的情况下,任何一方当事人都可以对任何其他当事人提出请求。

8-3.2　根据上面第8-3.1款提出申请的任何当事人应提供本规则第5条所要求的材料。

8-3.3　仲裁庭在收到提交的卷宗后,应确定处理任何新请求的程序。

第8-4条　多方合同

8-4.1　由一项以上合同引起或与一项以上合同有关的请求可在一次仲裁中提出。

8-4.2　如果这些请求是根据一项以上的仲裁协议提出的,则应由仲裁庭查明:

(1)当事各方同意根据本规则进行仲裁,而且这些仲裁协议是一致的;并且

(2)仲裁的所有当事方都同意在单一程序中解决请求。

第9条　不存在仲裁协议

当从表面上看当事人之间不存在适用本仲裁规则的仲裁协议时,如果被申请人反对法院的仲裁,或未在上面第6条规定的30日期限内提交答辩,秘书长应通知提出申请人,他打算将该事项提交法院,由法院决定是否进行仲裁。

如果申请人认为有必要在接下来30日内提出意见,法院应根据申请人的意见作出决定。

第10条　仲裁协议的效力

10.1　如果当事人同意诉诸法院管理的仲裁,他们应被以此视为遵守条约第四章、本规则、法院内部规则及其附件以及根据本规则第5条在仲裁程序开始之日有效的仲裁费用表的规定。

10.2　如果一方当事人拒绝或未能参加仲裁,仲裁仍应进行。

10.3　如果一方当事人提出一项或多项关于仲裁协议存在、有效性或其范围的抗辩,法院在查明表明存在仲裁协议后,可在不影响这些抗辩的可受理性或实体问题的情况下决定进行仲裁。在这种情况下,应由仲裁庭就其本身的管辖权作出任何决定。

10.4　仲裁庭对其本身的管辖权以及仲裁请求的可受理性拥有专属管辖权。

除另有约定外,如果仲裁庭认为仲裁协议有效,但对双方当事人具有约束力的合同无效或不存在,则仲裁庭有权确定双方当事人各自的权利,并对双方当事人的争议作出裁决。

第10-1条　临时措施

除非另有约定,仲裁协议应赋予仲裁庭在仲裁程序过程中决定任何关于申请临时或保全措施的管辖权,但与司法担保和保全扣押有关的申请除外。

根据前款作出的裁定,如为执行临时或保全措施而需要执行的,可申请立即执行。

在向仲裁庭提交材料之前,以及在例外情况下在提交材料之后,如果所请求的临时或保全措施的紧迫性使仲裁庭无法及时作出决定,当事人可以向主管法院申请临时或保全措施。

此种请求以及主管法院采取的措施应毫不迟延地通知秘书长,由秘书长通知仲裁庭。

第 11 条　预付仲裁费用

11.1　法院应根据本规则第 24 条确定仲裁费用预付款项,以支付向其提出的请求所产生的仲裁费用,除非此类请求是根据本法规第 8-1、8-2、8-3 条提出的,在这种情况下,适用下面第 11.3 款的规定。

如果争议金额修改至少四分之一或有新情况需要调整,该预付款可进行调整。

当被申请人提出反诉时,如果当事人要求,法院可以分别确定请求或反请求的预付费用。当法院确定单独预付费用时,双方应支付与其请求相对应的预付费用。

11.2　申请人应与被申请人平摊预付费用。但是,如果另一方未能支付其份额,任何一方均可自由支付有关主请求和反请求的全部预付费用。

在材料提交给仲裁员之前,确定的预付费用应全部支付给法院。最多四分之三的付款可由足够的银行担保来保证。

11.3　如果请求是根据本规则第 8-1、8-2、8-3 条提出的,法院应确定一项或多项预付费用,并决定哪一方负责支付,或在当事人之间按何种比例支付。如果法院此前已根据本条确定了预付款,则将后者改为根据本款确定的预付款。在这种情况下,一方当事人先前支付的任何预付款应视为该当事人对法院根据本款确定的预付款份额所做的部分支付。

11.4　仲裁员只能受理根据上面第 11.2 款已完全支付预付款的请求。

如果支付预付款的要求未能满足,法院可应秘书长的请求要求仲裁庭暂停其活动并确定一个可能不少于 30 日的期限,期限届满时,如预付款仍未支付,则与该预付款对应的请求应视为已撤回。这种撤回并不剥夺相关当事人随后在其他程序中提出同一请求的权利。

第12条　通知、通信和期限

12.1　任何一方提交的备忘录和所有书面通信以及所有补充文件应按当事人的数量提交相应的份数,并且每名仲裁员应有一份,并将一份电子副本送交秘书长。

一旦仲裁庭收到仲裁材料,仲裁庭和当事各方应将与仲裁程序有关的所有通信的电子副本送交秘书长。

12.2　秘书长和仲裁庭发出的所有通知或通信应发送至作为其接收方的当事人或其代理人的地址或最后所知的地址。该地址根据情况是由该当事人或另一方当事人提供的。通知或通信可以通过附收据的寄送、挂号信、运输服务、电子邮件或提供发送证明的任何其他电子手段进行。

12.3　有效发出的通知或通信,如果已由相关人员收到,应视为已被收取;或如果已按照上面第12.2款有效发出,则其应已被相关人员或其代表收取。

12.4　本规则或本法院规定的期限应从根据上面第12.3款视为发出通知或来文的次日起算。

如果在通知或通信视为在某一日期发出的国家,该日的次日是假日或非工作日,则该期限应从其后的第一个工作日开始。

法定假日和非工作日应包括在计算期限中,不得延长期限。如果期限的最后一日是通知或通信视为发出国的假日或非工作日,则期限应在下一个第一个工作日结束时届满。

仲裁庭组成后,经仲裁庭同意,当事人可以约定缩短本规则规定的各种期限。若有合理情形,法院经与当事各方协商后,可应仲裁庭的请求,延长此种期限或本规则规定的任何其他期限,以使仲裁庭能够履行其职能。

第13条　仲裁地

仲裁地应由仲裁协议或当事各方随后的协议确定。

否则,应由法院在将材料转交仲裁庭之前通过其决定予以确定。

除非另有约定,并经与当事各方协商后,仲裁庭可决定在其认为适当的任何地点举行庭审、会议和审议。

如果情况使仲裁不可能或难以在指定的地点进行,法院可以应当事各方、一方当事人或仲裁员的请求,选择另一仲裁地。

第 14 条　仲裁程序的保密性

仲裁程序应保密。法院与仲裁程序的进行有关的工作以及法院为管理仲裁而举行的任何会议均应保密。它包括法院在其管理的程序中提交或起草的文件。

除非所有当事人另有约定,当事人及其律师、仲裁员、专家和与仲裁程序有关的所有人员有义务对在仲裁程序中产生的资料和文件保密。在同样的条件下,保密应扩大到仲裁裁决。

秘书长有权公布仲裁裁决摘录,而不能够提及当事方的身份信息。

第 15 条　庭前会议记录

15.1　在收到材料后,仲裁庭应召集当事各方或其正式授权的代表及其律师参加庭前会议。该会议应尽快举行,最迟应在案件提交仲裁庭后 45 日内举行。在此类会议期间,仲裁庭如认为有必要,可要求提供一方当事人任何代表的权力证明。经当事各方同意,仲裁庭可以电话会议或视频会议的形式举行这种会议。

庭前会议的目的是:

(1)确定提交仲裁庭的案件的事实和仲裁庭必须处理的请求。应列出当事各方在该日分别提交的诉状中所载的请求,并简要说明提出这些请求的理由和为满足这些请求而提出的抗辩。

(2)确定当事各方是否就上面第 5 条第 2 款第 5 项、第 6 条第 3 款第 2 项和第 3 项所列事项达成协议。如果没有达成协议,仲裁庭应确定裁决应就此作出处理。

(3)确定当事各方就仲裁语言达成的协议,或允许仲裁庭在会议期间就此作出决定。

(4)在必要时,允许仲裁庭询问当事各方是否打算根据本规则第 17 条授予仲裁庭友好调解人的权力。

(5)就仲裁庭打算适用的仲裁程序的进行采取适当措施,以及实施这些措施的方式。

(6)确定仲裁程序的临时时间表,具体规定各当事人提交必要诉状的日期,并酌情规定宣布程序结束的开庭日期。除非双方同意,否则仲裁庭不得在庭前会议 6 个月之后确定开庭日期。

15.2　仲裁庭应起草庭前会议的记录,并在收到各方当事人的任何意见后签署。

当事人或其代表也应在会议记录上签字。如果一方当事人拒绝在会议记录上签字或对会议记录表示保留,会议记录应提交法院批准。

庭前会议记录的副本应送交当事人及其律师和秘书长。

15.3　如有必要,仲裁庭可在当事各方提出意见后主动或应当事各方的请求修改庭前会议记录中所载的仲裁临时时间表。

经修订的时间表应送交秘书长,以便转交法院。

15.4　仲裁庭应在其终止审理的命令发出后 90 日内起草并签署裁决书,除非法院主动或应仲裁庭的请求下令延长该期限。

15.5　如果所作的仲裁裁决没有最终结束仲裁程序,则应立即召开一次会议,在同样的条件下确定新的裁决时间表,以彻底解决争端。

第 16 条　仲裁程序规则

适用于仲裁庭程序的规则应为本规则,在本规则未作规定的情况下,应为当事各方确定的规则,或在当事各方未确定规则的情况下,由仲裁庭确定的规则,不论它们是否参照适用于仲裁的程序法。

各方当事人必须得到平等对待,每一方都必须有充分的机会维护自己的权利。当事各方应迅速和忠实地进行仲裁程序,避免采取任何拖延措施。

任何一方当事人如果明知存在违规行为但未及时提出并继续进行仲裁程序的,应视为已放弃主张该违规行为的权利。

第 17 条　争议实体适用的法律

当事各方可自由约定仲裁庭解决争议实体问题的法律规则。在当事各方未作出选择的情况下,仲裁庭应适用其认为最适当的法律规则。

在任何情况下,仲裁庭均应考虑到合同的规定和国际贸易的惯例。

如果当事方明确表示同意,仲裁庭也可以作为友好调解人作出裁决。

第 18 条　新请求

仲裁庭签署庭前会议记录后,当事各方不得在上述记录的范围之外提出新的请求,除非仲裁庭允许,仲裁庭应考虑到新请求的性质、程序的进展情况和任何其他有关情况。

第 19 条　案件审理

19.1　仲裁庭应以一切适当手段迅速审理案件。

仲裁庭在审查了当事各方的书面材料和在仲裁程序中提交的材料后，应根据当事各方的请求听取当事各方的口头陈述。在无此种请求时，仲裁庭可以主动决定听取他们的意见。

仲裁庭可以要求当事人对事实作出解释，并以法律上可接受的任何方式提出仲裁庭提交其认为解决争端所必需的证据。仲裁庭决定证据的可采性，并自由评估证据的强度。

当事方应亲自或由正式授权的代表出庭。他们可以得到律师的协助。

仲裁庭如认为必要，可决定单独听取当事各方的意见。在这种情况下，对每一当事方的听讯应在双方律师在场的情况下进行。

对当事各方的庭审应在仲裁庭确定的日期和地点进行。

如果一方当事人虽然已经适当传唤，但未出席庭审，仲裁庭在确保通知已送达当事人后，可以继续执行其职责，除非当事人提供有效的理由，庭审应视为是对抗性的。

经适当签署的当事人的庭审记录应提交给法院秘书长。

19.2　仲裁庭还可决定在当事各方在场或不在场的情况下听取当事各方指定的证人、鉴定人或任何其他人的证词，但他们须经适当传唤。

19.3　如果当事各方提出请求或同意，仲裁庭可以仅根据书面证据作出裁决。

19.4　除非当事各方另有约定，仲裁庭可以指定一名或多名专家就仲裁庭确定的具体问题向仲裁庭提出报告，并邀请专家在庭审时作证。仲裁庭可酌情要求一方当事人向专家提供任何适当资料，或向专家提交或提供任何有关文件或其他材料，供其审查。

19.5　仲裁庭应邀请当事各方参加仲裁庭主持的庭审。庭审应是对抗性的。

除非仲裁庭和当事各方同意，庭审不得向程序以外的人开放。

第 19-1 条　仲裁程序的终止

19-1.1　仲裁庭应在下列情形下下令终止仲裁程序：

(1) 在当事各方根据程序时间表实体问题提出意见的最后阶段之后；

(2) 申请人撤回其申请，除非被申请人反对，而且仲裁庭承认它就争议作出最终裁决具有正当利益；

(3) 仲裁庭查明由于任何其他原因，继续进行程序已变得多余或不可能。

19-1.2　仲裁程序结束后,当事人不得提出任何请求或抗辩。当事各方也不得提出意见或出示文件,除非应仲裁庭的明确书面请求。

第20条　和解仲裁裁决

如果当事人在仲裁程序中达成和解意见,他们可以请求仲裁庭以当事人约定的仲裁裁决的形式记录该和解意见。

第21条　管辖权抗辩

21.1　如果一方当事人打算以任何理由对仲裁庭审理全部或部分争议的管辖权提出异议,他就必须在本规则第6条和第7条规定的答辩中提出反对意见,最迟必须在庭前会议上提出反对意见。

21.2　在仲裁程序的任何时候,仲裁庭都可以公共政策为由主动审查其管辖权,然后请当事各方就此提出意见。

21.3　仲裁庭可在初步裁决中,或在审理案情实质后在终局裁决或部分裁决中,对无管辖权异议作出裁决,对该裁决可提起撤销之诉。

如果一方当事人对仲裁庭维持其管辖权的临时裁决提出撤销申请的,仲裁程序不得中止。

第21-1条　仲裁前争议解决初步阶段

21-1.1　如果有协议要求当事各方遵循仲裁前解决争端的一个初步阶段,仲裁庭应根据一方当事人的请求,审查这一条件是否得到满足,并在必要时下令完成仲裁前争议解决初步阶段。

21-1.2　如果仲裁前争议解决初步阶段尚未开始,仲裁庭应在其认为适当的一段时间内中止程序,以便最勤勉的一方当事人能够实施该阶段。

21-1.3　如果初步阶段已有效启动,仲裁庭应根据情况认定其失败。

第22条　仲裁裁决

22.1　除裁决主文外,仲裁裁决还应包含下列信息:

(1)作出裁决的一名或多名仲裁员的全名;

(2)仲裁裁决日期;

(3)仲裁庭所在地;

(4)当事各方的全名以及他们的住所或注册办事处;

(5)根据情况,律师或代表或协助当事各方的任何人员的全名;

(6)当事各方各自的主张,其抗辩和仲裁程序阶段的说明。

仲裁裁决必须说明理由。

如果仲裁庭已被当事各方授权作为友好调解人作出裁决,则应提及这一事实。

22.2　仲裁裁决应视为在仲裁地作出。裁决作出日期为法院审核裁决后的签署日期。

22.3　仲裁裁决应在仲裁程序中作出,并以当事各方约定的形式作出。如无此种协议,仲裁庭由三名仲裁员组成时,应以多数仲裁员意见作出裁决。

仲裁裁决书应由仲裁员签署。

但如有一名或两名仲裁员拒绝签署,则须注明这一点,而裁决书具有犹如所有仲裁员均已签署一样的效力。

22.4　仲裁庭任何成员均可向仲裁庭主席提交其特别意见,以便附于裁决书之后。

第23条　法院的初步审核

23.1　仲裁庭应将关于管辖权的裁决草案、已处理当事人某些主张的部分裁决草案和最终裁决草案转交秘书长,供法院在签署前进行审核。

其他裁决不须经事先审核,只送交法院备案。

23.2　法院可以提出单纯的形式上的修改建议,提请仲裁庭注意似乎尚未被处理的请求,或在裁决书草案中没有出现的强制性陈述,或裁决书没有适当说明所依据的理由,或推理存在明显矛盾,但法院无权就争端提出任何实质性推理或解决办法。

法院应在收到裁决草案后最多1个月内审核提交给它的裁决书草案。

第24条　关于仲裁费用的决定

24.1　仲裁庭应在仲裁裁决中确定仲裁费用,并决定哪一方当事人负责支付这些费用,或者双方当事人分摊这些费用的比例。

24.2　仲裁庭在决定仲裁费用时,应考虑任何相关情况,包括双方在仲裁费用方面快速有效地进行仲裁程序的程度。

24.3　仲裁费用应包括:

(1)仲裁员的费用和法院确定的行政费用、仲裁员的可能费用、仲裁庭的运营费用、专家的费用和支出。仲裁员的费用和法院的行政费用应按照法院大会确定的费用表确定,并由非洲商法协调组织部长委员会根据该条约第 4 条的规定予以批准。

(2)根据仲裁庭对当事各方提出的抗辩请求的评估,当事各方为抗辩而发生的正常费用。

24.4　如果案件的特殊情况下有此需要,法院可主动或根据仲裁员的请求,确定仲裁员的费用可高于或低于根据费用表所产生的数额。

任何未经法院批准而确定的费用均无效,但它不能作为撤销仲裁裁决的理由。

24.5　在作出最终裁决之前撤回所有申请或终止仲裁的,法院应确定仲裁员的费用和支出以及行政费用。当事各方未就仲裁费用分摊或与费用有关的其他事项达成协议的,争议应由法院解决。

第 25 条　仲裁裁决通知

25.1　秘书长应在当事各方或其中一方向法院全额支付仲裁费用后,将仲裁庭签署的裁决书通知当事各方。

25.2　经秘书长核实无误的补充副本应在任何时候只发给提出要求的当事人。

25.3　在发出仲裁裁决通知后,当事各方放弃获得仲裁庭任何进一步通知或通信的权利。

第 26 条　仲裁裁决的解释、更正和补充

仲裁裁决解除了仲裁庭对争端的管辖权。

但仲裁庭有权对裁决进行解释,或纠正影响裁决的重大错误或遗漏。

如果仲裁庭未能就一项请求作出裁决,仲裁庭可以通过一项补充裁决作出处理。

在上述任何一种情况下,申请应在仲裁裁决通知后 30 日内向秘书长提出。

秘书长在收到申请后,应将申请书送交仲裁庭和对方当事人,并给予对方当事人 30 日的时间向申请人和仲裁庭提出意见。

如果仲裁庭不能重新开庭,而且当事各方未就指定新的仲裁庭达成协议,法院应指定一名独任仲裁员,就要求解释、更正或补充裁决的申请作出决定。

在对当事各方的意见及其提交的任何文件进行口头审查后,更正或补充裁决草案应根据本规则第 23 条规定在申请提交仲裁庭后 45 日内送交审核。

除本条第 6 款规定的情况外,上述程序不涉及费用。至于任何费用,如果申请被完全驳回,则由提出申请的一方承担。否则,这些费用应由当事各方按照作为申请标的的仲裁裁决中为仲裁费用确定的比例分摊。

第 27 条　既判力与临时执行

27.1　根据本规则作出的任何仲裁裁决对当事各方具有约束力,并在每一成员国领土内具有与成员国国内法院作出的判决一样的最终的既判力。仲裁裁决可在任何缔约国境内强制执行。

27.2　当事各方通过将其争端提交按照本规则解决,应承诺毫不拖延地执行即将作出的仲裁裁决。

27.3　仲裁庭可以通过附理由的决定,准予或拒绝临时执行仲裁裁决,如果当事人已提出此类执行请求。

第 28 条　仲裁裁决的备案和法定效力

根据本规则作出的任何仲裁裁决的正本应交存秘书长。

在本规则未明确涵盖的所有情况下,法院和仲裁庭应以本规则为指导,并尽最大努力确保仲裁裁决得到执行。

第三章　撤销、承认和执行仲裁裁决的申请

第 29 条　撤销诉讼

29.1　一方当事人要求撤销仲裁庭在法院仲裁中作出的仲裁裁决,应向法院提出申请,法院应将申请通知另一方当事人。

29.2　当事各方可以同意放弃对仲裁裁决的撤销申请,只要该裁决不违反国际公共政策。

撤销仲裁裁决的诉讼只有在下列情况下才可受理:

(1)仲裁庭在没有仲裁协议的情况下作出裁决,或依据无效的或过期的仲裁协议作出裁决;

(2)仲裁庭的组成不当或独任仲裁员的指定不当;

(3)仲裁庭在超越其职权的情况下作出裁决;

(4)没有遵守对抗性原则;

(5)仲裁裁决违反国际公共政策;

(6)仲裁裁决没有说明理由。

29.3 仲裁裁决一经作出,撤销诉讼即可受理。如果在本规则第25条所述仲裁裁决通知发出后2个月内未提出撤销申请,则该申请不予受理。

29.4 法院应根据其程序规则规定的条件审理案件并作出裁决。

在这种情况下,程序时限应减半。

法院应在受理撤销仲裁裁决案件提交后6个月内作出决定。

29.5 如果法院拒绝承认提交给它的仲裁裁决及其既判力,则应撤销该仲裁裁决。

如果当事人提出请求,法院应对案件进行重新审理并就案件的实体问题作出裁决。

如果当事各方没有请求法院对案件进行重新审理并就案件的实体问题作出裁决,则在适当情况下应根据最勤勉的当事方的请求,从法院承认有效的仲裁程序的最后一个阶段开始,恢复仲裁程序。

第30条 执行令

30.1 仲裁裁决已经作出,即可执行。

应通过申请向法院院长申请执行令,同时将申请书副本送交秘书长。秘书长应立即向法院通报相关材料,以便法院确定是否存在仲裁裁决和仲裁协议。

30.2 在申请提交后的15日内,法院院长或为此目的授权的法官应下令颁发执行令,并应使仲裁裁决在所有成员国具有可执行性。这一程序不是对抗性的。

如果法院已经收到根据上面第29条就同一仲裁裁决提出的申请,则不得准予执行。在这种情况下,两项请求应合并。

除非仲裁庭已下令临时执行仲裁裁决,否则在法院作出决定前,提起撤销诉讼应中止仲裁裁决的执行。

法院也有权对与临时执行有关的争议作出裁决。

有关临时措施或保全措施的仲裁裁决的执行令,法院应在收到申请后的3日内作出决定。

30.3　如果执行令被拒绝,申请执行令的当事人可在收到拒绝通知后15日内向法院提出上诉。如果上诉涉及仲裁庭关于临时或保全措施的裁决的执行,这一期限应减至3日。法院应将上诉通知对方当事人。

30.4　不得对法院院长批准执行令的决定提出上诉。

30.5　只有在下列情况下才可拒绝作出执行令:

(1)仲裁庭在没有仲裁协议的情况下作出裁决,或依据无效的或过期的仲裁协议作出裁决;

(2)仲裁庭在超越其职权的情况下作出裁决;

(3)没有遵守对抗制原则;

(4)仲裁裁决违反国际公共政策。

第31条　可执行性证明

31.1　秘书长应向提出请求的当事人提供一份经核证的裁决副本,该副本与根据本规则第28条交存的正本相同,并包含一份可执行性声明。该证明书须述明,在一方当事人没有根据上面的规定在15日内提起撤销仲裁裁决诉讼的情况下,通过法院院长的命令,只要该命令已被适当送达且已是终局的,或通过法院驳回撤销诉讼的裁定,该仲裁裁决已被准予执行。

31.2　被请求执行裁决的成员国指定的国内机构应在收到经法院秘书长核实的仲裁裁决副本及可执行性证明后,根据该国的国内法律签发正式的执行令。

第32条　复核申请

可向秘书长提出对仲裁裁决的复核申请,秘书长应将其转交仲裁庭,理由是发现了具有决定性的事实,而该事实在作出裁决之前是仲裁庭或请求复核的当事人所不知道的。在当事各方未就指定新的仲裁庭达成协议的情况下:

(1)如果仲裁庭由一名独任仲裁员组成,而且不能再次开庭,法院应指定一名独任仲裁员就复核申请作出决定;

(2)如果仲裁庭由三名仲裁员组成,且不能再次开庭,法院应在与当事各方协商后,指定一个由三名仲裁员组成的新的仲裁庭或一名独任仲裁员,就复核申请作出决定;

(3)如果仲裁庭由三名仲裁员组成,而其中一名或多名仲裁员不能再次开庭,法院应在与当事各方协商后指定仲裁员,以补充就复核申请作出决定的仲裁庭。

第 33 条　第三方异议

第三方当事人对仲裁裁决的异议应向法院提出。这同样适用于法院根据本规则第 29 条第 29. 5 款第 2 段就争议实体问题作出的裁决。

第三方异议应根据法院程序规则第 47 条规定的条件提起。

第 34 条　最后条款

本规则废除了 1999 年 3 月 11 日的仲裁规则,它应在通过后 60 日内在非洲商法协调组织官方公报上公布。它还将在成员国官方公报上公布。

本规则自在非洲商法协调组织官方公报上公布之日起 90 日后生效。

2017 年 11 月 23 日订于几内亚首都科纳克里